第二版への序文 2
初版への序文 32
はじめに 41

第一章 戦時下の人々
一 戦争の心理学 58
二 士気の統治 69
三 心理戦の兵士たち 85
四 戦時下の諸集団 96

第二章 生産的な主体
一 労働の主体 118
二 満足した労働者 127
三 戦時下の労働者 148
四 仕事場の民主主義 154
五 経営管理の専門知 175
六 自己の生産 187

III　目次

第三章　子どもと家族とまわりの世界
一　小さな市民　214
二　心理学者のまなざし　230
三　愛の絆の調整　258
四　精神の最大化　300
五　責任ある自律的な家族　336
第四章　私たちの自己のマネジメント
一　自由を義務づけられた人々　352
二　行動の再形成　375
三　自律のテクノロジー　392
四　自由の治療　416
あとがき　一九九九年　422
原注　437
訳者解題　498

装幀：日下充典

凡例

一、本書において、（ ）は著者による挿入、〔 〕内は訳者による補足を表す。

一、（ ）に英文がある場合は、訳者による原著表記の挿入である。

一、引用文中の……は、著者による省略を表す。

一、原注は＊1、＊2と表記した。訳注は†1、†2と表記し、脚注にした。

一、引用されている著作はすでに邦訳がある場合には、当該する訳文を採用、又は適宜、参照し改訳した。

魂を統治する——私的な自己の形成

第二版への序文

私たち、つまり、現在を生きる男たちと女たちは、どのような生き物となるに至ったのだろうか？　私たちはみずからをどのように理解しているか、そしてまた、私たちを治め、管理し組織し改良し取り締まり、支配するような人々によって、どのように理解されているのか？　人類に関するどんな仮定が、私たちの生産と消費の、教育と矯正の、快楽と性愛の諸実践に組み込まれているのか？　そして、自身の存在について思索し、演じ評価する際に、どんなイメージや価値、信念、規範を、私たちは用いているのか？　『魂を統治する』はこれらの疑問に対して、歴史的な出来事のいくつか、すなわち、認知的な変化と技術的な革新——それは、特定の主体性を備えた人間存在としての私たちを理解し、それらと折り合うための最新の方法を作り上げてきた——に目を向けることで、答えようとする。それは自己に関する歴史社会学の一つの試みである。あるいは、私が好む言い回しを使うなら、それは主体性の系譜学への一つの寄与である。

大衆文化、文学、あるいは哲学にすら現れるような自己に関する主題に目を配るというよりも、私は、人間諸科学、とりわけ特定の心理学とその影響下にあるもの——すなわち、一般的に「psy〔心の、心理の、精神の、以下「心的なもの」あるいは「心的〔□〕」の語を冠しうる試み——に焦点を当てる。大部分は一九世紀半ば以降に作り上げられたこれらの知識と専門知の型を、私は際立って重要と考えている。なぜならこれらの知識と専門知の型は、人間存在がみずからを理解しようと試みる――すなわち、みずからを真の知識の主体、客体、対象とする――、特定の方法を具体化するからである。そしてそれらは、私たちがみずからについて考え、影響を与えるための方法を形づくるという、構成的な役割を担ってきた。要するに私が主張するのは、「心的なもの」――すなわち、心理学の専門知を形づくる、異質なものの複合した知識、権威の諸形態、そして実践的諸技術――が、人間存在をして、自分自身を想像し、自分自身について語り、自分自身を裁き、そして新しいやり方で自分自身を指揮することを可能とするに至ったということなのである。

ただし、この本では、私はより強い論を主張する。心的なものの学問諸領域と心的なものの専門知は、「統治可能な諸主体」を構成するうえで鍵となる役割を果たしてきた、というのが私の主張である。ここで言う心的なものとは、単に観念や文化的信念、あるいは、ある種の実践にかかわる事柄ではない。政治的権力の現代的な型――それは人間存在を、自由主義や民主主義の原理と矛盾しないかたちで統治することを可能にする――において、それが際立って重要な役割を果たしてきたことを私は示したいのである。ある水準では、心的なものが人間存在の実践的管理における諸困難の解決を促進してきたその歩みにおいて、これは存在してきた。すなわち、学校、感化院、刑務所、保護施設、病院、工場、法廷、企業組織、軍隊、家庭的な核家族における、諸個人と集団の組織・運営の促進の歩みである。これらの諸実践は、人間の振る舞いを調整すること、また、特定の目標に沿って人間の能力を活用し修正することに支えられて営まれている。『魂を統治する』において私が明らかにしたのは、心的なものが、実証的な知やもっともらしい真理の主張、そして一見して公平な専門知を産出しつつ、さきの実践と諸装置の内部で、恣意的な権威にではなく、むしろ心理学的主体としての人間の真の自然本性に依拠するように思われるやり方で、諸主体の統治を可能にするということである。人間諸科学は、諸個人の自由や自律という自由主義的な観念や、正統的な政治的介入の範囲に設けられたリベラルな限界についての考え方と両立するような仕方で、政治的、道徳的、組織的、あるいは私的な権威さえ行使することを、実際に可能にしてきたのである。

心的なものが、二〇世紀の間に発展してきた様々な「ヒューマン・テクノロジー」において果たした役割を吟味することによって、私はこのことを論証している。私が焦点を当てたのは四つの領域である。すなわち、戦時下における軍隊と市民の統治、工場およびより一般的な経済的生活に関する統制、子どもの発達と家族関係についての理解と干渉の新たなやり方の発展、心理療法の隆盛。それぞれの領域に関して私が主張するのは、人間の振る舞いを形づくるためのこれらの複雑な諸装置と技術の結合は、単に統制の新たな型の考案という技術的な事柄ではない、ということである。私に言わせれば、もっとも技術的と言えるようなそれでさえ、特定の、そしてしばしば新奇な、統制の対象＝主体（subject）であるところの人間存在を理解する方法を伴っているのである。

この主張は誤解されやすく、あたかも説明することすら不可能な人間性なるものの一部の、不適切なテクノロジー化という事実を根拠とした批判を、私が提起しているかのように思われるだろう。しかしながら、私の主張はまったく逆である。これら新しい統制の型は、主体性を破壊しない。実のところそれらは、自由の重荷に耐えうる主体——人間の男たち、女たち、そして子どもたち——を、作り上げる。一九世紀半ば以降、心的なものの専門知は、進歩的な自由の文化との共生関係のなかで発展してきたのである。ただし私は、心的なものは、形態と構造の面で本質的に精神的なものであるところの、自律と自己実現の価値を称賛するに至った現代の西洋的な生活の型において、際立った重要性を獲得したと主張する。これらの諸価値は、人間存在であること、そして自由の生を生きていることについての私たちの感覚を作り上げ、そして限界づけている。実際、現代の人間主体は、少なくとも彼らが成人の地位に相応しいとされている場合には、この心理学的な意味において、「自由であることを義務づけられている」。要するに、直面する制約、障害、制限がたとえ客観的に存在する無慈悲なものであったとしても、諸個人は、彼または彼女の人生を意味あるものとしなければならない。あたかもそれが、自己実現の伝記的プロジェクトを推進するなかで為された、個人的選択の帰結であるかのように、である。

この本は、心理学の歴史への貢献も企図している。本書が示唆するのは、心理学的な知が、この世界の一つの事物として理解されねばならないということ、そして、その諸々の問題、概念、説明、技術が、振る舞いの統治における「ノウハウ」の類として作用する可能性と、本質的に結びついているということである。この種の分析から得られる教訓には、実質的なものと方法論的なものの両方があると、私は考えている。実質的な面では、それは、心理学が実際いかにしてみずからを科学的な学問や専門職として打ち立てていったか、また、それが主張する真理の広範な受容を獲得するに至ったことを、説明するのに役立つだろう。方法論的な面では、それは、科学知についての内在的なアプローチと、外在的で歴史的なアプローチの間にある、過度に非生産的な対立を超える道筋を描き出すだろう。心理学のような知の本体についての歴史を書くためには、その諸々の概念、説明、技術と、それが果たす役割――個人的および集合的な人間存在の振る舞いに関する実践的関心に取り組む際の、また特定の仕方で為されるその振る舞いを形づくり、支配し、修正し、操縦または指示する試みにおいての役割――との相互関係に、目を配る必要がある。

権力、知、そして主体性

もし今現在この本を書くとしたら、私は違う書き方をするだろう。しかし私はこの第二版で、わずかの些末な訂正を除いて、もとの文章に手を加えないままにした。修正あるいは改定するよりもむしろ、執筆した時期以降の、重要と思われるいくらかの進展に注目した簡素なあとがきを添えることにしたのである。そのうえで、この研究を動機づけ、またそのなかに満ちているいくらかの概念的な関心を明確にするために、私はこの序文を使いたいと思う。

私は心理学、政治、そして自己の構成の問題について長らく関心を持ち続けてきたが、『魂を統治する』におけるこれらのイシューへの私のアプローチは、前著『心理学的複合体』と同様に、ミシェル・フーコーの思想との出会いによって形作られた。[*1] フーコーへの傾倒のなかで、私は、真理、権力、そして主体化の特殊な諸装置に対して実施されたフィールドワークのレポートとして、この本を企図したのである。私の狙いは、近代的自己の系譜学に貢献することにあった。本書を再読することで、私は、フーコーに負っているものがいかに明示されないままになっているか、また、テクスト本文中の分析で機能する諸概念についての説明が、いかに僅少であるかに気づくに至った。当時、これは熟慮のうえで決断したことだった。フーコーの作品と彼の人生の周辺で成長した、気の滅入るような注釈産業への貢献と見なされる可能性をなんとしても避けたいと、私は願ったのである。一〇年が経った今なら、ひょっとしたら、本書がフーコーに負っているいくつかの側面についてもう少しだけ述べておくことは有益かもしれない。

おそらく、この本がフーコーから学ぼうと試みた中心的な教訓は、批判についてのある種の様式である。これは、とりわけ心理学や精神医学と関連する権力や社会統制についての、多くの「ラディカルな」批判の基礎となってきた以下のような諸主題を拒絶する。すなわち、支配と服従の素朴な階層構造という主題。批判が切望するところの、権力を超えた真理の場という主題。その働きに責任を持ち、そこから利益を得ることを承認され得るところの、ある主権国家に集約されたものとしての権力という主題。「権力の僕」としての専門職というイメージのなかで、そのアイデアを擬人化すること。私たちが保持する主体性に課された権力の効果についての評価と批判の基盤として与えられる、権力の外にある人間の主体性の形態という主題。フーコーの著作には、また別の批判的な戦略が例証されているように私には思われる。それは、極めて具体的かつ物質的なかたちで、私たちの現在を構成する権力や社会統制の合理性の諸形態、それらに絡みついた思考と振る舞いのやり方、それらが生気を吹き込んできた諸実践とアッサンブラージュ〔異質な材料で作られた立体作品〕、そして私たちの現在の、またその現在における私たち自身についての私たちの理解の帰結の、実際の歴史を辿るという試みを、含んでいる。フーコー自身の作品が示しているのは、私たちはみずからの現在の確実性――私たちが知ること、私たちが何者かということ、そして私たちはどのように振る舞うべきかということ

――を、それら自身の歴史と突き合せることによって、問いに付すことができるということなのである。この実験は、実証的見地からの間違いの暴露や、概念的な批判の定式化よりも、より動揺を誘う挑発的なものでありうる。

この研究はフーコーの作品に影響されているが、第二の、そしてよりはっきりとわかる影響は、知の歴史性に対するあるアプローチのうちにある。もちろん、「社会的に構築された」ものとして科学的想像力の諸対象について言及することは、いまやありふれている。これはとりわけ、人文・社会科学の関連するところで、よく見受けられる。知能、感情、精神疾患、児童虐待等の社会的構築について、私たちは検討を重ねてきた。これらの研究の多くは非常に価値あるものである。しかし社会的構築の言語は、現実においては思いの外、説得力に欠ける。「客観的」なものとして主張される何かも実は「社会的に構築された」ものなのだ、と繰り返し語られたとしても、さほど啓発的ではないのである。思考の対象は、思考において構築されるのであって、それ以外であり得るだろうか？　したがって、質問が興味深いものとなるのは、それらが構築されるその仕方を問うときである。対象はどこで生じたのか？　それらについて意見することができる権威者は、どちらなのか？　それらが特定されるのはどんな概念や説明体系を通じてなのか？　ある構築物は、いかにして真理の地位を得たのか――実験の手続き、証明、その他の介入によって？　結果の産出と結果についての熟慮を通じて？　根拠、論理、その他に関する修辞的な配置によって？

私は、この種の「現前の歴史」のための秩序だった方法論を導き出すことにとりたてて熱中しているわけではないし、この研究がそんな方法論の適用を主張しているとするのは誤解を招くだろう。にもかかわらず、かなり大ざっぱに言うなら、この分析が為されているいくつかの位相を確認することは可能である。

問題化：ある特定の道徳的、政治的、経済的、軍事的、地政学的ないし司法上の懸案事項と結びついた、あるいは、特定の実践、または制度化された場（法廷、軍隊、学校、監獄……）の内部における諸問題の出現。現象を（教育的、法的、宗教的、政治的……）問題として定義する権威。特定の個人、物や振る舞いの型が（制度的規範、軍事的必要、法的規制において）問題のあるものとされることにかかわる基準。（健康から病への、犯罪から狂気への、病理から正常性への）分割の実践の類。

説明：操作的な諸概念。諸概念間の連関がなす作用の類。説明体系の言語と文法（修辞、隠喩、類比、論理……）。証拠の領域、証明や論証あるいは許容の基準、参照される可視性、卓越性、計算可能性の諸形式を示すこと。

テクノロジー：判断方法に関する技術の集合体（規範や規範性と結びついた診察、テスト、検査、評価）。（教育的、物理的、療法的、懲罰的な）矯正と治療の技術。介入が生じる場の内部にある諸装置（監獄、クラスルーム、設備の設計、それらと学校教育や訪問診療のようなより大きな集合体との関連）。

権威者：特定の有力者たちの気質、あるいは権威の特質。権威の様式としての専門知、そして権威としての専門家の出現（ソーシャル・ワーカー、人事担当者、子どもの発達の専門家、臨床心理士、治療専門家）。権威を獲得・維持するために使用される手続き。権威に対する異なる主張の同盟、紛争、対立状態。彼らが行使する権威の諸類型と、彼らがそれを行使する舞台。彼らの対象と彼らとの関係。

主体性：存在論的な（精神・魂・意識として、快楽・習慣・感情・意志・無意識的な欲望の生き物として、様々な仕方で個人化あるいは集団化されたものとして）。認識論的な（観察・検査・告白によって、知り得るものとして）。倫理的な（貞淑で、聡明で、穏やかで、満ち足りた、自律的で、洗練された、彼らの求める自己の類）。技術的な（彼らがみずからに行使すべきもの、自律的で自由で満ち足りた状態に至ることを目指して、みずからを矯正ないし改良するために為すところの実践や養生法）。

戦略：戦略的あるいは統治の願望（頽廃の予防、人種の適応度の優生学的な最大化、精神衛生学を用いた社会的不適応のコストの最小化）。矯正についてのある種の政治的あるいはその他のプログラム論と論理の結合や関連付け（心的なものの専門家と優生学者内部の人種差別との関連、対人関係の矯正者と社会民主主義のプロジェクトのつながり）。統治の複合体内部における心的なものの実践者が追求し、また彼らに帰属するところの役割。

これら六つの位相が、すべての問題に対する適切な、正規の分析格子を意味するというわけではない。それらは単に、分析のために選ばれる素材の類や、これら特定の素材に対しての私の問いのようなものを生み出すのに役立つ。たぶんそれらは、遠近法的なものと言い表されるのがもっとも適切なのである。それらは、私たちの現在の思考、判断、そして行動の仕方を生み出す、多様な要素の諸々のつながりや関係のようなものに対して、私たちを敏感にさせる。そのような系譜学の目的は、私たちの現在の、ある種の不安定化あるいは脱・宿命化である。その偶有性を記述するなかで——それはすなわち、物事が別様であった、あり得た可能性を開くことである——それらは、その現在を評価することを容易にしようと試みる。現在に対していかに振る舞うかを判断するために。もし私たちの現在についての歴史が、私たちが信じているよりも偶発的なものなら、私たちの現在にとっての未来もまた、しばしばそう思われている以上に、開かれたものである。

一九八〇年代半ば、私がこの本を書き始めたとき、フーコーの作品は、多くの議論や注釈の主題であった。この大半は、彼の理論的な信頼性を軸としていた。私の知る限り、フランスでフーコー自身とともに仕事をしていた人々を例外として、彼が素描し始めていた主体性の系譜学を実際に発展・拡張しようという試みは、ほとんどなかった。[*2] この仕事のもっとも重要な側面は、私にとっては、それが私たち自身の歴史的存在論を書こうとする試みであるということだった。何人かの批判者は『魂を統治する』を、社会心理学の習作か、心理学史への少しばかり風変わりな貢献と考えた。しかしそれは、異なる歴史的かつ国家的文脈に焦点化することで、この歴史的存在論の仕事を前進させる試みなのである。ただしそれは、社会と文化の科学におけるやや伝統的ないくつかの関心への貢献をも企図している。すなわち、人間諸科学の社会学、主体性の社会学、そして権力の社会学についての諸々の問いである。実際、本書の中心的な関心事の一つは、ミシェル・フーコーによる知、主体性、そして権力の研究のための方法が、これら三つの領域のそれぞれにおいて何かしら新たな貢献をなすかもしれない筋道を明らかにすることである。それぞれについて、少しだけ言及しておこう。

科学知識の社会学

私を捕えた最初の一般的問題は、科学的な知の社会的・政治的役割をいかにして分析するかということだった。人間諸科学についての社会学的研究の大半は、それらをイデオロギー——正統化の社会的機能を伴った虚偽の知——という観点から描き出してきた。そこでは知は権力を行使する際の資源と見なされていた。それは政治的かつ専門的利害関心によって駆動され形作られるのであり、社会秩序と私的利益を目標として人間存在が操作されている事実を正統化しまた覆い隠す。また権力とのかかわりは、それらの真理の主張を避けがたく妥協させた。理論的また経験的双方の理由から、本書はそのような「イデオロギー批判」を拒否する。その代わりに、本書は知の生産的役割に焦点を当てる。要するに私は、私たちの世界において具現化するに至ったものであるところの、知の諸実践の現実的な形成を、そしてそれらが思考可能かつ実践可能なものとなさしめた事柄を、描き出すことを試みる。実際、私は知の実践の二つの系と、それらの関係に焦点を当てる。第一の系は、人間科学と社会科学の実証的な知、とりわけ接頭辞「psy」を冠するすべての知からなる。私の興味をひく第二の種類の知は、人が「政治的」と呼ぶ類の知、例えば、いかに統治するか、なにを統治するか、誰が統治すべきで、そしてその目標はなにか、といったものである。ここでは心的なもの（psy）について述べ、後に政治的な知の方へと帰ってきたい。

心的なものに関する知の出現と変容を分析するに際して、私は、外的な真偽の基準に基づいて知を区別しようとはしていないし、また、本来ならば客観的であるような計画への科学外的な諸要素の不法侵入という見地から、虚偽を説明しようともしていない。むしろ、ここで試みられているのは、ある種の歴史的認識論である。私の関心は、歴史のある特定の時点において、特定の事柄が真であると見なされる認識論的な領野を再構成すること、また、陳述が真だと見なされる場合に必要な、ある種の実在、観念、説明、前提、仮定、証明や議論の型にある。しかしながら私は、知の実践を純粋に表象的ないし内省的なものとして扱いはしない。そうではなく、打ち立てられた「真理の体制」、すなわち、知の特定の体系を構成する（言葉、イメージ、テクスト、表、記録などの）表象の網目と、そこにおいて現象が可視化され、事実が生成され、そして理論を現実化する試みがなされるところの調査・実験・介入の諸実践の関係を、私は分析する。要するに、諸々の真理、事実、説明が考案され、受容されるに至る物質的ないし実践的な諸条件を描き出し、またそれらの帰結――それらが可能にすること――を検討しようと企てているのである。

このアプローチを採用する点で、私の心的なもの（psy）についての分析は、真理についての歴史学と社会学を作り出そうとするような、科学知識の社会学における現代の研究と明らかに合流する。この研究は、事柄に関する現実の諸事実と合致する単一の客観的真理と、特定の時と場所において真とされる諸々の信念という、古典的な哲学的区別を拒否してきた。スティーヴン・シェイピンが、彼の著書『真理の社会史』で言うように、私の研究は、科学を単に「私たちの文化の成員たちが、日常的に、真理を主張する正当な資格を持つと見なしている知の体系」として扱った。公認された特定の実践家が、特定の見解を真理とし、またそれらを現実と一致なさしめることのなかにある、特定の道徳的秩序を促進する、集合的な生産ないし規則に導かれ制度化されて進行する手続きとしての「真理産出の実践が営まれ、制度化される」あり方を検討してきたのである。*3 心的なものの社会学がもし独特なものだとすれば、その理由の一端は、〔従来の〕科学社会学者たちが、科学的な実験室という制度化された状況において働く科学者と呼ばれる人々――彼らは科学の「ハードな」分野に従事してきた――によってもたらされた科学現象の成果を対象とした研究に偏りがちであったことにある。その主な理由は、彼らの議論がある種の論争的な目的を持っていたことである。DNAについての陳述の真理性にかかわることは人々を動揺させるかもしれないが、心的なものについて主張する知のいかなる側面にかかわることも、彼らを驚かせることはほとんどないだろう。その知の諸実践は、文化的な諸前提と仮定に満たされており、特定の共同体において知を産出する者たちの暗黙の合意と慣習の生成物であり、証拠と事実に関する主張のレトリカルな使用によって支えられ、実験と調査の過程において任意になされたすべての決定の類の帰結を利用し、そして特定の「権力への意志」を表明する。ここで検討されている意味での心的なものは、科学的探究を基礎とする実験室における「よりハードな」諸形態とは、多くの点で異なっている。それは、第一義的には、「実験の〔学問〕領域」ではない。その従事者はつねに「心理学者」だというわけではない――実際、ここで検討された多くの時期においてそうではありえなかった。なぜなら当の分野はまだ形成過程にあり、心理学者という観念もまた、発明される途上にあったからである。心理学は、諸個人が「天然の実験」に晒されるすべての場所――すなわち軍隊、工場、教室、裁判所、監獄に――、その調査が可能となる現場を見出さないではいられない。心的なものが創作した諸々の実在や過程――知能、パーソナリティ、無意識、自尊心――は通常、分子生物学や原子物理学によってもたらされるそれらと同じようには考えられない。にもかかわらず私は、心理学の対象、観念、証拠や説明が生み出される諸実践の探求を介して、本当の、真の知についての社会学と歴史学に関する、一般的に重要ななにかを発見できると考えている。

知の形成について、『魂を統治する』で私が採用するアプローチは、「アッサンブラージュの認識論」と呼びうるものである。このアプローチは、知の「客観性」それ自体を否定しようとするのではなく、客観性が生み出される筋道、そして客観性の産出の帰結を描き出そうとする。[*4] 私が「心的なもの（psy）」と名づける知の体系と専門知は、単に言語の問題なのではなく、またその客観性は単なる言説の問題ではない。心的なものの知が出現する可能性の条件は、それ自体実際的かつ制度的であり、特定の場所に諸個人を寄せ集めること、特定の実践の内部におけるそれらの組織、そして振る舞いとその帰結としての能力の上にかぶせられた知覚と判断の格子を不可欠とする。心理学的な諸現象――知能、パーソナリティ、発達、適応――は、したがって、複雑な生産プロセスの所産であり、諸々の実在、力、まなざし、そして思考の調整を必要とする。それらは、諸々の主張や見解のみでなく、多くの他の資源、すなわちそれらについての威信にはじまり、文化的な通用性、さらには実行可能性の配置を伴った、真理をめぐる議論や論争の所産である。それらの実践的な配置において、心理学的なカテゴリーや説明は、あらゆる種類の介入と密接に結びついている。その介入において、心理学者の諸々の実在・分類・判断は、個々の人間や事柄と結合し、種々の装置が組み立てられ、効果が産出・記載・検査・議論・分析・理論化され、その所産はさらなる介入の基礎として用いられる。したがって、心的なものの事実や現象はこれらの過程において生み出されるのであるが、しかしつねに何かが生み出されうるというわけではない。心理学の知もまた、アンドリュー・ピカリングが「実践の絞り機《マングル》」と呼んだものを通過しなければならない。[*5] 私が本書で何度も示すように、概念や理論、事実は、この絞り機《マングル》から無傷で現れることはない。心理学的な真理となるのは、それが形成を促進している様々なアッサンブラージュにおいて、それ自体を望ましい効果や帰結と結びつける仕方を発見しうるものである。ひとたびある真理が確立されるに至り、ある現象が生み出されるや否や、それらはさらなる探求・解剖・分析・分類を施され、科学の実践領域の内外両方で、使用される。そして世界についての一連の真理の確立、一連の現実とそれらの現実に関する記述の系の産出は、その他の産出を封鎖してしまう。なぜなら、研究・調査とは、その他を犠牲にした一つの道をたどるからである。

諸現象の産出が資源、論争、制度、権威その他を生じさせる限り、心理学的な知についての社会学を、権力の社会学から切り離すことはできない。私は次にこれに取り組む。人間存在が、これらのプロセスにおいて生み出されたみずからについての記述に従属して自身の生を生きる限り、心的なものの社会学を、人間の主体性の社会学から切り離すことはできないのである。

主体性の社会学

私が本書で取り組みたいと考える第二の一般的な問題は、人間主体の社会的形成にかかわっている。

『魂を統治する』において私は、人間存在を特定の仕方で構成し、人間主体を特定の能力や可能性を備えたものとして作り上げる、心的なもの（psy）の知と実践の役割を検討しようとしている。主体を理解するこれらいくつかのやり方の誕生を、またそれらが人間存在を諸々の自己の技術――人間存在が彼ら自身について思考し、判断し、作用するやり方――のうちに包囲してきたそのあり様を、私は示そうとしている。ここでの私の分析は、現代の社会学とカルチュラル・スタディーズにおける、自己とアイデンティティの問題についての増大する関心と結びついている。

社会学の核心部へと、「自己の問題」がこのように回帰するのは喜ばしいことである。人間科学の有害な領域化――それは社会学を心理学、社会人類学、歴史学から引き離している――よりも以前、みずからの現在と向き合う真正な社会思想家のほとんどは、社会の編成とそこに住まう人間存在の型の関係に取り組むべきと気づいていた。[*6] これらの問題は、例えばアダム・スミスにとっても中心的なものであった。その経済学的な著作においても、また、道徳感情の理論を発展させようという試みにとっても、である。それらは、カール・マルクスにとっても中心的なものであった。それは彼の理論自体が特定の「労働する人間の学」に依拠しているからだけではないのであって、社会関係の「運び手」としての資本家という彼の考えにおいても、また、資本主義における労働力の売買によって形成された個人性のイデオロギーの上になされた、経済的・法的個人主義の基礎づけに関する彼の主張においても、それらは中心的であった。機械的および有機的連帯についてのエミール・デュルケームの議論、また人間の認識に関する根本的カテゴリー――カントの言うア・プリオリ――は、社会生活の組織の特定形態にかかわる思惟の表象であるという彼の議論においても、もちろんその問いは中心的なものであった。資本主義的蓄積はプロテスタンティズムにその基礎を有する特定の実存の倫理に依存しているというマックス・ウェーバーの議論においても、それらは中心的なものであった。ゲオルグ・ジンメルの貨幣分析、また近代――都市化、産業化、流通やコミュニケーションのスピードの加速――が人間の精神生活にもたらした帰結についての彼の考察〔そしてその他多くの人々の考察〕においても、それらは中心的なものであった。さらにそれらは、「文明」の増大する複雑性と「礼節」の歴史の関係についての、ノルベルト・エリアスの分析において、研究の直接的な対象であった。

これらの論者たちは、これらの問題を注視してきた現代の多くの社会学者と同様に、人間の心理、精神構造、能力が、道徳、資本主義、分業、宗教的倫理、貨幣経済、衝動的な行動の社会的禁止によって、いかにして社会的に決定されてきたかを問う。彼らのこの問いに対する回答の仕方は、その当時支配的であった人間存在の観念に依存している。すなわち、道徳的個人としての、習慣の束としての、本能および無意識構造の抑圧によって社会化されたものとしての、人間である。〔これに対して〕私は、別の問いを立てる。諸個人は、人間存在についての考え方およびそれらに影響を与える方法の普及によって、どのようにして形成されてきたのか、という問いである。つまり私は、諸個人が特定の社会的プロセスを通じてどのように形成されてきたかを分析しようと試みるというよりも、むしろ、諸個人が、特定の実践においてどのように理解されてきたか、これらの理解はどのようにして発生したか、人間存在に影響を与えるどのような種類の技術がこれらの理解に結びついているのか、どのような種類の帰結がそれに続いたのかを問うているのである。

ここでは、統一的あるいは直線的な物語を跡づけることは望まれていない。主体性の系譜とは、

（伝統、近代、脱伝統化、再帰性という）時代の連続性にかかわる事柄ではなく、複雑で、可変的で、物質的で、技術的であり、また異質で多様な策略の総体と、単一の起源あるいは統一の原理を持たない諸実践の交わりなのである。ここが、私がウルリッヒ・ベックやアンソニー・ギデンズによって進められてきた自己についての現代の社会学と、袂を分かつ地点である。それらの社会学は実際、主体性に関する単一の歴史を特定の画期を前提しながらたどり、またこの歴史の原動力を、社会的、経済的、政治的、そして文化的諸関係の、「より根本的な」諸々の変容において探ろうとする。*7 私は、そうした分析における「画期的事件による時代区分（epochalisation）」にも、また主体性を社会学的なものへと還元してしまうことにも同意できない。とはいえ、以下のような主張があまりに謬見に過ぎるというわけではないだろう。すなわち、一九世紀から二〇世紀にかけて、英語圏、あるいはもしかするとヨーロッパのより広い範囲における行為の統治のための諸実践に関する限りでは、習慣からなる道徳的主体としての人間存在という観念から、一九世紀後半の人格と気質からなる正常な主体、二〇世紀前半の連帯と市民的諸権利からなる社会的主体、二〇世紀末の選択と自己実現からなる自律的主体としてのそれに至る変化をたどることが可能かもしれない。

　ここでの私の分析は、ある「主体の理論」を提示することも、また利用することもない。しかし、社会化――すなわち、一人の人間の基本的な心理状態に対する、変化する社会、経済、家族、文化の諸条件がもたらす効果――についての伝統的な言語でも、精神分析と主体の理論の現代的言語を介しても、これらの変化を説明できないとすると、私たちはどのようにしてそれらを理解するのだろうか？　イアン・ハッキングのうまい言い回しを使って、私はこれは個々人を「作り上げる」ことにかかわる事柄だと主張してきた。[8] 多くの人々が強調してきたのは、人間性の歴史的構築と変容における言語の重要性である。[9] 彼らは、以下のことを主張してきた。すなわち、人間存在は実際に「物語」としての彼ら自身の生を生きているのであり、私たちは、文化によって提供される自己の物語を活用し、そのことによってみずからの人生を計画し、出来事を説明し、それらに意味を与え、私たち自身を一つのアイデンティティへと調和させている、という主張である。この視点から言えば、心理学の用語で表現された生の物語を、文化が私たちに与える時、私たちの生は、形の上では、明らかに心理学的なものとなる。したがって、主体性に関する私たちのレパートリー――感情・意図・意欲などといったもの――は、発話の仕方、つまりは「言語ゲーム」の、歴史的に偶有的な特徴として理解することが可能となる。これらの主体性に関するレパートリーが、諸個人に関して、かつ諸個人によって、適切に言及されるような社会においてのみ、私たちの生は可能かつ理解できるものとなる。ここで言語は、道徳的な拘束をもたらす。すなわち、特定文化の成員内における、相対的には持続的な人間性の諸特徴にかかわる道徳的レパートリーを可能にするのである。自己について語ることは、実際、人間存在が彼ら自身の生において獲得・誇示する自己意識と自己理解の型を作り上げる。そしてそれはまた、社会的な諸実践を、それが特定の自己理解なしには実行されえないようなものであるところのそれにまで、作り上げているのである。

イアン・ハッキングは、彼の言う「人間種（human kinds）」についての諸々の歴史のなかで、類似の議論を展開している。[10] 自然界と人間界の区別についての正しく伝統的ないくつかの哲学論議に依拠しながら、ハッキングは、人間の諸行動が可能かつ理解しうるものとなるのは、記述のための特定の諸言語が存在するところのみだと主張する。ある特定の言語、例えば、「ホモセクシュアル」あるいは「児童虐待者」のようなカテゴリーの出現は、異なる活動の種類と異なる人々の種類を分割するやり方、振る舞いに意味を与え、それを特定の仕方で説明し評価するやり方を伴って、人間の振る舞いの新しい型をもまた可能にする。そしてハッキングは、「自然種（natural kinds）」とは違い、「人間種（human kinds）」は、それらを記述する言語と同時に発生し、また変容させられると言う。この種のアプローチは、カート・ダンジガーによる、心理学的言語にかんするいくつかの詳細な歴史研究によって展開されてきた。[*11] 知能、感情、動機づけ、態度、そしてパーソナリティという心理学の道具立ては、実際、心理学が扱うべき諸個人の種類を形成・再形成すると、ダンジガーは主張する。なぜなら、調査の対象である諸個人は、彼ら自身を、みずからが使用可能な言語のなかで彼らとして表現するが、その言語の主要な部分は心理学的諸カテゴリーによって占められているためである。また、感情、動機づけ、態度などといったものは、それらがただ特定の言説の文脈のなかで提示されるがゆえに、人間存在の理解可能な特徴だからでもある。心理学者たちと彼らの対象者たちが、特定の言語共同体（それはむしろ文化を超えた普遍的な心理学の可能性を掘り崩す）に属するがゆえにこそ、それらは、人間存在の自然的諸特徴として現れるのである。

このような言語の強調は極めて重要だと考えるが、しかし私は、ここでの言語論的転回はやや誤解を招くもの、あるいは窮屈なものともなり得るとも思う。[*12] 第一に、もちろん、ここでの言語とは、いくぶん穏やかで合意に基づいた意味の宇宙ではなく、闘争の領域、つまり、何が真で何が偽なのか、また誰が真理を語る権力を持つか、真理を伝える権限を与えられたのは誰で、それは誰に向かってのものか、といったことにかかわる対立の領域を指している。したがってそれは、意味ではなく真理に、権力と真理の諸関係に、そして言説において真理が確立・防衛される、あるいは攻撃・破壊される、その条件にかかわる事柄である。さらに言えば、言語は、人間存在の自己自身との関係が歴史的に形成および再形成される筋道の、単に一つの側面ないし要素に過ぎない。自己との諸関係は、単に言語の問題なのではなく、諸々の真理、規範、技術――すなわち、自己の技術――のそれである。よって重要なのは、言語が何を意味しているかということよりも、言語が何を行っているか、それが人間存在をしてどのような想像を可能にし、また彼ら自身と他者に対して何をすることを可能にしているか、ということである。ここで言語は、人間存在をして、その存在そのものと特定の事柄の遂行――リストを作成し、人口調査を行い、メッセージを送り、遠く離れた現地からの情報を「演算中枢（centre of calculation）」に蓄積し、人物調査を保管し、症例記録を書き、諸個人を記述・分類するなど、その他多くのこと――を可能にする諸テクノロジーに統合される。

諸々の技術――記憶・読み書き・初歩的な計算に関する技術、運動の技術、打算の技術、個性化の技術、生産の技術、洞察の技術、情熱の技術、攻撃の技術、他者への配慮の技術、自己への配慮の技術――を強調することは、人間の諸能力を、複雑な諸装置――それは、皮膚という外皮の内側、あるいは精神という非物質的な統一の内部に限定されても、また統合されてもいない――が寄せ集められたものとしてみることの必要性を強調する。「主体の組み立て」と私が呼んできたプロセスにおいて、人間存在は、肉体の諸々の限界を超えて広がる仕掛け・眼差し・技術を介して構成される。これらは、孤立的で自己完結した個人の諸能力ではなく、オフィス、寝室、クラスルーム、図書館、教会など特定の空間に局在化されたものである。それらは、〔前述の〕諸装置に組み込まれる。オフィス、手続き、書式、コンプライアンス要件を備えた社会保障にかかわるそれ、外科手術、相談室、医者‐患者関係を伴った健康にかかわるそれ、クラスルーム・机・日時の区分・評価や試験の体制・作業や運動の空間を備えた学校教育のそれ、人間性のイメージが息づく場と、自己を理解しまたそれに働きかける方法を提供するような、振る舞いや態度の教育方法を備えた広告と消費のそれのなかに、である。現代の主体は、これらの諸組織のなかで、すべての種類の新しい技術的可能性、すべての種類の知覚、感覚、意欲、感情、喜びと不満、そして自己反省を見出されているのである。

とりわけ私が主張したいのは、心的なもの（psy）の主体化の側面は現代の倫理の形態との関連で検討される必要がある、ということである。倫理に関しては、私は再びミシェル・フーコーの導きにしたがって、悪徳と美徳、善と悪、正と不正に関する公式の道徳規範についてではなく、人間存在がそれによって彼らの日々の振る舞いを理解し、またそれに働きかけるところの、強制、禁止、判断の、より日常的で実践的な手順、体系、形態に目を向けたい。[*13] 私が主張するのは、誘惑と願望、幸福と悲哀、達成と挫折を説明し、理解し、応答するこれらの実践的なやり方、これらのすべて、そしてそれ以上のことが完全に心理学化されてしまっている、という事実である。この意味で、心理学の諸言語、諸技術、諸権威、諸判断は、私たちが自己自身と、またもっとも親密な随伴者との間で試みる様々な本質的解決、その集積を作り出すようになったのである。

本書において私は、心的なものの役割に焦点を合わせているが、また、自己との特定の「治療的」関係の増大を背景にしてはいるが、この治療的人間が、人間存在のすべての型を満たすなどと主張しているわけではない。他の人びと、例えば法制史家や会計史家は、現代の統治可能な諸個人を作り上げる知識と技術の別の型がもつ重要性を強調する。例えばフィリップ・リーフは、私たちは「心理学的人間」の誕生を目撃したと言うが、本書は、その種の「画期的」主張を為しはしない。[*14] 主張はもっと穏当なものである。すなわち、ただ、私たちが自身を思考しまたそれに働きかける新しい特定の仕方——そして他者たちから思考され、働きかけられる仕方——が誕生したということ、そしてそれらが私たちの自己自身との関係におよぼす影響は小さくない、ということである。これらの帰結は、とりわけ、権力にかかわる諸々の合理性、諸々の戦略そして諸々の技術にとって、重大である。

権力の社会学

本書が取り組む第三の一般的な社会学的問いは、現代の政治権力の分析をテーマとする。心理学と権力の諸関係についての多くの批判は、心的なもの（psy）の科学の政治的役割と国家の諸装置とを結びつける。この視角においては、国家は擬人化されている。それは積極的にあるいは暗黙のうちに、みずからの支配、またそれが代表する階級や利益集団の支配を確実なものにしようとするすべての権力の諸実践に、生気を吹き込むものであるかのように見える。しかしながら、理論的および経験的の双方の理由から、この研究は、心理学者たち、あるいはより一般的に社会科学者たちを単なる「権力の僕」とみなすような、政治権力への「国家中心」アプローチを拒否する。その代わりに私は、以下のように主張したい。すなわち、心的なものの諸科学とそれらに関連する専門知の体系は、ずらりと並ぶ一続きの諸権威の出現と結びついていたのであり、またそれらは、実際的にも機能的にも「国家」の一部ではない政治的な装置と、諸々の種類の諸関係を介して繋がっていたのである。これらの諸権威は、単に「権力に奉仕する」だけでなく、権力の対象、技術、そして目標を積極的に形成・変容させる。そしてそれらは、単に権力の「道具」であるだけではない。それらはみずからの権威を、あらゆる種類の技術的革新や実践的メカニズムを介して、自己自身の革新を促進する新しいヒューマン・テクノロジーの多様性の内部で行使する。

ここでの私の分析は固有の経験的研究によって、ミシェル・フーコーの「統治性」についての諸仮説を発展させようとするものである。本書の第一版が出版されて以来、「統治性」についてのフーコーの議論は、より広く知られるようになり、また彼の諸々の仮説は権力の行使に関する異なる諸々の心性や実践についての一連の革新的諸研究に基礎を提供してきた。[*15] 統治は、これらの研究において、「振る舞いの導き（conduct of conduct）」、すなわち、特定の目標に向けて他者たちの行動に影響を与えるための諸々のプログラム、戦略、技術として理解されている。この視角からすれば、国家は、複合的で多様なアッサンブラージュの総体の内部にあって、多様な諸々の権威と力に結びついている、権力の複合的な回路の一つの要素――その機能は歴史的に特殊かつ文脈に応じて可変的である――として現れる。とはいえ、一九世紀と二〇世紀を通じて、私たちは、国家の統治性化を経験してきた。つまり、政治の中枢から得られた諸々の期待を、振る舞いが形成される無数のミクロな場に接続する、一連の諸テクノロジーの革新をである。しかしながら、これは「生活世界の植民地化」のプロセスとして理解されるべきではない。むしろそれは、空間と時間の支配の拡張――あるいは私が距離を隔てた統治と呼ぶ何か――を可能にする、権力のミクロな諸領域の活用という繊細な問題なのである。

さらに統治の分析は、その都度の、一定の政治的合理性――すなわち、特定の時間と場所において統治が行使されるにあたっての、特定の合理化の仕方（例えば、治安の科学、自由主義、新しいリベラリズム［new liberalism］、福祉、「新自由主義《ネオ・リベラリズム》」）――を割り出すことが可能だと主張する。これらの合理性は単に政治哲学者たちの議論にとどまらない。それらは、政党のマニフェストなど戦略的な文書、グリーンペーパー〔政府の政策提案書〕や白書のような政府文書、特定の問題を分析し改善策を提案する調査委員会の報告書、圧力団体・運動組織・慈善団体・シンクタンクなどから出されるパンフレットや政策提案書を下支えしている。それらは、専門家たちの育成、親または管理職の教育、自己啓発書やメディアの相談コラムのための、日常的で些細なテクストにおける、諸々の想定や前提の網の目を形成する。それらは、公式的となることはほとんどないものの、通常では、様々な言説や知識体系に由来する諸要素――しばしば敵対・矛盾していて、また一貫ないし包括的であることはほとんどない――を統合する。それらは、世界を記述するというよりも、世界を特定の記述下において思考可能かつ実現可能なものとするよう機能するのである。

後に明らかになるように、『魂を統治する』の主張は、一九世紀を通じて、「真理の諸言説」――真理についての実証的な知と専門的な知――が、統治の合理性、とりわけ、統治可能な諸空間――経済、工場、人口など、「非現実の空間」――を作り上げることにおいて、また、統治可能な諸主体――大衆、子ども、臣下、市民、自己実現する行為者――を作り上げることにおいて、重要な役割を果たし続けてきたとする点にある。心的なもの（psy）の諸科学は、統治の合理性と技術において、重要な役割を果たしてきた。それは、単にそれらの知に根拠を持っているだけでなく、心的なもの（psy）の諸科学が作りだした権威の型に、また正統性の類——それらは、人間の振る舞いに権威を行使したいと望む人々に、心的なものの諸科学が与えたものである——に基づいている。現代の私たちの「人間の魂の技術者たち」は正統性を主張する。それは彼らが、人間存在の本当の諸問題を、その諸個人の本性についての知識——その知識は、諸個人が作り上げるのだが——の光のもとで、真に解決することができるということに、その根拠を持っている。

具体的に言えば、私たちが統治されている今日、その統治において、心的なもの（psy）がとても重要な役割をになっているということを私は主張したい。多くの西洋諸国において自由主義の「先進的」形態として前面に現れるようになった諸々の統治様式の特性を、私は明らかにしてきた。ここでいうリベラリズムとは、政治哲学としてではなく、統治が行使されるその仕方についてのある思考の系として理解されるものである。その思考の系は、市場・市民社会・私的生活・個人の自然的領域における自己組織の諸能力を育成することの重要性を強調する。この視角からすると、「先進的」リベラリズムは、特定の政治哲学あるいは統治計画——例えば「新自由主義《ネオ・リベラリズム》」——にかかわるものではなく、より一般的かつ広範囲に広がる、政治的統治についての初期自由主義的懐疑主義の再活性化である。なぜ統治するのか、誰が統治すべきか、統治はいかにして正統化されるか、何が統治されるべきか。それは「大きな政府」に対する広範な攻撃において見られるような、政治的統治の経済的および道徳的コストに焦点をあわせる。無数の政治的な諸戦略を下支えし得るにもかかわらず、それらは社会国家という理想の拒否を共有する。社会国家は、政治的組織とその職員たちが、雇用、安全保障、安定その他を最大化するよう国家の実務を調整することに責任を持つような場であり、また、「社会」を統治することなく、諸個人、家族、共同体、組織の選択と資産の自律的経営（self-steering）に影響を与えるという仕方で統治するような、条件整備国家（enabling state）を支持する。これは、自律化と責任化という対となるプロセスを伴う。それは、新しい支配の型の内部で、それら自立的なアクターたちを包み込みつつ、個人としての行為者たちの選択のための自由な空間を解放する。これは単に国家の「縮小（downsizing）」ではないのであって、むしろ自由を、そしてそのなかで生きることのできる能力を持った人びとを創り出す、新しい種類の〔アクティベーション＝就労支援型〕福祉国家を要請するのである。

個人のシティズンシップは、この構造においては、もはや第一義的な意味で国家との関連において実現されるようなものではない。あるいはシティズンシップは単一の「公共圏」――たとえこれが多様化された「市民社会」として理解されるとしても――への参加に内在するものではない。むしろそこには、そのうちでシティズンシップのゲームが行われなければならないところの、分散した非‐全体的な諸実践の領域が存在する。これらの諸実践において、シティズンシップは、第一義的には、自由ではあるが責任を伴う選択の諸行為――すなわち、仕事から買い物までに至る、様々な私的、共同的、そして準‐公共的諸実践――を介して実現される。消費者としての市民は、専門知の統制の内側で活動的な主体となる。良識ある人としての市民は、提供された治安の内側で活動的な主体となる。被雇用者としての市民は、産業再建において活動的な主体となり、消費者としては、イノベーション、品質、競争の仲介者なのである。市民は、フォーカス・グループや態度調査など新しい技術を通じて、消費の一形態として、彼または彼女の民主的義務を遂行する。市民は、みずからを統治する諸々のゲームにおいて彼または彼女の役割を演じなければならないが、この種の「自由を通じた統治」は、そうした演じるべき事柄を増加させる。市民は、みずからに課せられた諸要求への拒否・抗弁・異議申し立てが可能であるが、「自由を通じた統治」は、そうした事項を増加させる。本書が提示する類の分析がその役割を果たすだろう場所とは、この統治と自由にかかわる流動的、力動的、そして闘争的な空間のなかにある。

批判

最後の論点を明らかにしておこう。それは本書の「批判的」エートスとでも呼ぶべきものにかかわる。本書は相対的には感情によらない公平な診断を提供することを企図しているが、他方で、私たち自身との関係の重要性にかかわる根源的な不安を漏れなく描き出している。その不安は、現代の西洋文化に深く浸透し、旧ソビエト連邦諸国や東南アジアその他へと熱心に輸出された。この現代の「自己の制度」――それはアイデンティティ・選択・自律・自己実現という価値の周囲に組織されたものである――についての私自身の不安は、数多くの知の源泉へと由来をさかのぼることができる。すなわち、ブルジョワ個人主義に対するマルクス主義的批判、意識的自我の主権に対する精神分析的「脱中心化」、みずからのアイデンティティに関する肯定的な言明の可能性は、複雑かつ超個人的な言語と社会性の網目におけるその者の位置から生じるとする構造主義の諸議論である。これらの議論の系列それぞれのうちでは、自律性、人格、自我および自己統制の主張は、もしそれが錯覚でないとしても、想像上の事柄である。それらは、主体性の諸々の効果が現実となる実際の条件についての、想像上の理解を表象するものであった。もっとも、この物事の想像の仕方は、まさに現実的な影響力を有したのではあるのだが。様々な角度からみて他の多くと同様に、私もまた、もはやマルクス主義、精神分析あるいは構造主義が「よい思考法」だとは見なしていない。しかし、自律的かつ自己実現的で自己同一的な主体の主権への祝福をそれらが拒絶すること、そして、その主権に沿うような「人間主義的」諸価値についての懐疑は、私には変わることのない倫理的重要性を示すように思われる。

しかし、自律的な自我、あるいは自己統制や自己実現に向けられた、現代的な強制命令に対する私の不安もまた、ある倫理的な次元を有している。この倫理的次元は、間違いなく本書における私の分析に特別な色を与えている。この倫理的次元には、いくつもの側面がある。ある感覚が蔓延している。すなわち、私たちの自律や自己実現の権利を強調することによって何が得られたにしても、そこでは何か、依存性、相互性、友愛、自己犠牲、他者への献身のような語に包含されていたような、私たち自身や他者たちとの関係の仕方が失われているという感覚である。私たちの日々の生活におけるありふれた達成を通じて私たち自身を満足させること、また、キャリアの充実や生活様式の最大限の向上を介した自己改良と個人的幸福の、その無情な軌跡に対して、それらが貢献を果たした、または果たさなかったその程度という見地から、私たちの生活のすべての局面を評価すること。これらの現代的な責務には倫理的な欠乏の感覚が伴う。そして、これら価値の確定や責務と不可避的に対をなすように思われる治療的倫理、それが貧困であるという感覚がある。一七八七年づけのゲーテの言に私は感銘を受けた。それはフィリップ・リーフによって、彼の古典的研究『治療的なるものの勝利』のイントロダクションで引用されたものだった。曰く「長い目で見れば、私は、人間性が勝利するだろうと信じている」「ただ私は、それと同時に、世界が一つの巨大な病院へと変わってしまうこと、そこですべての人が、他のすべての人にとっての慈悲深い看護人になってしまうことを、怖れている」[*16]。それら現代の人間性の司祭たちが抱く高潔な大志を否定することは誰にもできない。彼らは、日常世界において自律や自己実現の権利を称え、また、私たち一人ひとりに、みずからの内面的な動揺の物語を聞くために絶えずそこにあるものとしての耳、そして、配慮と共感が絶えることのない環境を与えたいと熱烈に願う人々である。もっとも、これら三つの密接不可分の命令——自己実現、日常へのコミットメント、絶え間ない告白と配慮——が、人間存在が個人的かつ集合的に彼ら自身と彼らの生の型を形成し得る無数の多様なやり方のうちで括りだすのは、ただ一つである。ではそれらは、いかにして、これほど多くの人々にとっての思考可能性の地平を定めるようになったのか。私たちが何のであり、どのようでありえるか、あるいはあるべきかということにかかわる記述、そのもとで、私たちがみずからの生を生きることの代価とは、何なのだろうか。もしもその研究が、これらの事柄を考察するための私たちの能力の向上を促進するとしたなら、そのときそれは、価値あるものであったということになるだろう。

ニコラス・ローズ
一九九九年、ロンドン

初版への序文

本書は、およそ人間という主観的な存在とその関係に影響を与えるようになってきた諸々の権力を扱っている。それは政治の権力、経済の権力、制度の権力、専門知識の権力、技術の権力、認識の権力である。この五〇年間に権力を主観性と間主観性に浸透させてきた諸々の誘因、そして新たに考案されたヒューマン・テクノロジーの主題と仕組みと目的を、本書では歴史調査を通じて明らかにする。しかしだからといって、私は歴史書を書いたつもりはない。自己の統治のために作り出された新たな仕組みのもつ意味と影響を私たちが考え、誠実さや人間性に関する私たちの心地よい幻想をかき乱すための方法として、私は歴史を用いようとしてきたのである。

この作品においては、心理学と心理学者が重要な役割を担っている。しかし、知識体系あるいは専門家集団としての心理学の歴史やそれに対する批判を書くことは、私の狙いではない。そうではなく、人間の正常な作動と異常な作動を理解可能にした多くの科学的言説における革新や発展と、人間主体の統治が密接に結びついていく様相を示そうとしている。政治的・経済的・道徳的な戦略や関心の下に生じた諸問題がいかに取り上げられ変形されてきたのか、そして、これらの問題にかんする新たな方法による思考と新たな技術による統治がいかに可能になってきたのかを明らかにしようとしてきたわけである。その過程において知を可能にする方法は、政治的合理性、制度化された生活（institutional life）、道徳言説、そして個人の実存そのものを、全面的かつ不可逆的に変容させてきた。

この二〇年、心理学に関する多くの批判がなされてきた。その多くは心理学の理論と実践が孤立した個人とその社会的適応にしか関心を持っていない、というものだった。しかし、私の見方は異なる。現代の社会統制において重視されている心理学は、支配され管理される孤立した自動機械として主体を扱っていない。それどころか、主体は自由な市民であり、個人的な欲望をもち、他者との動的関係の網の目に巻き込まれている。まさに「適応主義的」心理学に対する「進歩的な」批判によって推し進められた心理学の理論と実践——動的で社会的な心理学、精神療法、家族療法——は、主体性が私たちの人間性にとっての鍵であるとその重要性を強調し、自己検査や自己修正を通じて主体性を高める技術を練り上げることで、主体性が権力の網の目に結びつくような仕方を強化してきたのである。

本書の第一章「戦時下の人々」では、第二次世界大戦について論じている。戦時の人間の諸問題に巻き込まれた心理学者や人々による実践への関与や研究活動は、主体性を統制するテクノロジーが戦後に形成される際に決定的に重要なものであった。第一次世界大戦と戦間期における心理学の役割を素描した後、心理学の活動においてそれぞれ別個でありながら相互に関連していた領域について検討する。すなわち、銃後の国民の士気、心理戦、兵士および士官の選抜、そして精神疾患を抱えた帰還兵や捕虜の社会復帰《リハビリテーション》である。ここでは、二つのもっとも重要な主題が姿を現す。一つは、制度化された生活において人的資源を最大限活用するためには心理学の専門知が不可欠であるという主張であり、もう一つは、分析・治療・統制のための基礎的な単位は集団であるという見解の出現である。第一次世界大戦は知能検査の発展と展開を促したが、第二次世界大戦では人員採用や昇進に関するより正確な技術、政策選択に関するより効率的な方法が求められ、心理《プシケー》を評価するための一連の道具立てが発明されていった。主体性の新たな側面、とりわけ「態度」と「パーソナリティ」が、概念の輪郭が描かれると同時に実践的に利用される。個人を制度化された生活のなかで管理するためのあらゆる実践にかんして、心理学の専門家はその知見が重要な役割を果たしうると主張したのである。

第二次世界大戦は、士気の戦争であった。何が戦闘部隊を効率的なものにするのか、何が一般市民の決意を持続させるのか、あるいは何が神経症を患った兵士や士気を失った戦争捕虜の回復を促進させるのか、といったことを理解しようとするならば、個人間の絆や、内的な精神状態と外的な他者関係との関係を分析する必要があった。戦争は社会心理学・心理療法・精神医学という新たな思考様式を生み出し、それらは様々な方法で社会関係を記録し、解釈し、利用しようとした。それは世論の状態や兵士の態度を評価することにはじまり、訓練やプロパガンダの使用によって連合国の兵士や市民の士気を鼓舞したり敵の士気を挫いたりすること、果ては治療目的で集団の関係を体系的に利用するにまで至った。戦後の心理学的思考と統制的実践を見据えるうえでも、集団は有望視されていたのである。

これら二つの発明、つまり人的資源の最大化と集団の役割がもっとも重要視されたのは、産業においてであった。本書の第二章「生産的な主体」では、これらの問題を検討する。国立産業心理研究所と労働衛生調査委員会の戦前の活動は、職業指導や疲労のような諸問題の研究において限定的な影響しかなかった。これらの領域における評価と分析の方法は、たいてい個人の能力分析に依拠していた。

戦後、労働生産性や産業不安、労働者の企業に対するコミットメントや統合を最大化することに関する論争が起きるなかで、集団と人的資源について考え、それらに働きかける新たな方法が展開される。さらに、労働には、より広範な非‐経済的な意義さえ認められていった。個人の精神衛生、家族の安定性、そして社会の平穏のための不可欠な要素として、雇用が理解されるようになってきたのである。

いまや労働は、経済的にだけでなく、精神的にも不可欠なものとみなされている。それは単に、労働者のもつ病理学的・心理学的な特性によって生産性が妨げられているとか、丸い穴に四角い釘〔仕事に適応できていない〕といったことだけではない。それは、労働者の主体性に関する知見に従って職場の時間的・空間的・対人的な関係を思慮深く調整すれば、生産性、利益、満足いずれにおいても企業の収益が高められうる、ということでもある。経営思想の新たな進展において、労働はもはや個人に課された義務ではなく、道具的合理性によって引き受けられるだけの活動でもない。労働それ自体が自己達成《セルフ・フルフィルメント》のための手段なのであり、企業利益への道は、自己実現《セルフ・アクチュアリゼーション》への道でもあるわけである。

本書の第三章「子どもと家族とまわりの世界」では、私は家庭という「私的な《プライベート》」領域を統治の諸目的へと連結してきた諸々の戦略を検討している。およそ一世紀半の間に、社会的・政治的な関心は、子供の養育と福祉を社会全体の福祉と結びつけてきた。犯罪や少年非行から軍事的敗北、産業の衰退まで、諸々の社会的悪が家庭内における間違った、あるいは無知に基づいた育児の実践と結びつけられてきた。統治の諸目標と、夫婦、家庭、親としての振る舞いに関する細目との間に、子供を介して諸々の力線が形成されてきたのである。

第二次世界大戦以来、心理学は従来に増して、子育てに対する関心を表明する言葉、つまり諸問題を明らかにする手段や、そうした問題を正すことのできる種々の専門知を提供してきた。強調点も徐々にではあるが決定的に移り変わった。それは、心理的な不適応を防ぐという関心に始まり、子育ての正しい手順を経て、新たな目標にたどり着く。すなわち、幼少期における親や環境との関係を適切に管理することによって、子供の感情的適応と認知能力の双方を最大化する、という目標である。

家族の統制に対する批判は、貧しい家族、核家族ではない家族、エスニック・マイノリティの家族に対する社会福祉事業の介入に論点が集中しがちであった。そのようなメカニズムは、依然として重要である。しかし、大部分の家族に対する統制は他の方法によって作用している。威圧、すなわち子供の強制的な保護あるいはその脅威による家族の機能停止という方策は、さほど大きな役割を果たしてはいない。威圧ではなく、大人たちの願望や欲望、向上心に働きかけることによって、家族の実践は社会的な諸目標へとますます接続されている。ここにおいて心理学は、重要な役割を果たしてきた。心理学は、子供の望ましい発達や振舞いの基準を打ち立て、また、子供の本性を、つまり子供の正常性と異常性を、視覚化したり理解したりするための新たな手段を提供したのである。これらの心理学の基準や用語は、ソーシャル・ワーカーや保健師による教育を通じてだけではなく、おおむね大衆文学やマスメディア上の議論における言葉遣い、広告、そして文化を通じて普及していった。実際の子供の行為と、これらの基準やイメージが持つ理想との間の避け難い隔たりのなかで、親たちの間には不安と失望が生じる。この不安こそが、現実と理想の相違を処理するために親たちが専門家の導きを求める原因となるのである。

本書の最終章「私たちの自己のマネジメント」では、精神療法の激増の本質とその含意を、また「自己に関するセラピー文化」とでも呼ぶべきものの出現を、検討している。人類学者や歴史学者は「自己」のカテゴリーが普遍的ではないということ、つまり、様々な文化や時代によって人間の能力が多様に規定され、私たちとは異質な仕方で人間を個別化していたということを早くから認識していた。社会学者もまた、自由で、合理的で、自覚的であり、かつ選択する自律的な自己が、西洋の資本主義・民主主義諸国の産物であると主張してきた。しかしながら、自己に関する歴史的かつ人類学的な二つの特徴についてはあまり研究されてこなかった。一つは、文化的なカテゴリーや信念と、自己であるところの諸個人の実在との関係について。もう一つは、近年自己に関する諸々の新たな概念と技術が出現したことにかかわる。すなわち、二〇世紀後半には欲求し、語り、実現する自己が作り出されたのだ。心理学の諸理論は、新たな自己概念の誕生において重要な役割を果たしてきた。同様に、心理学的な諸技術も、近代的な自己を解釈し、維持し、作り変える諸々の実践や技術の発達にとって決定的な役割を果たしてきたのである。

戦後における動的で社会的な心理学の発達や、パーソナリティという新たな観念の出現は、心理学的専門知に依拠した体系的管理によって自己を作り変える新たな技術の発達と連動してきた。行動のテクノロジーが一つのパラダイムであった。このテクノロジーは、精神疾患ではなく不適応的パーソナリティに関する諸問題――アルコール中毒、恐怖症、拒食症、過食症、脅迫観念――との関連で、発展の足がかりを得た。それらは、特定の目的の下に人間の行動を成型するあらゆる領域において利用される他の諸技術と、急速に結合されていく。禁煙から不安の管理まで、セックス・セラピーから自己主張訓練《アサーション・トレーニング》まで、窃盗癖のある人を矯正する技術から価値観の認知的な再構築まで、心理学の技術が適用されるのだ。

いまや心理学的専門知は、病の治癒ではなく、主体性を作り変えることを約束している。性的満足からキャリア昇進にいたるあらゆる主題に関して、心理学者は、個人的にも、また新聞にラジオ、テレビを通じても、助言や援助を提供している。これらの技術の伝道者たちは、私たちが何者になり得るのかというイメージを提示し、また、それらを追求するよう私たちに迫る。現にある自分をなりたい自分に変える夢の実現を助けよう、というわけである。私たちの自己は、心理学の用語によって定義され、構築され、統治されている。言い換えるならば、私たちの自己は、心理学に着想を得た自己点検や自己分析の技術に絶えず従属している。そして、よい生活とは何かを定義し、またそうした生活を送ることにまつわる問題は、倫理の領域から心理学の領域へと置き換えられてきたのである。

本書は、数年前に『サイコロジカル・コンプレクス』(London, Routledge & Kegan Paul, 1985) のなかで行った議論を発展させたものである。本書は、分析の視野を現在にまで広げ、同時に経済的な生活と個人的な実存の双方を検証した。また、本書での議論を一貫させるために、前著において行った説明についても再度吟味や訂正を加えた。しかし、私は主に、一九三〇年代以後のイギリス、また多少アメリカでの出来事にも注目してきた。私は自分が記述した諸々のプロセスを自由で民主的な社会にとって一般的なものとみなしているが、本書が扱ったのとは異なる地域にどの程度妥当するのかという問題は諸賢の判断に委ねたい。

本書を準備するにあたって、私は多くの資料と人々を頼りにしてきた。とりわけ、主要な問題についての考え方は、ミシェル・フーコーの研究と分析に負うところが大きい。彼の記憶そのものは、彼に関する解説書の類よりもよっぽど価値がある。また、本書で扱った多くの領域に関して、私は二次史料を多用している。これらについては可能な限り出典を示すことで恩に報いるよう努めているが、私の叙述に自らのアイデアの影響を看取されるだろう、すべての方々に感謝したい。本書の議論には、別の場所で古いバージョンを発表したものもあるが、ここでは大幅に加筆と修正を行っている。また、執筆にあたっては、タヴィストック診療所およびタヴィストック人間関係研究所の文化史・社会史に関する研究のなかで、ピーター・ミラーとともに行ったインタヴューも用いている。なお、この調査はリーバーヒューム財団の助成を受けて行われた。さらに、一九八六年から八七年にかけて二期にわたる在外研究を認めてくれたブルネル大学、とりわけ社会科学部に感謝しなければならない。本書に関する初期の研究は、その間に行われた。

本書の執筆にあたって、多くの人々が支えてくれた。資料の収集、複雑な問題についての討論、初期の考察を記したセミナー論文へのコメント、文献の提供、諸々の題材を通じた助言は、いずれも私の支えになった。とりわけ、第四章の準備にあたって用いた情報を提供してくれた、すべての組織に感謝している。私は、本書におけるそれらの利用を彼らが許してくれることを望んでいる。また、多くの人々が親切にも、いくつかの題材からなる草稿を読み、それらにコメントしてくれた。私は、自分が無視してしまったものも含めて、すべてのアドバイスに感謝している。なかでも、ポール・ハースト、フィル・ジョーンズ、そしてピーター・セグロウに感謝したい。彼らは、複数の章に関して惜しみない助力を申し出てくれた。本書の多くのアイデアは、ピーター・ミラーとの議論から生まれた。

彼はまた、草稿の各部分にコメントし、行き詰まる私を生産的な方向へと導いてくれた。ダイアナ・アドラムは、いつものように、私にとって第一の、そして最良の批評者であり、最後まで私と議論を重ね、心理学の歴史に関する多岐にわたる知識を惜しみなく与え、テクストの多くの誤りや混乱を取り除く助けとなってくれた。本書に意義があるとすれば、それはまぎれもなく友人たちのおかげであるが、しかし書かれたものの最終的な責任は私にある。

ニコラス・ローズ
一九八八年七月、ロンドン

はじめに

「近代国家」というものを、個人を越えて展開し、個人が何者であるかということだけでなく個人の存在そのものをも無視するような実体とみなすべきではない、と私は考える。反対に、この個別性が新たな形態で形成され、一連の特殊なパターンに従うという条件さえつければ、国家とは、その中で諸個人が統合される一つの精巧な構造であるとみなされるべきなのだ。[*1]

ミシェル・フーコー、一九八二年[†1]

私たちの私的な生活や感情、欲望、野心は、典型的に個人的なものであるように思われる。戦争、飢饉、不正義、貧困、疾病、テロリズムといった公的な諸々の問題が発するメッセージ――、人を感情的に圧倒するようなそれらに囲まれて生活するとき、私たちの精神状態や主体的な経験、そして私的な関係といったものが、私たちが本当の自己を確認できる唯一の場所であるかのように立ち現れてくる。私たちがそのような信念によって大いに安らぎを得ていることは確かである。しかし、それは大いに誤解を招くものである。

私たちのパーソナリティや主体性、「人間関係」は私的な事柄ではない。たとえそれらが権力の対象ではないとしても、である。それどころか、それらの問題は徹底的に管理されている。おそらく、

†1　H・L・ドレイファス、P・ラビノウ『ミシェル・フーコー　構造主義と解釈学を超えて』二九四頁、山形頼洋、鷲田清一ほか訳、筑摩書房、一九九六年

これまでも常にそうあり続けてきた。社会的慣習や共同体内の監視、法的規範、家族の義務、宗教的な訓戒が、過去の時代や異なった文化において、人々の心に大きな影響を及ぼし続けてきたのである。振る舞いや話し方や感情は、それらが示す内面的な状態〔がいかなるものか〕という観点から検証され、評価されてきた。そして、この見えない内的世界に働きかけることによって、人間の見える部分を変化させるための試みがなされてきたのである。思考や感情、行動は、私的な自己の組織と構造そのものとして現れるかもしれない。しかしながら、それらは細部に至るまで社会的に組織化され、管理されているのである。

ただし、現代の自己の管理は、少なくとも以下の三点において特徴的である。第一に、市民の個人としての主体的な能力は、公権力の視野と対象に組み込まれてきた。これは、抽象的な政治戦略や、管理と規制の制度・技術のレベルのみに限られない。今や私たちの統治者が、自らの任務のすべてを、あるいは大部分を市民の内的生活という点から理解していると主張するのは、言い過ぎかもしれない。しかし今日において主体性は、国家の状態や、国家が直面する問題及び可能性や、優先事項と政策に関する政治的力学を見積もる際の一要素となっている。あらゆる政治的特色を持った政府や政党が、政策を立案し、組織を立ち上げ、官僚制を確立し、そして市民の精神的な能力や性質に働きかけることによって、市民の振る舞いを統制するための主導権を推進してきた。

それがもっとも明瞭に表れているのは、子どもを対象とした複雑な諸装置、例えば児童福祉制度や学校、少年司法制度、両親の教育及び監視などである。しかしながら主体的能力の統制は、私たちの社会的実体の中に広く深く浸透してきた。大臣・公務員・公報などが軍事的能率に関与し、人々をその仕事に適応させるという視点で物事を考える時、あるいは彼らが労働者の動機づけと充足という観点から産業の生産性を理解する時、あるいは彼らが結婚の心理的ストレスという観点から離婚の増加という社会的問題を取り上げる時、市民の「魂〔心〕(soul)」は政治的言説や統治の実践に直接組み込まれているのである。

第二に、主体性の管理は近代の機構にとって中心的な課題となってきた。諸々の機構は、市民の「私的な」生活と統治者の「公的な」利害の距離を縮めようとするようになった。職場や工場、航空会社、大学、病院、刑務所、軍隊、学校などはすべて、制度上の諸目標を追求し、計算し尽された人間の能力の管理をともなうものである。組織された生活の管理には明らかに多くの要素が入り込んでいる。しかし、今や上司や軍隊の指揮官や教育者たちは、彼らの目標を達成するために、多かれ少なかれ労働者や兵士や生徒の主体性に気を配らざるを得なくなっている。

例えば、構成員の知能やパーソナリティ、素質に関する知識に基づいて彼らを合理的に各々の活動に配置することによって、軍隊が部隊の不規律と損耗を最小化し、戦闘効率を高めようとする時、人間の主体性は軍事力の重要な要素になってきた。また実業家が、集団力学の観点から業務慣例を適用することによって生産性と協調性を高めようとする時、間主体性は管理職にとって中心的なものとなった。すなわち組織された生活は、心理学的な様相を帯びるようになったのである。

第三に、私たちは専門知の新しい形態、すなわち主体性に関する専門知の誕生を目の当たりにしてきた。新しい専門家集団の一群は増殖し、自己に関して、そして心理の分類・測定や変化の予測、心理的な問題の原因を突き止め治療法を打ち出すことに関して、各々がその妙技を主張した。臨床・職業・教育の心理学者だけでなく、ソーシャルワーカーや人事担当取締役、保護監察官、様々な学派や流儀のカウンセラー及びセラピストも、彼らの社会的権威は、人間の心理的側面を理解し、それらに働きかけ、何をなすべきかを助言する能力に基づいているとしてきた。こうした「人間の心を扱う技術者」の複合的な権力は、自己に対する権威に関係するまったく新しい何かを明らかにしているように見える。

これらの新しい思考・行動様式は、専門家にだけかかわる問題ではない。それらは私たち一人ひとりに、私たちの個人的な信念・願望・野心に影響を与える。すなわち、私たちの倫理に影響を及ぼしているのである。私たち自身や他者を解釈し、理解し、評価するための新しい言語は、私たちが上司や従業員、同僚、夫、妻、恋人、母、父、子ども、友人と交流する際の方法を変化させてきた。私たちの思考領域、すなわち私たち自身の個人的感情や密かな願望・野望・失望についての考え方や語り方は、再構築されてきたのである。感情を管理するための私たちの技術は刷新され、私たち自身に関する認識そのものが急激に変化した。私たちは極端に主体的な存在となったのである。

以下に述べる研究は、近代社会において個々人が世界や他者、そして彼ら自身とかかわりあう際に、いかにして彼らの生活の主体的な側面に中心的な役割が与えられるようになったかを追求しようという試みである。私がこの研究で描き出そうと試みるのは、権力の新しい網の目が形成されてきた諸条件、それらの背後に横たわる願望や不安、それらが私たちの現実にもたらした新しい考え方や行動様式である。

私のアプローチは、近年の社会学研究でもっとも影響力を持つようになった手法とは異なっている。[*2]

そのような研究の特徴は、ある限られた解釈的・批判的な比喩表現を用いる点にある。すなわち、専門家集団の道徳的起業家精神、社会問題の医療化、社会的統制の拡張、知的主張のイデオロギー性、科学者の社会的利害、支配を正当化するものとしての心理学的諸科学などである。「社会‐批判(socio-critique)」のパラダイム——このような呼び方が許されるとして、だが——は、確かにこれらの知識や技術の興隆にかかわって、何がしかの重要な事柄に光を当てるものである。しかし私は、心理学的諸科学と心理学の専門家、そして政治的権力の組織の間の諸関係に対するこのような見方は、多くの重要な点で制約をはらんでしまうと考えている。

社会‐批判は、このような主体的な生活に関する知識がある重要な意味で間違っている、もしくは充分ではないということを示唆している。さらにそれはその根拠、すなわち、主体的な生活に関する知識が、支配のシステムにおいてある役割を果たすことができると考えること自体が間違っているということをさえ、言うかもしれない。つまり、知識は認識論的な用語で評価されているのである。しかし、私の関心はこれとは異なる。私の関心はある哲学的な意味での真理にあるのではなく、いかにして真理のシステムが確立され、真実が生み出され、評価されるのかということや、真理の「装置」——例えば概念や規則、権威、手順、手法、技術など真理が現実となる媒介となるもの——にあるのである。私の関心は、次のような事柄にある。例えば、主体性に関する知識によって導入された真理の新しい支配形態、他者と自己についてもっともらしい事を語るための新しい方法、真理を語ることができ、真理に従う者への新たな分け前、そんな彼らや私たちが被っているかもしれない何事かについて考えるための新しい方法などである。

社会‐批判は、心理学的諸科学とその実践者たちが、個人の主体性の統治にかかわるという点で社会的な影響力を有すると示唆している。ここでの主体性とは、本質的な基準として現れる。すなわち社会はどの程度主体性を抑圧し、あるいは尊重するかによって評価されることになる。私は逆の問いを立ててみたい。様々な外観や概念を持つ主体性そのものは、いかにして政治システムと権力関係の尺度となってきたのだろうか？　こうした見方に立てば、権力と主体性の関係は個人の自由の制約や抑圧に限定されない。むしろ、近代の知や心理の専門知の特徴は、主体性を喚起する彼らの役割と関っており、それらは自己点検と自意識を促し、欲望を形作り、知的能力を最大化しようとするのである。近代の知や心理の専門知は、「選択の自由」を有する個人を生み出すために欠かせないものであり、彼らの生活は意義ある喜びという主体的な感情に満ちている限りにおいて価値あるものとなる。[*3]

社会‐批判は、心理学的な知と技術は権力関係を維持すると見ている。恐らくその通りだろうが、その役割はこうした考察が示している以上に根本的なものだ。というのは、このような考え方は、心理学的な知と技術が生み出す新しい影響や、それらが専門家の野心と個人の生活設計の間に確立する新たなつながりを捉え損なってしまうからである。それゆえに、これらの役割は権力の正当化をはるかに超えたものとなる。それらは権力の理論的根拠及び技術と、民主主義的な社会の価値と倫理の間に新たな提携関係を作り上げるのである。

社会‐批判は、このような知と技術の起源と成功は、国家の役に立つそれらの機能という観点から説明できると主張する傾向がある。しかし私の考えはまったく異なっている。国家という観点ではなく、私は「統治」という観点から話したい。私が使う意味での統治とは、計算高い政治的主体の行動ということでも、官僚機構や官僚の業務ということでもない。むしろ統治という言葉によって説明されるのは、人口を構成する個人の力や活動、人間関係に計算された手法で働きかけることによって、社会的・政治的目的に到達しようとするある特定の方法である。[*4] 一九世紀と二〇世紀を通じて、ヨーロッパと北アメリカの領土は、財産と富の保障や、生産の収益性と効率、公共の美徳、安定、そして幸福をも生み出すために、社会生活の管理及び再構築のための計画によって重なり合うようになった。そして主体性は、国民に関する事柄を管理する際に極めて重要な資源になったのである。

統治性（governmentality）は、ミシェル・フーコーが言うように、統治者の任務を社会的権力の計画的な管理と最大化という観点から解釈する限りにおいて、政治的合理性を備えたあらゆる近代的形態の共通の基盤になってきた。統治性は、「制度、手続き、分析、省察、計算、策略によって形成された集合体であり、それは特定の人々を対象とした、明確ではあるが複雑な形態の権力の行使を可能とするのである[*5]」。一八世紀頃からずっと、西洋のあらゆる支配システムにとっての人口は、際立って重要な統治の領域として出現した。この人口という統治の領域は、現在でもその役割を担っているが、しかしそれは主権の行使ではない。家族そのものが極めて重要な支配装置なのであるが、あたかも一つの家族であるかのように国民の生活を管理することではなく、人口に適した諸々のプロセスを規制すること、すなわち彼らの富、健康、寿命や、戦争を遂行したり労働に従事する能力などを調整するための法律が重視されてきたのである。国家が統制機構の拡張によって社会全体への支配を広げているると考えるのではなく、私たちは「国家の統治化」、すなわち政治的支配を行うための合理性とテクノロジーの変容という観点から考える必要がある。

政治的思考の中に人口〔という概念〕が入ってくるとともに、主体の人数や彼らの年齢、寿命、病気と死因、習慣と悪癖、再生産率などの現象が支配の対象となる。当局の行動と計算は新たな課題に向けられている。すなわちいかにして人口とその内部の個々人の力を最大化し、彼らの問題を最小化し、そして彼らをもっとも有効な方法で組織化するかということである。主体性と間主体性という知識の誕生と歴史は、主体を統治するためには彼らを知る必要があるということを発見してきた諸施策と、本来密接な関係にある。統治性が提起する問題によって、心理学的諸科学やその概念体系、技術開発、説明の様式、そして専門知の形式が重要な役割を果たす領域が、浮かび上がるに至っている。

統治性が持つ二つの特徴は、これらの科学が主体的・間主体的な生活を政治的権力のシステムに結びつける際に果たしてきた役割を理解する上でとりわけ重要である。第一の特徴は、統治は知に依存しているということである。一方では、ある集団を統治するためにはその集団を現実の一領域として切り離し、集団の特徴やそれにふさわしいプロセスを識別し、その特徴を記録・口述・記述可能なものにし、特定の説明体系によってそれらの特徴を説明する必要がある。このように統治は、何が統治されるべきなのかを具体化した真理の生産、流通、組織化、公認に依存しており、それによって統治は思考し、計算し、実行することが可能になるのである。

他方、集団の統治は別種の知を必要とする。ある集団に関する計算を行うためには、その集団の特定の特徴を計算の原材料として強調する必要があり、それらの特徴に関する情報も必要となる。ここでいう知は、極めて物質的な形態をとる。すなわち知は、出生、死、婚姻、病気、様々な家に住む人々の数、彼らの職種、彼らの食事、富あるいは貧困といった現象を、政治的な計算が機能しうるデータに書き換えることを必要とするのである。換言すれば、計算は「記録」というプロセスを必要とし、「記録」は世界を、報告書、図面、地図、図表、そしてとりわけ数字などの物的証拠に翻訳する。[*6]

統治のプログラムの発明は、「大量の印刷された数字」に依存し、またそれらを必要としていた。この数字は人口を、耐久性があって持ち運ぶことができ、官庁に蓄積可能で、追加、除去、比較、対照することも可能な記録に翻訳することによって計算可能なものにした。これらの記録の実践に与えられた用語は「統計」であった。一七世紀から一八世紀、一九世紀を通じて、政府の科学である統計学は、人口の特質を統治者の計算に組み入れられるような形式へと書き換えるようになった。国土に住む人々、彼らの年齢、居住する場所と形態、仕事、出生、病気、死――これらはすべて書き留められ、書き写された。それらは数値化され、中央に集められた。また管理が困難な集団は、政治的議論や行政上の決定に使用可能な形式に変換された。

政治・行政における議論や計算に利用可能な数字への人口の変換は、一九世紀には新たな領域へと拡張された。英国の統計学会は、家族構成、職種、食事、貧困と欠乏の程度を示す図表を収集することになった。[*7] そして人口の道徳的地勢図が作られることとなった。それは窮乏、非行犯罪、狂気を時空横断的にマッピングし、病状の変化の割合やその原因、そしてそれらを改善させるために必要とされる方策に関するあらゆる種類の結論を描くものであった。主体の能力は、新たな方法で統治に関連するものとなり、統治が入手可能なものになりつつあった。

これらの二つの意味で統治が知に依存しているがゆえに、私たちは、心理学や精神医学、そしてその他の「心的なもの」の諸科学が人間主体を捉える権力のシステムにおいて果たしてきた役割を、正確に理解することができる。「人間」諸科学の中で考案された概念体系や、それらによって発明された分析と説明の言語、そしてそれらによって構成された人間の振る舞いについての語り口は、人間の主体性や間主体性を当局の計算に組み込むための方法を提供してきた。一方では、人間の生活の主体的特徴は、経済や組織、刑務所、学校、工場、労働市場を理解する際の要素になりうる。他方では、社会政治的目標の追求において、人間の心理そのものが体系的な統治をしうる領域となってきた。教育し、治療し、矯正し、処罰すること——これらは確かに、古くから要請されてきたことである。しかし、心理の科学がもたらした新たな語彙によって、人間の心の深層を豊富な知識でもって管理するという観点から、統治の野望を明確に表現することが可能となるのだ。

心理学的諸科学はもう一つの重要な役割を果たした。すなわち、それらは人間の心の特質や活力や能力を記入するための手段を提供したのである。それによって、人間の持つ力を、計算の基礎となるデータに変化させることが可能となった。その検証は、あらゆる心理学的な記述手段のモデルを形成した。[*8] 検証は、個性の追跡可能な記録を生み出すために、監視の実践、標準化された判断の適用、そしてデータ記入の技術を結びつけた。心理学的諸科学の検証メカニズムは、——精神医学的診断と知能テストの二つがその範例であるが——それぞれ計算可能な力として主体性を思考に翻訳するメカニズムを提供した。検証作業は人間の個性を可視化するだけではない。それは、個性を文書の網の目に位置づけ、属性やそのヴァリエーションを成文化された形式に書き換え、それらを蓄積し、集計し、平均化し、標準化する——要は詳細に記録することを可能にするのである。このように人間の心理を詳細に記録することによって、当局と関係するあらゆる個人の生活の要素を、調査書類にまとめたり、記録保管所に納めたり、あるいは個人の記録が比較・評価・判断されうるような中央の機関に送ることが可能になった。記録は、集団全体の心理学的特徴に関する特定の知識と統合することが可能であり、そうした知識は、今度はその集団との関係において個人を較正するために利用することができるのである。個性に関する心理学的な記録によって、統治者（government）は主体に働きかけることができる。

心理学的な評価は、認識論的なプロジェクトにおける単なる一つの機会でもなければ、知の歴史におけるエピソードの一つに過ぎないというわけでもない。主体性を計算可能なものにする中で、このような評価を通じて、人々は主体的能力の名の下に影響を与えられ、また彼ら自身に大きな影響を与えるようになるのである。

こうして知の新機軸は、人間主体が統治の網の目に組み込まれるプロセスにとって不可欠のものであり続けてきた。人間の主体性とその政治的妥当性について語るために新たな言語が発明され、人間の能力や振る舞いを計算するために新たな概念の体系が定式化され、人間の精神を記録して測定し、その病理と正常性を見分けるために、新たな道具立てが形づくられてきた。こうした認識の仕方は、「ヒューマン・テクノロジー」を取りそろえることを可能にした。それは行政機関や経営者のオフィス、作戦室などの計算の中枢から、男性と女性と子どもたちの主体的な生活に働きかけることを可能にするような力とメカニズムと関係の集合体であった。*9

ヒューマン・テクノロジーは、人間の力と能力の計画的な組織を、自然の力、生物学的な力、機械的な力など他の力や、機械や武器などの人工物とともに、権力のネットワークを機能させることに組み込んでいく。このような構造の中で、一見すると異なる現実の秩序に属しているように見える諸要素が一緒にされる。例えば建築デザイン、設備や技術手段、専門家、官僚、計算方法、記録、矯正の手続きといったような要素である。このように理論的な知は、心を心理状態や知能、パーソナリティという観点から思考可能なものにし、そのためにある種の行動とある種の効果とを関連づけることを可能にする。

建築物の設計から時刻表の構造に至るまでの諸々の技術は、ある成果を達成するために人間を時空間の中に組織化する。年齢から教育資格・認定に至るまでの階層関係は、個々人を忠誠と依存の連鎖に位置づけ、ある人々にはその他の人々を指導する権限を与え、その他の人々には彼らに従う義務を負わせる。

道徳的な命令から支払いシステムに至るまでの動機づけの手順は、子どもや労働者、あるいは兵士の振る舞いを、特定の目的に方向づけるものである。矯正と治療のメカニズムは、心理学理論の原理に従って自制の技術を再形成する手段を提供する。政治的な願望と諸個人に影響を与える諸様式を結びつける翻訳、結合としてのネットワークが、中継器として形を成すにつれて、権力の戦略を人間の心の隙間に浸透させることを可能にするような主体性のテクノロジーが確立されるのである。

こうした細分化した主体性のテクノロジーは、経済生活、社会的存在、政治文化にとって急進的な結果をもたらしてきた。しかしだからといって私たちは、こうしたテクノロジーの起源や説明原理を国家の中に位置づける必要はないし、こうした出来事を、階級支配を守るために合理的に考案された、首尾一貫したプログラムの実行であるとみなす必要もない。ミシェル・フーコーが提起したように、私たちは偶然を歴史上の正当な場所に位置づける必要がある。技術革新はしばしば、政治的秩序に対する大きな脅威ではなく、局所的でささいな、周辺的でさえある問題に対処するために生み出されてきた。当局の諸々の問題に対する考え方や対処法を強化したり変化させたりするためのプログラムは、時に中央の政治機構（apparatus）から出された。しかしより特徴的なのは、それらのプログラムが別の力や同盟関係によって〔も〕組織化されてきたことである。例えば、牧師や慈善家、医師、警察官、弁護士、裁判官、精神科医、犯罪学者、フェミニスト、ソーシャルワーカー、大学教員、研究者、会社の上司、労働者、両親などである。これらのプログラムを達成するのに、ある時には立法措置がとられ、またある時には政治機構に新たな部門を設立することになった。しかしそれはまた、慈善団体や財団、信託、雇用主の起業、同業者組合、教会、専門家集団の仕事でもあった。技術革新は、根本的に新しい発明から生じることもあったが、既存の説明枠組みや技術を、場当たり的に利用したり組み合わせたり拡張することもあった。このような散発的な技術革新は、しばしば無駄に終わったり、失敗したり、断念されたり、裏をかかれたりしてきた。しかし、中には成功し、他の領域や問題へと広がり、持続的で安定した思考と行動のネットワークとして確立されたものもあった。そしてこのような小さな歴史の中から、近代人たる私たちすべてがその網の目に巻き込まれることになる、より大きな様式（pattern）が形成されてきたのである。

このように心理学的諸科学は、魂〔心〕を統治するためのプログラムや計算や技術と密接に結びついている。二〇世紀における心理学的諸科学の発展は、私たちの思考に新たな次元を切り開いた。同時に心理科学の発展は、現在想像しうる現象や影響を生み出すために、私たちの現実を作り上げる新しい技術を可能にしてきた。人間の精神を、知の領域及びテクノロジーの領域へと移行したことにより、深遠だが客観的な知によって権威づけられた規範と判断基準に従って主体性を統治することが可能になった。

心理学的な知は、確かに特定の社会状況で生起した問題を扱った。しかしこれらの状況そのものは、そのような知が提起する解決の種類をあらかじめ運命づけたり決定したりしたわけではなかった。概念体系や説明原理、そして証拠と証明の慣行は、独自の影響を及ぼし、初発の問題や論点に取り組み、それらを変容させ、分類・議論・評価の言葉を社会的な議論へとフィードバックさせていった。無論、多くの論者が認識している通り、心理学という学問領域は一枚岩とは到底言えないものである。競合する学派によって引き裂かれ、相容れない説明モデルの間で競争があおられ、暗黙裡にあるいは明示的に対立する哲学的基礎に立脚している。このような心理学の多様性と異種混淆性は、概念的なレベルでの心理学の持続的な独創性と、その広範囲にわたる社会的応用可能性をもたらした要素の一つであった。心理学は自らの真理の主張を損なうどころか、応用という点で有益な差別化を行うことができた。また心理学は、社会的な力と人間の心とを関連づける様々な方法である、主体性の統治のための文脈と戦略の多様性とともに作動することが可能になった。

主体性の専門家は、私たちが統治され、また私たちが自分自身を統治するための今日的な方法にとって、欠かせないものになった。これは、専門家が国家と共謀して、主体をだまし、管理し、制約しているからではない。リベラル・デモクラシー〔を基調とする〕政体は、国家権力による個人の生活への直接的で強制的な介入を制限している。そのため、主体性を統治するためには、当局が個人の選択、願望、価値観、振る舞いに対して間接的な方法で働きかけることが必要となるのである。専門知は、法、裁判、警察の公式的な機構と、市民活動の形成の間に、この本質的な隔たりをもたらす。専門知は、暴力や強制の脅威を通じて影響力を獲得するわけではない。そうではなく、それが有する真理に固有の説得や、その規範によって喚起される不安、それが私たちにもたらす生活や自己についてのイメージが発する魅力を通じて、影響力を獲得するのである。

リベラル・デモクラシー体制下の市民は、自らを律する者である。すなわち、統治機構は市民を彼ら自身の生活に積極的にかかわる者として理解するのである。政治的主体はもはや、快・不快の計算によってのみ動機づけられるとは考えられていない。当局が関心を寄せる範囲では、もはや個人は、単に道徳的基準や行動の習慣を鼓吹することによって組織化され、支配される身体能力を保有する者ではない。家庭であろうが軍隊であろうが工場であろうが、市民はこのような心理学的な力の言葉を用いて積極的に考え、望み、感じ、行動し、他者に語っており、また他者が彼らと持つ関係によって影響を受ける。このような市民的主体は、権力の利害関係に支配されるものではない。そうではなく、個人的な目的や野心と、制度的あるいは社会的に称揚される目的及び活動との間のある種の結びつきを教育され、唆されるものなのだ。市民は、家庭生活や仕事、余暇、ライフスタイル、パーソナリティとその表現に関する彼ら自身の選択を通じて、自らの生活を形成する。これらの選択に対して「距離を置いて働きかける」ことによって統治は機能し、生活を価値あるものにしようとする個々人の試みと、消費や収益性、効率、社会秩序に関する政治的価値観との間の均衡を保つのである。すなわち現代の統治は、私たちの存在の内部そのものや主体としての経験に、統制の意欲を、デリケートかつ微細に浸透させることによって機能するということである。

こうして主体性のテクノロジーは、「自己の技術」と呼ぶことができるような以下の方法と一種の共生関係をもって存在している。それは、私たちに与えられた言語や判断基準、技術によって、幸福や知恵、健康、達成感を得るために、自らの体や心、思考、振る舞いに対して働きかけることを可能にするような方法である。

自己点検や自己問題化、自己検閲、告白を通じて、私たちは自己を評価するが、その判断基準は他者から与えられたものである。自己改革やセラピー、身体調整の技術、そして話し方と感情の計画的な再形成を通じて、私たちは自らを調整するが、その技術は心〔魂〕の専門家から提案されたものである。心〔魂〕の統治は、私たちが観念的そして潜在的に何らかの人格であるという私たちの自己認識に依存している。この自己認識とはつまり、私たちが何者であり、何者でありえるかという規範的な判断によって生じる不安や、このような矛盾を、自己管理に関する専門家の助言に従うことによって克服しようとする誘因である。

皮肉にも私たちは、主体性を個人的な生活や倫理体系、政治的評価の原理にする際に、自分たちは何の制約もなく自由を選び取っているのだと信じている。本書で述べる以下の内容に通底する目的があるとすれば、それは、そのような自由の系譜を記述することに貢献することである。

第一章　戦時下の人々

一　戦争の心理学

あらゆる戦争が、戦闘員の肉体と領土に及ぶ戦いであるだけでなく、彼らの精神面《マインド》における闘いでもあることは間違いない。第二次世界大戦において、精神《マインド》をかけたこの戦いは、兵士だけでなく市民をも巻き込むこととなった。それは特別な組織や専門知や技術の領分となった。戦争は、組織の機能に関して「人間工学《ヒューマン・エンジニアリング》」の観点から新しい思考様式を生み出した。すなわち、組織と社会の管理におけるヒューマン・ファクターの合理的利用は、緊急かつ現実に可能なものであると思われた。戦争はまた、「人間関係」や「集団」という観点から、組織の生活を説明する新たな方法を生み出した。個々人の間の情動的《エモーショナル》な結びつきや対人関係は、心理学の理論や専門知にとって中心的な関心事となった。「パーソナリティ」や「態度」など、心理的要素を測定する方法が考案され、その方法が、軍隊だけでなく工場や家族や全人口において、人間の主体性と管理の諸目的との関係を測る新たな方法を生み出した。その過程で、心理学者、精神医学者、人類学者、社会学者の間に新しい関係が作られ、彼らが協同する際に立脚する新たな礎が築かれた。それによって生じた概念および実践の革新や、考案されたテクノロジー、そしてそれらを利用し知悉する専門知は、戦後世界に重大な影響を与えることとなった。[*1]

戦争の経験が、国家機構と経済計画の拡張や一九四五年の改革に連なる社会政策の改革を促して、戦後のイギリスに根本的な変化をもたらした、という考えは広く受け入れられている。[*2] しかしながら、これらの変化がいかなる意味においても戦時の出来事の結果であると言えるのかに関して疑問を呈する論者もいた。彼らは、これらの変化がより根本的な社会的発展のプロセスに呼応して生じたのだと主張した。すなわち戦争は変化を結晶化したかもしれないが、変化を惹き起こしたわけではないということである。[*3] しかし、少なくとも戦争がテクノロジーの革新と社会的・国家的目的のための科学的資源の配置を惹き起こしたという点については、ほとんどの論者が同意している。この文脈では、科学とテクノロジーは自然科学と物理工学を意味すると通常は理解される。[*4] しかし、人間科学の社会的役割の変化や、戦時の経験が人間工学に及ぼした影響も、少なくともそれらと同程度に重要であった。〔というのも、〕それらは私たちの日常生活により深い影響を及ぼしてきたかもしれないからである。

心理学的な観点で戦争を論じることは、今やよく行われている。例えば戦争の心理学的要因であるとか、紛争や戦闘の心理学、戦争が戦闘員や強制収容所の生存者《サバイバー》や市民の心理状態に及ぼす影響、戦争が文化の発展に与えた心理学的影響などである。[*5] 別の文脈では、ピーター・ワトソンの「心理学の軍事的利用および濫用」に関する研究は、軍事心理学という巨大で隠れた問題領域の存在を明らかにした。軍事心理学は主に第二次世界大戦の末期から発展し、〔冷戦期には〕アメリカ陸軍特殊部隊の学校があるノース・カロライナ州のフォート・ブラッグにおいて、西側陣営のために集結された。ワトソンは以下のように言う。

思いつく限りのあらゆること――例えば、反政府地下活動の支部組織の心理、兵器の心理的効果、敵陣で工作活動をする者の選抜、逃亡を誘発する要因、怖気づいて戦闘から逃げる兵士を留める方法、洗脳されない方法、暗号解読者の選抜テスト、〔敵方の〕部族の農民を襲撃するための幽霊の利用など――が容赦なく詳細にわたって調査された。そして、関連の心理学的研究の中から軍事に応用できる要素は汲み尽くされたほどだった。*6

ワトソンは、これらの〔軍事心理学研究の〕発展のうちのいくつかがいかに戦争を起こりやすくさせたのか、また別の研究は被験者による欺きや被験者への危害をともなうためいかに問題含みのものであるのか、さらにまた別の研究はいかに敵を非人間化したり殺人の残酷さを無化したりするものであるか、そして一般的に、軍事心理学の政治的・倫理的含意に関する自由で開かれた議論が、異常なまでの秘密主義によっていかに妨げられているかを示そうとした。

そうした問いの重要性を疑うことは誰にもできない。しかしながら、心理学と戦争の関係についての私の関心は、これとはまったく異なるものである。私の関心は、いかに心理学が戦争の性質を変えたかということではなく、むしろ第二次世界大戦への関与を通じて、いかに心理学の性質や心理学と社会生活の関係がそれ自体変容したのか、また軍事および非軍事の双方の領域において、戦争の経験が、人間の組織に関する私たちの思考様式や、介入の仕方をいかに変化させてきたのかということである。

これらの変容は、単に〔心理学者の〕個人的な来歴によって生み出されたものなのではなかった。

とはいえ、『自伝による心理学の歴史』の各巻を一読してみれば、戦後の心理学における著明な人物のうちいかに多くの者が戦争の仕事にかかわっていたかがわかる。[*7] アメリカに関する限り、戦争と心理学の関係は、瑣末なものから根本的なものまで存在する。例えば、B・F・スキナーは、ミサイルを標的に導くための鳩を訓練するというプロジェクトで、一九四四年に国防助成金を受け取った。また、ジェローム・ブルーナーは、敵の強度と士気に関する情報を提供するために外国の放送を監視する部隊で働いていた。[*8] 戦後、ハーバード大学〔に創設された〕社会関係学部で影響力のある仕事に関与した者としては、以下のような人物が挙げられる。非戦闘員の士気に関する調査に中心的にかかわったゴードン・オルポート、アメリカ人兵士の態度に関する調査を主導したサミュエル・ストウファー、戦略諜報局（the Office of Strategic Services）の調査スタッフを士気したヘンリー・マーレー、ワシントンの海外士気分析部（FMAD；the Foreign Morale Analysis Division）の共同責任者であったクライド・クラックホーンである。[*9]

イギリスに関しては、ドナルド・ブロードベント、フィリップ・ヴァーノン、ハンス・アイゼンクが、戦後の心理学者の中ではもっとも影響力を持っている。彼らの初期のキャリアは、もっとも広い意味での「心理戦」の仕事に従事することによって形成された。戦後開花した新しい「社会精神医学」運動にかかわっていたオードリー・ルイス、トム・メイン、マックスウェル・ジョーンズやその他の重要な人物も同様に、社会心理学、精神医学、精神分析のテーマを統合し、戦争が精神に及ぼす諸問題に取り組んだ。[*10]

戦後すぐにタヴィストック・クリニックを再建し、タヴィストック人間関係研究所を創設した人々も同様であった。ジョン・ボウルビィ、J・R・リーズ、ヘンリー・ディックス、エリオット・

ジャックスや他の多くの人々の知の形成と社会的使命感は、戦争とその帰結に関する研究の中で鍛錬された。人間の心を統治するための理論的根拠とテクノロジーの戦後における変化は、戦争の経験が、いかにして概念装置や実践の技法や関与する専門家たちの野心を変化させたかを認識することなしに理解することは不可能である。

この経験は、比較的明白な数多くの領域に分割された。例えば兵員の選抜と訓練、戦闘員の態度、銃後の士気、「精神の戦争《サイクウォー》(sykewar)」、戦時における工業生産の問題、神経症の兵士、帰還兵などである。しかしこれらすべての問題にまたがる二つのテーマがある。すなわち、ヒューマン・ファクターの組織的利用の必要性と、集団心理である。これらのテーマの新しさを正しく理解するためには、それらを戦争における心理学の従来の役割と関連づけて考えることが必要である。

第二次世界大戦が勃発する前は、イギリスとアメリカにおいて、戦争の諸問題への心的なもの(psy)の専門家の関与は限られていた。第一次世界大戦において、極めて重要な二つの問題が浮上した。一つは、新兵の選別における知能テストの使用であった。アメリカにおける知能テストの前史は、優生学運動との関連や、人種主義的基盤およびその含意を有しているものとして広く議論されてきた。[*11] 知能テストの軍事的利用を支持する人々は、知能テストが三つの重要な任務を遂行することができると主張した。すなわち、精神的に無能な者を隔離し排除すること、精神的能力によって人々を分類すること、そして責任ある地位に有能な者を選ぶことである。[*12] 大戦末期までにそれらは並々ならぬ成果を上げたように思われた。有名な陸軍アルファ式・ベータ式集団知能検査(前者は言語性のテストであるが、後者は非言語性である)が開発され、一九一八年までには軍全体に拡大して利用された。戦時中、集団知能検査はおよそ一七五万の新兵に対して行われた。〔そのうち〕七八〇〇〇人以上が精神的に劣っているという理由で除隊を勧められ、一万九〇〇〇人以上が労働大隊か保育大隊（development battalion）[†1]のどちらかへの入隊を推奨された。開戦時にアメリカ心理学会会長であり、優生学運動を主導する人物であったロバート・ヤーキーズは、検査の計画を最初に提言し、計画によれば大規模な検査が実行可能であること、そして検査を行えば大組織での効率を大幅に向上させ、数百万の費用を節約可能であるということを主張した。

〔しかし、〕フランツ・サメルソンは、第一次世界大戦のアメリカ軍における心理学の役割について、〔ヤーキーズよりも〕ずっと冷静な評価を下している。[*13] 彼は、兵役からの除外・免除の確率や配置決めの際に心理学者の忠告が果たした役割は、比較的小さかったと主張した。どうやら軍事的判断に基づく別の基準がより影響を持っていたようであり、知能検査の有用性については少なからぬ人々が疑問を抱いていた。このことは心理検査官自身が作戦上は弱い立場に置かれていたことに明白に表れているし、またそれ〔その事実自体〕によって裏づけられていた。彼らは医療隊でも高級副官部でもなく、衛生隊に配属されていたのである。そして停戦後、軍における心理学の評価も冷めたものであった。軍の科学への貢献がどのようなものであろうと、軍事目的のために求められたのは、精神的に〔軍務に〕不適合な者を除外するための単純なスクリーニング・テストであり、それは特別な知識や能力を有した心理学者によって行われる必要のないものであった、と主張された。アメリカ陸軍省は一九一

---

†1　軍隊知能検査に合格しなかった者を、軍務に適応できるよう再教育するための部隊。改善が見られなかった場合は、除隊となった。

九年に心理学部局を廃止し、それをもって心理学の仕事は軍隊からほぼ消失したとサメルソンは結論づけている。

サメルソンによれば、知能テストよりも遥かに重要な心理学の貢献は、日常生活と官僚制双方の場において現れたある現象であった。すなわち、専門化された人事システムの導入である。人事システムの合理化の責任者であったウォルター・D・スコットは戦後殊勲賞を授与された。彼の指揮のもと、様々な部隊における業務上の必要項目の一覧表が作成され、個々人の専門能力が登録された。このように人事システムの導入によって、様々な部署における要求と個々の専門能力が結びつけられ、そのような能力を有した者を体系的・合理的な方法で必要な場に配分することが可能となったのである。

サメルソンは皮肉をこめてこう述べている。「戦争に対する心理学者の最大の貢献は、軍の人事カードの上についている、業務上の能力を示す色分けされたセルロイド製のつけ札を用いたシステムの導入である、とさえ皮肉屋は言うかもしれない」[*14]。しかし、こうした成果の意義は過小評価されてはならない。心理学的諸科学（psychological sciences）がモダニティに及ぼした重要な貢献の一つは、明瞭な形で記入・記録可能な方法を考案することによって、個々人の差異や能力を可視化する技術を創出したことであった。個々人の能力を日々文書に記入することは、その個人を計算可能であると同時に実用的なものにすることを可能にする。すなわち、個人の能力は考慮の対象となり、組織生活の運営計画の中に組み込まれる。また個人は、機関の組織が機能不全に陥るのを最小化するように、また彼らの能力の効率性と有益性を最大化するように、彼らの能力を活かすような方法で配置され、割り当てられる。この意味で、色分けされたセルロイド・タブと知能テストの結果とは等価である。つまり、いずれも個々の人間を知の領域と組織生活の管理の範囲内に置くものである。心理検査そのものが辿った結末にもかかわらず[†2]、軍隊生活におけるヒューマン・ファクターの組織的管理が今や検討課題であった。[*15]

イギリスでは、第一次世界大戦時に新兵に対するこのような集団的心理検査が実施されることはなかった。戦時において心理学はどんな支援をなしうるのか考察するよう、助成を受けた小さな委員会がイギリス学術協会の心理学部会によって設立された。また、パイロットの夜間視力のような特殊能力や、他の専門的職業の人員選抜のためのテストを開発するという試みもあった。[*16]〔しかし心理学の〕こうした軍事的応用も戦間期には下火になっていった。〔他方で、〕戦争を全面的に心理学化することが可能であるように思われたのは、ドイツにおいてであった。〔ドイツでは、〕米国が参戦した一九一七年に米国学術研究会議によって設立された米国心理学委員会にならって、一九二〇年代および三〇年代に軍事心理学の包括的組織が作られた。一九三六年までには八〇名を超える心理学者が配置された中央研究所がドイツ陸軍省内に存在し、その指揮下で各軍団付設の心理学研究室が活動していた。確かにドイツの大学内には、れっきとしたアカデミックな心理学が存在したが、概ね哲学の庇護下に止まっていた。すなわちドイツにおいて、国防軍が〔心理学に対して〕特別な業務を要求するまでは、心理学が自律的な学問分野として存在していたとは到底言えないということである。[*17]

バートが「ドイツにおける軍事心理学の第一人者」として言及したマックス・ジモナイトは、軍事心理学の任務は六つの要素から成ると述べた。すなわち、職務分析と機械・設備の調整、性格学と人

†2　心理検査は実験的統計的研究の手段として始まったが、一九二〇年代以降、心理学の理論が力動的になるにつれて、個人の心的特性をより深くより個別的に捉えようとする動向が生まれ、投影法検査が発展した。

員選抜、訓練、士気、プロパガンダおよび他国民の心理、そして戦争遂行である。[*18] しかしながら、こうした心理学者が中心的に行ったのは、性格分析ないし心理学的診断であった。〔その際〕用いられる技術は、イギリスとアメリカで支持されていた標準検査から、ナチズムの教義により近づいた性格診断へと次第に移っていった。しかし心理学者の軍事的地位は長くは続かなかった。軍の意見との対立のためか、あるいは心理学者には支持されていなかったがゲーリングとフォン・ルントシュテットには支持されていたある幹部候補生をめぐる争いのためであるか、ともかくドイツの軍事心理学の発展は突如として逆風にさらされることとなった。ドイツ陸軍および空軍におけるすべての心理学部門は、一九四一年一二月に最高司令部の命令により解体された。そして関連する文書はすべて回収・破棄され、心理学者達は兵役で召集されるか他の職務を見つけた。[*19] しかしそうした末路を辿ったにもかかわらず、戦前のドイツ心理学の仕組みはイギリス人やアメリカ人にとってちょっとしたお手本のようなものになり、心理《プシケー》に関する専門知の唱導者たちによって定期的に言及されることになったのである。

第二次世界大戦に先立って、イギリスとアメリカで新兵募集と人員配置の心理学化がかなり困難な時期があったとしても、心理学の発展が同様の後退を強いられない別の戦いの場が存在した。[*20] 第一次大戦の最初の数か月で、目に見える身体的負傷ではなく、一般に「砲弾《シェル》ショック」[†3]と呼ばれる症状に苦しむ将兵が、驚くべき数にのぼった。統計の解釈には様々な問題があるにせよ、一九一四年一二月までに、士官の傷病兵の七〜一〇%、そしてその他の階級の三〜四%がこのカテゴリーに分類された。シェルショックの治療用の特別病院が設けられ、また幾つかの推計によれば、シェルショックのために兵役を免除された者は二〇万人にものぼった。[*21] いずれにせよシェルショックの症例数は戦争を通じて全体で八万人であると公式に推計された。そして一九二一年までにおよそ六万五〇〇〇人の退役軍人が、シェルショックのために未だに障害年金を受給していた。

精神医学に関する限り、シェルショックの経験は甚大な影響をもたらした。多くの若い医師たちが、かなり進行した精神医学的症状を有している人々──彼らの〔発症前の〕経歴は一見正常に思われたのだが──に直面することによって、良い治療結果が得られた。さらに、フロイトとジャネから広範囲に派生した心理療法的な技術を用いることとなった。それらの治療には、理性的な再教育から説得、提案、催眠、そしてある種の精神分析まで存在した。こうした仕事とその成功は、二つの方向に分岐した。[*22]第一に、こうした仕事は無意識や抑圧のような特徴をもつ心理プロセスの力動的概念を裏づけるように思われた。しかし、それは精神障害に関する特殊な性的病因説を主張するフロイト派の論拠を反証するようにも思われた。〔したがって、〕こうした主張は、〔諸々の本能が〕矛盾した社会的プレッシャーのために互いに衝突し合うことになるという複合的本能論（a theory of multiple instincts）に取って代わられる傾向があった。第二に、それは軽度の精神疾患の社会的重要性やそれらの治療可能性を示しているようにも思われた。そうすることで、長期の監禁を要し、器質性の疾患で治療不可能であると主に考えられているような、薄気味の悪い精神病に焦点を当てた従来の見方に挑戦したのである。

†3　第一次世界大戦の際に、目立った外傷がないにもかかわらず、手足の麻痺や震えを示す兵士が数多く現れた。当初は砲弾による脳内の震盪が原因であると考えられ、「シェルショック」という診断名が広がったが、砲火に直接さらされたことのない兵士にも同様の症状が見られたことから、次第に器質的というよりは心理的な原因が注目されるようになった。

段によって精神の健康と福祉を向上させようと試みた。*21 精神衛生運動は、こうした主張を支持し、「機能的」神経疾患の重要性や、犯罪から産業の非効率にまでわたる社会問題においてそれらが果たす役割の重要性を強調し、早期介入、外来治療、予防的手段によって精神の健康と福祉を向上させようと試みた。*21

この一見些末な問題領域において、狂気と社会の関係に関する新しい思考方法が生まれつつあった。この新たな考え方においては、狂気と社会の関係は、器質性の素因や刺激的な要因や事実上治癒不可能な狂気への堕落といった問題にはならなかった。〔そうではなく〕今や狂気は、社会衛生の観点から考えられることになった。〔そこでは、〕精神的健康は、生活と仕事の状態を適切に調整することで維持することができ、精神衛生が悪くストレスがあると多数の人々に神経症を引き起こすだろうと考えられていた。神経症は、社会的スキャンダルや細々とした症候学ではなく、不幸、非効率、無能力、不適応、反社会的ふるまいによって生じるとされた。神経症が組織の効率に及ぼす影響は無視できないものであった。しかし、専門家による助言によって、非効率を抑え、不適応者を回復させ、効率と満足を促進できるだろうと考えられた。戦間期において、このような思考や行動様式は激増した。もっとも、軍事組織そのものの中では増えなかったのであるが。しかし後で見るように、一九三〇年代を通じて、戦争の予兆があり、可能性が生まれ、続いて不可避のものとなるにつれて、第一次世界大戦における精神医学的経験は、将来の問題を推定するために用いられた。〔そこでは、〕機能的神経疾患が、戦闘部隊の非効率や、軍隊だけでなく市民の精神的健康と士気にもたらす影響に関して、恐ろしい見通しが提示された。〔こうして、〕戦争に勝利するために、市民の主体性を理解し統治するための、足並みのそろった試みが必要とされるようになっていったのである。

二　士気の統治

世論の状況が、個人の症例にびっしりと記載された病歴と同じくらい重要な共同体の健全さの指標であるということを、政府は歴史上初めて公式に認めたのである……。情報省は、集団の感情が医学‐心理学的問題であること、そして診断における正確な方法を必要とするものであることを立証した。[*1]

エドワード・グローヴァー、一九四〇年

ロンドン精神分析診療所および犯罪者治療研究所の所長であったエドワード・グローヴァーは、一九四〇年八月に『ランセット』誌上で、大袈裟な言葉をもって社会精神医学の誕生を宣言したのかもしれない。しかし彼の熱意は、より広範な分析があってのことだった。その分析によれば、戦争に勝つかどうかは、人口《ポピュレイション》〈国民〉の精神状態と主体的能力・主体的適応を当局が発見し統制できるかどうか——軍人と非軍人、同盟国と敵国とを問わず——にかかっていた。こうした関心を一言で表すならば、「政治家・公務員・将軍が常に頭を悩ませる」言葉、すなわち「士気」であった。[*2]

もちろん、政府が「国民《ピープル》の状態」に関心を持つのは新しいことではない。政府は「国民の状態」について議論し、監視し、社会的・産業的・軍事的結果を見積もり、多かれ少なかれ意識的な政治行動によって変えようとしてきた。[*3]一九世紀後半から二〇世紀初頭にかけての統治装置の拡張は、こうした観点で考えられた政治的理性の昂進という点から理解されるべきである。二〇世紀初頭の数十年間、統治は個人の生活のささいなことにまで拡張された。新しい社会医学《ソーシャル・メディシン》は、個々人を衛生プログラムに参加させることを通じて、健康で能率的な人口《ポピュレイション》を生み出そうとしていた。それは、人々に自分自身や他者との関係を管理するようにさせ、身体のメンテナンス・衛生・食餌療法《ダイエット》・子育てなどの詳細な技術について彼らを教育し、結核・性病・児童福祉の相談所だけでなく、巡回保健師や学校視察を通じて彼らの健康を監視するためのものであった。*4

既に見てきたように、第一次世界大戦におけるシェルショックの経験は、神経症や機能的神経疾患という概念を通じて、政府がこうした人口《ポピュレイション》の健康プログラムを精神《マインド》の衛生や福祉に敷衍するための強力な刺激となった。そうした社会的な病は、個人の悪徳や不道徳な性格、あるいは家系で受け継がれてきた変質的気質に由来するものではなかった。むしろそうした病は、家族や社会全体における精神衛生の劣悪さによるものであり、あるいは少なくともそのような状況が病を促進させたのだとされた。そこで示唆されたのは、精神科医は単に重篤な狂気にのみ注意を払うべきではなく、軽症の精神のトラブルにこそ目を向けるべきであるということだった。こうしたトラブルは、後に生じる大きな問題の前兆というだけでなく、様々な種類の個人的な不幸や非効率にもつながるものであったし、早期治療の効果が出やすいとされた。一九二六年の王立委員会が述べたように、狂気の問題は、本質的に公衆衛生部門で扱われるべき問題であった。*5

人口《ポピュレイション》の精神状態に対して新しい種類の精査が適用され、この精神状態は統治の目標に新たな方法で関連づけられていった。こうしたより広く複雑な主体性の領域への関心の拡大を示していたのが、士気〔の問題〕であった。士気は、精神医療の記録、世論の考え、ニュースとプロパガンダによる管理《コントロール》、文官および軍当局に対する国民の支持、政策変化が軍隊生活に与える影響その他多くのことに関連している、非常に流動的な概念であった。こうした事柄が初めて明確に注目されたのは、航空戦――というよりむしろその結果――の見通しについてであった。[*6] 早くも一九三四年には、チャーチルがこれらの問題に注意を払うようイギリス議会下院に促した。

一般市民《ポピュレイション》の内面に生じるであろう反応は、以下のような物質的影響と同程度に恐ろしいものである。ロンドンに対する持続的な空襲のプレッシャーのもとでは、少なくとも三〇〇万又は四〇〇万の人々が、首都周辺の広野へと追い立てられるだろうと私たちは予測しておかねばならない。戦争に供給され配備されたどの軍隊よりも数字上は遥かに多いこの大群衆は、避難所も食料もなく、衛生設備や秩序維持のための特別な規定もなく、時の政府を極めて重要な行政上の問題に直面させ、私たちの小規模な陸軍や国防義勇軍（Territorial Force）の力を確実に蝕んでいくことになるだろう。このような問題に、私たちはこれまで一度も直面したことがない。しかしそれを誇張する必要もないし、一方でそれらの問題にともなう巨大で前例のない困難を前にして怯む必要もまたないのであるが。[*7]

こうした空襲の結果は、単に軍事的あるいは産業的に重要な標的に対する爆撃の偶然の副産物ではなかった。ティトマスによれば、それは、「組織されておらず、均一でも訓練されてもいない一部の国民に対して、降伏に至るまで士気をくじく目的で敵が真っ先に行う戦争」についての見通しであった。[*8] 一九二四年以降、広範囲に及ぶパニックと神経症が、航空戦の結果として一般市民の間に起きるだろうということが、ほとんど当然のこととして考えられていた。こうした考えは、第一次大戦時に空襲にさらされた市民の行動に関するいくつかの内容の乏しい報告書に過ぎないものに基づいていた。それにもかかわらず、この考えは、それ以後の一九二〇年代と三〇年代を通じて計画委員会の仮説に影響を与えた。計画委員会は、住民《ポピュレイション》の間に都市部からの集団移住や集団パニックが起きるのを抑える任務の準備をしていたのである。

精神保健の専門家たちは、この信念を支持し、また強化した。ロンドン医大附属病院や診療所の指導的な精神科医によって作成された報告書は、一九三八年に保健省に提出され、支配的な専門家の見解をまとめた。〔それによると、〕空襲による精神疾患の犠牲者は、身体的負傷の三倍に上り、最初の半年間の空襲の間に、およそ三〇〇万から四〇〇万もの急性パニック、ヒステリー、その他の神経症的症状が生じると考えられた。〔そのため、〕複合的な組織を設置しなければならない。それは、爆撃された地域における迅速な治療、郊外にある二四時間対応の外来診療所、安全な地域にある収容所と労働集落（work settlements）、精神科医の移動チームと移動式の児童相談所を提供できるものがよい。[*9]

精神力動論を学んだ精神医学者と心理学者は、兵士と比べて戦争における市民の位置に否定的であった。兵士にとって、訓練と規律は自己保存の欲求に対する歯止めとして作用するのに対し、市民は孤立し、所属先もなく組織化もされておらず、そのような歯止めが存在しない〔と考えられた〕。〔そのため、〕日々の不名誉な労働を続ける際に、市民が自らの自己保存の衝動を抑制することはできないだろうと考えられていた。ヒュー・クリクトン・ミラーが言うように、「市民が〔国家の〕防衛《セキュリティ》ではなく、幼稚な安心感《セキュリティ》を求めてしまう現実的な危険性がある」〔と考えられていた〕[*10]。〔しかし、〕このような懸念は根拠のないものであることがわかった。[*11] 一九四〇年から四一年の空襲によって、実際には精神病院や診療所の通院者は減ったのである。青少年の非行は増えたものの、酔っぱらいや公の場における無法行為は減ったように見えた。戦時中のイギリスにおいて、神経疾患や精神疾患が大幅に増加したという証拠は何もない。〔戦争によって〕生じたのは、集団的なヒステリーやパニックというよりも、子どものおねしょだった。この問題は、子どもの疎開と家族との別離によって可視化され、またそれが原因だとも考えられた。この問題は、終戦直後における心理学にとってかなり重要なテーマとなった。*12

しかし、神経症が蔓延するのではないかという懸念は、それ固有の結果をもたらした。人口《ポピュレイション》の神経症の地勢図を記録するために、持続的な努力がなされた。社会精神医学の初期の推進者であるオーブリー・ルイスは、一九四二年八月『ランセット』誌に発表された医学研究委員会に向けた報告書の中で、戦争の初期の数年間における統計を収集し、分析した。カルロス・ブラッカーは、一九四六年に出版された彼の著作『神経症と精神保健サービス』において、さらに多くの統計を集めた。フィリップ・ヴァーノンは、爆撃の影響に関する経験談を比較するために、心理学者、精神医学者、医者に調査を行った。C・W・エメンスは、国土防衛省（The Ministry of Home Security）の研究・実験部門から委嘱されて、爆撃された都市で士気に影響を与えていた要素を調査した。そして保健省もまた、特殊病院への入院と空襲との関係から結論を導き出そうとしたのである。〔こうして〕人口《ポピュレイション》の精神状態は、計算可能な形態へと変化させられつつあった。それは記入され、記録され、そして政治的審議や行政構想の中でじっくりと検討されうる統計、グラフ、図表に変えられたのである。*13

航空戦に対する反応についての研究は、精神医学的処置よりもむしろ実用的な組織の手段の方が、適応能力を促すのに役立つということを示していた。何をしてどこへ行くべきかということに関して十分かつ明確な情報が提供されるべきであるということや、食料や避難所や社会的サービスが公正に配分されるべきだということは、自明のことのように思われるかもしれない。しかしながら、こうした調整が望ましいということは、今や単に公正さや効率の問題にとどまらなかった。こうした調整が望ましいのは、それらが心理学的目的を促進するからでもあるのだ。さらに、パニックや神経症が見られなかったことは、専門家による戦前の分析を覆してみれば説明が可能であると主張する心理学者もいた。すなわち、戦争は神経症の発症を引き起こす環境を相殺することが可能であり、市民生活での人並みの不運や結婚・雇用・失業の結果として起こる劣等感や敗北感を軽減するとされたのである。今や個々人は、結束した社会から求められ、社会に貢献するメンバーなのであった。[*14] 社会的結束と心理的結びつきは、精神的健康を説明する際に中心的な表現となりつつあった。精神医学的予測に対する反証でさえ、別のタイプの精神医学的説明を増加させることとなったのである。

しかしながら、空襲に対する市民の反応の問題は士気の統治に関する一連の戦時計画の中でももっとも明確な問題であり、その行政の中心となったのが情報省であった。一九三九年九月、ドイツのポーランド侵攻の直後、空襲によって起こりうるパニックについて議論するため一堂に会したのは、情報省の国内公報局だった。[*15] 情報省は、国内および在外の衆人に国家の事情を知らしめるため、帝国防衛委員会の分科会の勧告を受けて一九三六年に設置されたものである。情報省が歩んだ道は波乱に富んでいた。初期の頃は馬鹿にされ無能さを非難された。一九四一年七月にブレンダン・ブラッケンが情報大臣としてマクミラン卿とジョン・ライスの後を継ぐと、より技巧的で控えめな任務に落ち着いていった。

しかしながら、情報省の存在と任務が一般市民《ポピュレイション》を心理学的に管理する大規模な計画を開始したと考えるのは誤解であろう。実際、心理学の専門家や心理学的概念・理論・方法と、銃後の士気に関しての仕事とのかかわりは、非常に限定的なものだった。〔確かに〕戦間期および戦争〔第二次世界大戦〕初期に、心理学者達は士気について書き、その概念のうちのいくつかは情報省の政策に取り入れられた。また彼らは役人の一般方針に関与し、何人かの情報提供者によって提供された言葉づかいや解釈に影響を及ぼし、情報を得るために用いられた調査方法に影響を与えていた。[*16] しかし、銃後の士気に関する仕事に専門的にかかわった心理学者はほとんどいなかったのである。その代わり、情報省によって〔協力を〕求められた「専門家」は、一流のあるいは優秀な人々から、また場合によっては広告業界から引き抜かれた人々であった。統治の戦略の重要性は心理学のたどった道を見るとむしろ逆であった。統治の重要な関心事である主体性の出現によって心理学にとっての問いが生じたのだが、この〔主体性に関する〕問題は、後に心理学が自らの関心事として主張しようとすることになるものであった。

情報省が士気を統治可能なものにしようと努めたのは戦争の初期の頃であり、一九四一年にブラッケンが〔大臣に〕就任する以前のことであった。情報省はポスター、宣伝ビラ、チラシを利用し、それらは大抵忠告的な性質を帯びていた。例えば、「自由は危機に瀕している――全員の力で守るのだ」「私たちの戦士は君たちを頼りにしている」といった調子である。〔また、〕情報省は公開会議を開き、報道機関に書状を送った。〔そして〕士気に破壊的影響を及ぼす流言と戦うための作戦に携わった。しかし流言の心理学は、とりわけアメリカでは戦争後期に中心的な研究分野になるのだが、情報省によって行われたその作戦《キャンペーン》は、流言の性質と効果に関する支配的な精神分析学的概念をほとんど取り入れていなかった。[*17] 例えば、世論調査局のトム・ハリソンは、噂の発生と拡散にとってもっとも好都合な条件とは、知識を欠いた恐怖であると主張し、噂を疑似精神分析的な用語で分析した。人々は、恐怖や事実を明らかにすることへの絶望、あるいは現在の期待から生み出された憶測からなる流言を、裏切り者に無意識に投影しているのだと示唆された。しかしながら情報省は、流言に対抗する作戦《キャンペーン》への助言を、〔精神分析学的概念からではなく〕広告代理店から得ることにした。こうして作成された一連のポスターは、流言を特定可能な心理状態から生じるものとして理解しないで、恥や罪悪感や糾弾を生み出そうとするものであった。それらのポスターは、戦争についてあれこれ推測したり、流言について議論するような人々を非難していた。これらのポスターに対して批判的な国民的・政治的反応は、露骨にかつ直接的に士気を管理しようとするまさにその考え方への不信へとつながった。

しかし、施策は稚拙であったものの、どんな手段を使ってでも士気を統治したいのであれば、情報が必要であるということを情報省は悟った。ともかくも、人口《ポピュレイション》の士気という不明瞭で曖昧で不明確な概念は、記録され、〔情報省の〕中枢部に伝達可能な情報に変換されなければならなかった。そしてそれは中枢部において検証・評価され、他の情報や戦争のより早い時期に得られたデータと比較対象され、〔戦況の〕予測の基礎として使用されるのであった。一体これ以外にどのような方法で、国民的関心が何であるか、あれこれの作戦《キャンペーン》の技術がいかに効果的であるかを正しく評価できただろうか？

政府による意見調査は新しいものではなかった。とはいえ、それはまだ厳密にはイギリス全体を対象にしたものではなかったが。ジョージ・ギャラップのアメリカ世論研究所（American Institute of Public Opinion）は、「世論」を政治的議論へと翻訳する、後の時代のメカニズムの一つの典型であった。その重要性は、一九三六年にギャラップがルーズベルトの選挙での勝利を予測した時に証明されたようだ。ギャラップにとって世論とは、個人を超えた社会的良心といったものではなく、個々の意見の副産物であった。それゆえ、それらの意見を調査し、集計し、そして政府にも公衆にも提示することによって予測することが可能なものであった。世論調査は、「民主主義の動向」を探るために必須の新しい手段であり、それは市民とその代表者の間に双方向的な力強いつながりを形成したのである。[*18] 戦間期のアメリカでは、いかなる統治機構にとっても、意見と政策への合意は極めて重要な正当化の力であるということだけでなく、世論と政府の政策の間には直接的なつながりが開かれるべきであり、それは投票箱の補足もしくはそれ以上のものでさえあるということが、熱狂的な人々によって主張された。[*19]〔こうして、〕潜在的に危険で非合理的な政治勢力としての暴徒や民衆の群集心理に関する大衆心理学の初期の概念は、正確な技術によって精査され、専門家によって政府へ伝達されうる意見と願望を持った個々人の集合としての人口《ポピュレイション》という概念に取って代わられた。[*20]

民主主義に関する新しい科学は、個人の意思についても新たな思考様式によっていた。意思はもはや思索的で哲学的な人間学における要素にとどまらず、数多くの特定可能で測定可能な個々人の特性の中に存在していた。個々人は、「態度」や「心情」――すなわち、個人が出来事や対象を理解・評価し、それらをある型の行動に向かわせる経路を形成する内的状態――によって動かされる。[*21] このように、態度は心理《プシケー》という内的世界と振る舞いという外的世界を架橋するものであった。というよりはむしろ、態度は内的世界の観点から外的世界を理解可能で予測可能なものとすることを可能にしたのである。態度という概念の利点は、行動の内的な決定要素について語るための言葉と、これらの決定要素をいかにして記録するか考える手段を提供したことであった。それゆえ、「態度調査」や「士気調査」

は、市民、被雇用者、投票者などの主体的世界を記述可能で予測可能にするための鍵であるような手段となったのである。公衆の意思は数値と図表に変換されうるものであった。それらは、会社、政党、軍隊など、実に個々人が「同意のもとに」統治される場ではどこでも、主張や戦略をまとめる際に利用された。[*22]

イギリスでは、第一次世界大戦以降、公務員と下院議員の一時的な意見の照合から始まり、比較的系統的なシステムへと意見調査が発展してきた。意見調査は各政府部局に基盤を置いて行われ、報道の監視とロンドン警視庁公安部および秘密情報部のネットワークによって提供されるデータの分析に加えて、社会調査と市場調査の技術が用いられた。ミドルマスは、政治的エリートがこの時期を通して総選挙と政党の抗争という従来のサイクルの上に「連続的な契約」のシステムを重ね合わせた、と主張している。彼によれば、「意見の精確な測定とプロパガンダによる慎重な管理は、政治過程に関する幾らかの神秘化の創出とあいまって」、「政治目的」や「国益」のような虚構に要約されるような、支配的な政治倫理へと公衆を服従させることに成功した。[*23] それがいかなるものかはともかく、意見の監視と方向づけ《チャネリング》によって同意を管理するためのプログラムは、戦争という状況の中で非常に念入りに作り上げられたのである。

情報省は士気を文字化し、判読可能なものにするために、主に三つの情報源を利用した。第一の、一貫してもっともよく利用された情報源は、情報省国内諜報部門（the home intelligence section）による調査から得られたものであった。この部門は、一連の情報源に基づいた報告を、定期的にまた頻繁に作成した。この報告書は、統治すべきことと知るべきことの間に形成されたつながりが、いかに広範囲に及ぶかを明らかにするものであった。[*24] 情報は、小売店、映画館、輸送機関、市民相談所で働く職員からなる地域スタッフによって収集された。醸造業者協会のような諸々の組織も、アンケートに回答した。〔また、〕BBCリスナー調査部、政党役員や、内務省を通じて伝えられた警察執務室報告書からもデータが集められた。そして、郵便電信検閲局（Postal and Telegraph Censorship）からも毎週報告書が提出された。ここには一九四一年五月の時点で一万四三三人の職員がおり、一週間に二〇万通にのぼる手紙を徹底的に調査することもあった。

第二の情報源は、その手法にはいくらか不安はあったものの、世論調査であった。[*25] 世論調査局〔Mass Observation：イギリスの世情調査機関〕は、ガスマスクの携行率、最近の流言、防空壕の人口規模、買い物の傾向、新しい映画や情報省のプロパガンダへの反応のような問題に関する定期的な報告書を提供した。また、補欠選挙や最近空襲を受けた町の状況といった特定の出来事について調査した。

第三の情報源は、戦時社会調査であった。この調査は国立経済社会研究所（the National Institute of Economic and Social Research）の肝入りで行われたが、調査計画はロンドン・スクール・オブ・エコノミクスの援助の下で立案された。この調査の初期の目的は、イギリスの全人口の代表的サンプルとして毎月約五〇〇〇人の人々にインタビューを行い、およそ一〇項目の単純な質問に対する回答を入手することであった。この質問は、特定の問題に対する態度を詳細に調査できるように、また戦争の状況に対する態度を測定できるように設計された。しかしながら、これらの初期の試みは心理学者によって攻撃され、報道や議会において「詮索」であると批判された。〔そのため、〕この調査はより消極的な形でしか継続できなかったのである。露骨な士気の調査は、技術的に難しいだけでなく押しつけがましくイギリス的ではないと考えられた。

一九四一年にブレンダン・ブラッケンが大臣となり、情報省の役割は様変わりした。士気のプロパガンダや調査それ自体が放棄された——士気はイギリス人の良識と生来の活力に委ねることができる、と言われたのである。その代わり、情報省は報道の管理や検閲に専念するようになり、戦闘の勝敗や計画などの公表の形式とタイミングに関して報道機関との関係を取り決めた。また情報省は、直接士気を対象とはしていないが、実用的で衛生学的な性質の情報を拡散するキャンペーンを組織しようと試みた。例えば、「風邪やくしゃみは病を広める」「投函は正午までに」といったものである。

このようなイギリスの歴史は、士気の科学的研究や統制に対する戦時期のアメリカの熱狂ぶりに対置されなければならない。一九三九年までに、アメリカ農務省はレンシス・リッカートのもとで世論調査機関を設置していた。リッカートはまた、敵の士気や、以下で述べるアメリカ人兵士の態度に関する研究にも意欲的であった。彼のリッカート・スケールは、「態度」を記述可能で数量化可能なものにするための主要な手段の一つとなるのであった。〔やがて〕アメリカが戦争に参加すると、士気に関する心理学的研究が本格的に開始された。社会問題に関する心理学的研究協会（the Society for the Psychological Study of Social Issues）は、一九四二年の年報で士気に関する特集を組み、全米士気委員会（the Committee for National Morale）は一九四二年に出版された『ドイツの心理戦』と題する研究に出資した。ハーバードの「士気に関する心理学的問題」研究会は、政府機関の間で広く回覧されたワークシートを作成し、戦争情報局情報部は、全米世論調査センター（the National Opinion Research Center）や世論調査庁（the Office of Public Opinion Research）、ギャラップやフォーチュンのような民間組織が行ったように、特定の政府機関のための調査を行った。〔また〕フロイド・オルポートとゴードン・オルポートは、報道や流言が一般市民の士気に与える影響を研究した。このような研究に照らして、政府と民間グループはともに、士気――とりわけ産業労働者の――を維持するためのプログラムに乗り出した。そこでは、軍事力は無断欠勤、労働稼働率、労働者間の対立・少数派の調整といった現象に左右されると考えられていた。[*26]〔こうして、〕アメリカの一般市民《ポピュレイション》の士気は知の対象となった。すなわち、今後、行政の意志決定の成否は、世論に関する情報に依存すると理解されることとなったのである。

イギリスの計画はこれに匹敵するものではなかったが、一九四一年以降の情報省の新たな方針が、人口《ポピュレイション》の道徳的・心理的状態のささいな事柄を情報へと変化させる試みの終焉を意味すると考えるべきではない。国内諜報部門や世情調査による監視が継続されただけでなく、戦時社会調査も、シーボーム・ラウントリー、オーブリー・ルイス、A・M・カー・ソーンダース、ランスロット・ホグベン、F・C・バートレット、シリル・バートといった著名な学者を含む立派な科学諮問委員会の指導のもとで、より限定的だが精確に照準の定められた調査へと変化した。サンプリングとインタビューと分析という公認の方法を用いて、一九四四年一〇月までに一〇一の調査が実施された。それは他部局が要求した諸々の論点に関する二九万件のインタビューを含むものであり、その論点は家庭での調理方法から、仕事に就く手段、宣伝メディアの範囲や有効性といったことにまで至るものであった。[*27]

心理学者によって批判されてからこの方、〔戦時社会〕調査は今や戦争遂行への貢献を称賛されるまでになった。この調査は政府にとって重要な判断材料となり、戦後は国勢調査庁（the Office of Population Census and Survey）に編入された。[*28]この調査は、人口《ポピュレイション》の心理学的状態と福利を政府諸機関による計画へと翻訳するための手段を提供した。マクレーンが述べているように、「政府がイギリス労働階級の生活の細部にこれほど深く関与したことは、かつてなかった」[29]。〔そうした事態に対して〕ミドルマスは、巧みな意見操作と大衆民主主義とは根本的に対立するものだと主張している。〔しかし、〕この主張は偏っている[30]。というのも、知とシティズンシップの密接な結びつきと、両者を媒介するのに科学的調査が果たす重要な役割を認識している者であれば、ここに民主主義の新たな概念の誕生を見出すことができるからである。現代の啓蒙された民主的政府の礎と考えられているこの〔知とシティズンシップの〕関係性は、イギリスとアメリカで意見と態度を研究する多くの戦後の社会心理学にとって、基本的な原理になることとなった[31]。一方で、公衆は市民の義務を果たすために情報を与えられる必要があった。他方で政府は、行政管理の手法や目的を調整し、公衆の協力を得るために、彼らの要望・要求・態度や、心身の状態に関する情報を入手する必要があった。市民は、現代政治において能動的な構成員であり、もはや指示や命令の受動的な受け手ではない。すなわち彼／彼女は、政治的秩序と社会的調和の維持に積極的にかかわっていくことになるのである。情報と〔市民の〕幸福は、古い政治の科学と同様に新しい治安の科学においても不可分なものなのである[32]。

世論の診断がコインの片面であるとすれば、プロパガンダはもう一つの面であった。銃後の国民に向けたプロパガンダは様々な形態をとった。まず、敵についてのある特定のイメージが構築された。これには、ドイツの勝利によって〔イギリス国民の〕士気が低下するのを抑制し、最終的なドイツの敗北への確信を徐々に行き渡らせるという目的があった。軍隊は心理学の専門家に助言を求めることを多くの場合慎重に避けていたとマクレーンは示唆しているが、ここで用いられた技術は、心理学者のアドバイスと一致していた[33]。心理学者達は、憎悪は士気を昂揚させる要素としては貧弱であると主張した。ドイツに関して広まったイメージは、むしろその国民性の欠点、すなわち弱さや堕落、いじめっ子コンプレックス（bully complex）、虚勢の裏にある脆さなどを示すものに集中していたのである。このような研究は、戦時中の研究会や論文の中心であっただけでなく、戦後においても、国民性を測定し、記録し、説明するための数多くの持続的な心理学的プロジェクトに引き継がれることとなった。[*34]

積極的な戦争目的を強調するプロパガンダには、より問題含みの点があった。情報省は、戦争目的あるいは講和目標――勝利の後に築かれるであろうイギリスの見通しであり、そのために国民は戦っている――と市民の士気にはつながりがあることを、戦争初期の段階で認識していた。戦争目的委員会（A War Aims Committee）が設立され、このテーマに関する大量の覚書が作られ、回覧され、棚上げとなった。〔しかし〕チャーチルは、戦争目的プロパガンダの強力な反対者であった。彼は、もっぱら強調されるべきなのは戦争に勝利するという任務であり、勝利に続く世界に関して議論することは、この根本的で限りない目標から目をそらすものであると主張した。さらに、この戦いは民主主義、貧困撲滅、平等、住居、仕事、自由などのためであると主張すること――それは戦争目的として提案された様々な主張そのものであった――と、社会主義的プロパガンダによる告発との境界線は、非常に曖昧なものであった。[*35]

情報省は、戦争目的への献身を説き聞かせることによって戦闘の正当性を公衆《ポピュレイション》に納得させるために、あまりにも露骨な水準でプロパガンダ組織を用いることは避けたのである。一九四一年以降、情報省のポスターとビラは、熱心に〔市民を〕激励するものから情報をばら撒くものへと変化した。これもまた心理学者の主張に一致したものであった。〔彼らによれば、〕正しい情報を力強く広めるのが最良のプロパガンダであり、民主主義と矛盾しない唯一の形態であった。[*36] しかしながら戦争目的は、ポスターやビラではなく映画を通じた士気への継続した介入によって、社会主義を暗示するにもかかわらず別のところで強力に促進された。アメリカでは、陸軍の士気部門もしくは情報教育局が、教育映画の『なぜ我々は戦うのか』シリーズを製作した。〔この映画は、〕兵士の能率と献身を増進することが当初の狙いであったが、最終的には世界中の軍人と市民に向けてアメリカの戦争目的を明らかにすることが目標となった。〔他方、〕イギリスの映画運動は、これとはまったく異なった形で仕事に取り組んでいた。[*37] 情報省の映画局は、戦前の状態は決して戻ってこないという主題を強調し、経済と社会の計画という戦時の経験を、来る平和な時代において、すべての人々の利益へと転換することの利点を説明するようなドキュメンタリー映画の制作を依頼し、資金提供をした。

これらの映画が、いかに大臣やその他の人々の明白な同意なしに作られたものであったとしても、目下の狙いにそれらが含意することは明らかである。〔すなわち、〕シティズンシップは、主体的な形式を獲得したのである。この時から、戦争に勝ち、平和を勝ち取るには、シティズンシップと民主主義の名のもとに社会的連帯と個々人の責任を鍛え上げるような社会的・政治的過程に、市民が積極的にかかわること——すなわち、意志や良心や願望を形成すること——が必要となったのである。〔こうして〕シティズンシップが心理学的な事柄になるにつれて、心理学的な知にとっての新たな研究領域として、そして主体性の専門家にとっての専門技術が展開される新たな場として、市民の心理《プシケー》が発見されたのである。

三　心理戦の兵士たち

この戦争――それは言葉のあらゆる意味で「全面的な」ものであったが――において、私たちは軍事科学における多くの重要な変化を目撃した。中でも、具体的で効果的な武器としての心理戦（psychological warfare）の発展は、少なからぬ変化を見せたように思われる……。話され書かれる言葉を巧みに操ることに人材と資金を投入したことは、敵の抵抗の意志を挫き、被占領国における潜在的な味方の戦闘への意志を支えるにあたって重要な要因であった、と私は確信している……。疑いなく、心理戦は、私たちの兵器庫の中で価値ある位置に納まる権利を、自ら証明して見せたのである。[*1]

ドワイト・D・アイゼンハワー、一九四五年

総力戦は敵の精神に対する明白な戦争の遂行を要請した。すなわち、心理戦である。[*2] そして心理戦は、敵国民《ポピュレイション》の主体性に関する知識とそれに働きかける仕組みの両方を必要とした。この知識と技術を発展させていくにあたって、国民性という考えに新たな意味が与えられ、国民性への影響に関する新しい概念が発展し、政策の利害の中で国民性に働きかけるための新しいテクノロジーが発明されることとなった。

第二次世界大戦時の連合国の戦略において心理的攻撃は、それゆえ――ダニエル・ラーナーが述べているように――、「暴力手段と一体になっていた」。心理戦は、ゆるやかな協調関係にあった多数の

機関によって遂行された。*3 北西ヨーロッパの作戦においてドイツに対する心理戦の責任を担っていたのは、連合国派遣軍最高司令部（SHAEF; the Supreme Headquarters Allied Expeditionary Forces）の心理戦部門（PWD; the Psychological Warfare Division）であった。ＰＷＤは、アメリカとイギリスのプロパガンダ政策を一体にするために作られたのであるが、しかし両国ともそれぞれ独立したプロパガンダの体制を有していた。イギリスの体制——それはアメリカによってそっくりそのまま模倣されたのであるが——は、政略戦部門（PWE; the Political Warfare Executive）の全面的な統御のもとにあった。ＰＷＥは、ＢＢＣ（イギリス放送協会）、情報省（アメリカでは戦時情報局［OWI; the Office of War Information］）、および外務省の政治情報局（PID; the Political Intelligence Department of the Foreign Office）といった三つの機関の対敵プロパガンダ活動を調整するために作られた、小規模な政策委員会であった。ＰＩＤは、そのアメリカ版であるアメリカ戦略諜報局（OSS; the US Office of Strategic Services）と同様、諜報データを収集・評価・宣伝する役割を担っていた。おそらく、この仕事に関与した人物でもっともよく知られているのは、のちに労働党内閣上級大臣となるリチャード・クロスマンであろう。彼は最初、ＰＩＤで敵国に対する政略戦の局長を務め、その後ＰＷＤの統合アングロ・アメリカン参謀本部のメンバーとなった。

この複雑なシステムの基本原理は何だったのであろうか。その活動を「ホワイト」・プロパガンダと「ブラック」・プロパガンダの二つに大別することは、慣例となっている。ホワイト・プロパガンダは、公然と認められたものであった。すなわちそれは、心理学者や政治家といった人々によって公に説かれた民主的なプロパガンダの原則に従うものであった。クロスマンは、そうした原則を以下のように述べている。「(a)誠実は圧倒的に最善の策である。そして、(b)もし結果を出したいのであれば、相手の皮膚の内側に入り、その人の感情を感じとり、その人の考えに思いをいたさなければならない」[*4]。クロスマンや他の「ホワイト」・プロパガンダを広めた人々が従事した心理戦は、それゆえ事実ではない何かを約束したり、ありもしない何かを脅かすこともなかった。〔その代わり、〕心理戦は、抵抗を継続するのか、それともアングロ・サクソンの慈悲と正義に無条件降伏するのかの二者択一に固執するものとなった。[*5]こうして〔ホワイト・〕プロパガンダは、ドイツの大言壮語を偽りであると暴露し、ナチス首脳部の退廃と信用ならなさとは対照的に、連合国の勝利は必然的であり、民主主義の世界は高潔で品格があると強調したのである。

このようなプロパガンダで主要な役割を果たした媒体が、ラジオとビラであった。主にニュースを流し、娯楽番組もあるラジオは、作戦の様々な段階に必要なある心理状態をドイツや被占領国市民の間に作り出そうとした。それは、彼らの士気をくじき、ドイツの敗北と連合国の勝利を自覚させ、連合国軍が近づいたらどのように振舞うべきか指示を出し、他の市民はそのような指示を遂行しているような印象を持たせるというものであった。

ビラ作戦の背後にあった原則も、〔ラジオの場合と〕同様であった。特別に設計された砲弾や爆弾によってばら撒かれたビラは、降伏の仕方について兵士や市民に助言するものから、兵士が携行して降伏の際に使えるような「安全通行証（safe conduct passes）」の形をしたものまで種類も様々であった。こうした通行証は、戦争捕虜に提供される境遇はともかくそれ以外は何も保証するものではなかったが、しかしここでも、連合国の人道性を再保証し、そして死か幸福かの厳然たる選択について思い起こさせる意図があった。PWDは、D‐デイ[†4]からドイツの降伏までの間に、北西ヨーロッパにおいて三〇億枚以上の様々なタイプのビラを投下した。そして、イギリスに拠点を置く航空機によって、合計でおよそ六〇億枚ものビラがヨーロッパ大陸中にばら撒かれた。〔こうして〕北西ヨーロッパ戦域のビラ作戦だけで、一カ月におよそ四〇〇〇発の爆弾と一〇〇〇トンもの紙が費やされた。〔まさに〕精神に対する、計り知れない規模の戦争であった。

ホワイト・プロパガンダの原理が、その客観性、すなわち敵にとっての信憑性を持たせるように真実を利用することにあったとすれば、いわゆるブラック・プロパガンダは、それとは異なる技術によって機能していた。[*6]そこで採用された信条は、「念入りに作りこまれた虚構《フィクション》――それはドイツ人の警戒を解き、〔ドイツ兵とドイツ市民の〕利己的で不忠で個人主義的な動機に訴えるよう計算されたものである――を通じて、ドイツ人の心に接近すること」であった。[*7]ブラック・プロパガンダは、「陰に陽にあらゆる手段を用いて、ナチ首脳部とドイツ国民の間にくさびを打ち込み、戦争疲れや敗北主義を強め」ようとした。[*8]ブラック・プロパガンダは主に流言を介して作用していた。〔そしてこの流言は、〕ドイツや被占領国の内部にいるスパイや連合国の支持者によって流され、ドイツの反体制組織などからのものと思われる部隊向けのラジオ放送によって広められた。

ブラック・プロパガンダは、「戦時において、真実はあまりにも貴重なので、常に嘘という護衛に付き添われていなければならない」[*9]とチャーチルが述べたような信念に導かれて、偽装《デセプション》の戦略へと没入していった。そのデセプションの指針は一九四三年一二月の、チャーチル、スターリン、ルーズベルトによるテヘラン会談――そこで対ヒトラーの共同作戦をとることが合意され、一九四四年春の連合軍のノルマンディー上陸に至ることになる――で生まれた。それは、大量の情報の破片――噂、流言、二重・三重スパイの活動、決死の作戦、無線を使った駆け引き、架空の部隊の創造、抵抗勢力の操作――をばら撒こうとするものであった。これらの情報が敵の諜報機関に集められる時には、〔実際には〕誤っているが）もっともらしく納得できるような連合国軍の意図の見取り図――とりわけ、連合国軍がノルマンディーではなく他の場所を攻撃するという確信を導くようなそれ――が浮かび上がるのであった。

デセプションは連合国の勝利にとって主要な役割を果したと一般的に考えられているが、ブラック・プロパガンダに対する評価はより曖昧である。ラーナーはブラック・プロパガンダとホワイト・プロパガンダの間に違いはないばかりか、ブラック・プロパガンダの技術の有効性も疑わしいと主張する。彼は、流言が実際には制御困難な武器であるだけでなく、誤った流言が広まることは逆効果になりかねないし、容易に嘘を見破られ、敵の怒りと決意を増幅させ、連合国側の本質的な誠実さや率直さに対する信頼が弱まってしまうかもしれないと主張した。[*10] しかしその軍事的な結果がどうであれ、これらのプロパガンダ作戦は、非常に意味のある心理学の実験室・試験場として機能したのである。

戦争勃発時のイギリスにおける学術的な心理学の未発達な状態を考えると、心理学者よりも財政家、政治家、外交官、作家や芸術家の貢献の方が大きかったというのは驚くに当たらない。〔戦争に〕関与したイギリスの研究者は、概ね自然科学者、あるいは歴史学者や政治学者といった人文科学者で

†4　第二次世界大戦中、連合国軍がナチ・ドイツ占領下のヨーロッパに侵攻するため、ノルマンディー上陸作戦を開始した一九四四年六月六日のこと。

あった。にもかかわらず、心理学と精神医学の専門家が果たした役割は重大なものであった。イギリスの陸軍精神医学理事会（陸軍省）の精神医学者チームは、H・V・ディックス（リーズ医科大の精神医学教授で、のちにタヴィストック診療所に勤務した）の指揮のもと、ロンドンでPWIとともに働き、PWIのデータを補完するいくつかの現地調査を行った。ディックスは、そのもっとも重要な研究において社会学者のエドワード・シルズ（シカゴ大学社会科学部教授およびロンドン大学社会学部講師）の助力を得たのであるが、この研究はドイツ人の政治的態度をパーソナリティ類型という観点から分析したものであった。*11 戦争捕虜に対する尋問の統計分析に基づいて、ディックスは徴兵年齢にあったドイツ人男性を五つのカテゴリーに分類した。すなわち、狂信的な「筋金入り」ナチ（一〇%）、「条件付き」の穏健派ナチ（二五%）、「非政治的」ドイツ人（四〇%）、消極的な反ナチ（一五%）、積極的な反ナチ（一〇%）である。この分析の優れた点は、ドイツ国民《ポピュレイション》の性質に関する議論を、「良い」ドイツ人と「悪い」ドイツ人の存在をめぐる果てしない論争から、明確な主体的特徴をともなう精確なカテゴリーの一式へと移行させたことである。こうして、ビラや放送番組を制作したプロパガンダの担当者達は、〔ドイツ〕国民《ポピュレイション》の心理状態という知識を踏まえて、国民《ポピュレイション》の特定部分に焦点を当てることができた。国民のパーソナリティの特徴や対人関係の特徴は想定可能で計算可能となり、今やそれらは戦争と平和の戦略へと組み込まれた。

ディックスとシルズは、PWDの諜報部門を支える理論的根拠に共同で責任を負っていた。そのためには、戦争捕虜やドイツ市民、ドイツと接触のあった諜報員やその他の人々、ドイツのラジオ局と出版社、そして押収したドイツの公文書から集められた口頭陳述や供述書を分析する必要があった。

戦争捕虜はディックスの作成した質問票を与えられた。この質問票は、現場にいるＰＷＩの尋問官の中に専門の精神医学者が一人もいないという事態を埋め合わせるためのものであった。[12] これらの文書は、ドイツ軍の意図を明らかにするだけでなく、ドイツ国民の士気の状態や連合国の活動に対するドイツの反応を明らかにするために、詳細な本文の分析がなされた。ここで用いられた技術の提唱者は、ハロルド・ラスウェルであり、彼はアメリカ議会図書館で戦時のコミュニケーションに関する研究の実験部門を統轄していた。一方、ドイツのプロパガンダはニューヨークのニュースクール大学大学院における全体主義のコミュニケーションに関する調査プロジェクトによって研究されていた。[13]

実際アメリカに関しては、一九四二年末までに、社会科学者全般とりわけ社会心理学者の大部分が、常勤又は特定のプロジェクトの顧問として政府の任務に就いていたのである。[14] 士気の調査、態度の分析、個人と集団の動的関係の説明――これらは、別々に行われているが互いに関係している数多くの調査の基盤を形成し、専門領域の境界を曖昧にした。というのも、心理学者、人類学者、社会学者、精神科医たちが、敵の抵抗や戦闘部隊の行動を決定する社会、文化、人間関係の要素を描き出し、理解するために協力して働いていたからである。

レンシス・リカートは、アメリカ戦略爆撃調査団士気部門の指揮下で行われた計画によって、国内の士気に関する彼の研究を補完した。この計画は、戦略爆撃が抵抗する国々の意志にもたらす効果を体系的に査定したものであった。カートライトは、この研究を特に称賛に値するものとして挙げている。彼は「とりわけ注目に値するのは、この計画の素晴らしい研究構想である……というのも、この計画は様々な国々における人々の価値観と動機に関する初めての量的比較分析であり、これは社会心理学の歴史において画期的な研究として名を残すだろう」と結論づけている。[*15]

敵の士気は様々な方法で調査されることとなった。一九四一年の日本による真珠湾攻撃の後、プリンストンにリスニング・センターが設置され、後に海外放送監視部隊（後の海外放送情報局）となった。ポール・ラザースフェルド、ジェリー・ブルーナー、ハロルド・ラスウェル、R・K・ホワイトは、口述や文書を分析するための体系的な手段を開発し、軍の意図や敵の士気に関する諜報報告書を作成するために海外の放送を分析した。自国の士気に関する研究と対をなすこのアプローチは、まったく異なる見地から補完された。それは、敵の文化や、その文化と市民および兵士のパーソナリティとの関連に注目することであった。

戦前にニューメキシコ州のナヴァホ族に関する研究を主に行っていたクライド・クラックホーンと、それらの研究を支えた精神科医のアレクサンダー・レイトンは、ワシントンの海外士気分析部の共同責任者に任命された。レイトンは以前アリゾナ州ポストンの日系人強制収容所で働いており、そこで彼は、人間はストレスにさらされると、信念の体系に従って行動するようであると結論づけた。すなわち、人間は養育期に深く植えつけられた文化のパターンや態度によって条件づけられるということである。[*16] こうした観点から、クラックホーンとレイトンは日本兵や日本国民の士気を理解しようとした。戦争捕虜の尋問報告書や、入手した私信および公文書、監視された報道記事とラジオ放送の書き起こしに基づいて、彼らはプロパガンダで利用できそうな〔日本人の〕士気のほころびを見つけ出そうとした。[*17] しかし、日本人の敗北への抵抗は狂信的で、死ぬまで続くだろうというアメリカの政策担当者たちの確信を覆すことは、彼らにはできなかった。一九四五年までに〔日本人の〕士気が衰えていたことを示す強力な証拠があったにもかかわらず、アメリカ陸軍省長官は、〔日本を〕確実に無条件降伏させるには、広島と長崎を爆撃するしかないと考えていた。[*18]

しかし彼らの研究の一つの成果は、国民性という心理学概念の刷新であり、それは戦後の「文化とパーソナリティ」に関する一連の研究の概念的な出発点を提供することとなった。[*19] 国民性という考え方自体は新しいものではなかった。しかし戦時の経験は、それ〔国民性という概念〕を国民（national populations）の経験的研究のための、そして政治的計画における専門家の助言のための心理学的技術に変換することを可能にしたのである。戦争末期になると、疑似精神分析的な人類学の研究が相次いで出版された。それは日本に関連する研究だけで著者目録が作成できるほどの量であり、H・M・スピッツァーとルース・ベネディクトによって編集され、一九四五年にアメリカ陸軍省情報局によって出版された。[*20] これらの研究は、敵国の様々な国民性の構造についてもっとも紙幅を割き、精神分析の用語で説明した。この説明では、こうした国民性は人生の早い段階での経験によって形成され、若年期に精神分析的な介入を行うことによって修正されるという可能性が指摘された。

戦後になって、こうした研究は、自国アメリカの問題を抱えた国民《ポピュレイション》に関する精神分析学的研究へと展開されていくことになった。アメリカ・インディアン事務局は、[†5] クラックホーン、レイトン、エリクソンによる、育児実践と成人のパーソナリティ構造に関する影響力のある一連の研究に資金提供し、援助を行った。この研究が焦点を当てたのはインディアンの部族であり、彼らは頑固で堕落

†5　アメリカ内務省に設置された、インディアン保留地の土地・資源の管理開発、教育、雇用、社会福祉などを担当する部局。

し退化しており、再教育を受け入れないと考えられていた。[*21] また国外に関しては、戦時中発展した軍と大学の科学者の協力関係を維持するため一九四六年に空軍によって設立されたランド研究所が、ソ連の文化に関する研究に資金提供した。この研究は、マーガレット・ミードとマーサ・ウォルフェンシュタインが最終的に『児童期と現代文化』にまとめたプロジェクトにおいて参照された。このプロジェクトは、ルース・ベネディクトのコロンビア大学における現代文化に関する研究を通じて開始された。この研究自体も、アメリカ自然史博物館現代文化研究のように、海軍研究局人的資源部門によって助成を受けたものであった。[*22] このような児童期とパーソナリティの心理学化の社会的重要性は、それが研究のきっかけとなった軍の関心をはるかに超えたところまで及んだ、ということにあった。

アメリカの戦時士気調査官は、彼らの学際的な新しい思考様式に制度的な形を与えることとなった。それが、一九四六年に設立されたハーバード大学の社会関係学部である。この学部の初期の中心人物は、ゴードン・オールポート、エドワード・シルズ、クライド・クラックホーン、さらに本書でもまもなく登場する二人の人物――戦略諜報局で調査スタッフを統括したヘンリー・マーレーと、陸軍省情報教育局の研究部門を指揮していたサミュエル・ストウファー――であった。戦争の経験は、社会学・人類学・心理学・精神医学といった専門領域における強力な内部の秩序維持のメカニズムと、境界を維持する道具立てを、一時的に破壊した。恐らく、パーソナリティと社会システムと文化システムを統合するパーソンズの行為の一般理論は、この新しい関係において、もっとも学問的に有名な成果であろう。[*23]

終戦直後の時期において、公衆の心理《プシケー》に関するこうしたアメリカの努力のより直接的な成果が、広く入手可能となった。[*24] 戦時の経験を反映し、そこからプロパガンダや世論に関する理論や流言の心理学を発展させようとする書物が、多数出版された。[*25]〔しかし、〕こうした仕事の正確な詳細は、本書の関心事ではない。本書の目的にとって重要なことは、公衆の精神《パブリック・マインド》を、心理学の専門家を通じて知ることができ、心理学理論を通じて計算可能であり、心理学的な知識に裏づけられたプロパガンダを通じて統治可能となる領域へと変容させたということである。国民（the polity）とその態度・連帯・抵抗・対人間の相互作用の心理学化は、戦後においてもっとも重要な心理学の専門知の発展のための、そして最も重要な統治の根本原理の変容のための基盤《プラットフォーム》を作ることとなった。

四　戦時下の諸集団

軍隊心理学（Service Psychology）は、人的資源を最大限効果的に利用するという積極的な狙いを持っていた。軍隊精神医学（Service Psychiatry）は、人員の浪費を抑制することにより関心があり、したがって予防的手段が第一の関心事であった。いずれの活動分野においても、出発点は個々人には違いがあるという事実である。心理学と精神医学の目的はいずれも、不適格者を見つけ出し、適格者は軍にとってかつ本人の満足にとって最も有益な方法で勤務できるような場所に配置するように、そうした個々人の違いを確かめることである。近代の戦争は、もはや「州兵をヤードで測定する」という問題ではない。[*1]

枢密院、一九四七年

戦争末期に軍隊心理学に関する報告書を作成した専門家委員会は、戦争遂行（war effort）にとって個々人の差異に関する心理学がいかに重要かを強調した。しかし、戦闘部隊の主観的状態に対する専門家の関心は、第一次世界大戦時にアメリカで始まった知能テストという戦略を復活させただけではなかった。まず、個々人の差異は、知能に関係するのと同じくらいパーソナリティに関するものとなった。しかしさらに重要なのは、士気と態度の概念が洗練されたことによって、兵員の精神が軍隊生活における有効な要素になったことである。〔そして〕決定的に重要なことは、個人の役割というものが、次第により大きな統一体、すなわち集団という観点から見られるようになったことである。集団の誕生は、主体性の統治にもたらされた、戦争の経験の最も重要な効果を構成した。[*2]

開戦以来、選抜・配置・昇級の手続きは、管理方法によって戦闘力の効率を上げようと、心理学と精神医学の基準を次第に動員するようになった。〔そして〕そのメカニズムには、ネガティブな面とポジティブな面があった。〔ネガティブな面は、〕個々人を注意深く任務に選抜し配置することは、その存在が軍務の効率に害を及ぼすような者——すなわち、訓練しても労力と時間の無駄にしかならないような、あるいは重要なポストに就いたならば〔他者の命を〕危険にさらしてしまうような、精神障害があったり精神的に不安定だったり、頼りにならない者——を排除し得るということであった。ポジティブな面としては、適切な人員配置、すなわち適材適所の原則は、心身衰弱のリスクを最小化し、人的要素の活用を最大化することであった。これは下士官兵に関しても当てはまるが、将校への昇級にあたってはより一層顕著であった。

〔しかし、〕新兵募集と配置への心理学の関与は、イギリスの軍隊で歓迎されたわけではなかった。アメリカの実験や公的な調査委員会の勧告、そしておよそ一二万人が第一次世界大戦で発症した精神障害のため未だに年金や最終的な恩賞を受け取っているという事実——これは年金を受給した全障害者の約一五%にあたる——にもかかわらず、戦間期においても兵員選抜に対して関心が払われることはほとんどなかった。むしろ年金省は、現役兵の間に進行した神経症に対しては年金を支給するのではなく治療を提供するという方針を示した。それによって「戦争神経症」が蔓延する可能性に立ち向かうことを臨んだわけである。[*3]　一九三九年四月、タヴィストック診療所のJ・R・リーズと、国立産業心理学研究所（NIIP; the National Institute of Industrial Psychology）のアレック・ロジャーは、陸軍省の医療当局に覚書を提出した。それは徴集兵の訓練のスピードと質への貢献を心理学的・精神医学的評価によって測定するための予備実験を求めるものであった。[*4] この覚書は、過去の戦闘任務だけでなく産業心理学における調査結果への注目をも促した。これらの研究は、労働に使われた日数と産業効率の低さに精神神経症が及ぼす影響を示し、特殊な業務に個々人を配置する際に行われる特別な適性テストの価値を示そうとした。[*5]

精神科医たちは、兵役を逃れようとする人々の手助けをする第五列〔スパイ〕だとしばしば非難されていた、とリーズは述べているが、この計画がなぜ拒否されたのかは明らかではない。[*6] しかしリーズは、国内で陸軍の顧問医を務めるよう一九三九年九月に依頼された。ヘンリー・イエローリーズはイギリス海外派遣軍の顧問医に任命されて、開戦後は海外で少数のスタッフを率いた。一九四〇年四月以降、陸軍における精神医学の関与は増大した。まず任命を受けて精神科医がイギリス各司令部の医療本部に配置された。〔そして〕一九四一年までに、これらの各司令部に最大一五人の地域精神科医が配属された。海軍もまた戦争初期に精神医学的業務を確立した。イギリス空軍は、神経精神科医に委託された諸研究の特色に基づきつつ数多くの研究を発表したが、〔海軍に比べると〕比較的規模は小さかった。〔したがって、本書の〕目下の目的にとって最も重要なのは、陸軍の事例である。[*7]

実際、司令部付の精神科医は、任命されるとすぐに新兵選抜計画のために議論を開始した。ロナルド・ハーグリーヴスも以前タヴィストック診療所に勤務していたが、彼はJ・C・レイヴンとともに、ペンローズ - レイヴン漸進的マトリクス[†6]等の検査を使って実験を行った。集団検査の初期の提案者であったゴッドフリー・トンプソン教授は、スコットランドで司令部付精神科医とともに共同作業にあたった。一九四〇年までには、ある程度の官庁と部隊に検査が導入されていたが、それらの仕事の多くは、ケンブリッジ心理学研究所のエリック・ファーマーとアレク・ロジャーによってなされた。リーズとハーグリーヴスからの働きかけが強くなるに従って、一九四一年の初めには精神検査に関する諮問委員会が設立され、NIIPのJ・H・ドリーヴァー教授並びにC・S・マイヤーズ博士、そしてS・J・F・フィルポット博士が委員となった。一九四一年六月までには、人員選抜理事会が高級副官の下に設置された。

　産業心理学者の監督下で、漸進的マトリクスを用いた知能検査システムがすべての新兵補充部に導入され、知的に鈍いあるいは遅れていると判定された者は、すべて精神科医のもとへ送られることとなった。ほどなく、こうした人々の配置について勧告するのは、指揮官ではなく精神科医の仕事となった。一九四二年までに、新たな新兵採用計画が導入され、軍隊に入隊したばかりのすべての男性が一般業務部隊に入れられた。そこで彼らは一連の知能・適性検査を受け、訓練された人員選抜担当の将校から質問を受け、もし最も下位のグループに選ばれたり、吃音があったり、精神疾患の既往歴や〔障害児のための〕特別教育を受けたことがあったり、異常な行動や奇妙な検査結果が出たり、明らかに「闘争的な素質」を欠いていれば、精神科医のもとへ送られたのである。非戦闘部隊或いは武装・非武装の工兵部門への配置換えや、病院への入院、除隊を勧告できる精神科医のもとへ送られたのは、すべての新兵のうちおよそ一四％にのぼった。のちに人的資源の最大活用が決定的に重要にな

†6　一九三八年につくられた、非言語的な知能検査。受検者は、図案を完成させるために、それぞれ一部分が欠けた複数の選択肢の中から欠けているパーツを選ぶ。

るにつれて、人員の選抜・配置業務は、陸軍の「不適合者《ミスフィッツ》」や他の軍から異動させられた者を受け入れていた陸軍選抜センター（army selection centres）にまで拡張された。*8

人員選抜理事会は、単に頭の鈍い者や情緒不安定者の排除にかかわっていただけではない。その目的はネガティブなだけでなくポジティブな面もあった。リーズは次のように言う。

人員選抜理事会は、軍の様々な部門における多様な任務の徹底的な職務分析を担ってきた。そしてその結果、各任務に必要な知能や他の適性に関する基準を定めることが可能となり、こうして各部署の種類に応じて適切な人員を配置する基礎を築いたのである。この仕事の達成は、軍隊によるマンパワーの活用に革命的な変化をもたらし、戦後の世界において産業や社会生活で確実に応用されることとなる基準を確立した。適材を適所に配置することは、精神医学的な病の予防法としては、他に考案しうるどんな手段にもまして価値あることなのである。*9

こうした問題は、終戦直後の時期にアメリカで熱狂的に取り上げられることとなった。後にアメリカ大統領となったドワイト・アイゼンハワー将軍は、コロンビア大学で人的資源管理プロジェクトを立ち上げ、フォード財団、ジェネラル・エレクトリック、ラジオ・コーポレーション・アメリカ、コカ・コーラ、スタンダード石油、ビグロー＝サンフォード・カーペット社といった多岐にわたる組織が資金を提供した。アイゼンハワーを突き動かしたのは、北アフリカ作戦やヨーロッパ戦域におけるバルジの戦い†7で経験した著しいマンパワーの不足であった。同時に彼は、数多くのアメリカの若者が、良い兵士となるための精神的・感情的な素質を欠いていると判断されて徴兵不合格となるか、あるいは早々に除隊させられていたことも知っていた。戦時中およそ二〇〇〇万人が兵役への適合性を検査され、そのうち一四〇〇万人が徴兵された。そして、彼らの検査結果だけでなく、軍隊生活におけるパフォーマンスの詳細や、彼らが入隊前や除隊後に市民生活でどのように振舞っているかを示すようなことも記録に残された。〔この〕コロンビア大のプロジェクトの狙いは、将来の計画に備えて国家の人的資源――軍事組織だけでなく国家全体の――を調査するために、戦時中のこうした人事記録を体系的に分析することであった。

イーライ・ギンズバーグ教授の指揮下にあったこのプロジェクトは、その分析に基づく数多くの研究を出版した。[*10] この研究の結論は、軍隊が、マンパワー要員の特性、将来必要となるもの、新兵の潜在能力に関する知識や、明らかに欠陥のある者が特定の任務や特別な援助のもとではまずまず任務を遂行できる能力があるという知識を欠いていたために、大きな犠牲を払った、というものであった。とりわけ人員選抜は、個々人が効果的に任務を遂行できるよう彼らを組織に適合させるための、適切な訓練と割り当てをともなわなければ、不十分なものであった。〔しかし、〕このことは十分理解されてこなかった。その結果、軍は五〇師団以上にあたる二五〇万の兵員を失うことになったのである。ここから得られた教訓は明確だった。すなわち、大規模組織の任務遂行能力は、パーソナリティと動機づけを考慮に入れた組織的な政策によって向上させ得る、ということである。今や国が有する資源

---

†7　一九四四年一二月から一九四五年一月にかけて、ルクセンブルクおよびベルギー南部に広がるアルデンヌで行われたドイツ軍と連合国軍の戦闘。この戦いにより、ドイツ軍は決定的な敗退と損失を被った。

を最大限に活用するためには、政府が、心理学的な観点から考案・体系化されたマンパワー政策を持たねばならないのである。

心理学的技術の発展にとって極めて重要な意味を持った戦時の調査プロジェクトがさらに存在した。アメリカ陸軍省の情報教育局の調査部門が行った、米軍兵士の態度に関する調査である。サミュエル・A・ストウファーが指揮をとったこの研究の成果は、『第二次世界大戦における社会心理学の研究』という一般的なタイトルで、一九四九年と一九五〇年に四巻にわたって出版された。*11 調査部門は、他省からの要請に応じて、戦時中に約二〇〇から三〇〇の大小の規模の調査を行った。これらの調査は、戦争・医療サービス・市民・余暇活動・軍務・黒人・女性の動員や復員の手続きといった問題への態度にかかわるものであった。

組織の円滑な運営や個々人の士気といった観点から決定的に重要なのは、状況の客観的な特徴ではなく、その状況に対する個々人の主観的な関係性であるということを、調査部門の仕事は示しているように思われた。態度という概念が重要なのは、〔まさに〕態度が主観的な関係性を捉えているからであった。態度の概念によって、個々人の多種多様な好みと偏見を、少数の諸要素それぞれへの評価という形態の思考に翻訳することが可能になった。態度は、精神を測定するための新たな工夫によって記された。すなわち尺度である。尺度は、特定の項目に対する個人の回答が、ある特定の次元にかかわるすべての項目への回答を予見可能にするような問いを構成する技術であった。尺度の技術は、レンシス・リッカートとルイス・グットマンが、ストウファーのプロジェクトに関する研究を行う中で発展し、人間の状態の新たな主観的側面を、知と統制の領域に持ち込んだのである。態度概念と尺度の技術の相関的な発展によって、このような〔主観的〕側面は管理の対象となった。すなわち態度は、調査され、測定され、記入され、報告され、計算され得るものとなり、そしてそれに照らして行政管理上の決定がなされるようになったのである。態度に関する知識によって、兵士が満足しかつ効率的である、すなわち満足しているがゆえに効率的となるような行政管理の様式を考えることが可能となった。

こうした兵士たちの満足は、彼らの戦争目的への献身とは、ほとんど関係がないように思われた。ストウファーと彼の研究員たちは、兵士の主観の中に、戦いが行われるための信念はもちろんのこと、その原理原則にかかわるいかなる思考も、発見することができなかった。士気と効率の維持のために決定的に重要なのは、集団であった。

集団は、密接な対人性（interpersonality）をともなうインフォーマルな性質において、戦闘の動機づけにかかわる二つの主要な機能に奉仕することとなった。すなわち、集団的な行動基準を強化し、耐えられないほどのストレス下にある個人を支えるという機能である。*12

こうして戦闘中の行動は、兵士とその仲間たちの絆の強さの問題であると考えられ、それは「兵士にとって」非現実的で遠く離れた戦争の原理や大義から出てきた問題というよりは、直接の指揮官への忠誠によって強化されるものであった。逆説的に、アメリカの兵士はドイツの敵兵とまさに同じような力によって動かされていた。ディックスとの共同研究におけるシルズの解釈によれば、ドイツ兵の主な動機づけもまた、全体あるいは高位の権力としての軍隊への忠誠というよりは、第一次集団とその指揮官への忠誠から生じるものであった。[*13] こうして個人と組織の関係における重要な要素として第一次集団を発見する中で、戦時中のアメリカの社会科学者は、一九三〇年代にアメリカの産業心理学者が練り上げた命題を強化した。例えば軍隊の管理は、工場と同様に、第一次集団の絆に働きかけ、このメカニズムを通じて個人を組織の目的と結びつけることによって達成されるものと考えられた。[*14]〔こうして、今や〕社会心理学は、行政管理の科学になろうとしていたのである。

心理学的調査は、より日常的で直接的なレベルで、非常に詳細な軍事的決定に情報を提供することができた。というのも、動機づけと満足というものは、地位、慰安、危険にさらされるのを最小限にすること、除隊後の個人を支援するための訓練といった、日々の生活における問題と危急の事態の産物であるように思われたからである。態度の研究によって、これらの様々な欲望を行政管理に応じた用語で明確にすることが可能となった。例えば、どのように余暇を組織すべきか、どこに女性や黒人を配置するか、注意深い段階的な動員解除を介してどのように不平不満を回避するかといったことである。〔こうして〕心理学の専門知は、組織の調和の要となった。

新兵の心理状態に劣らず関心を集めたのは、将校の心理状態であった。戦争の初期に、将校の選抜が問題化するようになった。[*15] 第一に、将校の精神的衰弱が明らかに高い確率で起きていることが非常に懸念され、それは適応障害や神経障害の既往歴がある者が任命されたことが一因であると考えられた。第二に、士官候補生の訓練部隊から高い割合で不合格者が出るという問題があった。大学や公立学校出身の若者の供給が枯渇し始めた時、士官訓練候補生を選ぶ委員たちが、――レスの言い方では

――「いつの間にか海の上にいた〔為す術がなかった〕」ことで、それは深刻化した。〔なぜなら〕彼らは、自分たちにとって馴染みのある経歴と物の見方を持つ者を選ぶことに、慣れてしまっていたからである。不慣れな状況の中で、脱落するかもしれない多くの者を訓練に受け入れ、成功するであろう多くの者を不合格にしていることに、彼らは気づいた。この事は、階級的偏見が昇進の決定に影響を及ぼしているのではないかという現存する疑念――それは士気を損ない、兵士の志願に水を差す――をあおった。リーダーシップが戦闘部隊の幸福・福祉・効率にとって重要であることを承認するなら、何らかの対処がなされなければならなかった。

リーズと、同じくタヴィストック診療所出身のエリック・ウィトカウアーは、スコットランド司令部付の精神科医であったT・E・ロジャーとともに、一九四一年から実験を行った。これらの実験は、一九四二年に陸軍省人員選抜委員会（WOSBs; War Office Selection Boards）という常設組織と、技術向上の方法を研究する研究・訓練センターの設立へとつながった。各委員会には高位の陸軍士官からなる委員長が置かれ、軍の検査担当士官である精神科医と、心理学者または検査下士官から助言を受けた。志願者たちはおよそ三日間にわたって検査を受け、その間彼らは、経歴あるいは医学的な質問用紙に回答し、様々な知能検査やパーソナリティ検査を受け、上官または副官と面談し、軍の訓練担当士官から一連の講義や実践テストを受けたりした。またその中の一部の者は、精神科医による面接を受けた。

WOSBsに対する精神科医の役割に関しては、多くの議論があった。*16 当初精神科医たちは、すべての志願者の心理検査の結果に対して意見を述べたのはもちろん、彼らに面談を行った。こうすることで情緒不安定者を見分けるだけでなく、パーソナリティに関する一般的な専門家として振る舞ったのである。[*17] これらの手続きは、訓練されたスタッフの不足と志願者の数〔の多さ〕の問題のため最初制限されると同時に、多くの士官の間にはより根深い反感が存在していた。〔というのも、〕精神科医たちは、彼らの地位とは不釣り合いなほど影響力を行使していると考えられた〔からである〕。彼らは、性的適応といった事柄の重要性に関する信じがたい信念に基づいて、合格であるはずの志願者の除外を勧告している。また、精神科医たちの時に不躾な質問だけでなく、彼らの存在そのものが志願者たちを憤慨させており、その有害な効果は彼らの活動から生じるかもしれない利益を上回るとされた。このような批判の結果、精神科医の役割は、潜在的に異常と思われる者の面談に制限された。戦争が終わると、WOSBsの仕事を調べ上げたクロッカー委員会は、委員の常任メンバーとして精神科医はもはや必要ないと勧告した。それにもかかわらず、〔精神科医の〕新たな可能性が協議事項にあげられた。すなわち、狂気の番人ではなく、主体性の領域への公認の導き役としての精神科医、そして制度化された生活におけるヒューマン・ファクターの活用に関する万能の助言者としての精神科医〔という役割〕である。

心理学者に関する限り、なおも検査が日々の基調をなしていた。しかし専門的な心理学者が不足していたため、ほとんどの検査の仕事は、訓練を受けた下士官によって行われ、彼らは検査結果を解釈する精神科医の助手として振る舞った。〔他方で、〕専門的な心理学者〔の活動〕のほとんどは、調査・訓練センターに制限された。したがって、彼らは制度的な手順の中で有効な足がかりを見つけるのに、医師の資格を持っていた精神科医よりも、さらに苦労した。しかしそうした困難さの原因は、心理学者の数が少なかったことや、概してその地位が低かったことだけではなかった。それは、将校の適性が主に性格とパーソナリティの問題であると考えられたからであり、戦前においては、これらの精神生活の特徴は定量化できないことが判明していた。*[18]〔しかし〕戦争そのものによって、こうした状況に変化がもたらされることとなった。それは主にアメリカでなされた研究を通じて生じた。*[19]〔戦時中のアメリカでは、〕大規模な人口を心理学的調査のために利用可能であり、資金も豊富で、高度な統計技術も利用することができた。ヒステリー・神経症・精神分裂病の属性を測定した「ミネソタ多面人格目録（ＭＭＰＩ）」†[8]や、キャッテルの16ＰＦ人格検査†[9]などのこの研究の成果は、戦争遂行に利用されるには遅すぎた。にもかかわらず、前者〔ＭＭＰＩ〕が知能について調査したことを、後者〔16ＰＦ人格検査〕はパーソナリティについて行い、パーソナリティは可視化され、具体化され、記述され、計算され、管理されうるものとなったのである。

アメリカはパーソナリティの標準化の技術を提供したが、他方でイギリスは、能力の評価のために実生活の状況を利用する方法を、新たに開拓した。すなわち、志願兵が彼らに与えられた様々な任務を遂行する間、彼らを観察するのである。この方法の心理学上の理論的根拠は、アメリカの社会心理

---

†8　アメリカの心理学者であるハサウェイと精神科医のマッキンリーによって作られ、一九四〇年に初版が出版された人格目録検査。メンタルヘルス、医療、薬物乱用、司法、企業内試験などのあらゆる分野において、心理学的不適応の指標として使用されている。

†9　自記式の包括的な人格目録検査。質問紙は、親近、警戒、推理、抽象、適応、隔絶、支配、懸念、躍動、変革、規則、自立、大胆、完璧、感度、緊張の一六因子によりパーソナリティを査定する。

学者、とりわけレヴィンとモレノによる場理論アプローチ（the field theory approaches）の影響を部分的に受けていた。[*20]〔彼らの理論によると、〕特性は、すべての成功した将校に備わっており、文脈から独立して存在する不変の個人の性質ではないと考えられていた。〔したがって〕リーダーシップは、個人に生まれつき備わっている属性ではなく、また検査と実生活両方で示されうるようなものでもなかった。[*21]〔そうではなく、〕パーソナリティとは組織化された統一体であり、異なる状況下で変化する要求とダイナミックに相互作用を及ぼし合うような緊張や欲求の体系なのである。それゆえ「将校の資質」は、将来彼らが求められるであろう主な役割――小集団において最も重要な指導者という存在になり、集団に指示を与え、内外の破壊勢力に対する団結と連帯を維持するという役割――という観点から分析され、評価されるべきものであった。

こうした推論の形式は、ウィルフレッド・ビオンの有名な「リーダー不在集団検査」を生んだ。ビオン自身による〔以下の〕説明は、長くとも引用する価値がある。

〔今日まで〕発展させられ、それ以来多くの場で人員選抜の諸技術の基礎となってきた技術の本質とは、精神科医を含む選抜担当官たちが、自らの利益のために仲間の利害を犠牲にする誘惑にかられるような緊張状態の中で、人間関係を維持するための能力を観察できるような枠組みを提供することであった。その状況は実生活の状況でなければならなかった。緊張状態、そして個人的渇望に完全に身を委ねることへの誘惑は、既にそこに存在していた……。難しいのは、その人の仲間との関係の質を試すために、この実在する感情的な領域を利用する〔ことは可能か〕という点である。

検査における実際の課題は、そこにいる検査官にとっての単なる隠れ蓑に過ぎなかった……。観察されるべきは、人為的な検査ではなく、実生活の状況であった。すなわち、ある人の人間関係を築く能力が、自身や他者の失敗への恐怖や、個人的な成功への欲望という緊張のもとで、どのように持ちこたえるかということである。*22

集団の概念は、個人の振る舞いに関する心理学的・精神医学的思考を組織化する原理となっていた。戦時中からこのかた、社会生活や制度化された生活は、間主観的な感情の関係、すなわち社会的連帯と個人のパーソナリティの力学との相互作用として、次第に捉えられるようになってきた。〔そこで〕問題となったのは、性格の静的な特徴ではなく、集団の決定・方向・凝集性という文脈において個々人が個人的葛藤を解決する方法であった。「集団」すなわち個人の振る舞いの主要な決定要因としての「社会的」「人間的」関係という概念の発明は、心理学と精神医学が戦争経験から得た、最も首尾一貫した教訓であった。

WOSBsので開発された評価方法は、アメリカへ輸出されることとなった。アメリカにおいては、「状況検査（situational testing）」が、ヘンリー・マーレーの指揮のもと、戦略諜報局によって人員選抜のために用いられた技術の基礎となった。*23 しかしさらに、精神医学的な専門知は、こうした形で作用しながら、兵士の訓練と管理のための技術を変えうるものでもあった。ここでカギとなるのが、連帯であった。兵士たちは、敵への憎悪を刷り込んだり、血と殺戮に曝して凶暴性を鍛えることによって、効率的に戦えるよう訓練されるものではなかった〔からである〕。戦争の過酷さへと〔兵士を〕慣らすこと——例えば、徐々に投薬量を増やすように、爆弾の衝撃と音への曝露を増やす「戦闘の予防接種(battle inoculation)」のようなこと——といったことは、時に役に立った。しかし、戦闘部隊の忠誠心は、他のものに大きく依存していた。重要なのは、精神的な絆やメンバー間の関係、すなわち集団の連帯であった。それは外的な規律や命令への服従、規則の遵守の問題ではない。問題となるのは、内的な規律や集団の秩序内での個々人のプライド、価値観と帰属意識、そして集団生活への貢献の価値と意義であった。全体の効率は、メンバー間の心理的関係という観点から解釈された。そのことは同時に、任務を指示された個々人の集合の効率性の見込みを徹底的に調査し、説明し、そしてその効率を統制して最大化するための新しい方法を生みだしていった。

このことは、ビオンやジョン・リックマン、トム・メイン、マックスウェル・ジョーンズ——彼らは戦後花開いた社会精神医学の主導者たちであった——が展開した、精神神経症の症状に苦しむ兵士のリハビリテーションや戦争捕虜の帰還という様々な経験に関しても、変わらぬ意義を持っていた。[*24] ビオンとリックマンは、バーミンガム近郊のノースフィールド陸軍病院に一九四三年に召集され、訓練棟で展開していた手に負えない事態に対処した。リックマンは、個人と集団や患者たち自身との関係に光を当てるためにグループ・ディスカッションを用いて、その過程の目標として「良き集団の精神《グッド・グループ・スピリット》」という概念を発展させた。集団には共通の目的が必要であった。集団は集団自身、すなわち集団の境界と位置、その内部での個々人の機能と貢献を認識せねばならず、内部の不満に向き合い、対処する能力を発展させなければならないのである。

ビオンは、訓練棟の個々人を共通の問題と格闘する集団へと一体化することによって、自尊心と社会適応性があり、責任感を受け入れることができる人間を作り出そうとした。[*25] ビオンが取り組むことを決意した問題は、まさに施設での順調なリハビリ作業を脅かす神経症の存在であった。それゆえ集団そのものが、幸福と効率を破壊する共通の問題として神経障害に取り組むよう促されることとなった。訓練棟での訓練は、実際には対人関係の問題を理解し、解決するための課程になった。このようにして、集団自身がその構成員の神経症状を解消し、彼らに個人的な責任感をもたらすことができるようになる、と考えられたのである。

ビオンの戦術は、訓練棟の権力関係を操作することによって、人間の振る舞いに働きかけることであった。まず神経症〔患者〕は、共同体生活とそれに抗う構造の両方を提供してきた、権威主義的な枠組みを緩和する事によって可視化された。集団メンバー自身が任務を組織化し、悪党を見つけ出して訓練する責任を負わねばならない時、彼らは、〔集団の〕崩壊の原因が権力そのものにあるのではなく、権力に対する彼らの心理的関係であることに気づくだろう〔と考えられた〕。集団は、自身の苦悩の心理的起源を自覚した時、自己治癒に全力を注ぐことができた。戦後の治療活動にとって、こうした再帰性《リフレキシビティ》がもつ概念的・戦術的・戦略的な含意は、いくら強調してもしすぎることはない。治療はもはや他者の手によるものではなくなり、病者たち自身の内に無意識に組み込まれることとなり、専門知の権威のもとで自らを治療することになったのである。

この実験は六週間後に終わったが、続いて二番目の「ノースフィールド実験」が行われた。この実験でメインは、「治療的コミュニティ」と彼が呼んだものを生み出そうとした。そこでは病院は、医者によって彼らの更なる技術的効率のために運営される組織としてではなく、すべての構成員が日常生活において完全に参加するという当面の目標と、普通の社会での生活を目指す神経症者の再社会化という最終目標を持つコミュニティとして利用される……すべての職員と患者がかかわる、（医学的に指示されたというよりはむしろ）自発的で、感情的に構築された組織である。[*26]

このような更生のテクノロジーを目指して、組織の体制は、技術的というよりは感情的な諸関係の体系として解釈された。〔それによって〕専門知との関係にも、ある変化が生じた。医師の役割は、もはや指示することではなく、解釈することであった。〔他の〕患者、用務員、看護師など病者の周りにいる人々すべてが、病とその治療の現場に引きずりこまれた。〔こうして〕集団生活の社会関係は、今や神経症の治療手段としてだけでなく、神経症が現れ、悪化するかもしれない場でもあると考えられるようになった。なぜなら、神経症の原因そのものが、社会関係の問題の中に見出されるからである。

同時に、並行して進められていたある実験が、類似したテクノロジーを開発しつつあった。[*27] 一九四二年、心臓病専門医のパット・ウッドと、精神科医のマックスウェル・ジョーンズは、「努力症候群(effort syndrome)」治療のための一〇〇床からなる施設《ユニット》の共同管理者になった。ミル・ヒル神経症施設《ユニット》は、戦争神経症治療のための二つの施設のうちの一つであり、モーズレー病院から引き抜かれた職員とともに保健省によって運営されていた。他の施設《ユニット》では、修正型インスリン・ショック療法、エーテル解除反応、持続睡眠療法や催眠分析といった短期的治療が利用されていたが、ミル・ヒルでは、社会的・心理的な治療概念の応用が重視された。

詳細な心臓病学的検査の結果、〔ミル・ヒルの〕研究者たちは、息切れ・動悸・左胸の痛み・体位性めまい・不定期な失神発作・疲労などの〔症状が見られる〕努力症候群と、心臓病との関連性は見いだせないと結論づけた。むしろ、それは心因性の病気であると考えられた。〔そのため、〕症状を引き起こしている生理学的メカニズムを患者に説明するため、看護師を含んだディスカッションの手順が開発され、問題を悪化させている不安を和らげ、自らの症状に対する患者の態度を変えようと試みた。このようなディスカッションのグループはすぐに広まり、病棟その他あらゆる場所で起きた生活上の問題を取り上げるようになり、グループ・ディスカッションや、しばしば問題を再現して演じるという形態をとることもあった。〔こうして〕次第に、病院生活全体が病に影響を与え、それが病状の悪化あるいは治療への参加を促していると考えられるようになってきたのである。さらに、病院コミュニティに対する患者の反応は、外部のコミュニティに対する患者の反応を反映してもいた。したがって、病院コミュニティに対する患者の反応に働きかけることによって、外部のコミュニティに対する患者の反応を変えることが可能だ、と考えられた。集団心理療法の誕生である。

こうした集団的現象としての病理と、社会不適応の諸個人のリハビリテーションにまつわるものとしての治療という考え方は、帰還した戦争捕虜のために作られた施設《ユニット》において更に発展した。これらの施設は、終戦時に労働省によって着手された、労働者の再定住化という巨大な課題の一部であった。二〇の民間の再定住施設《ユニット》が設立され、元戦争捕虜を市民生活に復帰させるという目的を持っていた。これらの「社会に再びつながるための移行期コミュニティ（transitional communities for social reconnection)」では、アダム・カール、エリック・トリスト、トミー・ウィルソンが、戦後期の集団療法で応用されることになる技術と分析を拡張し、磨き上げていった。[28] マックスウェル・ジョーンズは、ケント州ダートフォードのサザン病院に設立された施設《ユニット》の責任者となり、ミル・ヒルで開発された方法を再利用した。さらに彼は、「移行期コミュニティ」をその周囲にある地域コミュニティにつなげようとした。かつてリハビリテーションは、他の手法で行われる治療――医学の支配下での生活と、私的な出来事としての生活の間を媒介すること――の単なる附属物でしかなかったが、今や治療的介入そのものの一環というよりもむしろ、本質と呼べるものになった。集団における関係性に満ちた生活は、病の現場であると同時に治療の領域にもなったのである。

これらの方法は、帰還した戦争捕虜の問題を超えて、他の多くの社会的に不適応な個人のカテゴリーへと広がった。障害を持つ労働者の問題は、終戦直後の時期に、細部にわたる社会的装置の設置を促した。[29] 一九四四年に障害者（雇用）法が可決され、一九五〇年の初めに一〇〇万人弱が障害者として登録された。障害者雇用担当官は、常勤三六六人、非常勤一四五〇人にのぼり、工場に似せた状況での作業場を含む一二の産業復帰施設が大都市に置かれた。障害者雇用諮問委員会に関する限り、最も厄介な問題は、慢性的な失業者の中核を占める人々をどうするかであった。登録済みの障害者約五万人しか精神疾患とは分類されなかったのだが、この中核を占める人々にとっては、彼らに貼りつけられた診断名が何であろうと、失業は反社会的態度を醸成することになった。それゆえ、彼らの問題は精神医学的な問題であり、リハビリテーションを要する不適応の問題になったのである。

ロフィ・パーク社会復帰センターは、不適応の産業労働者向けにコミュニティ療法を利用し、いくらかの成功をおさめた。また、一九四七年にベルモント病院に産業神経症施設が設置され、この慢性的失業者の中心となる人々に対する治療や再定住の方法を調査して、それを非効率的あるいは不適応労働者の社会復帰に向けた基本計画にフィードバックしようとした。産業神経症施設がイギリス全土から受け入れた慢性的失業状態の神経症の人々《ポピュレイション》の中には、社会不適格者や攻撃的な精神病質者、分裂病質パーソナリティ、初期精神分裂病、様々な薬物依存症、性倒錯、そして慢性的な精神神経症が含まれていた。これらの治療の見込みがなく異質な人々《ポピュレイション》――彼らは社会的に非効率で不適応であるというだけの理由でひとまとめにされた――に対して、〔産業の〕機能効率を維持するため、神経症患者を周囲の環境に再び適応させるためのあらゆるコミュニティの技術が用いられた。これらの手立てを通じて、性的・犯罪的・産業的・社会的逸脱者たち――彼らの振る舞いは、今や根本的なパーソナリティ障害の表れであると考えられていた――は、どうにかして適応状態に戻るものとされた。そうすれば彼らは、以前自らが乱した組織体制の中で円滑に機能することができるというわけである。

　戦後間もない時期に経済再建が問題化される中で、集団に関するこうした問題は、経済論議の、管理実務の、また心理学的革新の中核に位置づけられていった。〔そこでは〕組織生活を貫いている心理的関係に働きかけることによって、精神的能力と制度的役割とを一致させることが可能なだけでなく、組織的な病理を予防することや、効率を向上させることも可能であると考えられた。連帯と士気は行政管理的な手段によって産み出し得るというわけである。〔今や〕集団は、個人の社会的行動を概念化するための、あらゆる種類の社会的実践の効率を分析するための、個人的満足と組織的効率を向上させるための、そして治療というビジネスを運営するための、決定的に重要な手段となったのである。〔こうして、〕戦後の時代に探求されることになる広大な領域が発見された。主体性や間主体性に関する専門家たちは、社会のあらゆる制度において彼らの権利を主張していくことになるのである。

第二章　生産的な主体

一　労働の主体

労働。まさにその言葉は、多かれ少なかれ直接的に労働者の身体に対して権力が行使される光景を、多くの人に思い起こさせる。その権力の行使とはすなわち強制、搾取、規律訓練、統制である。労働においては、労働者は生産の一要素にしかすぎないように思われる。労働者は、利潤を唯一の原理とする労働過程に組み込まれた諸要素のうちの一つにすぎないのだ。雇い主の目的、そして経営管理職の業務は、効率と生産性という会社の目標に対する労働者の抵抗の機会や見込みを最小化すると同時に、労働者の身体から絞り取る労働を最大化することである。この見地からみると、一九世紀のマルクス、エンゲルスなどによる、人々が行う仕事の種類、賃金率、労働時間、労働条件、経営管理のスタイルなどに対する批判以来、どんな変化が起きようとも、資本主義下の労働の中心には根本的な矛盾が存在し続けている。

一方の極には、労働者と、労働組合および労働運動の中で彼らと連帯している人々がいる。労働力以外に売るものを持たない労働者の利害関心は、社会の抜本的な再編成には至らないまでも、よりよい雇用条件と雇い主の自由に対する法的規制の強化を求めた闘いを通じて、賃金を上昇させること、雇用を安定させておくこと、労働時間を減らすこと、労働量を最小化すること、そして、搾取に対して規制を課すことにある。対極には、雇い主、彼らの部下、そして経営心理学、人事心理学、職業心理学を擁護する人々がいる。彼らの関心は、どうやっても搾取を免れえない雇用関係の本質に合法性の覆いを被せると同時に、生産性の向上を通じて利益を増やすこと、作業量を多くしながら賃金を抑えておくこと、組合を通じた労働者の集合的な力を弱めること、労働者の作業を混乱させる潜在的能力を弱めることに関係している。

そのような観点から見ると、作業の詳細、企業の組織構成、労働過程の諸条件、あるいは報酬の水準にどれほど手を入れようとも、労働の中心にある基本的な疎外を変革できないだろう。労働者は、働かなくてはならないので働く。彼らは、他者の命をうけて、自分が享受しない商品やサービスを生産するために、自分たちが統制できないプロセスの中で働く。生産ライン、会社のデスク、工場の作業現場に毎朝彼らを駆り立てるのは、労働の喜びではなく、賃金である。労働は究極的には、労働をこえた世界のニーズや欲望（食料、衣服、住居、消費、家庭生活、自己達成など）を満たす手段を手に入れるために必要とされるものである。労働者に関する限り、労働は、主に服従、自制、〔あるいは〕楽しみを後回しにすること、というくつかの要素から成り立つように思われる。労働は、主体性の根本的な従属をともなうのだ。

一九世紀の資本主義、つまり鉱山、工場、製造所においては、労働をこれらの観点から描写することは容易であるように思われる。しかし二〇世紀を通じて、労働の類型と労働条件は、根本的に変化した。加えて、実業家、経営管理職、慈善家、心理学者らは、根本的な仕事上の関係の再構築が可能であり、仕事を雇用主に利益をもたらすと同時に労働者にとって楽しいものにすることが可能であると主張しながら、一連の職場改革に取り組んできた。労働を変革しようとするこれらの様々な試みは、労働者の主体性を、服従させるよりは尊重するべき価値とみなすだけでなく、会社の成功の中心的な決定因でもあるとみなしている。彼らは、様々な形で、満たされぬ欲望をただ追い求めるためだけに労働が引き受けられる、という見方に異議を唱えてきた。それどころか彼らは、正しく組織された生産的な労働は、それ自体で労働者を満足させることができると主張した。働くという活動それ自体によって、それに従事する人々は、価値のある個人的・社会的関係を得ることができる。良い労働は自己達成の手段になりうるのである。

こうして、これらの新しい労働の見方を身につけた雇用主と経営管理職に就く人々は、一方の生産性、効率、競争力の追求と、他方の労働の「人間化」の間に、どのような矛盾もないと主張してきた。それどころかビジネスの成功への道は、会社の目標に従業員を主体的に取り組ませることにある。この道は、組織で働く個々人の願望、ニーズ、アスピレーションと、その組織の目標達成とを一列に並べる。職場で自分自身のニーズや願望を満たそうと努力することを通じて、個々の従業員は企業の発展のために働くことになる。個人がその資質を発揮すればするほど、それだけ会社に貢献することになるのだ。

こうして労働者の主体性は、探求され、理解され、制御される複雑な領域として立ち現れてきた。経営管理は、個々人とその関係についての客観的な知識、科学的な専門知、合理的なテクノロジーに依存するようになった。〔それとともに〕いくぶん不明確で重なり合う一連の学問上の下位区分と専門分野が誕生した。〔すなわち〕職業心理学、産業心理学、組織行動、職業指導、エルゴノミクス、人間工学などである。労働者の主体性の理論に様々に依拠して、経営管理と労使関係双方に関する専門知の知的基盤が確立されてきた。常勤の従業員として、あるいはコンサルティング会社を通じて、心理学の訓練を受けた職員が、選抜、昇進、業務評価、勤務評定、職業設計、職務充実などの業務を行うようになった。これにともない、企業、組織、労働市場において心理学的な専門知がますます利用されるようになった。野心的な管理職や、強いプレッシャーにさらされたりストレスを溜め込んだりした役員、そして上昇志向の強い人々に、自分の勤める会社内で優位に立つための方法に関するものだけでなく、自分自身の個人的な成功を達成するための技術の研修、カウンセリング、アドバイスを行う民間の団体が、ここ一〇年で増加している。

　資本主義社会における労働過程を社会学的に分析する者は、サイコ・テクノロジストが権力の下僕にすぎず、搾取的な労働条件に労働者を適応させようと懐柔しているとして、労働領域への関与を強める彼らを厳しく批判してきた。[*1] 労働争議が感情の未成熟さや不適応の現れであるという彼らの心理学的分析は、労働における抑圧をごまかし、正統化する。労働者の満足感や達成感の重要性について多くを語るにもかかわらず、二〇世紀初頭の数十年間に科学的管理が誕生したことによって登場した状況を、彼らは根本的には変えてこなかった。このようなことからF・W・テイラーの著作は、労働についての将来の「科学的」介入を分析するためのパラダイムとして貢献する。[*2] 工場を機能的に組織することは効率を最大化することであった。作業研究が個別の作業を遂行する最善の方法を明確にすると考えられた。選抜によって適任者が適切な仕事に割り当てられる。そして研修を通して、定められた手法に沿うという規律が叩き込まれる。さらに、一日あたりの適正な仕事量を科学的に明らかにすることで、労使紛争の発生を押さえ込み、労働者の働きを最大化する業務に報酬が与えられる。〔そして〕職場を細かな点まで厳格に管理することで、この作業全体が推し進められた。このように、生産についての体系的な知識は、経営側が生産過程の完全な管理権限を手中に収める戦略の一部であった。労働者は厳格な統制のもと、純粋に効率の観点から配置され、利用される身体的な力の持ち主としてだけ扱われた。

テイラー以来の経営管理に関するサイコ・テクノロジーの発展を批判する者は、労働者がたんに自動機械、すなわち、ほとんど生産的な身体であるとはもはやみなされておらず、いまや労働に密接に関連する主観的・間主観的な特性を持つ人間と理解されていることを認めている。しかし批判者たちは、大量生産によってテクノロジーと経営管理へと変換させられた技能と能力を、労働者が回復していないと主張している。生産組織の特徴である金銭報酬の圧倒的な不均衡も、実質的には改善されないでいる。つまり、生産の原理はなお生産手段の所有者に有利に働いている。そして作業組織においてどのような変化が起きようとも、労働者は自分たち自身を管理することはない。結局のところ、機械に向かっていようと、机の前にすわっていようと、他者のニーズに「奉仕」していようと、経営管理職によって、その下位にある者に対し上から権力が行使され、職場は階層的なままである。

これらの批判者たちは、労働の人間化のためのプログラムと技術が、チャールズ・マイヤーズの産業心理学に始まり、エルトン・メイヨーの人間関係論のアプローチを経て、労働生活の質やQCサークルのための今日的な運動に至るまで、生産活動の自由主義的・民主主義的・平等主義的な変革の象徴として自らを位置づけていることに気づいてはいる。しかしながらそういった表象は、生産領域における権力の不均衡と金銭的な利害を無視しており、不誠実であるか政治的にナイーヴであるとして退けられる。労働の専門家が利己的な野心を正当化しようとする試みでしかないと考えられているのだ。彼らが公言する関心が何であろうと、組織と職業の心理学者は結託して、労働者を適応させるより巧妙な方法を生み出してきた。適応は、労使対立、ストライキ、常習的欠勤、低い生産性などが、根本的な利害の葛藤にではなく、工場における心理的な関係の改善可能な特性に由来するというおめでたい、しかしまったく害のないというわけでもない幻想に根ざしている。労働者の個人的な満足と最大限の効率および収益性の幸福な一致という、雇い主にとって都合のよい発見は、資本と労働の間の根本的な矛盾に対する偽装の一側面に過ぎない。そのような個人的な満足と生産効率の一致というアイデアを経営管理職に売り込む理論と技術に全力を注ぎ込むことで、生産に関する心理学の専門知は否応なく経営管理の視点を取り込んでいったのである。心理学の専門知が解決することを約束する「労使関係問題」は、労働者の観点からみると、たとえそれが一時しのぎで守勢なものに過ぎないとしても、彼らの役割、地位、報酬をめぐる基本的な不正義に対する解決策でもある。

これらの批判的な分析の中には多くの真実を見出せる。科学的な専門用語と技術が持つ象徴的意味と権威は、私企業の正統性と、労働における権力と報酬のヒエラルキーを確立しなおすことに、長きに渡り確実に役立ってきた。科学的なテキストの中で提供される経営管理や労使関係の理想的な状態が、労働の現実と食い違っていることには疑いがない。従業員を巻き込むための新たなテクノロジーの多くは、労働者集団の利益を代表しその権利を守る労働組合の力と特権が、従業員と会社との直接的な関係によって弱体化する可能性をほとんど隠してこなかった。しかし、これらの科学的で心理学的な言説をイデオロギー的であるとみなすことによって、そのような言説の存在と作用を説明する具体的な方法が示唆される。すなわち、ここでの知に関する主張は見せかけに過ぎないのである。心理学的な言説は、社会的機能を果たし、一連の経済的なニーズに応える。言説が社会的機能を果たし、一連の経済的なニーズに応えることができるのは、それらが見せかけのものだからである。問題になっている知識や技術の歴史的な起源は、それらが果たしてきた機能を指摘することによって十分に説明される。[*3]

経営管理の新しい専門用語と技術は、確かに政治的な文脈で生じ、政治的な結果をもたらしてきた。しかしそれらは、既存の経済的なニーズ、固定的な政治勢力、以前からある社会的な利害に対する単なる機械的な反応や正統化ではない。労働と労働者に関する概念の変化、つまり経営管理の語彙と技術の変化は、非人道性、非効率、収益性、民主主義、説明責任などの問題に直面する生産の諸条件と諸関係を正統化する以上のことをする。ミラーとオリアリーが示しているように、テイラーイズムは大企業の中で業務を調整する必要性から生じた論理的な帰結にすぎないわけではないことは確かであるが、経営史の権威たちによっても示唆されたように、資本主義がその内側で職場に対する統制を増大させることを必要としたことの結果にすぎないわけでもなかった。[*4] むしろ、テイラーイズムは、物的資源と人的資源を生産的に最大限用いることを通じて国家全体の効率性を促進するために、科学的な知識を利用しようとするより大きな政治的なプログラムの一部であった。その政治的プログラムのその他の部分と同様、テイラーイズムは専門知を活用することで個人の効率が向上させられるということを前提としていた。そして、例えば人々の身体的状態と知的能力への関心に示されるように、人々の行動においてもともとはあいまいで重要でもなかった側面を可視化する規範と基準を構築し、さらに、その（衛生状態や知能などに関する）規範に則って存在を細部に至るまで測定し、統治することによって、テイラーイズムは実際に個人の効率を向上させた。テイラーイズムは、人々の間の個人的差異に新たに注目し、さらに社会的かつ制度的な目標と目的の観点からその差違を知り、管理しようとした。言うなれば、それは打算的な実践の複合体の中で個人を捉えた。そしてそれは、企業の内側での生活を民主主義の諸価値に調和させようとする多くの試みうちの最初のものであり、経営管理に論理的な基盤を与え、無駄を省き国家の利益を拡大する資格を認めることによって、経営管理を正統化した。

経営思想と労働に関する心理学の専門知は、新しいイメージとメカニズムを形成することにおいて、積極的な役割を果たす。そのイメージとメカニズムによって企業の統治は、文化的な価値、社会的な期待、政治的な関心、専門職としてのアスピレーションと結びつけられる。政治思想の水準において、生産を分析する新しい方法は、企業内部の活動を国民の経済的な福利《ウェル・ビーイング》の予測に結びつける画期的な方法を提供し、国家が介入すべき政治的領域についての諸観念を変革した。政策の水準において、新しいイメージと技術は、特定の経済的・社会的目標を推し進めるために、以前は考えられなかった企業への戦略的な介入に組み込まれている。これらのプロセスにおいて、新しい集団は自らを同定し、これらの新しい言葉とイメージの観点から彼らの利害を理解するようになる。そして、その言葉とイメージを通じて彼らの目標を練り上げ、さらには目標を実行に移すために動員されるようになる。企業自体の内部では、工場、オフィス、店、あるいは航空会社の内部組織を理解し、記録し、それらに影響を与える方法における変化が、実際に労働の意味と現実を変形させる。そして、個々の従業員の感情ならびに願望を、企業の命運と関係づける新しい方法は、労働者を社会の中の生産的な生活に縛りつけるための新しい言語と技術を作り上げることにおいて重要である。

二〇世紀を通じた労働と労働者に関する構想、組織化、統制の変化は、当然ながら思考と実践をめぐる多くの様相に関係する。それは例えば大企業の歴史であり、変化する製造業と非製造業の関係、緻密に構成された経営管理の専門知、企業の人的資源を組み入れるための会計の原理と技術のイノベーション、マクロ経済政策の変化である。私は、一つの特定の観点からこれらの出来事を再検討する。労働者の主体性という観点である。したがって私は、経済、職場、労働者についての新たな考え方やそれらに対する影響の与え方によってもたらされた、統治の合理性、社会戦略、ヒューマン・テクノロジー、自己の技術の間の関係について考察する。それらは、変化を続ける政治的な目標と、ビジネスにおける収益性の追求、経営上の権限の源泉と基盤の必要性、そして労働者の心理を結びつけるための手段を提供した。これらを通じて、新しい権力のネットワークが張り巡らされた。そのネットワークとは、マクロ経済政策、企業経営、労働過程の設計を、人間の主体性それ自体と結びつける予測とテクノロジーの網の目である。

二　満足した労働者

ビジネスの効率と従業員の福祉は、同じコインの裏表だ。[*1]

E・キャドバリー、一九一二年

雇用は、その基礎的な資本主義的形態において、二つの独立した経済的なアクター間の純粋な契約関係を含意している。労働者は、賃金の見返りに、ある一定量の労働力を渡す契約を結ぶ。そして、資本家は、労働過程の内部に極めて重要な生産要素を配置する権利と引き換えに、一定量の賃金を与えることに同意するのだ。[*2] このはっきりとした図式は、初期の資本主義の生産様式にとって不可欠であったことの多くをとらえているだろう。しかし、一日の労働時間の長さと雇用条件をめぐる最初期の闘争以来、労働者は、使い捨て可能で、取り替え可能な商品以上のものとみなされてきた。当初、保護が必要とされたのは、労働者の体力、健康、美徳、実直さであり、法律によって雇用主はそれらへ配慮しなければならないことになっていた。一九世紀の工場法を通して、そのような義務を雇用主に課したことを、啓蒙主義的な博愛主義者によるキャンペーンの結果とみなす者もいるし、労働運動の成果とみなす者もいる。マルクス自身は、そのような法制定を、全体として資本の利害の中で行動している国家が、小さな製造業者にとっては満たすことが難しい条件を設定して、集中と独占を促し、生産に不可欠な要素――労働者自身――の供給を保護する手段とみなした。ともかく、二〇世紀の初めの一〇年間に、一定の法的要件と制限が雇用主と被雇用者との契約関係に課されるようになったのである。労働は、社会的な経済の重要な鍵となった。

二〇世紀の間に雇用は、さらに社会化されることとなった。雇用は、労働者、雇用主、国家の間にある諸関係のより広いネットワークの内部に位置づけられることとなったのである。このネットワークは、四つの絡み合った道に沿って具体化した。すなわち、福祉、〔生活〕保障、〔労使〕協調、生産性である。福祉は、労働条件や、労働条件が労働者の健康と福利に与える影響についての関心を意味し、後には、労働者の選抜や配置だけでなく、生産過程、職場の機構、そして労働者自身の資質において効率を左右するすべての条件を含むようになった。〔生活〕保障の義務とは、個人だけでなく社会のために、労働者や賃金関係の外側にいる彼らの扶養家族の規則正しい生活の諸条件を守ることを意味する。〔生活〕保障は、初めは、自発的で、集団的で、産業に依拠した技術の形態をとったが、最終的に遅くとも一九八〇年代までには、社会保険が決定的に重要なメカニズムとなった。この社会保険とは、具体的には社会的に資金を集め、官僚によって組織されたメカニズムを通じてもたらされた年金、失業手当、疾病手当などである。〔労使〕協調の探求は、企業における義務のネットワーク内部に労働者を統合することで、どうにかして雇用関係における対立を緩和しようとする様々な構想をともなう。具体的な枠組みとしては、産業民主主義、労使協議、コミュニケーション、持ち株制度などがもっとも一般的である。そして生産力向上の欲望は、企業の目標、生産高、効率、収益性に対する労働者の貢献を最大化することにつながった。賃金が持つ金銭的なインセンティブは、労働者の能力、動機、情熱、コミットメントに対する一連の物理的、技術的、心理的介入によって補われるようになった。

労働者の主体性が、経済政策によって課される責務、社会統合の追求、労使協調的な経営管理、ビジネス上の効率の探求に結びつけられ始めたのは、二〇世紀の初めの数十年であった。第一次世界大戦前の大多数の会社は、労働者の状況に対して比較的、無関心なままであった。[*3] しかし、ヨークのラウントリー、ボーンヴィルのキャドバリー、ポートサンライトのリーバのようなクエーカー教徒の雇用主は、博愛の義務と利潤の追求の間にある基礎的な関係性を認識していた。「産業改善の原則」は、雇用主と被雇用者の相互の義務と拘束を編成するための新しい原理であり、技術であった。そこでは、産業労働は、もはや孤立した経済的交換ではなく、コミュニティの連帯と結びつきの内部に位置づけられていた。生産効率は直接的に労働者の「福祉」に結びつけられたかのようにも思われた。

産業改善は二つの領域に影響を与えた。第一の領域は職場外の諸関係にかかわり、第二の領域は職場内の諸条件にかかわる。職場の外では、モデル・ヴィレッジ、公共浴場、レクリエーション・クラブ、図書館、その他の技術が、労働者の文化と生活水準を向上させるために用いられた。職場の内部では、従業員が労働という活動に対して持つ関係性――選別、教育訓練、労働条件、報酬の水準――が、労働者の健康と規則正しい習慣を保証するために組織されることになった。この新しいネットワークにおける重要な人物は「社交担当秘書」、すなわち福祉職員であった。中には、工場の外に出て、労働者の家や家族のもとへと赴き、家庭内の問題に対処し、家計をやりくりし、病気やその他の危機を乗り切る方法に関して助言した者もいた。また、工場内で勤務し、雇用の物理的・社会的条件が労働者の健康とモラルに悪影響を与える可能性があるという観点から、とりわけ女性労働者の健康と行動を管理した者もいた。こうして福祉職員は、職場、家庭、文化的環境の間のつながりを確立する上での決定的な仲介者の役目を務め、助言や情報を伝え、労働者の健康、衛生、モラルの観点からそれぞれの労働者を監督していた。

しかし、労働者とその家族を、職場を拠点として社会的に強固な紐帯へと統合するという集権的かつ包括的な戦略は、孤立を招き、長続きしなかった。大部分において、この戦略の限界は、二〇世紀の初めの二〇年間に、「国家」がその活動範囲を「社会的な経済」の統治へと広げたことに起因した。あらゆる個人を公的機関の監視下に置く権力のネットワークが形成された。住民の身体能力の低下予防をすすめることを目的とした学童の健康診断から、家庭や家族の道徳的・衛生的環境を対象とする公衆衛生対策、将来の労働者や市民を教化するための普遍的義務教育に至るまで、住民一人一人の日頃の習慣に働きかけることを通じて、社会的善を積極的に推奨するために支配の責任が拡大された。[*4]

市民の雑事と行政権力とを結びつけるために、多くの新しい社会的な仕組みが設けられた。経済的な生活も例外ではなかった。遅くとも一九世紀の初期以降、労働は、その直接的な経済的機能と同じ程度に、公の秩序にとっても重要な意味を持つようになっていた。その労働の意義とは、労働者に対する教化の効果、つまり労働が持つ社会的身体を構築する予期と習慣的な行為のネットワークに個人を巻き込む能力である。したがって、社会的な経済は、一時的あるいは永続的に賃金関係から排除された人々の経済的な状態がもたらす帰結に、最優先で取り組まねばならない。職業安定所は、おそらく、この経済と主体性が結びついた問題の最初の技術的な解決策であり、本当の失業者のために自由労働市場を設立することだけでなく、仮病を使う労働者を抑制のサンクションにさらすことを目的としていた。労働者という経済的存在と、個別の労働者と特定の雇い主という関係の外側にいるその家族を保護する新たな仕組みが、さらにより広範囲にわたる意義を持った。その新しい仕組みとは、社会保険のメカニズムである。社会保険は、市民一人一人と国家の間に一連の直接的な経済関係を確立することを通じて、直接的かつ速やかには賃金を受領しない人々――若年者、高齢者、病人、そして失業者――を社会にどうにかして組み入れようとした。さらに国家は、労働者と雇い主の間の雇用契約に第三者として介入し、そうすることで個別の賃金契約に保障の社会契約を書き込もうとした。同時に従業員は、同じ理由で被保険者になることとなった。[*5]

社会保険は、一九一一年の最初の国民保険法から現在まで、被保険者である市民と国家の間の直接的な関係を生み出している。その関係においては、市民と国家両者が権利を持ち、義務を有している。この新しい関係によって意図されたのは、働いていてもいなくても、市民が事実上、社会の被雇用者となることによって、労働争議や失業などの経済的な事象が全般的に社会と政治にもたらす影響を、確実に弱めることであった。保険にまつわる語彙が持つ意義は、この枠組みの創設者たちにとって、主として道徳的なものだった。それぞれの給付金額が政治的な打算の産物であるということ、また被保険者が自身の給付金のためというよりもむしろ、給付を受ける権利のために保険料を支払っているという点において、負担と受益の関係は単にリスクの確率的なものというよりも政治的なものだ。それにもかかわらず、保険にまつわる言い回しは、その心理的な諸効果のために選ばれ、「保障、社会的地位《リスペクタビリティ》、道徳的な配慮」といった語の響きは、市民の主体性を社会秩序の義務へと結びつけることとなった。[*6]

国民保険の原理とメカニズムは、労働者を守る他のシステムが弱まったり、消滅したりすることにつながった。共済組合、コミュニティや労働組合に基づいた施策、企業内部に根ざした取り組み、それは例えばクエーカーが作り出した枠組みなどがその典型である。さらに賃金関係は、安全衛生関連法令や、いくつかの低賃金で悪条件な産業の最低賃金を定める賃金委員会など、他の社会経済的な施策によって制限された。工場、会社、店舗において、統治は労働者の社会的な結びつきにまで及んだ。産業福祉と社会保障の方向性は二つに分かれた。企業とのつながりを断ち切り、社会保険システムと家庭、労働領域の間に、確立され始めたネットワークに自身を位置づける福祉職員がいた一方で、「産業福祉職員」は工場の物理的な場面での経営管理のテクノロジーに自身を統合することとなった。彼らの運命は、第一次世界大戦に深く影響されたのである。

産業生活のための人的資源管理の経済的な必要性は、フランスの残虐な戦場での軍需品の消費率がもたらした生産に対する圧力によって、浮き彫りにされた。その必要性がもっとも大きかったのは、ソンム前線であった。機械化され、産業化されたマキシム機関銃の威力を十分発揮するために必要とされた弾薬量はもちろんのこと、一九一六年の戦闘に先立って、およそ三〇〇万発の弾薬が前線に集められた。[*7] 多くの少年と女性が週に七〇時間まで働き、中には一〇〇時間を超えて働く男性もいた。戦時労働のペースと強度は、軍需工場の労働者の健康と行動に影響しており、その際、生産性と効率にも大きな損害をもたらしていた。これらの影響が最小化される方法や、効率を最大化し、疲労、事故、病気を最小化するように労働過程が組織される方法を発見することは、軍事的にきわめて重要であった。

それらの問題は、博愛主義的なクエーカー教徒の雇用主を触発することによって、新たな意味を帯びるようになる。シーボーム・ラウントリーが軍需省に福祉局を設立するよう命じられ、軍需産業労働者衛生委員会が立ち上げられた。この委員会は終戦時に解散させられたが、その立ち上げのきっかけとなった問題は残ったままであった。軍需産業労働者衛生委員会は新たに産業疲労研究委員会に取って代わられた。産業疲労研究委員会は、「労働時間および仕事の方法を含むそれ以外の雇用条件と疲労の蓄積との関係について、産業効率と労働者の健康両方に配慮しながら検討し、調査した」[*8]。この委員会は、後に医学研究機構の指揮下に置かれ、科学技術研究庁と共同研究を行った。生産する身体へのこの関心の特質は、委員会が発行した種々の報告書から推測することができる。委員会は、軍需工場やメッキ工場における労働時間と換気、鉄鋼産業における効率と疲労、異なる労働時間に適応するスピード、休憩時間の効果、綿工業における工員間の個別的な差異、さらに労働災害の原因や時間動作研究と職業指導の原則についての調査報告書を発行している。[*9]

産業疲労に関するこれらの初期の研究は、概して労働者を生理学的な装置と捉えていた。そして、疲労を最小化し、効率を最大化するために、その装置の特性が、分析され、計算され、労働の設計図——照明、休憩、停止、長椅子のレイアウトなど——に適応させられることとなった。しかし一九二〇年代までには、疲労、非効率、事故が純粋に生理学的な観点からは説明できないことが、明白になった。「純粋な肉体的疲労の生理的な要因は、精神的・神経的な疲労、退屈さ、興味の欠如、疑念、敵意などの影響に比べて、今や急速に無視できるほどになっている。それゆえ、心理的な要因は未来の商工業がおもに考慮すべき問題になるにちがいない」と、C・S・マイヤーズは論じた。[*10]両大戦間期にこれらの心理的な要因は、経済規制、企業経営、心理学的な専門知のつながりの新たな基盤を作り出した。この基盤を組織したのはチャールズ・マイヤーズの指揮下にある国立産業心理学研究所であった。

マイヤーズは両大戦間期の英国の心理学を代表する人物であった。[*11] マイヤーズは、ケンブリッジ大学でW・H・リバーズに師事していた時期、一八九八年のA・C・ハッデンが率いたトレス海峡探検隊に、リバーズと兄弟子のウィリアム・マクドゥーガルとともに参加した。その探検は「人間」研究において科学的な技術を用いる試みのターニングポイントであった。ケンブリッジ大学の自然科学優等卒業試験を修了し医師の資格を得た後で、マイヤーズはケンブリッジに戻り、そこで一九一二年に心理学実験室の室長に就任した。彼の関心は、音楽から実験精神生理学、そして実践的な問題における心理学の役割にまで及んでいた。彼の教え子には、両大戦間期の英国の心理学における、中心人物がすべて含まれているも同然だった。すなわち、F・C・バートレット、エリック・ファーマー、C・A・メイス、W・J・H・スプロット、R・H・サウレス、C・W・ヴァレンタインやその他多くの者たちである。

第一次世界大戦中にマイヤーズはケンブリッジ大学を去り、「一九一四年の一〇月に、戦争の遂行にあたって自分ができることをするために、自らの意志でフランスに向かった」。[*12] 彼は、すぐにフランスにいる英国軍の心理コンサルタントに任命され、そこで事実上、彼が「シェルショック」という用語を作り出した。潜水艦探知の音源位置標定技術に関して助言する軍務に従事した後、彼はシェルショックの症例のための神経学の研究拠点で、心理学の研究を指揮するよう命じられた。非常に重要なことに、他の大多数の人と同様、彼は、シェルショックにおいてだけでなく、一般的な精神効率の悪さにおいても精神神経学的な要因の重要性を確信するようになった。

遅くとも一九三〇年には、マイヤーズは、「心理学の基礎的な主題は、行為ではなく、意識体験である」と述べることで、行動主義に対して明確に反対していた。[*13] しかし、彼の関心事となり、彼と同僚が国立産業心理学研究所で考案し広めることとなった「ヒューマン・ファクター」のテクノロジーの中心にあるのは、まさに「行為」であった。そのテクノロジーとは、性格診断、適性検査、職業指導、職員の選抜、作業研究、労務管理、研修などである。一九一八年に、マイヤーズは「産業教育と神経衰弱に特に関連する心理学の今日的応用」と題した一連の講義を行い、そこで彼は、「英国の各大都市での応用心理学の研究所」設立を主張した。国立産業心理学研究所の設立は、主要な企業家によって要請され、シリル・バートからスーザン・アイザックス（当時の姓はブライアリー）まで、事実上英国心理学のすべての学派によって支持された。また、ラウントリー、キャドバリー、キャメル・レイアード、そしてカーネギー財団やロックフェラー財団から資金が提供された。一九二一年にマイヤーズの指揮下で設立されたのち、研究所は、公的・私的な組織と個人に向けた有償の研究を行うこととなっていた。しかし、研究所は同時に、人間の主体性と組織生活の関係についての新しい考え方のために、変わろうともしていた。[*14]

国立産業心理学研究所で、マイヤーズと彼の同僚は、その時点での標準的なテーマ――疲労、労働災害、「失われた時間」――となりつつあった問題に取り組んだ。しかし、彼らは、生産的な主体のあり方、労使対立の原因、新しい方法で労働者の主体性を生産性の要求に関係づける産業心理学の役割についての見解も示した。労働者は、思慮のない動物でも精神生理学的な機械でもない。そうではなくて、恐れ、懸念、不安をともなう知性と感情に関するある特定の心理的構造を持つ個人である。労働者の労働は、退屈と懸念によって妨げられ、彼らの経営管理への抵抗は、多くの場合、理性的な関心に基づいており、彼らの生産効率は、共感、興味、満足感、充実感に、大きく依存している。マ

イヤーズは次のように論じた。このことが事実であるならば、

給与支給の方法、労働者の運動、労働時間の長さについて調査するだけでなく、労働者の精神構造を改良しようと試みること、労働者の家庭の状況を研究すること、そして、労働者の生来の強い欲求を満たすことも、それらが現代の産業の条件下で満足させられるものである限り、産業心理学者の役割となる。そのような条件下においては、教育の長期化や文化の向上にもかかわらず、産業の専門化によって、労働者は、巨大な機械の中で働く小さな歯車の地位に陥りがちである。その巨大な機械は、その中で労働者が、あまりに頻繁に完全に無視されるという性質を持ち、結果として労働者は、それに対し無関心になったり、実際的な敵対心を持つようになる傾向がある。[*15]

労働者の主体性は、心理学的な思考と戦略の中心にあった二つの概念、すなわち個人間の差異と精神衛生という観点から、知識と統制に開かれることとなった。[*16] 第一に労働者は、知性の面だけでなく、感情構造においても異なっており、これらの差異は産業に対して重大な影響を及ぼした。例えば、ファーマーと彼の同僚は、個人の心理的特性を研究することによって、事故を起こす傾向が予測できることを示した。[*17] したがって、すべての業務と労働者にとって適切な生産を組織する「唯一の最善の方法」はなかった。それどころかそれは、仕事を人に合わせ、人を仕事に合わせるという問題であった。つまり、労働者は彼らの特定の心理的な構造と特異性という観点から個々に区別され、仕事はそれが労働者に要求するものから分析され、人的資源は職業の需要に対応させられることとなった。適

応度の心理学的な数値化、身体運動研究、休息と労働の時間分析、業務と人材の設計などを通じて、職業指導と選抜は求人を仕事に適合させ、仕事を労働者の精神生理学と心理学に対応させた。

第二に人間は、工場の機械との表面的な類似という点から分析されることも、経営管理の奴隷的なメカニズムへと貶められることにもならなかった。そのような考え方は、労働者から完全に合理的な敵対心を引き起こすことになるだけでなく、誤った心理学に根ざしてもいた。労働者は、もし産業が本当にヒューマン・ファクターを考慮に入れようとするのであれば、理解される必要のある複雑な主体的な生を生きていた。このような理解における言い回しは、「新しい心理学」に由来する。労働者の主体性は、初期の家族生活における強制と制限によって衝動が形づくられた結果であった。労働者の行為は、そのように形づくられたパーソナリティと、労働が行われる産業的環境の関係性を通して説明されることとなった[*18]。つまり矛盾する衝動の力をうまく解消し、そのような力を社会的・産業的生活の特定の要件に結びつける適応が必要とされたのだ。そしてそれは当然、社会的・産業的な非効率と不幸によって、個人の内面的生を、彼らが生き、働く外的現実に適応させるのに失敗した――すなわち、不適応の結果――という推論をもたらした。

労働において個人は、金銭的な報酬だけでなく、独自の性格や性質に由来する特定のタイプの本能的な願望を満足させることを求めた。労働者が最善を尽くすよう仕向けられるのは、そのような衝動を満足させることと、労働を個人の気質に合わせることを通してであった。それゆえに、労働者は自身の意志に反して働かされるのではなく、彼が仕事に全力を尽くすことを妨げる障害や困難が取り除かれることで、労働へと駆り立てられるのであった。労働者は、純粋に金銭的なインセンティブによってのみ動機づけられるわけではなかった。人は、富をうなるほど持っていても、働き続けるかもしれないし、貧しさゆえにほとんど餓死寸前であっても、ぶらつき続けるかもしれない。

それゆえに工場の雰囲気は、少なくとも給与の支給方法と同じくらい重要である。この雰囲気は、一方で経営管理とリーダーシップに、他方で労働者の会社への忠誠と仲間関係に、さらに各労働者の衝動と利害を満たすことに大きく左右される。こういった要素は、工場の外でお金によって彼らが買えるものだけに決して限定されない。[*19]

しかし、すべての問題が、職場の心理的雰囲気に思慮深く適応することによって、あるいは、人を仕事に合わせることによって解決できたわけではなかった。若年期における気質の形成の結果として、社会に適応できなくなった個人もいた。そのように社会に適応できない人々は個人的に不幸であるだけでなく、社会的に非効率であった。不適応は、社会的不満、産業における非効率、個人のノイローゼにつながった。そして、もし適切に対応されないままならば、不適応は、非行、犯罪、精神錯乱をもたらしうる。労働において、無意識の葛藤、妨げられた衝動をうまく抑制できないこと、表現されない感情は、数多くの産業問題の根本に見て取れる。つまり精神神経症は、休息のための中断、姿勢、照明などと同じ程度には重要だったのである。産業効率の問題は、根本的に精神衛生学——経営管理職や労働者が重大で取り返しのつかない問題を引き起こすまえに、彼らの些細な精神の不調を診断し治療すること——の問題であった。すなわち、精神生活の性質に関する知識を踏まえて正しい習慣を促進することであり、感情的・精神的な不安定の兆候が生まれるのを最小化し、適応を強化するよう、工場自体を組織することであったのである。

マイヤーズは精神力学の観点から問題のある経営管理職を特徴づけた。自己中心的で感情的なタイプは、状況にではなく、その状況がもたらした自身の感情に反応し、それゆえに不公平になりがちである。そして、そのような人はバランスのとれた批判を欠いており、同僚や部下の不安や無関心を生み出している。過度に心配性の経営管理職は、いつも不平を言い、落ち度を見つけ、部下を落胆させ、彼らに労働の喜びを与えない。夢中になったり、非合理的な先入観を持ったりする経営管理職もまた、規律を悪化させる。というのも、労働者が彼の思いつきに迎合する時に、彼らもまた自分自身の思いつきに従う傾向にあるからである。経営管理に関する精神療法は、選抜と治療のために必要であった。

しかし、より重要なのは、おそらく環境に適応出来ない労働者の問題であった。一九二七年までに、エリック・ファーマーらは産業効率の悪さがたんに個人差の問題ではなく、軽度の神経症に由来することを確信していた。例えば「電信技手の痙攣」は労働が抱える些細な精神障害の兆候の一つにすぎなかった。環境に適応できない労働者は、自信を失っており、他人との関係に不安を覚え、権威を恐れ、非現実的な出来事を心配していた。電信関連の仕事という条件下においてこそ、そのような労働者は電信技手の痙攣という障害を抱えるのだろう。しかしこの障害は神経症の症状にすぎなかった。心理学の知識を産業問題に応用することで、労働者の非効率の原因を説明するだけでなく、予防し防止し治療する事が可能であるように思われた。

「ヒューマン・ファクター」の心理学において、労働者はもはや精神生理学的な能力と反応の集合とは考えられず、衝動と感情を持った主体的な存在と考えられていた。しかし精神衛生学者が工場の心理的雰囲気の観点と、労働者と経営管理職の間にある感情関係の観点から語る一方で、彼らの技術の焦点は、環境に適応できない労働者、選抜と職業指導を通じた人員の効率的な割り振り、神経症患者と対照的な正常な労働者の特性を明らかにすること、そして神経症の治療と予防に当てられていた。もう一つの戦争経験によって押し進められたアメリカでの発達によって、職場での間主観的な関係が産業のサイコ・テクノロジーの中心に位置づけられた。

アメリカにおいても環境に適応出来ない労働者が問題となった。[*20] 些細な嫉妬に始まり、非協力的な態度、職務を遂行する能力のなさ、疲労、気の短さ、注意散漫、嫌気、異常な恐怖感、ノイローゼ、そして、労働運動に至る様々な方法で表現されていた不満の中心に不適応があるようだった。労働者の離職について産業界が抱える年あたりのコストの半分が、感情的な不適応から生じると見積もられた。また、検査と治療を必要とする感情的な不適応によって、労働力人口の約半分の有効性が低下していると見積もられた。しかしながら、アメリカにおいて、環境に適応できない労働者やはみ出し者をこのように集中的に取り扱うにあたっては、労働者の主観的世界と生産要求とを結びつけるために、かなり変わった方法を用いなければならなかった。この結びつきは、個人の観点ではなく、集団の観点から解釈された。それは、エルトン・メイヨーの著作や「人間関係論」という考えと結びつけて考えられるようになった。[*21]

メイヨーは、初めは精神生理学的なメカニズムとしての身体、すなわち休憩時間の効果と、疲労、事故、労働者の離職に関する職場の条件に関心を向けていた。しかし、一九二三年から一九三二年の間に行われたウェスタン・エレクトリック・カンパニーのホーソン工場での一連の研究から彼が引き出した結論は、労働条件と生産効率のつながりを説明するための新しい用語を提示することとなった。[*22]

その際、重要であったのは、客観的な要求や労働過程の特性――照明の明るさ、労働時間など――ではないし、個々の労働者の環境不適応や神経症でさえなかった。企業内の人間関係こそが重要だった。すなわち、企業を成り立たせるインフォーマルな集団の生活であり、それを構成する主観的な相互関係だったのだ。

生産性、効率、満足感は、労働者の仕事に対する態度、労働者が自身の作業ペースや環境を統制しているという感覚、労働者が所属する小規模作業グループ内の結束の感覚、労働者の個人としての価値と個人的問題について、雇い主がどのように関心を持ち理解しているのかということについての、労働者自身の考えという観点から理解されることとなった。このことは、たんに、フォーマルな組織と緊張関係にある、あらゆる工場でのインフォーマルな組織の複雑な領域に注意を向けるということに留まらない。それはまた、様々な新しい業務が立ち現れ、工場内で専門的知識によって理解され、管理されるようになったということでもあるのだ。

一方では、集団関係が持つ主観的な特徴に、明確な表現を与え、計算可能にしなければならなかった。ここで取られた方法は、非指示的面接であった。例えばホーソン調査は、約二万回のインタビュー調査を行った。その当初の目的は客観的な情報を得ることであった。だが、インタビュー調査の意義は、研究が進歩するにつれて、非常に異なったように思われた。むしろ、インタビュー調査は、工場での感情的側面に入り込む方法、すなわち労働者の経験において特定の出来事が持つ感情的な意義を示した。こうして不満は「顕在的な」内容と「潜在的な」内容へと分解され、「物質的な内容」が「心理的な形態」と区別された。不満は「事実そのもの」ではなく「説明される必要がある個人的・社会的状況の徴候あるいは指標」であった。[*23] こうして人は、問題や不満、葛藤を引き起こす、労働者、現場監督、工場の管理者らが有する思考、態度、心情を理解することができた。我々が前章で見たように、これらの手段は、工場の世界を越えて、社会・国民的生活が持つ主観的な特徴を思考し統治できるようにすることにおいて、広範囲にわたる意義を持つことになった。[*24] 人間関係論の理論家が行う分析は、被雇用者の感情生活を、英国のヒューマン・ファクターの心理学者が採用するものに類似した観点から解釈したが、これら個人の心情を社会的組織としての職場という新しい認識の中に位置づけた。工場は組織における特定の地位にいる人々の間にある関係の一つの型である。この型は、社会的な諸々の特徴によって象徴化され、特定の価値や期待を具体化し、また関係者全員によって慎重に解釈される必要がある。それゆえ問題は個人の不適応の結果としてのみ起きるわけではない。問題は、これらの価値基準が互いに対立するようになる場合、あるいは仕事の古いやり方に張りついた心情や意味を認識することなしに変化を押しつけようとする経営陣によって社会的均衡が崩される場合にも起きる。経営管理職が主にコストと効率という論理によって突き動かされ、労働者が心情と工場の人間関係という論理のもとで働く傾向があることを考えると、両者がしばしば衝突することは少しも不思議ではなかった。

しかし、いったん仕事の主観的特徴が概念化され研究されると、それら自体が組織の調和を促進するように管理されるようになった。労働者へのインタビュー調査と質問紙調査自体がここで一つの役割を果たした。というのも、不平のガス抜きはしばしばそれだけで治癒力を持つのだ。しかし、より一般的には経営陣の業務は、従業員の価値基準と心情についての知識を踏まえて企業とその内部の変化を管理することであり、労働者を会社の利益に反するのではなく利益のために働かせるべく、それらの知識に従って行動することである。人事関連の職員は、ここで価値観と心情を記録することにおいてだけでなく、それらを踏まえて計画を練り、工場の管理者に助言し、集団とその内部の個人の問題を診断することにおいて重要な役割を果たした。「コミュニケーション」は、状況を説明し誤解を解き、恐怖や不安を和らげることを通して、労働者の価値観を経営管理の目標に再統合するための不可欠な手段になった。人事関連の職員はまた、個別の労働者が社会組織に適応することを助けるために、彼らの困難について助言する役割を担った。そのような技術によって経営管理は、幸福で生産的な工場の条件である内的調和をつくり出すことができた。人間の魂〔心〕に関する様々な事柄――人々の相互作用、感情、思考、すなわち集団に対する個人の心理的関係――は、経営管理にとっての新しい領域として現れてきた。*25

職場内の集団を構成する個人関係のネットワークは労働を越えて意味を持つようになった。一方でそのネットワークは、人とのつながりを求める個人のニーズを満たし、生産性と効率だけでなく精神衛生とも直接的に関係した。他方でそれは社会的機能を果たした。分業が進展することで諸個人を結びつける連帯の紐帯が崩壊していった。個人を個々の意識のレベルで社会生活へと結びつけるには、国家は彼らから離れすぎていた。それゆえに作業グループは、孤立した個人を「社会生活の全体的な激流」に別のやり方で引きずり込むための決定的なメカニズムであった。*26 メイヨーから今日まで、雇用と失業の社会的な意味、個人の健康と社会的連帯に対するその機能は、この主体の形態において表現されるようになった。

第二次世界大戦前とその最中に、英国の経営思想は、人間関係論的な経営管理を通して従業員の忠誠を育むことが持つ経済上の強みを認めるようになった。この手法では、労働者の統合の必要性、集団関係の社会的機能、経営管理における参加型リーダーシップの有効性が強調される。[*27] 労働組合主義による職場の権力関係への異議申し立てが、〔一九二六年の〕ゼネストの後に弱まり始めるにつれて、経営側の権威を根本的に疑うことは政治的に極端な立場に追いやられた。経営管理職は、熟練性の高い専門職であると自認し、生産過程の高度な管理が必要とされるのは、資本家の規律のためではなく産業効率のためであると主張するようになった。経営管理の正統性と権威は、その根拠が現実の経験の中にあることにだけでなく、この経験を技術的合理性という枠組みに投げ入れようとする科学的な知識にも依存している。そして合理的に経営するために、今や労働者についての知識が必要とされた。

このように人間関係論の専門用語と技術は、その専門知の具体的な知識ベースに対する経営管理上の要求の一つの要素であった。経営側はまた、雇用主が利益を最大化することにおいて持っている単純な利害から、経営管理が独立しているという議論を支持した。経営側は、自身の権威を中立的で、合理的で、労働者の利害と一致するものと表象することができた。そのような権威を労働者やその代表者が受け入れるかわりに、労働者は平等に、正当に、誠実に、公正に扱われる。人間関係論の専門用語と技術によって、英国の経営は、雇用主の効率の命令と一見対立しているように見える現実を、その命令に対する労働者の抵抗の理解可能性と調和させ、労働者の主体性を、生産性と利益の追求における邪魔者から協力者へと変形させる能力を要求することが可能となった。

両大戦間期の英国において、経営管理における人間関係論の役割は、労働者の主体的なコミットメントが会社の目標に組み込まれるというかなり独特な展開と交差した。この展開にとって決定的な条件は、第一次世界大戦の結果として立ち上ってきた。戦争遂行にとって不可欠な産業で起こった、マルクス主義者と他の破壊活動分子が焚きつけたと考えられる一連のストライキ、とりわけ職場委員運動に応えるかたちで、一九一七年、ロイド・ジョージは「騒動を正当化できる理由を取り除くために」産業不安委員会を設立した。[*28] ロシアでボルシェヴィキが成功し、ドイツとフランスで政府が危機を迎え、さらに好戦的な労働者階級の闘争が盛り上がったことで、労使の調和を回復する手段が早急に求められた。左派の知識人や政治家が国有化や労働者管理について議論し、熟練労働者やホワイトカラーの労働者が、労働組合の組織化と英国労働組合会議への参加をますます追求するようになり、さらに直接行動キャンペーンを構想し始めるといったように、産業政治は急速にその形を変えつつあった。

ホイットレー委員会は、J・H・ホイットレーが議長を務めた復興小委員会にもともとは由来しており、先に述べたような労使協調の再構成を実現しようとした。ホイットレー委員会は「各産業における雇用主と労働者の代表者から構成される」ことになっていた。すべてのこと――賃金と労働条件だけでなく、参加、雇用保障、技術教育、そして経営改善――について話し合うことが目的となっていた。すなわち、「コミュニティの一般的な利害と一致しているかぎりでの、そこに従事する人々の観点からみた業界の発展と福利に影響している」すべてのことについてである。[*29]

解消されなければならない問題には二つの側面がある。一方で、企業の私的所有と雇い主の経済的自律性を脅かすことなしに、いかにして国の経済状況の特定の特徴を統制し、調和できるだろうか。調停計画への自発的な同意と、様々な業界と企業が労使交渉の議論を踏まえた決定事項を順守することを通じて、ホイットレー委員会方式はこの統制と調和を実現させた。他方で、企業内部の権威の基礎を傷つけずに、労働者はいかにして企業に統合されるだろうか。このことについて考えることは、ホイットレー方式と常設の団体交渉機関の意図的な分離を下支えした。

雇用主が特に熱心にホイットレー委員会方式を採用したわけではないものの、工場協議会の枠組みはある程度の広がりを見せた。そしてこの枠組みは、少なくとも産業民主主義と共同管理の考え方に対してリップサービスすることが多かった。経営管理職は、会社の所有者と労働者の間に介在し、資本の利害と一致することのない第三の要素であろうとしたので、ホイットレー委員会方式は、民主的な管理、社会的責任、人道主義といった語彙と矛盾しないものだと思われた。しかし、経営管理の仕事に関するこの考えは、一九二〇年代中期までには衰退していき、ホイットレー委員会方式自体がいくぶん期待外れであることが明らかとなった。一般的に、経営側が生産上の問題について議論するために工場協議会を利用しようとする一方で、労働者は工場の職長に起こるはずのことについて多かれ少なかれ乱暴な提案をした。[*30] 失業が増え、好戦的な労働運動が小康状態になるにつれて、クエーカー主義や自由主義、そして社会主義由来の主題を経営思想に組み込んだ、博愛主義的で人道主義的な観念は、中立的で科学的な専門知の特殊化された形態という経営管理の理解に取って代わられた。ますます多くの人々が「現在からユートピアまでのいかなる社会秩序の下でも、経営管理は欠くことができず、まったくもって永続的である」というシドニー・ウェッブの視点に同意するようになった。[*31] ホイットレー委員会方式は衰退したが、存続した労使協議会は、共同管理のメカニズムというよりもむしろ、産業福祉の手段となり、コミュニケーションや参加という価値観を象徴化することを通して

〔労働者の〕満足感を巧みに管理した。

一九二〇年代と一九三〇年代の間の産業活動の集中の度合いの高まり、すなわち新産業の成長と工場の大規模化と複雑化によって、工場の人間関係を管理するための政策がもはや倫理的な理由ではなく、労使の対立を最小化し効率を最大化するために多くの巨大企業にとって必要であるように思われ始めた。両大戦間期に、福祉職員は徐々に、選抜、若年労働者の教育、労働条件、応急手当、集団といった問題から自らの関心事を広げ、労働者の福利と、その福利と職場の編成とのつながりにかかわるそれら経営管理の新たな領域を開拓していった。一九一三年に設立された労働者厚生福利協会は、一九三一年に労務管理協会となった。それは、一九四〇年代には、人事管理協会へと改組されることになった。

戦時中の出来事によって、個人の統治の新しい原理ならびにテクノロジーを発達させるための、決定的な条件が再び用意されることになった。というのも、総力戦が産業界につきつけた要求が、統治の義務、ビジネス上の目標、経営管理の技術を、労働者の主体性に結びつける権力ネットワークの強化と一般化を強制することになったのだ。

三　戦時下の労働者

政府と国民の間にはいわば暗黙の契約が存在した。国民は、政府が戦争の勝利のために彼らに要求する犠牲を拒絶することは決してなかった。代わりに国民は戦争に勝利すると、政府が国民の福利の回復と改善に対して計画を立てるに当たって構想力と真剣さを示すことを期待した。*1

W・ハンコック、M・ガウイング、一九四九年

歴史家は、第二次世界大戦中に政府と市民の間で結ばれた新たな政治的契約と、それが戦後の社会的・経済的改革に与えた肯定的な影響について大げさに語ってきた。ラディカルな信念を持つ者はより否定的な見解をとり、戦時の経験を英国政治における「コーポラティズム」発達の決定的な段階とみる傾向にあった。戦時生産のための「契約」において、雇用主団体を通じて財界を、労働組合指導者を通じて労働者階級を、そして大臣と公務員を通じて政府を、経営管理国家の代理人へと組織化したことが伺えるとキース・ミドルマスは主張している。そのようなコーポラティズムは、議会主権の原則、あるいは階級利害の矛盾の原則にではなく、効率、合理性、生産性という疑いの余地のない目標をゆだねられたテクノクラシーの論理に従って機能すると論じられている。*2 コーポラティズムという概念の決定的な機能は確かに価値がある。この概念は一方で立憲主義の政治的フィクション、他方で階級闘争の正体を暴く。しかしコーポラティズムは、これらの出来事においてはっきりと構築され

てきたこと、すなわち新たな統治の原理、国家機関の任務を組み立てる新しい方法、そして市民と彼らの生産的な活動の間にあるつながりを考え出したり、規定する新しい方法が作り上げられたことを覆い隠しがちである。

アーネスト・ベヴィンは一九四〇年の五月にチャーチルによって労働大臣に任命されると、自分自身に三つの任務を課した。

各市民を十分に活用することによって、軍隊のニーズを満たすとともに、すみやかかつ効率的に、生産性を最大限引き上げること、人々が自らに課された仕事を甘受するのを助けること、そして、できるかぎり個人の権利を保護することである。*3

生産の統治は直接的であると同時に間接的でもあった。一九四三年まで軍需省は国内最大の雇用主だった。軍需省が抱える四二の王立造兵廠は三〇万人の従業員を雇っていた。しかしベヴィン体制下の労働省はまた、これまでにない範囲で民間産業に属する人員に対する権力を握った。具体的には労働力を動員し、その補充を統制し、雇用主の望みを考慮せずに賃金を決定し、課税を通して超過利潤を減らし、ストライキを防止した。調停機関が、統制された仕事における労働者の賃金と雇用条件の公平性を確保しようとし、またストライキや工場閉鎖なしに労働争議を解決しようと努めた。自発的な団体交渉は行われ続けたが、全国仲裁裁判所が終審裁判所になった。動員令は労働者の免職や辞職の条件を統制することによって、彼らが職を離れる事を制限しようとしたが、その見返りとして、組合が長きにわたり運動を起こし求めてきた雇い主が持つ権限の規制が実現した。例えば、最低解雇予告期間、被雇用者の最低賃金水準、中央政府によって設定された水準の労働条件、十分な福祉と教育訓練の手配である。

このように政治当局が生産にかかわる国民生活への介入を強化する目的は単純明快であった。その目的は、戦車、航空機、艦船、兵器などのような軍需関連機器の建造、原料の供給維持、銃後における生活必需品の生産である。しかし、そのような介入にともなう統治様式は新奇なものだった。マンパワー政策においては、戦闘中の部隊や工場などでの様々な戦争を遂行するための努力にもっとも効果的に人的資本を割り当てることが求められた。生産上の物理的あるいは人的資源に対して有害な影響を与えることなく、最大限の効率と生産性を長期にわたって維持する必要があった。ストライキ、争議、工場閉鎖、病気、離職、長期欠勤、サボりによる生産過程の妨害を最小限にする必要があった。銃後の士気を維持し、この士気が依拠する自由と民主主義の原則を破らない方法で、これらすべては実行されなければならなかった。

これらの各領域で活用された技術は新しくはなかったが、一貫したプログラムにおいて連結することで、各領域を一変させ、労働についての新たな考え方とその規制が戦後期に登場するための条件を確立した。一方で、従業員の福祉の問題は、第一次世界大戦時と同じように、軍にとっての重要な問題となった。工場査察官の一九四一年の年次報告書はその問題を次のように述べている。

従業員の福祉が彼らの身体的な快適さに対する配慮だけでなく、彼らの精神的・心理的な気質に対する配慮をも意味すること、したがって、民間組織における優れた人事管理が、目指されるべき主要な目標であることは、近年、ますます正しく理解されるようになっている。[*4]

戦時の戦略によって、このような理解は、雇用主と被雇用者の関係を取り巻く一連の法定要件と施策を実現させた。一九四一年七月の工場（福祉および軍務）令は、工場査察官に、軍需工場で医療・福祉サービスを確保する権限を与えた。まもなく労働者の諸条件に関するすべての問題は、労働省の工場福祉局が集中的に扱うこととなった。一九四三年までに、王立造兵廠だけで六〇〇人の労働担当官が雇われていた。さらに、二五〇人以上の従業員を抱える工場において、五五〇〇人の福祉担当官が雇われていると工場査察官は一九四二年に推定した。一方で雇用主と被雇用者の間の契約は、公的な権限によって規制されるようになった。他方で、一見独立しているように見える、専門的な代理人が、その契約を監視することも必要とされた。

政治的な必要性、ビジネス上の打算、職業的な野心の組み合わせによって、経営管理の新たな分野が生まれた。労務管理協会は一九四三年に次のように述べていた。

人事管理は、ある組織内部の人間関係に主にかかわる管理部門である。その目標は、個人の福利を考慮することで、組織の効果的な運営に、関係者全員が最大限、貢献することを可能にするように、人間関係を維持することである。[*5]

福祉担当官の役割と権限は、工場が私的に所有されるか公的に所有されるかによって決定されたのでもなければ、特定の雇用主に対する責任によって決定されたのでもない。それは、法律に銘記され、専門知識に基づき管理された関係によって決定された。このような労働者の福祉への新たな注目を通じて、職場は決定的な点において私的領域であることをやめた。職場は専門知によって統治される領域に参入したのだ。

第二次世界大戦中に、このように労働者の福祉に対する関心が一変したことにともない、労働問題を減少させ、生産性を増大させるという目的のもと、職場の調和が再び追求された。このことは、決定責任を労働者に割り当てることによって、彼らを企業に統合しようとする形態をとった。第二次世界大戦中のホイットレー的な労使協議の戦略の復活は、工場から国の経済計画に至る経済活動のすべての水準において、生産のためのある種のパートナーシップを構築するプログラムの内にあった。ベヴィンが議長を務め、組合と経営者団体の代表からなる労使協議会というものが、国家レベルで設立された。労使協議会は政府の主要な政策手段となった。そこでは、労働希釈、賃上げ交渉や賃金調停の手続きといった、議論をよぶ問題についての合意形成が図られた。「政治的な意味では、これら一連の取り決めは、組合と雇用主をほぼ同等のものとし、彼らが共同して立ち上げた組織、労使協議会を政府の非公式な一部門の地位まで引き上げた」とミドルマスは述べている。[*6]

この全国レベルの「国家の戦争事業におけるパートナーシップ」は、国と地方の生産委員会における労使協議の手続きと類似している。[*7]ホイットレー委員会が再建され、四六の新しい組織がつくりだされた。賃金委員会は、終戦までに、一五〇〇万人を超える労働者の給料を取り扱うよう拡大された。

工場レベルでは、共同生産委員会が最初に王立造兵廠に設置され、一九四二年末までに、二〇〇〇を数えるまで広がった。そこでは、生産方法についての見解と情報が交換され、さらなる効率化のための協同の実現が追求された。労働者と生産活動の間の新しい関係がつくりだされ、賃金契約における純粋な金銭的交換という層を覆い隠してしまった。政府、産業資本家、働く市民によって、責任、法的義務、権利、道徳的義務が新たに重ね合わされていったのである。

市民の安全、従業員の福祉、生産性のための労使協働における生産にかかわる全アクターの統合、幸福と生産性の名の下での企業における人間関係の管理。これらは第二次世界体制の終わりまでに具体化した労働の統治のための新たな原理であった。これらの各要素は、それぞれ違ったやり方で、労働者の主体性と生産活動をつなぎあわせようとした。労働は、個人と雇用主の間のたんなる契約関係以上のものとなった。つまり、前者は賃金と引き換えに労苦と剥奪を被り、後者は、労働過程の一機能にすぎない労働者から、最大の利益を引き出そうとするような関係以上のものになったのである。労働は、それによって個人が社会全般とかかわりを持ち、社会的な連帯と相互関係の束へと参入する手段であった。労働において、政策全般における関係と同じ関係が確立することとなった。もはや決定的に対立しあうというわけではない労働者と雇い主は、一体となって生産のパートナーシップを前進させようとした。民主主義は、職場まで拡大したのである。

四　仕事場の民主主義

近代産業主義によって破壊された産業労働者とその手による生産物との間の心理的なつながりは、永遠に破壊されたままなのか。コミュニティのニーズの究極的な優位性を損なうことなく、新たな地位や新たな尊厳、そしておそらくもっとも重要な新たな責任を、労働者に与える方法はないのであろうか。……労働党政権の行動がよく示しているように、労働者の従属的な地位は、工業所有権のいかなる特定の形式の産物でもない。労働者の地位は、産業テクノロジーと、相互依存的な経済に内在している。……資本主義下におけるのと同じくらい、労働者は社会主義下においてその地位に対し、最終的には不満を抱くことになるのであろうか。……あるいは英国の社会主義者は、例えば労使協議の仕組みの普及のように、経済政策に対するコミュニティの根本的な統制力を弱体化させることなく、労働者を生産過程に心理的に統合する方法を発展させるのであろうか。これらの問いの答えに、西欧の社会的平和の将来がかかっているといっても過言ではない。[*1]

ロバート・ダール、一九四七年

民主主義、生産性、満足感。第二次世界大戦終結後の数年間のうちに英国で、この三つの価値が、労働について考え、組織する新たな方法として融合したように思われる。戦前期の知識や実践と合わさって、戦争の経験は、労働者の喜びと企業の生産性との間に対立があるという信念が間違っていることを示しているようだった。労働者の労働に対する関心は、労力と労働時間という観点から単に賃金を最大化し、労働の過酷さを最小化する以上のものであった。労働を通じて労働者は心理的・社会的な便益、すなわち充実感や帰属意識を得ていたのだ。そして、その必然的な帰結として、生産的な労働者とは満足感を得ながら労働に熱中している者であった。それゆえに、労働過程の組織化の技術や、命令、権限、統制の効果的なシステムを確立することばかりに雇い主の労働者への関心が制限されるべきではない。雇い主の労働者への関心には、労働者の幸福や企業内の人間関係が含まれていなければならなかった。

　民間部門から国家への所有権の移転政策それ自体は、職場の人間関係の問題に対処するものではなかった。第一に、すべての産業が近い将来に国有化される見込みはまったくなかった。第二に、戦間期の労働党内の議論が明らかにしたように、国有化を政府による国民経済の管理のための仕組みとみなしていた人々と、政府内で働く者による組織統制という観点から考えていた人々とが明らかに敵対していた。そして、その政治的な論争を制したのは、社会主義を経済計画の手段とみなしていた人々だった。[*2]英国労働組合会議（ＴＵＣ）でさえ、いくらかの論争を経てそのような立場を採るようになった。ＴＵＣが一九四四年に出版した「戦後復興についての中間報告」では、民間産業の規制のための労働者管理を提案したが、労働者の利益を代表する手段として労働組合が機能し続けるために、公共産業の規制に関しては認められていなかった。[*3]労働党が選挙で勝利を収めた後、労働者の代表権、および委員会の組織構成に関する労働組合との協議のための個別規定のないまま、石炭と輸送の統制が専門家委員会に委ねられた。民主主義における労働者の地位は別の仕組みを通して扱わなければならないようであった。

　戦後、増大する職業心理学者の集団は戦時中の教訓を活かした。とりわけ国立産業心理学研究所によって打ち立てられた戦時経験に関する一つのメッセージは、人的資源の効率的な配置と活用の重要性を強調していた。つまり、職業指導、システマティックな選抜や昇進手続き、職務設計、機器設計などによって人を職業に適合させるということである。そのような人的要因を管理するためのサイコ・テクノロジーは、戦争によって心理学や心理学者に新たに与えられた社会的地位《リスペクタビリティ》や開発された新たな技術を利用することができた。心理学者は、少なくとも何らかの当局の承認を得ており、人々の性格を測定し、潜在能力を数値化するために、様々なより効果的な手段を道具箱の中に持っていた。知能テスト、投影法、適性検査、性格因数分解検査などが熱心に推奨された。*4

しかし、これらの古い個人主義的な選抜方法と並行して、戦時中に働いていた心理学者は集団技術の市民生活への応用を進め始め、「進歩的」であると自称する少数の企業がそれらを採用した。ユニリーバ社は一連の試みに乗り出し、これらの技術の産業界における発展の主要な場であった。この取り組みの中で、初めに経営管理職の募集と育成のために陸軍省選抜委員会のやり方が用いられ、タヴィストック人間関係研究所の戦時研究グループに加わっていたロナルド・ハーグリーヴスが雇われた。*5 集団関係に関する心理学は、連帯、士気、リーダーシップ、コミュニケーション、態度、第一次集団、動機、目的といった職場に関する新たな用語に基づく諸理論を作り上げた。これは、たんに特定の種類の労働経験が労働者の病気を引き起こすというだけではなかった。また、生産性の低さ、無断欠勤、事故、急増する離職といった産業の非効率性が、たんに工場の精神衛生の欠如に起因しているというわけでもなかった。それはある種の労働の組織化の方法が、精神的健康や産業効率、社会適応、社会民主主義を促すということでもあった。この社会的な主体としての労働者の心理学は、倫理的原則、政治的信念、産業効率、精神的健康の名において、労働条件や職場の権限関係を変革する急進的な計画と明らかに融合していたのであった。

労働の組織化を巡る戦後におけるこれらの議論を、搾取と疎外を素直に労働者に受け入れさせるようにうまく丸めこむための様々な方法だったと「客観的に」みなすことは誤解を招く恐れがあるだろう。問題となっているのは、雇用主と被雇用者、リーダーとフォロワー、経営管理職と労働者の間に確立すべき民主主義における適切な関係なのであった。第一に、結局、労働者は職場の外だけでなく職場の内でも市民であるということであった。しかし、第二に、会社の目標や製品、意思決定といった労働という活動において労働者が感じる関心と、労働の喜びと生産性は根本的につながっていた。企業などにおける民主的な形式のリーダーシップ、コミュニケーション、相談は、それらが具体化した価値のためだけでなく、労働者の感情やアスピレーションと、企業のそれとの間に確立された関係を通じて得られる効率と生産性の結果のために、重要であった。

第一次世界大戦の余波をうけ、産業界に対する政府の関心や、参加と協議のメカニズムの役割に関する議論は、労働者の暴動とまではいかないまでも労働争議のリスクの中心に位置づけられた。第二次世界大戦直後の時期は、焦点はより狭い意味で経済的だと思われる問題、すなわち生産性に置かれていた。ジム・トムリンソンが指摘するように、共同生産委員会への興味は終戦時にはすでに薄れつつあった。[*6] 労働運動は国営化や完全雇用のような他の経済問題に注目していた。生産の力点が軍需品から切り替わり、戦時労働力が復員軍人に取って代わられると、軍需産業やエンジニアリング産業拠点の崩壊によって共同生産会議の組織的基盤は弱くなった。実際、一九四七年の経済危機は、完全雇用が困難なことが原因であるように見えた。もしも企業がさらなる労働者を雇用する可能性がほとんどなく、もし企業が労働者に対し解雇という脅しをちらつかせて一層の努力を求めることができないとすれば、どうやって生産性を上げることができるのだろうか。この問題に対して答えを与えるべく、産業に関する新たな社会心理学が登場した。

スタッフォード・クリップスは、一九四七年の経済政策決定で有名になったが、航空機生産大臣であった一九四二年の時点ですでに、生産効率委員会を設置することで労働の新しい科学への熱意を示していた。[*7] そして、全国合同諮問会議は一九四六年に労使協議会から業務を引き継ぎ、翌年の一九四七年に雇用主と労働者間の生産にかかわる問題についての定期的な意見交換のために、自発的で、諮問機能を持つ、産業単位の共同生産委員会を設置することを、雇用主と労働組合に推奨した。[*8] クリップスは「生産の動因についての最高の権威」として、生産性と共同生産との関係を心理学的な観点から解釈した。[*9] 工業生産力についての内閣府委員会ヒューマン・ファクター小委員会が設立されたのは、まさにこの観点においてであった。この委員会は、どのように産業における人的要因についての研究が、生産性向上を促しうるかについて助言するものであった。[*10] その小委員会の議長はジョージ・シュスター卿であり、『産業におけるキリスト教と人間関係』と題する本の著者であった。小委員会が支援した事業の中には、職長の役割についての研究、国立産業心理学研究所が取り組んだ労使協議についての研究、ある企業での人間関係に関する研究といったものが含まれていた。この人間関係の研究というのは新たに設立されたタヴィストック人間関係研究所のためにエリオット・ジャックスが行ったものであり、後述するグレーシャー金属会社に関する有名な研究である。

この問題の当事者に関する限り、労使協議を通して労使協調を図ろうとする試みに対する熱意は間違いなく冷めた。[*11] 生産性がそのような構造によってもたらされる機能の一つであるという考え方と、そして労働者管理と管理職権限への政治的な挑戦に関してその構造が持つ影響力に対して、雇用主たちは抵抗した。労働組合は雇用主よりは前向きだったが、そのような合意が、労働者を代表することや交渉における労働組合の伝統的な優越性を損ねてしまうのではないかと懸念した。クリップスとは違って、労働省は労使協議を生産性ではなく、主に良好な労使関係という観点から理解していた。彼らは、既存の労使関係システムが混乱することを恐れ、強制的に労使協議体制の発展を推し進めることには消極的であった。しかし、一九五〇年代の労使協議の仕組みは比較的緩やかに発展したにもかかわらず、企業そのもの、企業が抱える問題と可能性、その統治に関する理論的根拠を記述するための「新たな」語彙が築き上げられた。ホーソン実験についてのアーウィックとブレックの論考、人事管理についてのノースコットの論考、職長制度についてのマンロー・テイラーの論考といった経営学の理論家の著作は、特にJ・A・C・ブラウン、G・R・テイラー、R・F・トレッドゴールドといった心理学の研究とより直接的に結びつき、経営管理の新たな像や新たなスタイル、労働者に関する新たな概念を示した。[*12]

心理学者に関する限り、企業に対するこの新しい認識は、精神衛生運動の専門用語や分析と、労働者の精神的な健康への関心との統合、さらに情操、態度、意味、価値のネットワークとしての組織における人間関係の全体像との統合に端を発したものである。ブラウンの著書『産業の社会心理――工場における人間関係』は、一九五四年に出版され、一九五〇年代と一九六〇年代に一〇回増刷されたが、おそらく労働者の主体性に対するこの新しい英国のアプローチのもっとも強い影響力を持った実例である。[*13]ブラウンは多くの人間関係論の語彙を取り入れる一方で、態度、情緒、集団生活といった用語を、アメリカの学問的な系譜に位置づけることで明確な概念的基礎を与えた。その学問とは、ゴードン・オールポート、クルト・レヴィン、J・L・モレノ、ムザファ・シェリフなどのアメリカ社会心理学や、シカゴ学派の社会学である。

何よりもまず第一に、このことが意味したものは「観察の単位は個人ではなく、社会関係である」ということである。第一次集団は群衆ではなかった。[*14]集団が十分に統合されている時、その行動は規律訓練されるとともに統制されることが多く、さらに、その集団が認識している状況に対して合理的である傾向にある。こういう集団にこそ、労働者は忠誠を捧げた。労働者が、企業の利害が第一次集団の利害と対立していると感じたならば、「どんなプロパガンダや嘆願、〝規律〟も、労働者にその会社に対する忠誠心を抱かせられないだろう[*15]」。企業の形式的な構造がいくらかの重要性を備えていたものの、インフォーマルな作業グループが個別の労働者の管理、規律、価値の主要な源泉だった。個別の労働者を管理するには、何よりもまず、以上のようにインフォーマル集団を通した管理が必要なのである。

作業グループに参加している労働者にとって、労働は単なる金銭上の必然物ではなかった。つまり、彼らの労働の必要性とその関係は、給料袋に始まり終わるものではなかったのである。「プロテスタントの労働倫理」という概念は誤解を招く恐れがあった。労働は個人の精神生活において決定的な役割を果たすものであり、また欲求不満と同時に満足の源泉となるものであり、自己抑制と同時に自己実現の源泉ともなるのだ。テイラーは次のように述べている。

我々は工場を、製品が生産される場所としてではなく、人々が生活を送る場所、つまり、居住環境として考えねばならない。労働環境は、他のどんな環境も到達し得ないほどに多くの基礎的な人間のニーズを満たしている。もし工場が問題に直面するとしたら、それは人々のニーズを妨げるような労働環境を生み出したがゆえなのである。要するに、我々が直面している問題は労働の人間化なのである。[*16]

人間という観点から労働を考えることで、何が労働者を生産力の高さへと駆り立てるのか、あるいは何が労働者を怠惰へと誘うのかが明らかになった。照明や風通しなどの物理的な条件自体ではない。あるいは組織の編成そのものでもなければ、金銭面での報酬でさえない。ここで重要な意味を持っているのは、社会的な報酬や私的な満足感、帰属の感覚である。客観的な条件それ自体ではなく、労働者のその条件に対する態度こそが重要である。

この態度という概念は、刺激と反応の間に何が起こっているのか、何がそのように刺激を経験させるのかを説明するために、仮想の精神構造を仮定するものである。例えば、ある部署の従業員たちが二人の工場の管理者が会話をしているのを見たために不満を露わにしている場合、その反応を客観的な刺激という観点から十分に説明することができないのは明らかである。そのような状況において自分たちが話題とされていたり、批判されていたりすると、感じさせる経営管理のあり方に対し、従業員たちが疑いの態度を持っているというように、当然考えられる。[*17]

したがって、英国の産業社会心理学者にとっては、アメリカの研究者の場合と同様、労働者の態度や士気に関する質問紙調査は、単なる社会調査の技術ではなく、強力な新しい経営手段なのであった。調査では、従業員の間のいらだちの原因が早い段階で明らかになり、それらを正すことが可能となった。企業内で方針が練り上げられていたり、変化が起きていたり、新しい労働者の福利といった新機軸が計画されている時、表明した意見を活かすことができた。そして、「単に労働者の考えや不満をこのように表現することができるというだけの事実が、かなり士気が弱まっている工場でさえ、そのような不満を取り除く可能性を持つ安全弁の役目を果たすのである」。ただし、明らかにされた怒りについて建設的な対策を講じられない限り、この仕組みを活用することはもちろん間違っている。[*18]

工場内部の世界は心理学的な観点から描かれるようになっていき、労働者の内なる感情は計測することのできるものへと変換された。また、企業経営は意見調整を課題とするようになっていった。[*19] 経営管理に対する同意は、情報の流通、提示、議論に関する正しい技術の導入を通して可能になった。適切な態度、適切な雰囲気、適切な文化を生み出すことは、生産性の向上や労働争議の減少に対する企業の社会的責任における不可欠な要素であるだけでなく、企業経営の財政面での利害にも適うものである。

態度は、二つの方法で統治することができた。すなわち、コミュニケーションとリーダーシップである。コミュニケーションという概念は、調査や規制にとっての、企業の意味論的生の可能性を切り開いた。労働者は過酷な事実や出来事の領域ではなく、意味の領域に生きている。生産性の低さの原因が物理的な環境ではなく、その状況に対する労働者の感情だとされるのと同じように、多くの不満の原因は、経営陣の実際の判断や行動ではなく、その判断や行動が労働者に対して持っている意味に帰することができた。したがって、「賢明な経営管理職は、従業員を公平に扱ってきたかどうか、従業員に対して経営状況を十分に説明する努力をしてきたかどうか、従業員に自分と十分に議論することを認めているかどうかを自問自答しないうちは、安易に批判を口にすべきではないのである」[*20]。

これは単なるコミュニケーションの形式的な経路の問題ではない。人間はメッセージの裏にある意味や意図を探るので、どんなに不快でひどく嫌悪すべきものであったとしても、「命令」がその状況下で必要とみなされるのならば、憤慨を招くことはない。だが一方で、もしそれが軽蔑の感情を表すと思われる場合、道理にかなった命令でさえも、人々をひどく腹立たせる可能性がある。[*21] 説明がない場合、労働者は賃金の手直しや業務慣行の変更、社員の配置転換などといった事態に、自分自身の解釈を加え、さらに、そのような事態をもっとも悪く解釈することが多い。意味に対するこのような必要性を満たすためには、非常に頻繁に労使紛争の根源となっていたコミュニケーションの誤解や失敗を、情報流通の仕組みをつくることによって最小限に抑える必要があった。この情報の流れは、上下両方向である必要がある。つまり、経営陣の意図や目的を明確にするための上から下へという流れと、経営管理職に労使対立の実際的な原因や潜在的な原因を知らせるための、下から上へという流れである。〔そのため〕職長が、作業場と会議室の間の情報ネットワークにおける決定的に重要な結節点とみなされるようになった。

職長は、従業員の考え方を管理するための第二の方法、つまりリーダーシップにおいても決定的に重要であった。個々の労働者の性格が、生産性の低さ、常習的欠勤、事故、離職の原因となることは、極めて稀だった。もし労働者の性格が原因であったならば、そのパーソナリティがある工場には影響を与えるにもかかわらず、別の工場には影響を与えないことをどのようにして説明できるだろうか。そうではない。昼間職場で怠けていた従業員は、夕方や週末になると惜しげもなく市民農園を耕しているのと同じ人であった。彼らの職場でのひどい仕事ぶりの原因は、彼らに本来備わっている不精さや無能力ではなかった。しかし、社会心理学は、経営管理職と工場の管理者、そして班長のリーダーシップのスタイルが、決定的であったことを示していた。というのも、リーダーシップのあり方が、生産性を左右する共通の目的や高い士気を生み出す職場の雰囲気を醸成したり台無しにしたりしうるからであった。例えば、ブラウンはレヴィン、リピット、ホワイトが戦前に行った、男子のみのクラブにおけるリーダーシップのスタイルに関する実験に依拠した。[*22] リーダーシップの効果は、リーダーやフォロワーの性格に関係なく機能した。独裁的なリーダーシップが敵対心や無関心を生み、放任的なリーダーシップは無秩序を生み出す一方で、民主的なリーダーシップは、忠誠と所属の感覚を生み出しただけでなく、ほとんどの作業の質がもっとも高かった。民主的なリーダーシップは、善き倫理というだけではなかった。それはまた優れた心理学であり優れたビジネスでもあった。

産業に関する新しい社会心理学は、このように産業のめざましい変化を約束し、あつれきを減少させ、個人の時間当たりの生産高だけでなく、一定の労働力によって費やされた時間の総量の点からも、生産における技術的な効率を上げた。

もし、そのような手法が至るところに採用されれば、英国は追加の資本投資をすることなく五年以内に国民所得を五〇パーセント拡大できたといってもおそらく過言ではない。そして、この拡大を成し遂げるのに従業員を一層酷使するという代償は一切ない。それどころか、一般的な労働者はもっと自由で幸せになるだろう。実際、これらの二つのものは不可分に結びついていた。ストライキを起こしたり、生産高を制限したりする可能性がもっとも高いのは、不満を抱えたまま酷使されている労働者なのである。重圧や不満を取り除く努力をすることによってこそ、望ましい結果を達成することができるのである。産業に関する逆説は、もし単純により高い生産高を目指した場合、生産高も満足も得られないということである。反対に、個人的な幸せや自身の成長のために働けば、両方を手に入れられる。*23

以上のように、個人の感情と価値が尊重され、リーダーとフォロワーの相互依存が注目され、権力のヒエラルキーにおける上層と下層の間のコミュニケーションと意見の調整が重要視されることで、企業は民主主義社会の縮図となった。主体に関する新しい人間的なテクノロジーは、企業経営を、戦争が戦われる目的であった啓蒙的な統治という観念と、その勝利を支えた自由、市民権、個人の尊重といった価値観を融合した。民主主義は、工場生産力や人間的な充足と手を取り合って、歩みを進めてきたのである。

この新しい認識は、一九五〇年代と一九六〇年代の間に、多くの産業心理学的研究の鋳型を形成した。人間関係論の潮流に沿った大量の一般的な文献に加えて、我々は大雑把に研究を三つの他の潮流に分けることができる。

最初の潮流は、労働者の精神的健康に対する関心である。この潮流では、士気、疲労、病気、神経症、労働災害の相互関係に焦点が当てられた。戦争直後の余波の中で、フレーザーは、軽工業分野に従事する三〇〇〇人の労働者に対する質問紙調査に基づいて、重度の神経症の発生率が一〇%であったこと、さらに軽度の神経症の発生率が二〇%であったこと、そして、病気による欠勤の三分の一が神経症を理由としていたことを明らかにした。しかも、これらの数字には神経衰弱に至る前の神経症による効率の減退は含まれていないのである。[*24]「これらの数字は、その生産能力に生き残りが左右されると一貫して言われている国家に対する明らかな挑戦と思われる」と結論づけたのは、トレッドゴールドだけではなかった。[*25]しかし、これはたんに「労働者が神経症であるかどうかを決定するというだけの問題ではなく、彼が精神的な健康や幸福感、仕事の効率において最良の状態にあるのか、それとも、少しその状態を下回っているのか」という問題であった。[*26]神経症の廃絶は、労働者の精神的健康を確保するためのより大きなプロジェクトのほんの一部なのである。

一方で、このような懸念は、労働に関する心理・生理学的科学を確立しようとする以前からある試みと結びついていた。この線に沿って研究を続けてきた心理学者たちは、人間関係論に集まっている注目に対して冷やかであると同時にいくぶん懐疑的でもあったが、その一方で、人間の感覚能力や情報容量に関する戦時調査の様々なテーマに取り組み続けていた。こうして、ケンブリッジのF・C・バートレット、ドナルド・ブロードベントらは、視覚と聴覚における監視《ビジリアンス》と注意というテーマ、すなわち、レーダースクリーンの連続スキャンの戦時中の問題から派生した研究に取り組み続けた。[*27]レーダーはまた、不確実な状況における蓋然性に基づいた意思決定という問題も生み出した。技能と疲労の関係についてのバートレットの研究は、K・J・W・クレイクの工学的システムとしてのオペレーターという概念へと発展した。警戒を必要とする作業にともなう環境ストレスの影響に関するマックワースの研究は、環境的、心理学的、生理学的なプロセスの間にある連関を概念化する万能な方法として、心理学的な観点からストレスを取り上げた。そして、心理学者は、労働者の心理学的能力と感覚能力および労働者の特性を、もっとも生産的で効率的な労働過程を実現する施設設備の技術デザインと融合させるという目標を追求した。エルゴノミクスあるいは人間工学は、生産プロセスの設計において定番的な作業となった。

その一方で、労働者の精神的健康についてのこうした関心は、組織の精神分析とでも呼ぶべきものと融合した。この分野の研究をもっとも強く推し進めたのが、タヴィストック人間関係研究所と関連しているグループであった。*28 軍隊における選抜や生活再建、セラピーのための新たな集団技術を用いていた多くの人たちが、終戦直後の時期に、自らの経験や専門知を平時のコミュニティの問題へ応用しようと努めた。ロックフェラー財団の医学部門から資金提供を受け、彼らはタヴィストック人間関係研究所を設立し、一九四七年にタヴィストック診療所が国民健康保険局の一部になった時、研究所は独立した非営利団体となった。発足時より、この研究所は、一九四七年にマサチューセッツ工科大学からミシガン大学へと移転したクルト・レヴィンのグループ・ダイナミックス研究センターと密接に連携していた。一九四七年以降、レヴィンのグループはアメリカ海軍研究事務所より資金を提供され、士気、チームワーク、管理監督、生産性との間の関係に関する一連の研究を行った。この研究は、ハーウッドの実験に基づいたものだが、その実験は、従業員が改革の計画や実行に加えられた場合、彼らの改革への抵抗が克服される可能性を示した。*29 レヴィンの研究センターとともに、タヴィストック人間関係研究所は季刊誌『ヒューマン・リレーションズ』を創刊した。そのもっとも大きな特徴は、精神医学や心理学、社会学、人類学といった様々な学問分野に由来する社会科学的な専門知識を集団生活の実践上の問題に適用するという点であった。

人間関係の精神分析的解釈によって、タヴィストック的アプローチは特徴づけられるようになった。離職から生産性の低さや労働災害、肉体的・精神的な病気に起因する欠勤に至るまでの労働問題すべて、今や一つの枠組みの中で分析することができた。その枠組みとは、集団の精神力動的関係と、その関係の個人の精神力動を超えた作動の仕方である。集団生活の病理分析において、メラニー・クラインが展開した偏執狂的かつうつ病的な不安という概念は、一つの重要なテーマである。このように、離職や欠勤、事故はすべて無意識的に動機づけられた労働環境からの逃避の表れなのであった。しかし、人間関係における楽天主義という対応策が、このような労働環境からの逃避に対して有効というわけではないだろう。というのも、職場の人間関係の問題が、個人が幼少期に覚えたあらゆる不安や敵意を思い出させる様相に、そのような逃避は由来するからだ。なんらかの逃避の形式をとらずに事態に対処することができるのは、状況にうまく順応できるほんのわずかの例外的な人たちだけだろう。色々な集団関係、労働生活における様々な局面、多様な社会的役割によって、個人的な不安が様々に引き起こされるだろう。〔また、〕これらの問題を分析し、克服することはできるが、それは組織のもっとも高い階層にいる経営陣からもっとも低い階層にいる労働者までを含めた全従業員の主体性に対して新たな手法で働きかけることによってのみ可能である。

トミー・ウィルソンは、エリオット・ジャックスによって行われたグレーシャー金属会社に関する調査プロジェクトの報告書の序章で次のような新たな理論的根拠を提示している。

第一に、我々一人ひとりが、発達していく過程において、自らの行動を決定するにあたって、何が本質的で何が重要であるかについて苦しみながらもなんとかして決めていくこと。第二に、そのようにして決められた基準が我々の人生に意味を与え、不安や不確実性から何らかの形で守ってくれること。第三に、そのように我々の人生に深く根づいた基準を修正する個人的な試みでさえ、心理学に基づく本格的な努力によってしか克服できない不安や抵抗を呼び起こすこと。最後に、ある特定の条件、とりわけ人や社会に関する実践的な問題を扱う専門職がいる条件のもとでは、困難に打ち克つ必要性、すなわち変化を起こす必要性が、評価および変化に対する不安や抵抗感を相殺し、行動の重要な領域に関する直接的な観察を可能にすることがある。[*30]

タヴィストック人間関係研究所が最初の四年間のうちにおよそ七〇ものプロジェクトを遂行したという事実にもかかわらず、その関心は予想通り生産性の問題に占められるようになった。グレーシャー金属会社の研究は、ヒューマン・ファクター小委員会により資金を提供された計画の一つであった。当初は労使協議に研究の焦点が向けられていたが、研究が進展するにつれて、多くの組織上の問題の基底要因としての役割と地位との対立や、権力と責任の混同の深刻さなどが注目されるようになった。後の研究において、ジャックスは自らの着想を官僚制に関する本格的な理論へと発展させ、また、特定の職業に付随する自由裁量の水準を評価するという手段によって、賃金と労働の公平な連関に関する一連の新たな提案へと発展させた。しかし、ここでより重要なことは、この調査の中で生み出された企業への介入の様式である。

組織の精神分析は、何よりもまず、調査とコンサルタント業、さらに治療を結合させる専門家に新たな役割をもたらした。調査チームはグレイシャル金属会社の命により問題を調査し、またともに研究を行ったが、自らの変化の方法を見つけなければならないのはグレイシャル自身であった。まもなく明らかになったことは、役割への不適応と思われる混乱の多くが実際に心理的な機能を持つということであった。ジャックスは「役割混乱」について次のように論じている。

役割混乱とは、自分のパーソナリティと担っている役割が要求するものとの間の分裂により生み出された不安を避けるために、個々人が依存する無意識に動機づけられた防御反応である。役割混乱に関するこの捉え方が正しければ、組織構造の中で柔軟性を獲得するという課題が、強固な抵抗力によって妨げられるであろうことを予期しなければならない。*31

集団作業は、組織の心理学的関係を新たな方法によって可視化させ、中でも「徹底操作」を通じて、これらの抵抗力を乗り越えることを可能にする。調査者は、集団の洞察力と変化の可能性を伸ばすために、その集団を精神分析的に解釈した。多くの場合、組織が懸念している表面上の問題がより根深い問題の兆候に過ぎないことが明らかになった。例えば、グレーシャー金属会社での経営陣と労働者の代表者会議は、肝心な論点から離れて失敗に終わり、参加者全員に強い不満を残したようだった。その原因は、賃金の問題に取り組む前に解決しなければならない人間関係の問題であった。労働者たちは経営陣に強い疑念を抱いており、経営陣は労働者の代表たちが破壊的な行動に出ることを恐れ、部署全体が上役からの支配を恐れ、労働者の代表たちは互いを信頼しておらず、工場の現場が一致団結しているということはなかった。賃金問題の議論をとん挫させた一見、枝葉のように見える問題は、無意識的な機能を持っていた。実際は、当事者たちはお互いを試していたのであった。調査者による解釈は、当初は否認や投影をもたらしていたが、最終的には徹底操作を許した。集団討論と解釈による徹底操作は、個人と組織のうちにある建設的な力の上に成り立っていた。分析が成功した結果、工場全体はより柔軟で健全なものとなったのである。[*32]

ジャックス自身は、タヴィストック人間関係研究所を去り、フリーランスのコンサルタントとしてグレーシャー金属会社に加わった。ケン・バンフォースとA・K・ライスとともに、タヴィストック人間関係研究所のプロジェクトにおいて次の新しい段階を画することとなる概念を創り出したのは、エリック・トリストだった。その概念とは社会技術システムである。製造業における大量生産技術をモデルとした、いわゆる長壁式採炭法の炭鉱への導入は、問題なく生産性を増大させたわけではなかった。それどころか、職場の人間関係や個人の健康にかかわるあらゆる種類の問題が引き起こされるように思われた。トリストとバンフォースにとって、これらの問題は理解しやすいものであった。それらは集団の観点から説明することができた。[*33] 彼らの最初の着想は主として、レヴィンの場の理論から構成され、エルスカー炭鉱で導入されていた集団作業の新しい手法に関する彼ら自身の観察に基づいていた。この炭鉱はバンフォースの義兄によって経営されていたのだ。エルスカー炭鉱の年配の抗夫によれば、この「包括的な」方法は、新たな働き方では失われていた古い労働の伝統を甦らせた。この方法にともなう自律的作業グループは、経営陣の権限および労働組合の実践と信条の両方を危険にさらすように思われた。しかし、タヴィストック人間関係研究所の研究者たちにとって、それらの重要性を認識しないことが何を意味しているかは明確だった。初期の採掘法を特徴づけた小規模の第一次的作業グループの崩壊から生じたインフォーマル集団は、その性質上、操作的だった。その集団は、反作用的個人主義、相互の責任転嫁、代償的な欠勤といったその他の様々な「症状」を引き起こした。自律的作業グループの再建は、採掘の失われた伝統的手法を特徴づける集団関係を甦らせただけではなかった。自律的な作業グループは、労働のよりいっそう一般的な変容の秘訣をその内に含んでもいた。

英国石炭庁は当初、調査についても新しい労働のあり方についても消極的な態度を示していた。しかし、採炭の新たな組織化の効果に対する政治的関心は高まっており、トリストは未だ石炭庁の抵抗に直面していたが、一九五三年までには、科学産業研究庁により資金提供を受け、炭鉱労働の組織化に関する調査企画を指揮していた。これらの研究で展開された社会技術システム概念が特徴的だった点は、精神内部、個人間、集団間の力や緊張、対立、不安を織りなす同じように細かい網の目のネットワークとともに、労働過程やその各段階、区分、指揮命令関係についての非常に詳細な調査を重ねた様相であった。そのため、トリストと彼の同僚研究者たちは、テクノロジーは労働関係を規定せず、テクノロジーから独立した社会的、心理的特性が存在すると主張した。したがって、組織は、効率的、生産的、調和的な関係につながる心理的、社会的過程を促進するためにどのように作業を構成するかを選ぶことができた。いわば、技術的な条件と心理的な条件の両方に一致する労働過程の詳細を概念化し構築するために、分析の手順を逆転させることができたのである。

企業や工場、施設、鉱山、病院の内部世界について語るために、新しい言葉が練り上げられているだけではなかった。むしろ、企業の内部世界のミクロな構造（技術に関する組織化や役割、責任、機械設備、勤務シフトなどの詳細）は、効率という経営的な原理と同時に健康の心理的原理の名に基づいた体系的な分析と介入に開かれていた。自律的作業グループという概念によって、技術的条件と経営上の責務、心理のメカニズムを融合させることが可能になった。このような作業グループは、それを通して個人の主体性が組織の目的と統合させられ得る技術的なメカニズムを提供するだろう。

今となっては、産業における人間関係に対するこの関心は、次の点において単純であったように思えるかもしれない。すなわち、仕事上の人間関係における利害の対立が職場の外部のマクロ社会的・マクロ経済的な条件に由来することを否定した点、さらに、心理的な不適応や精神力動的な問題が事故や争議、低い生産性の背後にあると信じた点においてである。しかし、このような研究者たちを、それが意識的か無意識的かにかかわらず、権力の下僕であると否定するならば、彼らが築こうと努めた労働の新たなイメージや価値観、倫理観を、そして彼らが労働をめぐって露骨に切り開こうとしていた新たな政治を見失ってしまうだろう。

グレイシャーのプロジェクトが、労働における曖昧さを低減させ、境界を明確にし、調和のある人間関係の可能性を最大化するために、個人間あるいは（経営側と労働側の）代表者間の明文化された契約と心理的な契約の重要性を強調した時、それは雇用関係に関する一つの合法的な形式の下でそうされたのであり、そこでは労働の編成における公平性と公正さという価値が保障されるだろう。[*34] 産業社会心理学者たちの中には、これらの目標のいくつかについて見解を同じくしていた者たちもいた。こうして、ブラウンは民主的に経営されている企業に対する分権化方針を推進した。テネシー川流域開発公社とユニリーバ社を例としながら、彼は大規模な組織を、集団の社会心理学と整合的な規模の単位へと分解し、決定権を各々の工場施設に帰属させるべきであると主張した。[*35] また、テイラーは民主主義の様々な価値と一致する労働のイメージを打ち立てようと努めた。彼は次のように主張した。産業民主主義の真の基礎は、「大いに喧伝された協議委員会の民主主義に対して」、効果的なコミュニケーションや適切な経営管理に対する姿勢などによって築き上げられた「草の根民主主義」であり、「公的な理事会による所有に対する非常に不十分な満足は、まったく重要でない」。[*36] 労働組合の経営陣に対する反抗は、たんに両者間の矛盾を制度化しただけであり、真の協調に基づいて、仕事を通じた自己達成を図ろうとすることを妨害した。

工場の内部世界の再構築は、このように経済や社会全体の再構築と結びついているのであった。もし、労働が根源的な人間の経験であり人間のニーズの充足にとって不可欠であるなら、労働生活における集団的な経験がそのようなニーズの充足の根本的な要素であるなら、民営であろうと国営であろうと大会社が存在し続けるなら、ある工場の正式な所有権が国家にあるか個人にあるかによってその内部環境の基本的な性質が変わらないのなら、経営が専門化された機能でありそれゆえに権限のヒエラルキーが不可避なら、どのような労働の編成が、生産性と効率の必要性、そして人間化、公正、正義、民主主義にまつわる倫理と調和するのだろうか。第二次世界大戦後の英国における約二〇年間は、まるで心理学がその答えを握っているかのようであった。

五　経営管理の専門知

一連の労使関係「問題」があり、その問題を考慮することから、ほぼすべての改革支持者たちの議論が始まる……。

(i)ストライキ問題：一九五〇年代後半以降、鉱山業を除いた全主要産業で非公認で非合法のストライキの頻度が増大。

(ii)制限的慣行の問題：英国産業界の労働力利用の相対的な非効率性。人員過剰、厳格な職務区分、生産高のシステマティックな統制、一般社員によって支持されたその他の様々な労働規制（労働組合による公的な支持がある場合もあるが、多くの場合そのような支持はない）などが、その重要な要因である。

(iii)賃金ドリフトの問題：所得のコントロールされていない上昇、ひいては人件費の上昇。工場レベルの（労使）交渉の結果であり、その所得上昇は、全国的な交渉による賃金率の上昇から単純にもたらされたレベルをはるかに超えたものである。*1

ジョン・ゴールドソープ、一九七四年

一九六〇年代の英国では、民主主義と生産性ならびに公正と満足との間のつながりが崩壊し始めた。生産にまつわる問題は新たな方法、すなわち国全体の生産性への関心の下にある国家経済の合理的、体系的な規制戦略の確立という文脈の中で提示された。企業の連帯関係は、産業効率の追求にとって無関係か、あるいは非生産的であると思えるようになった。経済の健全性に必要なものは、賃金と生産の合理的関係の再構築であり、職場における権限と責任の適切な関係の再構築であると思えた。経営管理職は、熟練している必要があり、また様々な生産過程の特殊な条件に関する知識に基づいて編成される必要がある。さらに、ヒエラルキーと責任に関する明確な原則によって構造化される必要があり、明確かつ同意されている目標に従って行われる必要があった。生産のこの新しい合理性において、労働について研究する心理学者たちは従来とは異なる役割を見つけるだろう。彼らは、労働者の労働を可視化し、計算可能で管理可能にするための語彙やテクノロジーを提供し、さらに被雇用者とその職業人生との関係の支点となる合理的な経済的計算の中にその労働を統合できるようにする。

一九五〇年代後期までに、人間関係論は、すでにほとんどの英国の労働研究者にとっての常識を定義する役目を終えようとしていた。国立産業心理学研究所がヒューマン・ファクター小委員会のために実施した初期の研究では、人間関係論のおなじみの用語で職長制度や労使協議の分析が行われていた。すなわち、独裁的リーダーシップ対民主的リーダーシップ、感情や態度の重要性、職場の雰囲気、共通目標の感覚を持つ必要性、従業員と会社を結びつける職長の重要性、これらすべての生産に対する直接的関係であった。[*2] ヒューマン・ファクター小委員会は、一九五三年にその研究を終えたが、科学技術研究庁と英国医学研究審議会の共同管理のもと、二つの独立した委員会に引き継がれ、同時にアメリカの「条件つき援助」による資金提供も受けていた。産業における人間関係委員会は、インセンティブや経営組織、技術変化、生産、産業教育といった問題にかかわった。その構成員の中には、タヴィストック人間関係研究所のトミー・ウィルソンやモーズリー病院のオーブリー・ルイス、ナンシー・シアーが含まれていた。シアーはロンドン・スクール・オブ・エコノミクスで人事管理について講義する前は航空機生産省の生産効率委員会に勤めていた。同委員会が支援した一九の計画の中には、トム・バーンズのエディンバラ大学で行った産業界における変化と適応の研究、トミー・ウィルソンのタヴィストック人間関係研究所で行った採掘システムの比較研究、リチャード・ティトマスの母親の雇用が家庭生活に与える影響に関する調査が含まれていた（ティトマスの研究については、後の章であらためてテーマとして扱っている）。一九五七年に同委員会が提出した最後の報告では、「産業における人間関係は、それが生産性に与える影響の程度だけでは評価することができず」、「そこでの労働は純粋な経済的ニーズ以外のものを満たすはずだ」と主張した一方で、「産業効率の改善は広く受け入れられた社会の目的であるため」、それは引き続き研究の重要な対象であるはずだと論じている。[*3] 生産性と人間関係との関連は、一時は非常に明確なように思えたが、系統立てて説明するにはかなり難しいものとなりつつあった。

　上記委員会の姉妹組織である産業における個人の効率に関する委員会は、フレデリック・バートレット卿が議長を務め、そのメンバーにはジェイムズ・ドゥリーバーと当時の国立産業心理学研究所の所長でもあったC・B・フリスビーが含まれていた。この委員会のプロジェクトは、機器設計や労働条件から学習や教育訓練に対する影響因子や経営工学にまで及んでいた。しかし、委員会はまた、個人の職業への適応に関する研究を行うためにフリスビーに資金提供した。そして、この研究は工場の内部世界の出来事と、労働者の離職や欠勤といったような指標の間に、人間関係論の学説により提唱された関連をほとんど発見できなかった。むしろ外部の経済的な世界においてこそ重要な影響が発見され、特に地域の失業レベルは上記指標に顕著な影響を与えていた。[*4] 一九六〇年までに、アメリカで発表された書籍『企業の人間的側面』の著者ダグラス・マクレガーですら、人間関係哲学の再評価ではなく、その否定の中に自らの議論を基礎づけた。

「人間関係論的アプローチ」をともなう初期の戦略的解釈の多くは、進歩主義教育の初期段階を特徴づける解釈と同じように根拠の薄いものであることが明確になった。我々は今、単純に統制を放棄することは答えとならないことに気づいた。つまり、その放棄は権威主義にとって代わるものとしてうまくいくものではないのだ。我々は、従業員の満足度と生産性との間に直接の相関関係がないことを知った。「産業民主主義」の本質は万人にあらゆるものの決定権を認めることにあるわけではないということ、すなわち、労働衛生は不満や労使間の不一致、あるいは明白な対立を除去することによって自動的に生まれてくるものではないことを、我々は認識した。平和は組織の健全化と同義であるのではなく、また社会的に責任ある経営は寛大な経営と同一の広がりを持つわけではない。[*5]

したがって、労働大臣が『労使関係ハンドブック』の第三判を一九六一年に出版した時、善意や誠実さ、相互信頼の重要性、個々人の福利のための経営責任に関する以前の奨励規定が記述から削除されたのは驚くことではない。人事責任者は、もはや単に取締役会や経営陣の助言役に過ぎなかった。[*6]
一九六〇年代と一九七〇年代初期は、心理学が職場の効率と人間関係に貢献することを望んでいた人々にとって苦しい時期だった。この時期の終わりに書かれた英国の教科書には、「職業心理学における道徳的・専門的危機」という表現さえ使われていた。[*7] 人間関係論者が労働と労働者に与えたイメージに対する批判が各方面からなされた。これらの批判は互いに矛盾する部分もあったものの、労働と労働者のイメージにかかわる用語や分析が可能にした真理要求を否定する点では一致していた。急進派と社会主義者は、その経営志向や経営管理職の労働者に対する管理の正当化、職場での闘争の否定、権力における差異や利害の相違に対する抑圧を批判した。〔また、〕心理学者と社会学者は研究手法と、この理論を根拠づける論理展開を批判した。研究評価は、人間関係論の主張を裏づける証拠がなく、その戦略には効果がないことを示しているようであった。つまり、監督者研修プログラムは工場に戻るとほとんど効果がなく、管理監督のあり方と士気あるいは生産性の水準との間には一貫した関係性はなかったのだ。さらに被雇用者は管理規則に従って働く時と同じくらい、規則に違反しながら働く際も満足していた。[*8]

人間関係論が葬り去ったように思えていた経済的人間像が今や復活したのであった。産業労働者は結局、労働における「社会的」報酬を求めるわけでも、帰属意識を生むために組織に依存するわけではなかったようである。金銭的報酬、支払いシステム、昇進機会や他の「伝統的」な要素が今、経営側が被雇用者の行動や機会を左右するものとして復活した。ホーソーンの発見自体でさえ、金銭面でのインセンティブや揺るぎないリーダーシップ、規律、経済的利益の追求という時代遅れの用語で再解釈されたかのようであった。このような用語が今や復活しようとしていたのである。[*9]

労使関係は職場の雰囲気とは遠く離れた要素の機能であるように思われ、企業における心理生活は、もはや企業の問題やその解決に関するあらゆる分析の基盤を形成してはいなかった。ある人々にとっては、製造過程のテクノロジーこそがもっとも大事であり、また別の人々にとっては規模や他の組織との関係こそが決定的な変数であった。[*10] しかし、いずれにせよ、これらの非主観的要因こそが、工場の規律や統制の枠組み、工場内の人間関係、また工場に必要な管理権限のタイプを決定した。

また、労働者が労働外での生活や文化を有していることもわかった。社会学的調査は、労働者を、都会と田舎のどちらに住んでいるか、宗教・エスニシティ・年齢・階級などに由来する一連の行動・価値観・優先事項といった枠組みの中に位置づけ直した。さらに、労働者は労働市場の状況や製品の需要、労働組合の組織化の度合いといった要因の影響を受けた。工場の内部世界は、どこか他の場所に由来する利害や信念、価値観の対立が表面化する領域として、また行動が工場の壁の外にある義務によって影響される領域として作り直された。

経営管理職の仕事に関する限り、職場のインフォーマルな規範や労働者たちの連帯は、もはや生産性を高め、効率を上げるために活用できるものには思えなかった。それらは再び、組織のフォーマルな目標を達成する上で障害となるものとして理解された。一九六〇年代の英国の産業問題に関する一連の公式文書や報告書の中で、これらのテーマが分析の方向性を決定づけた。すなわち、労働者の連帯が悪影響を及ぼすこと、生産の技術的組織化が様々な問題を発生させたこと、経営上の組織的なインセンティブが望ましくない結果を生んだこと、企業内の価値観と外部世界との間に関連性があるといったことであった。[*11] 統制のとれた方法で労使関係を規制し、賃金と労働条件について重点的に交渉し、合理的な経済運営のメカニズムをつくる上での雇用主と労働組合の権限が危機に瀕していた。この危機は、職場委員運動の高まりと職場交渉の慣行から生まれた。これらのインフォーマルで現場労働者の意向に基づいた合意は、過剰人員配置や非合理的な仕事上の縄張り、時間外労働による賃金の上昇、産業に悪影響を及ぼす慣行を助長するものだった。労働者がインフォーマル集団を形成することで連帯し、山猫ストという武器を手にしたことを受け、工場内の平和の名において生産性や収益性、適応性が犠牲となった。統制の主導権は経営管理職から職場委員へと移り、特別手当と残業手当が、賃金と努力あるいは効率の間のつながりを実質的に切断した。完全雇用とともに経営上の弱みは、英国産業界の慢性的停滞と国際競争力の欠如を生み出した。

解決策が何であれ、それを人間関係論の学説から引き出すことはできなかった。人間関係論の原則は、問題の根源である工場現場での連帯をまさに奨励し、称賛するものだからである。ドノヴァン報告書によれば、職場委員と職場交渉が発達していくことのメリットが何であれ、そのデメリットは深刻であった。

すなわち、労働者に対する極度の権限移譲と自主管理により意思決定の不全と無秩序な状態が生まれ、業務が非効率化し、変化に対する意欲が減退した。これらの特徴すべてがさらに進行し、技術的進展のレベルが増し、経済成長への需要がより切迫するにつれて、その被害はさらに深刻になる。*12

生産管理の問題は、企業のインフォーマルな構造をフォーマルな構造と再び接合することであり、それ故に、秩序や合理性、職場の労使関係を巡る団体交渉の規律を再び主張することであった。この再接合の作業は法律によってではなく、有能な経営管理職が合理的な仕組みと専門的な技能に基づいて自らの権威を回復させる活動を通して遂行されるべきものだった。報奨制度が統制され、実働時間は規制され、職務評価は賃金格差の合理化に利用され、厳格に制限された労働慣行は交渉の中で否認され、賃金と成果との関係は再構築されることとなった。というのも、もはや経済的なインセンティブが産業行動の中心的な決定要因とみなすべきであるとすれば、経済計画と経営管理職の権限が、上司を追い抜くような昇進人事や特別な嘆願を避けることを要求し、賃金格差を科学的な基準にそって規制することを命じるからである。[*13]

こういったことは職業心理学者や人事担当責任者にとって新たな職務ではなかったものの、一方では政治的かつ産業的に新たな特色を有する課題でもあった。実のところ、作業研究は一九三〇年代にベドーというアメリカ企業によって英国にもたらされたのだった。労働組合は、この動きに対して当初、抗議行動をとった。それにもかかわらず、作業研究に基づいた成果賃金システムの導入を主要なサービスとする、アーウィック・オアというコンサルティング会社が、第二次世界大戦前に設立された。一九五九年にはすでに、英国規格協会が作業研究で用いられる用語の語彙集を発行していた。その語彙集には作業測定というものがあり、有能な作業者が定められた技能水準で規定の作業を行うのにかかる所要時間を設定しようとした。また、方法研究という、より簡単でより効率的なコスト削減法を開発、適用する手段として、これまでの作業のやり方を測定、記録しようとするものも含まれていた。[*14]

一九六〇年代と一九七〇年代に、人事担当責任者は労使関係や人員計画の専門家として、雇用に関する必要条件をあらかじめ計画したり、報酬に関するシステムと原理について議論したり、賃金格差の合理化と業績の査定に関する計画を履行したりする役割を担うようになった。同時に、職業心理学者は、職場における新たな経済的な計算可能性に対する専門知や科学的信頼性をもたらすことを求められるようになった。業績給や職務評価、作業研究、計測日給制度、生産性交渉などは、このような報酬の再評価を行う上での代替的な手段となった。〔結果、〕新しいシステムが考案され、調査が行われ、専門家の活躍機会が急増し、コンサルタント業が繁栄した。

精神力動的な集団関係の束という、戦後社会の職場へのイメージは完全に消えたわけではなかった。研究拠点や専門的な会議、研修活動のネットワークが構築されつつあり、そのネットワークではグループ・ダイナミックスの原則が、組織において経営管理業務に就くすべての人に教えることができる一連の技能へと翻案されようとしていた。その技能は、経営管理職がより良く業務を遂行できるようにするだけでなく、彼らをより良い人にしようとするものであった。このネットワークの二つの中心機関は、アメリカのナショナル・トレーニング・ラボラトリーと英国のタヴィストック人間関係研究所であった。一九四七年にレヴィンが亡くなるまで彼の指導の下にあったミシガン大学の社会調査研究所のグループ・ダイナミックス研究センターは、小集団のダイナミックスを経験的に被験者に示す方法として、トレーニング・グループ（T‐グループとも呼ばれる）を発展させた。センターはT‐グループを、特別に設けられた会議あるいは「研究所」において専門家の指導の下、実施した。この方法は、偏見に対する戦後アメリカ社会心理学の理論上および実践上の挑戦にまつわる文脈から生まれたものだった。コネティカット州人種間委員会は、レヴィンに、人種や宗教に対する偏見の撲滅についての研究を行い、そのためのリーダーを養成するよう依頼した。のちに行われた会議で、スタッフは「経験豊かで公平な外部の人物によって観察され、解釈されると同時に、人々の振る舞い方についての情報を彼らに直接フィードバックする役割」を発見したようであった。[*15] T‐グループ法は、このような知見から定式化され、被験者が間主観性を思考へと変換し、管理しやすくするためのテクノロジーや語彙を提供した。

さらにT‐グループ法を通して、仮定や予測、態度、目標を検討できるようになり、他者とのかかわり方を考察する際の客観性とデタッチメントの指標を得るために自分自身を他者の役割へと投影することができるようになる。洞察力が深まることで、リーダーシップや他者から協力を得る力量が増すだろうと考えられているのだ。[*16]

このようにT‐グループは被験者にとって単なる道具的な優越性を持ったもの以上のものであった。T‐グループは、他者との会話の仕方やかかわり方における根本的な変化をもたらした。T‐グループは、彼らをよりよい経営管理職にするのと同時に、その洞察力を涵養しもした。したがって、T‐グループを通じた試みに対する熱意は、より優れたリーダーや経営管理職を望む企業の意向だけでなく、個人的自己と対人的自己に関する新しい技術を習得したいと願う個々人の思いからも生じている。この手法は、一九四七年にメイン州ベセルにあった集団発達に関するナショナル・トレーニング・ラボラトリーにおいて制度化され、カリフォルニア大学ウェスタン・トレーニング・ラボラトリーやニューヨークのアーデンハウスのような関連機関も生まれた。一九五七年までに、企業の重役や政府高官、軍人、教会や労働組合、教育機関の人々、地域のリーダー、大学教員を含めた一〇〇〇人を超える人々がベセルのトレーニング・プログラムを経験した。[*17] 英国では、このトレーニング・プログラムは様々な関係者の関心を集めた。ヨーロッパ生産性本部は、アメリカでの例をモデルにした産業訓練の改良された手法に対する関心を、ヨーロッパで喚起することに注力した。レスター大学の教員たちは、ソーシャルワーカーを対象とした合宿形式で行うグループ・ダイナミックスの授業の設置を強く願っていた。以上のような動きを受けて、さらには英国経営協会、産業福祉会、労働国民兵役省、英国石炭庁、エッソ石油、教化委員評議会（the Council of the Church Training Committees）でのさらなる関心の高まりを踏まえて、タヴィストック人間関係研究所は、集団関係に関するレスター会議の第一回目の会合を組織した。

レスター会議は一九六〇年代と一九七〇年代を通して継続して行われた。英国における産業と経営に関する思想の全体的な傾向が変容したにもかかわらず、それらの会議は産業界、行政機関、教会、刑務所、児童福祉団体、学界から多くの参加者を惹きつけることとなった。それらの手法は、タヴィストック人間関係研究所の精神分析理論に基づき、レヴィンのT‐グループ概念をビオンの無指導者集団概念と組み合わせたものだった。このように、果たすべき外的な役割や目的がなくても、「自発的に生じるような感情や態度を確かめるという具体的な課題」があれば集団は成立するであろうし、「そのような感情はいかなる集団状況であれ各人が持ち込むようなもの、あるいは外的な役割や目的が何であれ、それとは無関係に集団状況の中で生成するものである」[*18]。これらの研究グループにおけるコンサルタントの役割は、被験者に対して集団の力やその作用について説明すること、その中で社会生活における集団にまつわる側面を表し、言葉に置き換え、成員の自己評価、自己呈示および社会的な力量のあり方に再び組み込むような文化を生み出すことである。このようにして、参加者は「自らがかかわる集団の感情的側面、そして集団の構成員としての「個人差」に対する寛容性と理解力を高め、さらに、集団内にあるポジティブな力をより動員するようになる」[*19]。

経営において求められていたのは、もはや経営管理職やリーダーが、自ら指揮監督する人たちの心理的な力を理解し活用する、ということだけを求めているわけではなかったようだ。〔むしろ、〕経営管理職やリーダーは、責任を負い効率的に指導することの適任者となるために、個人の存在様式をも変えることを要求されているように思われた。しかし、上記のプロセスは単に雇い主によって経営管理職に課されるだけではなく、また彼らの正統性や昇進を保証する手段にすぎないわけでもなかった。それらは個々人の自己評価や自己判断の一部となったのである。経営管理職のアスピレーションと職務において効果的に働くための条件は、個人の自己認識への道と融合していたのだ[*20]。

六　自己の生産

労働における自己実現の可能性とは、経営側はある種の外的な報酬（たとえば、金銭的・社会的な報酬）を……労働と引き換えに……提供しなくてはならないという考えからの変化を指している。そうではなく報酬は、働くことそれ自体の中に見出されることになる。したがって経営管理職は、仕事をできるかぎりおもしろくやりがいのあるものにすることや、個々の労働者にとって意義深いものになるよう手はずを整えることに、主に関心をもっている。このことは、ある特定の労働者にとって意味とやりがいのあるものを見出す継続的な努力と、意味とやりがいをその労働者の置かれた労働環境に持ち込む試みを必然的にともなう。以前にも増して経営管理職に就く人々は、労働を通じた自己実現への道を、従業員に提供する役割を担っている。[*1]

ピーター・リボウとステファン・ポプルトン、一九七八年

ここ一〇年の間に、市民の経済的機能に関するもっとも力強いイメージは、決定的に変化してきた。古い経済倫理、すなわち強く誇示された「プロテスタントの労働倫理」は、労働者のために一連の価値観を讃えてきた。その価値観では労働は、道徳的、個人的、社会的な善であり、労働への献身が擁護され、満足や喜びは後回しにされた。さらに、労働生活における将来の見通しの型が、単一の産業での継続雇用、賃金上昇、青年期の自立、結婚、家族形成という予測可能なライフサイクルが持つ合理的な確実性によって保証された。しかし、そのような倫理は、社会的な生活や労働において市民に

課せられている義務と調和しているわけではない。

近代市民に与えられた経済に関する第一のイメージは、生産者としてではなく、消費者としてのそれである。消費を通じて私たちは、購買力の行使によって自らの生を形づくるように煽られている。私たちは、広告、連続ドラマ、映画の中で示されるものの内から自分のライフスタイルを選び出すことによって自分たちの生活を意味あるものにすること、すなわち、市場で選択する自由を行使することによって自分たちの存在の意味を理解することを強いられている。市場において人は、製品やサービスを購入すると同時に、自分自身を組み立て、管理し、売り込むのである。選択する自己としての市民のイメージは、生産的な主体の新しいイメージを含意する。労働者は、合理的に金銭的な利益を追求する経済的な行為者として描き出されているわけでも、連帯や安全のニーズを満たそうとする社会的な生物として描き出されているわけでもない。労働者は、意味、責任、個人的な達成感、最大限の「生活の質」、したがって労働の質を求める個人なのだ。このように個人は、たんなる作業や目的に対する手段として理解される労働から解放されるのではなく、今や、それを通じて私たちが自己を生み出し、見出し、経験する活動として解釈される労働において満足感を得ることとなっている。

労働を刷新するプロジェクトは、もう一度、この職場での個人と職場外の個人のイメージを企業統治のためのヒューマン・テクノロジーと結びつけようとした。労働それ自体は、それが自己達成や自己実現という個人的なプロジェクトの要素になるように改良され、管理されたように思われた。労働を刷新しようとする人々は、労働者の主体性に関する知識に従って労働が作り変えられたならば、個人の心理学的なニーズが満たされ、努力が報われるだけでなく、効率、生産性、質、イノベーションのすべてが改善されるだろうということを、おなじみの用語を用いて主張した。新しいテクノロジーの要求、技術革新のペース、第三世界や日本との競争、消費を絶え間なく刺激し続けることの決定的な重要性が、全面的に組み合わさることで、生産において適応性、イノベーション、フレキシビリティ、卓越性、消費者の圧力や市場の需要に対する感受性という価値観を中心に置くことが必要とされるようになった。改良された職場のサイコ・テクノロジーは、企業および経済全体の中で、生産者の新しい倫理と高度化し続ける企業や経済の要求との間の中継装置として作用しうるように思われた。労働と労働者についての新しい心理学、心理学における経営管理職のための新たな学説、企業に対する新しいタイプの心理コンサルタントが、生産領域による新たな要求と、従業員の新たなメンタリティとを結びつける試みのために急成長した。

イデオロギー的には対立するが概念的には矛盾しない二つの側面において、生産的な主体の管理に対する関心が再び強まった。第一の側面は、タヴィストック人間関係研究所の社会‐技術システム概念によって変質させられたような人間関係のプロジェクトの再開によった。このことは、国際的で、自己意識においては進歩的な職場の政治を新たに引き起こした。その政治は「労働の人間化」、あるいは、より一般的には「労働生活の質の改善」と呼ばれた。第二の側面は、その個人的な努力が企業組織へと関連づけられうる、自己実現する自我としての従業員という新しい心理学的な見解に基づき具体化していった。このような自我理解は、経営管理の新しい理論のもとで推し進められた。とりわけアメリカのもっとも大きく、もっとも成功した企業において推進され、その様は「卓越した経営」と呼ばれた。

「労働生活の質」、あるいは単にＱＷＬという旗印の下で進められたこの運動――というのも、それが自らを運動とみなしたからなのだが――は、「人間化された労働」を一九七〇年代の「優先的な目標」とみなした。[*2] その運動が賞賛した価値観、すなわち安全、公平、個性化、民主主義は、一見したところでは、それほど新しいように見えるわけではない。しかし、人間関係に関する古い専門用語は、手直しされるどころか、抜本的に修正された。そこには、産業文化を脱人間化することによって引き起こされる労働疎外の社会的・政治的な悪影響についての明確な懸念と、この文化がさらに人的サービスや専門職にさえ広がることについての不安とがあった。一方では、雇用消失と人々の機械への従属の可能性があり、他方では、反復的で非創造的な労働から解放されたポスト産業社会というバラ色の夜明けというテクノロジーの進歩という見込みがあった。このことを論証することは、きわめて人間的な願望であった。これらは確かに、労働を通してもたらされる社会的連帯という利点を強調した。しかしそれらは、これらの利点と、労働という活動において個人的な意味や目的を追求するかけがえのない個人としての被雇用者を一直線に並べようとした。したがって、マクロレベルでの法的保護や社会的給付の施策から、職場組織の細部への介入に至るまで、持たざる者や力なき者が社会に統合される必要、労働者の自律性が民主主義において尊重される必要、政府があらゆる人々の福祉に対する責任を受け入れる必要があった。

ＱＷＬの推進者にとって、これらの価値は空虚な宣言という形ではなく、社会的、経済的、政治的、技術的な取り決めの徹底的な再構築という形として、具体化されることになった。労働者の安全は、慈善の問題ではなく、健康、安全、収入、雇用をめぐる有害な不安を取り除く法的強制力のある権利の問題である。公平であるということは、組織において個々人を尊重するだけでなく、不均衡な収入格差や正当化できないヒエラルキーを取り除くということだ。その手段として、それぞれの労働者のサービスや生産物に対する貢献を合理的に評価すること、さらには公平に利益を共有することさえもなされる。個性化は個人を尊重するが、それは自律性を最大化し、職人技を発揮する余地を与え、労働者が自身の仕事をコントロールできるようにすることで意味を見出させるために、労働を設計しなおすことを通じて果たされた。民主主義には、一方の参加型経営から、他方の協同組織、労働者管理、自主管理までに及ぶ取り決めが含まれていた。

もちろん、QWLを推進する人々は、それによって生産性、効率、フレキシビリティ、質などが高められることを強調した。しかし同時に、QWLの原理によって「労働者の福利、ならびにそれに応じて社会の福利を最適化するために構築されるシステム」が示された。「そのようなシステムは、労働者の内に希望、積極性、多産性〔生産性の高さ〕の感覚を発現させ、不満、精神病、失望の兆候を軽減した[*3]」。労働者が持つ最大限の自律的な主体性は、社会構造の維持および経済生活の活性化と、職場における技術的・金銭的・権力的関係の細部の再構築とを架橋する上で重要な役割を担った。

労働に関するこの新しい展望の起源はヨーロッパにあった。すなわち、タヴィストック人間関係研究所が示した社会‐技術的な専門知と、一九六〇年代に多くのスカンジナビア諸国で重要な役割を果たした民主的コーポラティズムの政治原理との間で、結ばれたつながりの中にその起源はあった。このようにタヴィストック人間関係研究所は、労働組合連合と雇用主連盟が共同で支援するノルウェー労働研究所と、協力して新たな取り組みを進めた。そこでは、労働者の経営参加の推進だけでなく、労働生活の質を改善するために職場の徹底的な民主化が奨励された。ノルウェーにおいてこの戦略は、実験的に五つの会社から始まり、タヴィストック人間関係研究所のある研究グループが行ったプロジェクトにまで広がった。そのプロジェクトでは、一つの産業全体（ノルウェー商船隊）が再編することが目指された[*4]。タヴィストック人間関係研究所のフレッド・エメリー、エリック・トリストらの仕事は、ノルウェーの例に基づいて、急増し始めた様々な取り組みを、一貫した運動にまとめることにおいて鍵となる役割を果たした。アメリカはもちろん、オランダ、スウェーデン、デンマーク、フランス、アイルランドでも、研究者とアクション・リサーチの研究拠点のネットワークが生まれ、安定的に機能した。スウェーデンは、国家規模の民主的コーポラティズムの最前線であり、政府、雇用主、労働組合の代表者が産業民主主義に関する政労使協議会に招集され、民主主義、効率性、生産性、公平性のために様々な試みが行われた。例えば、作業組織の改革、労働者が持つ権限の強化、労働組合が新たな役割を果たすことの奨励、新しい経営手法の確立などである[*5]。

一九七〇年代初頭までには、その運動は、研究者、コンサルタント、雇用主、政治家だけでなく、ＩＬＯのようなラディカルな組織・団体からも熱狂的な支持を集めていた。職務充実、配置転換、自律的作業グループ、参加と自主管理、労働システムの設計、分業と責任の分担といったテーマは、労働における新たな主体性を通じて、労働者の解放と生産の質を結びつけた。意味や尊厳を労働の中に見出す際、労働者は生産物に自己同一化し、生産に対する責任を引き受け、そして、自身の価値が結果や経験としての労働の質において埋め込まれ、反映され、高められることを理解するだろう。

しかしながら、イングランドにおいて、急進的なＱＷＬに対する熱狂は、主に少数の研究者および熱烈な支持者の間に限定されていた。その帰結は、QWLが労働者のコミットメントと満足を推し進めるための経営管理テクノロジーに再び吸収されるというものだった。例えば「労働生活の質に関して」という題目の雇用省のレポートが、実際にNATO現代社会の諸問題に関する委員会から生まれ、そのレポートは、英国に労働の動機づけと満足に関する問題や、労働者のやる気を損なったり、不満を生み出すものについて調査することを求めた。そして、QWLの支持者の中には協力する者もいたものの、雇用省の主任心理学者の指導のもとで書かれたレポートは実際には、人間関係論という特効薬を古い形態で再利用したにすぎなかった。[*6]

それにもかかわらず、一九七〇年代にはかなり多くの活動が行われた。国際会議が一九七二年にニューヨークで開催され、さらに国際的な協議会が設立され、国単位での運動の「拠点」がその活動を支援し拡大するネットワークに統合された。そのネットワークは必要な専門知を確立しようと政府に圧力をかけた。その専門知に基づき労働を再構築するために、様々な専門家がこの運動のもと一致団結した。経営管理職、工場の管理者、労働組合員は、労働条件だけでなく、仕事の内容、労働の編成、機械の設計にも関心があった。彼らは、効率を下げることなしに生産を再設計する可能性に魅力を感じていた。

その再設計では、仕事において、ストレスを減らし、作業を退屈に感じなくなること、そして自らの能力を十全に発揮し、発達させるための継続的な機会のような自然なニーズを満たすことを求める被雇用者の割合が上昇していることが重視されるだろう。[*7]

オートメーションにかかわる技術者やエンジニアは、産業用ロボットの利用などの新しい生産システムの設計を促進するための言語を作り出し、それによって業務は、修正され、人間化された。システム理論家は、動態的な特性を持つ「開かれた」社会‐技術システムとして組織を再‐概念化する上で、新しい理論的・実践的な道具立てを見出した。その社会‐技術システムでは、変化する環境およびフレキシビリティとの継続的なやりとりを認識した上で、生産システムが再設計されなければならなかった。会計士や経済学者は、社会監査や人的資源会計のような新しい技術の導入を促すさらなる論拠を、QWLに見出し、そのことによって、彼らの専門家としての役割が現代的な価値に接続された。職場での労働者の安全と健康、ならびに労働が身体的・精神的健康に与える影響に力を注いできた医者やその他の専門家の関心は、いくぶん時流からはずれてしまっていたが、それに再び勢いを与える力を見つけたのである。そして社会調査者、産業コンサルタント、労使関係の専門家は、自身の活動の新たな表現形式と、専門知の社会的、政治的、経済的、倫理的な正当化のあり方を見出した。思考と行動のネットワークを確立し安定させるQWLの力は、一九八一年にその輪郭を露わにし、その舞台となったトロントの会議には一九八〇年代の見通しを得ようと二〇〇〇人を超える参加者が集まった。「今やQWLの学問的な提唱者の数は、一〇〇〇人を超える経営管理職、二五〇人の労働組合員、そして、政府職員や効率に関するコンサルタントからなる大規模な派遣団をも、はるかに上回っていた」[*8]。

エリック・トリストのようなQWLのカリスマ的指導者は、労働の新しい哲学まで提案した。その哲学において、人々は開発されるべき資源と捉えられた。すなわち、人々は機械を拡張したものでははなく、機械の補完物であり、外側からの統制を必要とするのではなく、自らを規制するとされた。さらに、競争ではなく協働と同僚性のための、疎外ではなくコミットメントと参加のための、リスク回避ではなくイノベーションのための条件、すなわち、組織の目的と、その成員の目的や社会全体の目的とを結合させるための条件を示すと考えられた。[*9] 労働生活の質という大義名分を掲げた労働改革において、労働者がますます自身の力量を認識し、経営管理職の権威のみならず、他でもない資本主義的な経済関係にとって根本的な権利の否定にまで異議を唱えるようになることが、そのプロセスの第一段階であると考えていたのはトリストだけではなかった。[*10]

しかし、労働生活の質においては労働組合への加入や解放のための諸価値が重要視されたにもかかわらず、人間関係論に対する批判が、この改革にも向けられた。[*11] すなわち、その計画が、労働者が労働組合主義に染まらないよう事前に対処をするという隠れた目的を持っていること、経営管理職が深刻な財政上の問題を解決する他のすべての方法をすべて試しきった局面で訴えられているにすぎないこと、労働者を抑え込もうとする試みを偽装していることが指摘されたのである。[*12] さらに、経営管理職の間でのこの技術の人気は、彼ら自身の地位や権威を守りたいという願望、自身の気遣いや力量を象徴化したいという願望、職場の内部で彼らの党派的な要求や正統性を補強したいという願望に起因するということも論じられた。[*13]

これらの批判はかなり的を射ている。しかし、労働生活の質という概念の意義は、たんにその概念の無力化、偽装、正統化の力にあるわけではなかった。一方でその意義は、技術変化、国際競争、市民の新たなアスピレーションによってもたらされた「厳しい環境」への対応を目指して労働を再編成しようとする労働者、組合、経営管理職、雇用主、政治家のために表現された、労働の新しいイメージや意味にあった。[*14] 他方では、これらの社会-経済的関心と心理学的関心を、労働の技術的、金銭的、政治的なミクロ構造の改革のための実用的な計画へと置き換える上でも有意義なものだった。労働は、新たな市民像と密接なつながりを持つようになり、経済生活の統治の新しい様式が形づくられていた。

QWLの専門用語や問題関心が、人事担当責任者や労働分野の専門家らの日常的な活動へと再び組込まれた。さらに、ボルボ社の自己統制グループなどのスウェーデンの経験が頻繁に参照されることになった。しかし、その計画が完全な形で遂行されたケースは、アメリカでは数百の組織に限定されており、別の地域ではさらに少数の組織に限定されていた。QWLが三つの要素、すなわち第一に労働と先進民主主義社会における価値基準の性質、条件、目標、第二に技術革新および国際競争がもたらした経済的な要請、第三に労働者の新たな欲望とアスピレーション、これらの間に作り上げようとした協力関係は、別の形を与えられることになった。というのも、労働生活の質に関するこの明白に民主的で進歩的な言説は、非常に異なる文化や概念的な基盤――自己実現する労働者という原理――に由来する職場において心理学的に要求されるものと、驚くほど調和することが分かったからである。

一九六〇年代の英国では、人間関係論の学説に対する不満は、人的資源の利用を合理化する産業界の動きの一端となった。アメリカでは、連帯、安全、満足といった経営管理の価値に対する類似の不満が表されることとなった。ウィリアム・H・ホワイトの『組織のなかの人間』は、労働倫理の変容に関するもっとも一般に広まった議論であった。ホワイトは、節約、勤勉な労働、独立、所有、安定、競争といった美徳に対する信頼は、もはや大組織の内部で生涯を過ごす人々の振る舞いに倫理的な基盤をもたらしはしないと主張した。このプロテスタントの倫理の代わりに、ある「社会的倫理」が生まれた。この倫理によれば、意味は集団の中に見出されるべきだという。さらに、組織の内部での平穏、秩序、安定を賛美し、それゆえ個人に、毎日の仕事の日課に、協力してうまくなじみ、順応するよう求めた。この社会倫理は、スムーズな適応を促進し、安定したキャリア、同僚との統合、会社に対する依存という観点から成功を定義し直した。ホワイトにしてみれば、人間関係の心理学は大きな責任を負っていた。個人の想像力を犠牲にした組織への同調を賞賛する経営側の正当化と同じことを、人間関係の心理学は科学の名の下で行っていたのである。[*15]

しかし、自我を抑制するものについては、その反応は、金銭的な報酬を合理的に最大化する労働者像に基づいた、経営管理の規範を単に回復するだけではなかった。労働者は、アブラハム・マズロー、カール・ロジャーズ、ヴィクトール・フランクル、エーリッヒ・フロムらの著作に由来する「人間性」という新しい概念の観点から管理されることになった。それによって、進歩的な自由民主主義の社会的・文化的価値と、産業の要求との間の通訳が可能となった。[*16] この新しいイメージにおいては、個人の主体性は、動機づけ、自己主導性、責任の観点から概念化された。例えば、動機づけに関するオールポートの見解は、人々の根本的な欲求が緊張を和らげることであるという信念に疑問符をつけ、フランクルは、強制収容所の生存者に関する研究に基づいて、ある目標のための奮闘が、精神的な福利にとって不可欠であると主張した。レヴィンは、無限かつ達成可能なやりがいに満ちた人生を送る向上心を、自ら育む能力を人々が持っていることを示した。マズローは、人間の自己実現する存在としての側面を重要視した。ロジャーズは、仕事を全うしようとする姿勢の大切さを強調した。

オールポートは、「人格形成（becoming）」の重要性について書いた。ブルーナーは、成長しようとすることの本来的な価値を発見した。そしてフロム、フランクルらは、責任とは精神的健康や豊かな暮らしの条件であると主張するにあたって、精神医学と倫理学を合体させた。したがって、アージリスが言ったように、時代の流れは「人々を幸福にしておくこと」から遠のいていった。幸福、士気、満足は、個人と組織の関係を理解し管理する指針としてはあまり適切ではなかった。すなわち、「個人の力量、コミットメント、自己責任、十分に役割を果たす個人や、活動的で、存続可能で、不可欠な組織は、私たちがもっとも重要なこととして記憶に留めておく基準だろう」。[*17]

労働者に関するこの新しい認識をアメリカで最初に説明したのはおそらくアージリス、ヴィクター・ヴルーム、フレデリック・ハーズバーグだった。とはいえ、そこでは、互いに異なる主張がなされている。ヴルームは、経営管理職が明確で達成可能で望ましい目標を設けることを通じて、労働者を動機づける必要性を強調した。[*18] 個人は、自身を満足させるものを手に入れようと努力し、自身が価値を見出す成果をより確実に手に入れる行動をとるような強い動機を有している、といわれている。要するに彼らの努力は目標に向けられていたのだ。この単純な事実を認識できれば、経営管理において利用することができる。それによって、行為と結果の間のつながりが明らかにされ、望ましい経営管理それ自体のプロセスが、個人の動機と目標の間の媒介物として組み込まれるだろう。したがって、満足に対する個人の探求は、効率、収益性、適応性を生み出す制度的実践を通じて水路づけられる。

他方でフレデリック・ハーズバーグは、まず初めに、何が労働において人々の気分をよくするのかを問うた。[*19] 例えば彼は、何が不満や満足につながるかを発見しようとし、経営管理の基礎は、前者の最小化と後者の最大化に置くべきであると主張した。ハーズバーグは、第一のタイプを「衛生」要因と呼んだ。第一の要因は、十分な給料、雇用の安定性、よい労働条件などの労働の側面に関係していた。これらがないと、人々は不満を示すようになった。しかしながら、それらの存在だけでも満足は生み出されなかった。満足は、動機づけによってもたらされた。そして、動機づけは、身体的でも物質的でもなく、心理学的なものであった。面白味のある仕事、達成感、個人的な成長を遂げたという感覚、責任、承認——これらは、人々を幸福にするものであり、人々を労働するよう最大限に動機づけるものであった。したがって経営管理は、たんに職場の「衛生状態」の調整だけに関係するわけではない。深いコミットメントと素晴らしい業績は、自己達成への個人的な心理的動機づけのレベルで、個人を働かせることによって初めて得られるからである。技能が要求され、管理権限を委譲する必要があるような、複雑で求められることの多い仕事でも、経営管理職の権威を脅かすことはなかった。それどころか、そのような仕事は従業員を会社の目標に結びつけることによって、経営管理職の権威を強化した。従業員は自身の最大限の努力をもってして会社の目標を達成しようとするのだ。個人は、会社の利益を増進させることに対して責任を負うようになるだろう。なぜなら同時に、その利益は、彼らのもっとも深い欲求を満たす役目を果たすからである。

同様にダグラス・マクレガーは、経営管理の伝統的な考えに暗に含まれていた、人間の動機づけについての想定——個人は、労働を嫌っており、働くためには強制され、統制され、指導され、脅される必要があるということ、彼らは指示されることを好み、責任を取ること避け、ほとんど野心をもたず、安定を求めるということ——を批判し、このような想定の組み合わせを「X理論」とした。彼の

「Y理論」は、労働することを望む個人という、代替的な労働者像を描き出した。

労働に身体的・精神的な労力を費やすことは、遊びや休息と同じぐらい自然なことである。平均的な人間は、本来的に労働することを嫌ってはいない……外的な統制や処罰の脅威は、組織の目標に向けられる労力を引き起こすための唯一の手段ではない。人は、自身が掲げている目標に身をささげる際に、自らを導き、統制しようとする……目標に対するコミットメントは、目標達成に結びつけられた報酬の機能である。例えば自我の満足や自己実現の欲求といったような報酬のうちもっとも重要なものは、組織の目標に向けられた労力の直接的な産物である可能性がある……平均的な人間は、適切な条件のもとでは、責任を引き受けるだけでなく、それを捜し求めるようになる……組織の問題の解決において相対的に高度な想像力、発明の才、創造性を発揮する能力を、多くの人々が有している……近代的な産業生活の条件のもとでは、平均的な人間の知的潜在能力は部分的に利用されているにすぎない。[*20]

従業員が怠惰で、無関心で、責任をとろうとせず、妥協せず、非創造的で、非協力的である場合には、X理論は、経営管理に安易な自己弁護を提供し、Y理論は、その原因が経営管理自体の内部にあることをほのめかす。したがって経営管理の課題は、「組織の成員の労力を企業の成功に向けることによって、彼ら自身の目標をもっともうまく達成できるような諸々の条件をつくりだすこと」であった。[*21]

一九六〇年代に組み立てられた、労働者の主体性の新しいモデルが持つ重要性は、二つの方向に向かった。一方でそのモデルは、従業員の自己実現を果たそうとする力を刺激する経営管理の手段を発展させた。そして、責任、創造力、潜在能力についての個人の感覚が解放され、会社の方針や実践に動機づけが挿入される。これは、ある種の人間関係に関する概念構造や技術の刷新である。他方で第二の方向性においては、小集団内の対人関係から組織自体の設計へと関心を変化させた。ここでは、自我をめぐるアメリカの議論の過程は、労働生活の質に対するヨーロッパの関心と、ある種の対照をなすようになった。それぞれが、今やイノベーション、フレキシビリティ、競争の観点から説明される企業のアスピレーションに接続するような形で、労働者の自律的な主体性を解放するために、組織内部の世界を作り変えようとした。

アージリスは、その著作において、この第二の方向性に即した諸関係を描き出した。一九五二年には早くも、アージリスは、『人間に対する予算の影響』と題された管理者財団（Controllership Foundation）のための報告書の中で、人間関係論の用語と計算を財政的な領域にまで広げようとした。経営管理は、その基準と目標が受け入れられることを通して統制を徹底するために、「人と予算が折り合うポイント」に関心を持つ必要があった。交渉やコミュニケーションのような技術は、拒絶ではなく受諾をもたらしうるけれども、特定の予算の実施によって生まれる個人の疑いや敵意は、経営上の目標に抵抗する集団の形成につながるようであった。労働者の心理と集団の間主観性は、会計学の領域に組み入れられることになったのである。[*22]

一九五七年までにアージリスは自らの組織像を描き出したが、それは人間関係論の古い色彩を取り除き、自己実現する主体性という新たなイメージと、さらにそのような主体性が、経営管理のもとで作り出される組織化された依存状態と相互作用するという新たなイメージを組み込んだものだった。労働の専門化、命令系統、指揮の一元化、統制範囲のような――フォーマルな組織と行政管理システムに特有の――原理は、とりわけより低い地位にある者に対して、依存と服従の経験をもたらし、能力の限定的な行使を求める事態がしばしば生じた。[*23] この分析が経営管理に与える示唆は、一九六一年に、国立産業心理学研究所の『リサーチ・ニュース・ブルテン』において英国の読者に示された。四つの根本的な変化が人事管理において必要とされた。

従業員の満足、士気、幸福を強調する方針から、内面的なコミットメント、自己責任、多産性〔生産性の高さ〕を強調する方針へ。個人が組織のもっとも重要な部分であるという考えから、個人の重要性は様々な条件のもとで異なるという理解へ。部下を育成するという上司への要求から、どのような人も他者を育成することはできず、成長への扉は、内側から鍵をかけられているという認識へ。経営管理職の行動を変えることを意図した成長プログラムから、経営管理職が自身のことをよりよく知り、より深く受け入れ、そのことによって他人をよりよく知り、より深く受け入れるようにすることを目標とするプログラムへ。[*24]

経営管理は、労働者の自我そのものに作用することになった。最下級の従業員から最上級の経営管理職に至るその組織で働く人々から最大限のものを得るためには、組織が社会関係を管理して最大限の満足を確保しようとするべきではない。そうではなくて組織は、その成員の心理的努力を解放するように作り変えられるべきであり、そうすることで、適応性、イノベーション、責任、コミットメントが組織の成功へと方向づけられる。古いスタイルの（労使関係における平和、安定、活発でない対人関係を含む）経営管理のもとでの、労働者の見せかけの満足は、実際には偽りの健全さであったし、そのような組織における見せかけの経営管理上の効率は、偽りの有効性にすぎなかった。社内での低い序列における無感動、無関心、職務怠慢、高い序列における同調、不信、派閥争いといった事態を隠ぺいしたのは複雑な防衛機制システムであった。そのシステムはそれらの問題を温存し、一辺倒かつ強権的なやり方で組織構造内部に閉じ込めた。従業員の精神衛生（自己の豊かさ、自己受容、成長の動機づけ、生活への投資、統一的な人生観、内面からの規制、自立、適切な対人関係）を真に改善する施策は、組織の真の有効性、すなわち組織目標の達成、内部システムの維持、外部環境への順応を促しもするだろう。[*25] 組織は、個人の心理エネルギーを積極的に活用するために、防衛と依存を強化する実践のあり方を転換しなければならなかった。この個人の心理エネルギーは、「自分自身と他者についての認識や受容を深めることのできる機会を見出し、つくりだそうと絶え間なく努力さ」せることによって、心理的成功体験を増やす。また、個人が「自身の直接的な目標とそこへと至る道を定め、それらと組織の目標と結びつけ、自身の有効性を評価し、絶えず労働のやりがいを高める」ことを可能にする。[*26]

組織とは「学習された」システムであり、経営管理は「学習モデルII」に基づく経営管理のスタイルを採用する必要があると考えられた。[*27] 従来の組織は、学習「モデルI」に基づいて動いていた。目標設定とその達成を重視することは、行為者の側に自己防衛的かつ自己中心的な態度を生み出した。

勝利の獲得と敗北の回避が重要だったために、何がなされているかを明確にし、管理することが強調されるようになった。否定的な感情表現に対する先入観は、不審、服従、権力志向の競争のような防衛的な規範をつくり上げることになり、合理性の強制は、コミットメントとリスクを念入りに予測することによって選択の自由を制限した。そのような組織の成果はお粗末なものだった。物事が変化したように見えた時でさえ、実際にはもとのままであった。学習モデルIIに基づく組織はそうではない。ここで強調されるのは、情報、協働、ファシリテーション、開放性、信頼、リスク・テイキング、共同責任、選択、学習、開かれた競争の追求である――言いかえれば、モデルIIの組織は学習し、変化することができるのである。

人間関係論と同様に、組織とその経営管理に関する新しい概念は、企業の内的世界を統治する技術を、一方ではアメリカの支配的な文化的価値観と、他方では従業員の個別的な試みと調和させた。経営管理に関するこれらの新しい見解は、実際には「米国の超優良企業の条件」を特徴づけているとされる調査を通して広く知られることとなった。[*28]『エクセレント・カンパニー』は、マッキンゼー&カンパニーの経営コンサルタントであるピーターズとウォーターマンによる書物の題である。この本は、一九八二年に出版されると「国際的なベストセラー」になり、多数の関連本や模倣作を生んだ。ピーターズとウォーターマンは、専門家によって革新的で、優秀で、その業界において最上位の業績をしめしているとみなされた会社（IBM、3M、タッパーウェア、ヒューレットパッカード、テキサス・インストゥルメント、プロクター&ギャンブル、チェスブロー・ポンズ、ジョンソン&ジョンソン、マクドナルドなど）の社長や経営管理職は、成功への鍵となる経営戦略の重要な要素を共通して持っていることを発見した。彼らは、技術変化や国際競争の速度が必要とするのは、一九五〇年代や一九六〇年代に重要視された合理性と官僚制的効率性モデルとまったく対立する経営管理の形態であり、産業組織の形態であると認識していた。経営管理の「古いパラダイム」は、拡大志向、規模の経済、重複の除去、形式的な対等関係のような価値を重視した。それは、低コスト生産の価値を信じていたのだ。このパラダイムにおいては、リスクを回避し、予測不可能なものを予測可能にするために、あらゆるものを分析し、市場調査、キャッシュフロー分析、予算編成、予測、計画立案、達成目標を利用することが追求された。そこでは、職場の平和を乱すもの、過激派、経営計画を崩壊させる者は排除された。経営管理職の仕事は、よい財務結果を得るために、判断を下すこと、財務報告書を分析すること、人、製品、サービスを調整することであった。実際に経営管理職に就いていた者たちは、たんなる生産の要素として人々を扱った。彼らは、職務記述書と説明責任の複雑な構造を通じて、組織におけるあらゆるものを統制しようとした。生産性は、業績優秀者に対する高い金銭的なインセンティブと、無駄な人員の削減を通じて高められることになった。労働者は、厳格な検査手順と品質管理が後ろ盾となった厳しい命令によって統制された。賃借対照表のごまかしを管理することから、ビジネスのチャンスが枯渇したらより新しい業界に進出することまで、成長はきわめて重要であった。

しかし、この経営管理のパラダイムは「卓越性《エクセレンス》」の輪郭を明らかにすることはなかった。それは、そもそも保守的で、時に冷酷でさえあったし、その狭量な合理性は消極的で、実験することは評価されなかった。結果として、過度の複雑性、硬直性、分析麻痺がもたらされた。インフォーマルであることは忌み嫌われ、価値観の重要性は軽視された。根本的にこのパラダイムは、人々を働くよう仕向けるものに対して過度に合理的で、限定的な見方をとっていた。〔これに対して〕卓越した経営は、根本的に異なる原理に基づいていた。そこでは、フレキシビリティ、適応性、自発性の精神、アドホックな集団形成、部門の垣根を越えた協働、実験、インフォーマルであること、そして、製品の卓越性に対する個人的なコミットメントが評価された。その根底には、異なる人間像があった。人々は、合理的ではなく、自己中心的で、自分自身を敗者ではなく勝者とみなすことを好んだ。古いパラダイムでは人々は失敗すると非難された一方で、新しいパラダイムでは、人々は成功へと絶えず強化されていた。このことは大多数の人々に自身が勝者であると感じさせる。心理学の理論は、帰属の社会心理学からB・F・スキナーの行動主義に至るまで、ちょっとした成功の連想が強い動機につながるが、失敗に対するストレスは、その逆の結果となることを示してきた。高い業績は、報酬によってではなく、内在的な動機によって保障された。長期的なコミットメントは、内在的に動機づけられるような状態をつくることで初めて得られる。というのも、人々はある課題が本来的に価値があると感じると、どうしてもそれにコミットしようとするからである。

もっとも優れた会社は、人々の中の非合理的なものを抑圧せず、それを利用した。そのような会社の経営管理職は、私たちの脳の二分の一を構成すると心理学者が示してきた全体論的で、直感的な性質を進んで当てにした。彼らは、データと同じくらい物語を基準に判断し、直感によって問題を解決した。その方法は、合理的な意思決定構造を通じては決してありえないほど革新的で、創造的だった。彼らは、人間本性〔人間性〕の感情的で、より原始的な側面を考慮していたが、それは以下のことを暗黙の了解として認めていたからである。

企業は、(左脳の基準では)非常に「非合理的で」、感情的な人間でいっぱいである(一〇〇%)。彼らは、必死に勝ち組に乗りたいと思っている人々(「超越の追求」)であり、効果的な小集団の仲間意識や部署の配置を生き甲斐にする(「孤立の回避」)個人であり、少なくとも部分的には自らの運命を制御していると感じることを望む人間である。*29

したがってリーダーの任務とは、個人を無理やり従わせることではなく、個人を動機や道徳性に関してより高い水準へと押し上げることであり、様々な価値観を推し進め、保護する専門家になることであり、「率先してそれらの価値を支持する余地を従業員に十分に与える」ことである。その価値観とは自身の道を見つけ、それによって業務や仕事の成果を自分自身のためのものとすることである。*30人は「動機づけられることを待っている」。行動、イノベーション、企業家精神、卓越性、自発性の精神、その他のものは、自律性、価値観、実験、創造性、そしてリスクを重要視する会社によって解放され、その会社は、革新と進化によって学習する。

ここでの要点は、この研究が最上位の会社を適切に、すなわち正確に描写しているかどうかではない。また、そのような実践が実際に結果を生み出しているかどうかでもない。むしろ重要なのは、労働者の新たなイメージに基づいた労働そのものの新たなイメージと、この複合体内における心理学の新たな役割が築き上げられたことである。もはやそこには、個人の動機と組織の動機との間に対立がないことになっている。市民は、労働の外でも労働においても、自己達成という動機によって駆り立てられた自律的な個人として、自身の人生を形づくるプロジェクトに従事している。個人は、労働において自分自身を生み出しており、組織の文化は、新しい心理学的人間像の名においてつくり変えられることになる。

卓越性に関する経営管理の学説には、産業と同じようにスポーツや芸術においても、成功した起業家、偉業を成し遂げた人、最高の仕事をした人といった一連の個人像が付随していた。[*31] 企業家は、実際には私たちによく似ているように思われる。自己呈示、自己主導、自己管理の技能を習得すれば、私たちは皆、企業家として成功することができるかもしれないし、自己実現できるだろう。人は、勝利を決定づける対人関係を管理することで、勝者のイメージを増幅させ、実現しなければならない。幸運にも、自己管理の新しい様式は、それ自体を学習し、習得することができる。組織に対する新しい種類の心理学的コンサルタントは、経営管理職に感受性、認識、信頼、開放性、共有を教え込むことで、上記のような意味で影響力を持つようになった。経営管理職に就く人々に、自身の動機と、彼らの周りの他者の動機を理解し、それらに働きかけることを教えることができた。会社は、彼らにこれらの新しい技術を教え込むことができるし、そうすべきなのである。経済的成功、出世、そして人格的発達が、この新しい精神療法の領域上で交差した。

生産的な主体性に関する専門知は、一九六〇年代の治療文化の内部で創り出された自己の技術を、徹底的に利用した。このような方策は、病気を治療するためというよりも、幸福と充足へと自己を管理するためのものであった。そして、その自己の管理は、自己点検の技術、自己イメージの調整、行動、話し方、語彙を変えることによる自己呈示のモデルチェンジ、認識や感受性といった用語で指示され、感情の新しい語彙を必要とするような諸々の状況や人を解釈する新しい方法の習得を通じて行われた。これら新しい技術は、科学の権威を要求した。というのもその技術が、緻密な心理学理論によって裏打ちされ、自己に関する資格のある技術者によって行われたからである。さらにこの技術は、収益性の論理にかなった。個人と会社両方の業績を向上させることを約束したのだ。さらに、自律的で自発的な個人の性質という文化的なイメージと調和し、それゆえ精神分析のような技術に張りつけられたスティグマを回避した。そしてこの技術は当該個人にとって魅力的であった。この技術が、よりよい自己を約束したからである。[*32]

英国には、ピーターズやウォーターマン、そして彼らの同僚のような人物も、さらにはヴィクター・キアム、ワレン・エイヴィス、リー・アイアコッカに匹敵する人物もいなかったけれども、生産的な主体性の管理のために新たな技術がもたらした重要な要素は、輸入され、奨励されることとなった。実際に、経営管理の新しい技術は、「連勝」していた英国の会社を特徴づけているように思われた。[*33]ゴールドスミスが示した七つの要因とクラッターバックが考えた八つの要因は、マークス＆スペンサー、サーチ＆サーチ、ユナイテッド・ビスケット、プレッセイ、GECのような成功した会社と、失敗したライバル会社とを区別した。[*33]ゴールドスミスとクラッターバックが指摘した要因には共通する特徴があった。それは次のようなものである。使用権限移譲とリスク・テイキングを全面的に展開しながら、使命感、自律性をともなったリーダーシップを発揮すること。社会的なプログラムや真に個人を尊重しながら、従業員の会社への参画を進めること。生産の指針として、何よりも市場と品質の高さを重視すること。会社の基本的な価値基準を徹底して守ること。イノベーションや変化に対する障害を除去すること。そして、従業員、サプライヤー、顧客に対して誠実であること、である。言い換えれば、重要なのは企業文化だったのである。

二人の英国の著述家は、問題をこのように示したことで、自己実現の倫理と、他の国——とりわけ日本——からもたらされたインスピレーションや不安のメッセージを一致させた。[*34] というのも日本企業のイメージでは、労働者が、自己実現どころではなく、会社に対するほとんど封建的な献身、文化への個人の埋没などによって表現されることがあるが、英国に日本の教訓を伝えた人々は、異なる言葉で日本企業と日本の労働者を表現した。個性よりも集団を優先し、勤勉の美徳や会社への忠誠などを支持するきわめて独特な国民性に基礎づけられた日本の成功という神話は、脇に追いやられることとなった。その狙いとは、英国での経営管理に組み入れることのできる移転可能な労働実践を明らかにし、私たちに日本人と同じ成功を保証することであった。また以前と同様、ビジネス上の成功は、主体性の管理のための専門技術の活用が必須となった。

人事管理の専門家は、日本企業に成功、競争力、調和、イノベーション、効率性などをもたらしたものは「日本社会の集団主義」ではなく、「従業員の自尊心に対する配慮」であると主張した。[*35] したがって「すべての従業員が会社の目標と同一視することができ、全員が個々に貢献することが奨励され、承認される相互信頼、協働、コミットメント」という企業文化を確立する必要がある。[*36] 求められるヒューマン・テクノロジーとは、個人の努力をチームの活動に組み入れるもの、チームのメンバーに他のメンバーを選ばせ、教育させることによって、メンバー間の絆を築き上げるもの、チーム内で対面的なコミュニケーションを組織するもの、製品の質に対する全責任をチームに与えるもの、メンバーが作業方法を革新し、改善することを奨励し、彼らに自律性と責任を与えることで、チームとメンバーのやる気を焚きつけるものである。こうして、チームワーク、品質を意識すること、フレキシビリティ、品質管理サークルといった新しい語彙によって、従業員の自律的なアスピレーションと、企業文化が持つ集団的な企業家精神とが調和させられる。

労働や労働者に関するこれらの新しいイメージは、学者、研究者、コンサルタント、他の専門的な起業家の夢にすぎず、彼ら自身が充実、個人の栄達、あぶく銭を求めているように思えるかもしれない。そして、産業界、「サービスセクター」、あるいは失業手当の給付を待つ列にある生産生活の現実と、美辞麗句を並べた誇大広告との間に、越えがたい溝があることを強調することは重要である。しかし、ここで述べられていることは、イデオロギーの問題以上のものである。私たちは、国民の生産に関する生の統治についての政治的関心、そして自分の会社の経済的利益を最大化しようとする資本家の関心、さらに生産的な主体を統治するための技術との間の、概念と実践の水準における関係性や対称性が、いかにして作り上げられるのかを再び見出すことができるようになった。労働の専門家は、これらの異なる関心を機能的なネットワークへと結びつけることにおいて、決定的な役割を果たす。そうすることによって、専門家は、重要な役割を担うようになり、専門用語と一連の技術を同時に構築する。専門用語と技術は、彼らが有する難解な科学知識に基づいており、彼らが構築し、操作することができる細かな技術的な規定と計画によって具現化され、国家の経済的繁栄、組織の有効性増大、進歩的で人道的な価値観と共鳴する。

労働者の自己実現と会社の競争力の向上との結合によって、労働に関する新たなサイコテクノロジーは、主体性に関する新たなサイコテクノロジーと合致する。もはや労働は、労働そのものがむしろその充足を妨げていたニーズを満たさなくてもよくなった。人間関係の心理学においては、労働それ自体が、個人の社会的ニーズの充足のための特権的な空間になった。自己実現の心理学においては、もはや労働は、必ずしも個人の潜在能力を発揮する自由を、精神のエコノミーによる自律性、創造性、責任の追求を通して、制限するものではない。労働は、自己達成への道の不可欠な要素である。今では経済的なるもの、心理学的なるもの、社会的なるものの間に、いかなる障害もない。労働への適応の管理と、労働によって得られる報酬の追求との対立は、一生懸命働くことが心理的な報酬を生み、心理的な報酬が勤労を引き出すことで、乗り越えられる。今や労働の統治は、私たち全員がそれぞれ望むものを手にいれるための心理学的な努力なくしては考えられないのだ。

第三章　子どもと家族とまわりの世界[†1]

一　小さな市民

一生のうちでもっとも徹底的に統治されているのは、子ども時代である。子どもの健康、福祉、養育は、さまざまな方法で、さまざまな時代に、そして社会の領域ごとに異なる多種多様な経路によって、思想と実践の両面で、国民の運命や国家の責任に結びつけられてきた。近代の子どもは、数え切れないほどの事業の焦点となってきた。それらは身体的、性的、あるいは道徳的危険から子どもを保護し、「正常な《ノーマル》」発育を確かなものとし、知能、教育可能性、情緒の安定といった特定の能力を積極的に促進することを意図していた。一九世紀と二〇世紀を通して、子どもたちに関する不安は、一連のプログラムを生じさせてきた。それらのプログラムは、両親の家庭生活、結婚生活、性生活に関する些細な事柄を鋳型にはめることによって、子どもたちを保護し形づくろうとするものであった。

この迷路のような小道に沿って、子ども——ある理念やある標的としての子ども——は密接に当局の願望と結びつけられてきた。成長期の子どもの環境は、財政面では、家族に対する給付金や手当を通じて統制され、また教育面では、親となる人に向けられた教育プログラムを通じて統制されている。両親は法的な責務が課せられており、子どもの出生登録から子どもが一〇代まで適切な教育を確実に受けられるようにすることまで、社会的な義務を果たすように求められている。保健師は、包括的で普遍的な原則において、家庭内での幼い子どもに対するケアを監視する。児童保護立法は、ソーシャルワークの仲介を通じて両親が子どもに提供する標準的なケアを評価したり、欠点を正すために必要なところでは法的な手段を利用して家族に介入したりする、権力と義務を地方自治体に課しているのである。犯罪で訴えられている子どもに判決を下すために、判決の可能性や正統性の前提条件として、今や、家族生活の精査と評価が要求されている。一般開業医や病院の医師は、法律上の責務とまではいかないまでも職業上の義務として、何らかの理由で診察する子どもを検査して、彼らが「リスクにさらされて」いるかもしれない兆候を探し出し、法で定められた機関にそれらの疑いを知らせなくてはならないのである。そして、普遍的で義務的な学校教育は、知識を分け与えるだけでなく、振る舞いを教え、子ども時代の病理を監督し、評価し、矯正するよう作動する教育マシーンの中に、すべての小さな市民たちの生活を囲い込む。

このように、二〇世紀を通して、家の内外における生活の中で子どもは新たな形で可視化され、「私的な」家族は社会的権力に開かれ、社会的義務を割り当てられてきた。中でも、T・H・マーシャルは、一九四九年のケンブリッジ大学でのアルフレッド・マーシャル講義で、これらの出来事などを踏まえて、事態は今や子どもにシティズンシップを拡張するに至ったのだ、と主張した。シティズンシップ

†1　原著には「第3章のタイトルは、ドナルド・ウィニコットによる同題の書からとられている」と注釈されている。以下を参照。Winnicott, Donald. 1964. *The Child, the Family and the Outside World*. Harmondsorth, Penguin.〔D・W・ウィニコット著、一九八五、『子どもと家族とまわりの世界　上・下』、猪股丈二訳、星和書店〕

は「コミュニティの完全なメンバーシップの概念を連想させるある種の基本的な人間の平等性」を象徴した。一八世紀からの統治の技術や概念の発展は、最近の二世紀半かけて斬新的な進歩あるいは進化を示した。[*1] 子どもたちに関する限り、彼らは政治的権力の行使に参加する政治的権利を有しているという意味での市民ではなく、またおそらく個人の解放や正義の権利のような個人的自由のために必要な市民権を得始めていたに過ぎなかったのだが、とはいえ、彼らは社会権を得たのだった。教育システムと社会事業は、権利を個々の子どもにまで拡大した。それは、ささやかな経済的福祉や安全への権利であり、社会の財産を共有する権利であり、全体として社会において広まっている標準に従って文化的な生活を営む権利であった。マーシャルにとって、普通教育は二〇世紀の社会権というシティズンシップの再建における決定的な段階であった。なぜなら、それは発達中の市民の成長を刺激しようとする試みであったからだった。教育は子どもにとって両親の望みとは無関係の個人的権利であったが、それは社会的権利と集団的権利――コミュニティの社会的な健全性という利益のために自分たち自身を改善し、市民化させる個人各々の義務――を認め、課すものでもあった。他の社会学者はこの議論を発展させ、一九世紀における子どもたちのための特別保護法と社会的給付のその他の形態もまたシティズンシップの発展であったと主張し、子どもの社会的集合体への要求を、潜在的な市民のそれとして、認識した。[*2]

ところで、マーシャルと彼の追随者は、シティズンシップが権利だけでなく責務も課すことを認めた。また責務は、コミュニティとそれを成り立たせる個人が負うものであった。しかし、それにもかかわらず、子どもたちにシティズンシップの地位を与え、彼らを完全で同等なコミュニティのメンバーとすることは、平等の原理の非常に進歩的な承認であり、また資本主義経済体制の中心にある不平等の原理と究極的には衝突する認識であった。しかしながら、一九六〇年代から、福祉国家に関するほとんどの社会学的な分析者は、これらの発展を別様に解釈してきた。[*3] これらの解釈者のもっとも楽観的な者でさえ、福祉の装置を曖昧で矛盾があるものとみなし、福祉を権利の承認というよりも対立の無効化に関連しているとみなした。一世半以上の間、貧困者と迫害された者が、ブルジョワジーの進歩的分子に支えられ、国家や影響力のある者に社会的責務——教育、健康管理、病気や困窮時の社会的援助などの形で——を認めさせようと運動を起こし奮闘した。しかしながら、認めてもらった政策と実践は、不満をかわすための必要最小限であった。つまり、共同的な社会的責務の承認によって触発されるものからはほど遠く、それら〔＝与えられた政策と実践〕の目標は必要な労働力と軍事力を提供する人々の能率を保持し、社会不安の解毒剤を提供し、富と地位の平等化についての真に進歩的な処置のための要求を受け流すことだった。福祉の政策と実践は、どのように善意に解釈してもシティズンシップの拡張とは程遠く、事実、不平等を維持し、現存する権力関係を正統化し、社会の潜在的に厄介な部分に対する社会的コントロールを拡張する機能を果たした。

さらに言えば、子どもたちの生活への社会統制の拡張は、実のところ、〔子どもたちの〕権利の承認とほとんど関係がなかったようだった。[*4] 子どもは社会的な権威者らの注目を引くようになった。それは財産や安全を脅かす非行少年としてであり、道徳化と技術を要求する将来の労働者としてであり、身体的健康の水準を要求する将来の兵士としてであり——言い換えれば、現在もしくは将来の国家の福祉において子どもが引き起こす脅威という理由からである。家庭における子どもたちの保護を拡張するという見せかけの博愛、善意、啓蒙は、家族への監視と管理の拡張を覆い隠した。そのような法的変更を議論する改革者は道徳上の起業家なのであり、法律の中で彼ら〔＝改革者〕の価値を象徴化しようとし、そうすることで、彼ら〔＝改革者〕の権力や権威を他者へと拡張しようとした。若者に対する関心の高まりは――一九世紀の少年犯罪から今日の性的虐待に至るまで――実際に道徳的パニックであった。特定の人間、あるいは現象によって、〔諸々の〕脅威に関する一連の不安や渇望が象徴されることとは、繰り返される予測可能な社会の出来事なのである。すなわち、既成の秩序や伝統的価値観に対する脅威や道徳や社会規律の衰退への不安であり、そして混乱への負の螺旋《スパイラル》を防ぐために強硬な手段をとることへの渇望である。専門家集団――医者、心理学者、ソーシャルワーカー――は彼らの帝国を建設し、拡大するためにそのようなパニックを利用し、操作し、悪化させた。労働者階級の家族に迫る福祉による監視の、明らかに容赦のない成長は、専門家たちの野望と権威者たちの政治的関心、影響力のある者の社会的な不安との間の結びつきから生じた。

フェミニストたちは、子どもの統制はより広い歴史の中に位置づけられなければならないと主張した。そこでは、「家族」は社会的コントロールの鍵となるメカニズムとなり、また女性と子どもとを依存状態に置き続ける家父長制的資本主義のイデオロギー的支えとなった。[*5]「家族」は、従順な労働力を再生産し、愛と義務の装いのもとに女性の家庭内労働を搾取し、世帯を覆う男性の家父長制的権威を維持するためのイデオロギー的なメカニズムだった。自発的な取り決めとしての家族の観念――愛によって始められ、前向きな感情で満たされ、自然に子どもを生み育てることを願い、母親の自己実現のための、そして家族成員相互の尊敬と保護の場所――は、この親密圏の中の圧制的な関係と、女性たちを家族生活と母性に参入させる社会的経済的強制力とを隠すイデオロギーだった。この家族イデオロギーの機能は、家族生活の現実の隠蔽、そして資本主義にとって不可欠な経済的機能を提供する社会制度の温存であった。すなわち労働力の再生産、子どもの社会化、女性たちの無給の家庭労働という搾取、男性の労働の疎外的本質への埋め合わせなどであった。

家族統制の技術の根本的批判は「私的」領域としての家族の観念に焦点を当てるようになり、これを家族の社会的、経済的役割を隠すイデオロギーの中心的要素とみなした。[*6] プライバシーという言葉は、女性と子どもの両方にわたる世帯での男性の権威を隠し、正統化し、そしてどの程度国家が公的、政治的な諸目的のために親密圏の諸関係を実際に形成し、支配したかを見えなくした。もちろん、公と私の区分はリベラルな政治思想にとっての中心であり、国家と法の権力が適切に行使され得る範囲とその余地がない範囲との境界を示した。これらの用語の内部で、家族は卓越的な私的領域を表象した——それは確かに二重に私的であり、国家に固有の権威の外部であるだけでなく、市場関係の射程の外部でもある。公的と私的の区分は政治哲学や社会哲学の中で、少なくともアリストテレスのポリスとオイコスの区別まで、またジョン・ロックの自然権の理論まで遡る。しかし、一八世紀と一九世紀ではその区別は家と市場の区分の観点から主張された。その区分に関する哲学的な基礎は、J・S・ミルとその追随者の自由主義政治哲学から、正統な公的統制の領域と押しつけからの自由や人格的な自律や私的選択の自由の領域との対立とともに与えられた。著述家たちはこれらのテクストにおける公的領域（労働や市場、個人主義、競争、政治、国家の世界）と男性との間の特定の結びつきと、女性と家という私的な、家庭的な、親密な、利他主義の、人道主義的な世界との当然の結びつきを示唆している。

批評家は、この公／私の区分、またその区分が用いる私的という概念は、常に男性と女性の特殊で抑圧的な一連の関係を維持する働きをしたと主張した。しかしながら、一九世紀の資本主義における発展の中で、この公的・私的の区分は、資産を持っている支配層の男性エリートの利益に資するよう加工されたのだった。このことは、母性の理想化をともなう家庭生活礼賛が生まれる原因となった。これによって、ある種の権力を女性に割り当てることが認められたのだが、それは私的領域に制限された母親としての地位の中でのみの話だった。そしてそれ故に、領域の家父長制的区分あるいは男性が家族単位に行使する経済的な権力に異議を唱えることは、まったく失敗に終わった。

結婚、離婚、性行動、家庭内暴力の法的統制についての分析は、家や家族の私的領域における個人の選択や人格の自由のイデオロギーが、公的権威による一定の場所、活動、関係、感情への介入を拒否する正当な根拠になりうることを示すために展開された。これらを個人的、私的、主観的と称することによって、これらが当然の事実として法の射程の外にあるように見えるようになったのだが、実のところ不介入は、社会的に構成され、歴史的に変わりやすく、また政治的に不可避の決定だったのである。国家は、みずからが介入しない生活の側面を「私的《プライベート》」と定義し、逆説的にもプライバシーをその不介入に対する正当な根拠として利用した。

市場関係における自由放任主義のように、家族が公的統制の枠外であるという意味で私的であるという理念は、これらの批評家によれば神話であった。国家は、裁可や成文化をどの種の関係に対してするか、統制するか統制しないかをどの種の議論に対してするかについての決定を通して、家族関係を形成することへの介入を避けることはできない。国家は、性的関係の正統化や生殖行為に対する法的枠組みを構築し、相続のルールを通してある種の関係に特権を付与する。さらに、国家は公法を通して、複雑な福祉メカニズム、特に子どもたちの適切な発達を守るメカニズムを用意する。家族のプライバシーの法的イデオロギーがいかに力強いものであろうと、ケアや保護に関して子どもたちにとっての最良の利益や福祉について決定する際や、家族の財産分与を始めとする家族内の様々な議論の際、司法職員たちは、道徳、責任、家族生活、そして子どもにとって何が最も良いかを巡るイデオロギー的・家父長制的な信念にしたがって仕事をする。一方で、国家は支配的な男性の利益を代表し、公的統制の在り方や目標を選び、他方で、ある領域は法的統制の外で構成され、「私的」と称される。その領域では福祉機関は母性イデオロギーを実際に行使し、また男性権力は法的支配による制限された保護にさえ左右されないのである。

これらの分析は充分に称賛に値する。しかし、公／私の区分を、国家の権力を偽装し、第一に女性に関する社会管理機能を持つイデオロギーとしてみなすことにおいて、これらの分析は二つの重要な概念を提示・把握することができていない。最初のポイントは、リベラルデモクラシーの支配を可能にし、「国家」の範囲や責任、権力の組織化において根本的な変化を認める統治のテクノロジーにおいて、家族のプライバシーが不可欠な要素であることにかかわっている。二つ目のポイントは、これらの新しい理論的根拠や統治のテクノロジーが、単純に家族を通して個人を支配するだけでなく、主体性それ自体の水準で機能し、民主主義国家の市民形成において本質的な役割を果たしていることにかかわっている。「家族化」は個人の能力と振る舞いが、リベラルな社会の道徳的・政治的原理と一致するように社会化し、形づくり、最大化するための手段として決定的であった。統制戦略の諸言語、それらの言語がみずから考えた術語、それらが問題と解決法を公式化する方法は、たんにイデオロギー的なのではない。すなわち、それらの言語は新しい方法で市民の生活を統治することを可能にし、正統化したのだ。そうすることで、それらは生活に現実の新たな分野をもたらし、公的統制のためだけでなく、個人の投資のための新たな問題と可能性をもたらした。社会の家族化がうまく機能したとするならば、それはその政治的正統性を打ち立てるとともに、市民の主体的参加の水準を管理し、市民に対してその条件の通りに自身の生活を統制するように働きかけたからであった。

別個の制度的政治領域、すなわち主権国家の出現は、同業組合や判事、地主、宗教組織といった様々な権威の領域に分散されてきた公式の政治的、司法的、行政的権力の漸進的な集中化をともなった。[*7] この集中化や、それに付随した「法の支配」の教義による政治的権威の正統化と境界設定は、懲戒的な制裁の脅威や込み入った内部統制から解放された特定の領域の概念化をともなった。このような事態の進展は、都市型資本主義の成長と関連する労働人口の生活の大きな変化と一致しており、それゆえに、教会や地域権力、コミュニティが、個人的な、また、夫婦の、性的な、家庭〔内〕の振る舞いの細かい側面を規定し、監視し、拘束するための広範囲のメカニズムの解体をともなった。私的な家族は、個人と人口の統制の問題や社会‐政治的関係のこうした亀裂によって提示された社会的連帯の形成の問題の解決策として現れた。[*8]

私的な家族の存在によって、家父長制的権威の独立性やプレ・リベラルな家族の政治的忠誠が再び活性化することはなかったし、日々の生活の諸々に対する国家の〔統治の〕射程や特権の拡張が要求されることもなかった。家庭化された《ドメスティケイテッド》私的な家族は、政治的生活から区別され、また法による規定と特権を受けるものとされた。それは、振る舞いに関する細かい規定から自由であり、また外部からの道徳化や規格化〔正常化〕(normalization) を浸透させることもできた。それは社会経済の統治のための基盤となったのだった。

一九世紀の労働者階級の家族の再建は、国家の活動を通じてではなく、政治的権力の組織から一定の距離を維持した新たな取り組み《イニシアティブ》を通じて行われた。すなわち、それは慈善事業であった。裕福な人々が危険な階級に対して抱く脅威によって、すなわち、都市で増加しているように見える犯罪や困窮、貧民、悪徳といった〔問題の〕集積によって、慈善活動は確かに動員された。しかし、慈善活動は抑圧や施しとは異なった反応だった。なぜならそれは、予防的な色彩が強く、財政援助策と、慈善活動の受け手の将来の行動に関する諸条件との結合によって、ある種の道徳的振る舞いを促進しようとするものだったからである。イングランドとフランスでは、慈善事業家は都市の大衆の家族を「保存」しようとはしなかった。というのも、貧民窟や大きな街の中心部では、家族生活がどういうものなのかは事実上知られていないと広く信じられていたからであった。慈善事業家はむしろ、家庭化された家族という形で、貧困者の夫婦の、家庭の、親としての関係を組織しようと努めた。そのため援助には、このように、結婚、しっかりとした家政、節度、子どもたちの道徳的な監督、賃金労働を探すこと〔への意欲〕という条件がつけられていた。[*9]

一九世紀を通して、大小の事業が多数実施され、それらはそれぞれ社会的目的のために家族のヒューマン・テクノロジーを用いていた。家族は、違法行為の廃絶や飲酒の抑制、混乱の制限の際に決定的な役割を果たすことができ、大人の抑えのきかないみだらな行為に制限を課し、子どもに対して道徳を教え込む、と思われた。中産階級の女性は労働者階級の女性を仲間として求め、結婚や家庭の衛生などは彼女たちに本来備わっている道徳であるだけでなく、さらに男性に対するみずからの権力を増大させることによって、女性の利益を強化させることができると訴えた。結婚の法的関係は、路上生活や公的な猥褻、悪癖と引き換えに家庭生活を大事にし、男性と女性の双方による家庭への感情的・経済的な投資を促進させていた。そのようなキャンペーンは、ある不可欠な機能を果たした。つまり、社会統制の命令と、安全と〔社会の〕進歩に対する個人の願いや熱意を結びつけることができる接点として作用したのである。

そのようなキャンペーンにおいて、公的な権威はほとんど中心的な役割を果たしておらず、慈善事業に法的枠組みを提供し、基金や情報によって民間のキャンペーンを支援するのが専らだった。慈善事業においてより重要な役割を果たしたのは医学であり、それは道徳化というよりはむしろ規格化〔正常化〕であった。医学衛生の専門知は、健康な子どもを育てるための条件に関して一連の教義を練り上げ始め、（飲酒、放蕩、凶暴、自慰行為、狂気といった）医学用語における多くの道徳的振る舞いの問題を提示し始めた。それらは個人の健康に有害なだけでなく、子ども期の不完全な統治に起因する弱点から生じ、敏感な気質という形で親から子へと伝えられる可能性があるものであった。そのような助言は文献や個人的接触を通じて、主に裕福な人々の家庭に広められた。それが伝えようとしていた趣旨は、家系の維持は子育てに対する母親の積極的な関与にかかっているというものであった。このような状況に対して、衛生学者や慈善事業家たちは、医学の規準（norms）と一体の道徳の需要を強化すべくこのメッセージを貧困者の家庭に伝えた。このようにして、一連の家族生活の標準が、政治的権威も宗教的義務も背景としないで打ち立てられ、一般化され始めた。医学の規準は生活それ自身から直接生まれたようであった。

慈善事業家や衛生学者たちは、みずからの戦略を法に記すための、またみずからの専門知を裁判所や病院、刑務所、学校のような社会施設の活動に結びつけるための運動を起こした。二〇世紀の初頭までに、家族は「私的」ではない諸々の実践や機関（それらの権限の多くは法的に構成され、しばしば公的基金を受けており、さらにそれらの代理人はたびたびライセンス許可という形で公的に認可された）によって行政管理されていたが、それらの機関は中心的な政治権力の組織でもなかった。これらの業務や目的は、政治的な勢力の布告や計画によって規定はされていなかったが、道徳原理の後ろ盾の下、さらには真実を求める権力によって裏打ちされた専門知によって、ますます実施された。しかしながら、フランスやイギリスでは、二〇世紀に入る頃、道徳化と規格化〔正常化〕を目的としたこれらの計画は、政治当局の算定や政策により中心的に接続されるようになった。ここに見られるのは、支配階級を代表した拡大事業というよりはむしろ、かなり具体的な社会問題を解決しようという意図であった。公的権力の権限は、市民の身体的、道徳的、精神的能力の統治にまで拡大していった。貧困家族の自律性は破壊されたのではなく、家族システムを増強し、修正することを通じて再形成されたのであった。

法権力や社会的な機関、裁判や規格化〔正常化〕に関する実践の網は、問題を抱えた厄介な子どもたちを巡って拡がり出した。[*10] これらは三つの主要な点で公式政府の組織と関連していた。公衆衛生の医学組織はその監視を、生まれてきたすべての子どもたちに拡大した。家や学校においても、出生登録や児童福祉センター、保健師、学校の保健員、家庭科教育、母親学校を通して、それはなされた。そして医療衛生の規準や専門知の配置のためのプラットホームを提供する法権力や法律制度を活用し、学校を医療の場所に、家を予防の場所に変えようと努めた。少年裁判所を巡って、審判や監視の新たな権力が、問題を抱えた厄介な子どもたちの家族に働きかけるために導入された。法的過程を、一種の症例検討会あるいは診断フォーラムとして活用し、ソーシャルワーカーや対策委員を配置して問題のある家の監視と報告をさせ、また少なくとも子どもたちやその親の規範的な査定や改革の一部を引き受けさせた。そして、児童相談所（the child guidance clinic）は精神衛生のための計画的運動の拠点としての役割を果たした。それは、悪事をなした子どもたちや子どもたちに悪事をなした親に対する法廷の権力や、学校での振る舞いに関する普遍的な強制監視、子どもたちの行動に対する家族構成員の私的な不安を、医者や心理学者、保護観察官、ソーシャルワーカーらの活動や判断に関連した力強いネットワークに結びつけた。これらの統治のテクノロジーをドンズロは「保護の複合体（tutelary complex）」と呼んだが、それによって、労働階級の家族と子どもたちによって引き起こされる問題に対して、一定の強制力や普遍性、確実性を持ちながらも家族のメカニズムを不能にせずに対処することができるようになった。家族は、特別な扱いによって依存症に陥ることはないだろうし、またあからさまに抑圧的な方法で抵抗状態を強制されることもないだろう。健康や衛生、正常性（normality）を提供する専門知の援助を通じて、家族はその自律性や、その成員に対する責任、運命を損なうことなく、その社会的責務に立ち返るであろう。

専門知はまた、家族のメカニズムと統治の目的の連結点にあるさらなる問題を解決した。それは、自律的な家族の私的権威や利己心、向上心と、その構成員の社会化のための最良の手順との間の調和を達成することであった。ドンズロはこの次元に沿ったテクノロジーを「想像の統制」と呼んでいる。専門知によって生み出された母性、父性、家族生活、親らしい振る舞いといったものの表象は、人々がみずからの生活や行為、目標を形成、統制、評価する仕方であるような諸個人の個人的な投資

〔という考え方〕を、浸透させ、また形成するものである。もちろん、主観的な価値観や投資の構築は、一九世紀や二〇世紀の多数の家族化計画の狙いであった。それは、一九世紀の道徳的な慈善事業や普遍的な教育の議論に対する明確な理論的根拠だった。二〇世紀初期の子どもたちの健康や福祉についての関心の中で、軍事、産業、道徳といった様々な目標を達成するために一種の社会的な装置、あるいは社会化の装置として「家族」と家族内の関係を役立てるように努める機運が生まれた。しかし、これは制裁の脅威の下での管理という強制的な実施を通じてではなく、衛生的な家や健康な子どもを求める母親を養成することによってなされるべきものだった。衛生や福祉の促進は、個々の人々が身体能力を積極的に高めようと努力するように促す限りにおいてのみ、成功し得ただろう。

家族は、子どもの養育と道徳化のための自発的で責任ある装置として作動する限りにおいてのみ、これらの新たな社会的目標を目指すにふさわしいものとなり得たのであり、そこでは大人が子どもの身体的・精神的福祉を促進する任務に専心することになる。一度、そのような倫理観が私たちの存在を統治するようになると、専門知から生み出された正常性のイメージは、諸個人がみずからの生活や振る舞い、子どもたちの生活や振る舞いを正常化し評価する手段として機能するようになった。正しい社会化の手段は、強制の脅威もなく、政治的権威による世帯への直接的な介入もなく、家族構成員の〔便益の〕自己促進を求める家族に埋め込むことが可能なものであった。そのような家族は、社会規範によってみずからの親密な関係を統治するようになり、子どもたちを社会化するようになったが、しかしそれは自身の願望や不安が活性化されるという過程をともなった。したがって、親らしい振る舞い、母性、子育ては、家族の自律性を通じて、願望や向上心を通じて、また個人の罪悪感や不安、失望の高まりを通じて、統制することができる。そして期待と達成、空想と現実を誤って同列に並べてしまうことによって生じるほぼ避けられない結果として、正常性を生み出すという難しい任務の中で援助や指導を求める動きが活発化し、専門知による援助を家族が絶えず求めるようになるのだ。

確かに、家族に関する福祉の専門家の力に対する現代の不安は、時代遅れの自由放任主義と関連している。しかし、彼らが二〇世紀後期に再び活性化し得たのは、ここ百年間の社会化計画の成功の証明であり、子どもたちの統治のための専門教義と私たちの自由意志の結合の証明であった。私たちがここでみる意味において、社会化は機能主義社会学者によって愛された人類学的普遍性ではない。それは、市民の主体性の統治のためのテクノロジーを具体的に示す歴史的な結果なのである。

正常な子どもや家族という観念は、こういった主体性のテクノロジーにおいて曖昧な地位にある。正常性は三つの装いで現れる。一つ目は自然であるがゆえに健康なものとして、二つ目は実際は不健康と判断されるものに相対するものとして、そして三つ目は、合理化された社会計画によって生み出されたものとしてである。正常性の基準はいっせいに行使される。すなわち、自然な子ども、母親、家族のイメージを構築するために、どのように正常性を特定し、どのように正常な方法で振る舞うべきかについて、すべての当事者に対して多かれ少なかれ明確な一連の指示を行うために、そして現実と正常性が一致しない時、異常性を特定する手段と介入のための理論的根拠を提供するために行使されるのだ。

しかし私たちの抱いている正常性の概念は、正常な子どもたちに関する蓄積された経験から単純に生まれたものではない。それどころか正常性の基準（criteria）は、子ども期とその変化についての科学的知識に対する専門家たちの主張に基づいて、彼らによって精巧に作り上げられるものである。しかも、この正常性に関する知識は主に正常な子どもたちについての研究から生じたものではないのだ。反対に、正常性の系譜をたどると、専門知から脱却するための基盤となる子どもたちに対する統治計画にたち戻ることになる。正常性の概念が明確な形を成すのは、病理的な子ども、すなわち、厄介で反抗的で怠慢な子どもについてである。それは、子どもの発達の正常な道筋についての知識によって、専門家がどこか異常で不運な子どもたちを特定するのにより熟練したということではない。むしろ専門家の正常性に対する考え方は、裁判官や先生、医者、両親を心配させる子どもたちを慎重に検証することから導き出される。正常性とは観察ではなく検証である。それには、何が望ましいかについての判断だけではなく、達成されるべき目標についての指示も含まれている。そのような中で、「正常であること」という当の概念は今日、科学的真実や専門家の権威に力を与えているのである。

第二次世界大戦以来、心理学者は、子どもたちの問題を描写するための語彙や、そのような子どもたちを診断・分類するための専門知、母親と父親のなすべきことを表現するための言語、子ども期の統制のテクノロジーを実行するための専門家を、ますます提供してきた。心理学は、子ども期の規範の構築や、子ども期の病理と正常性を視覚化する手段の提供、子ども期の主体性やその問題について話すための語彙の提供、治療と規格化のための技術の発明において、重要な役割を果たしてきた。子ども期の規範（norms）と家族生活、育児、母性のイメージとの間に打ち立てられた結びつきを通して、子どもの心理《プシケ》（psyche）と母親の主体性は新たな統制手法の対象となっている。心理学的規準にしたがって、心理学の専門家との提携によって子どもを統治するのが、母親の意志となった。小さな市民の魂は、専門知を通した統治の対象となったのである。

二　心理学者のまなざし

長い間、ありふれた個性、つまり、日常の誰もが持つ個人性は、描写するに値しないものとされたままであった。〔他者から〕見られ、観察され、詳細に描写され、毎日間断なく書き留められることは特権であった。……（訓練的方法）がこの関係を逆転させ、描写可能な個人性の敷居を下げ、この描写が管理の手段や支配の方法となった……この現実の生活を記述することは、もはや英雄化の手段ではなく、客体化と主体化の手順として機能している。[*1]

ミシェル・フーコー、一九七九年

かつては、写真や文字の形で個人性について述べられ、描写され、文書化され、記録されることによって後世に伝えられることは、富める者、貴族、聖職者の特権であった。しかし一九世紀の間に、個人化のまなざしは、権力関係の反対側にいる人々を見出した。犯罪者、狂人、貧者、障害者といった人々は、彼らの独自性を文書化し、記録・分類し、その相違点を厳しく検証する多くの困難で巧妙なプロジェクトの対象となった。[*2] 子どもたちは、そのような個人化プログラムの格好の対象となった。心理学者は特別な専門知を主張した。それは、子ども期の独自性や性癖をしつける際、分類によって子どもたちを個人化する際、彼らの適性を測定する際、秩序だった方法で彼らの特徴を記述する際、彼らの変わりやすさを概念的に管理する際、その変わりやすさを実際に統治する際の専門知である。

ミシェル・フーコーは、規律訓練はいくつかのかなり単純な技術的手順によって個人を「つくる」と論じた。[*3] 観兵式場や工場、学校、病院において、人々はひとまとめに集められるが、まさにこの事実によって、彼らは互いに似ている者、また異なっている者として観察され得るのである。これらの制度は、望遠鏡や顕微鏡、その他の科学機器のように特定の観点において機能する。つまり、それらはある視覚的なレジームを打ち立てたのであり、そこでは、観察されるものが、視野の単一の共通平面の内部に配置されるのである。次に、これらの制度は細部の統制にしたがって作動した。これらの統制や、それにともなう振る舞いや作法などに対する評価が、個人属性の符号化可能性（codeability）に関する骨格を形成した。それらは規範として機能した。つまり、これまで偶然で予測不能だった人間の振る舞いの複雑性が、画一性と逸脱の観点から図表化され、判断されることが可能となり、符号化され、比較され、評価づけされ、測定されることが可能となったのだ。

視界平面と符合化可能性の手段を編成することによって、個人の振る舞いの詳細を登録するための知覚の枠組みが打ち立てられた。[*4] これらの詳細は、目に見えるようになり認知できるものとなった。すなわち、それはもはや空間や時間、動作、声が折り重なる間の経過の中で失われるのではなく、個人の存在（personal existence）という空間を越えて広がり始めた規準のネットワークにしたがったり、そこから逸脱したりする限りにおいて、特定可能で注目に値するものとなった。それゆえに、行動空間は幾何学化され、かつては本来的にユニークであるとみなされたものを、知識の秩序化された空間へと固定することが可能になったのである。この知覚化の過程で現象界が規格化〔正常化〕された。すなわち、それが科学において可視化されるまさにその過程の中で、正常だと考えられる価値観に一致するか異なるかの観点から思考されたのだ。規律訓練のレジーム（disciplinary regimes）の様々な特徴は、理解できる個人としての人格を生成するにあたって不可欠で根本的なものであった。

制度や技術の発展によって、経済的な面で多くの人たちの協働が要求され、特定の習慣や性癖、道徳を排除し、他者に知識や習慣を教え込もうとする動きが生まれた。これによって、制度の教訓を学んだ者と学ばなかった者、学ぶことができた者と学ぶことができなかった者、学ぶ意志がある者と学ぶ意志がない者との間の差異が目に見えるようになった。これらの制度は、観察し記録するための機械として、人間の差異を登録するための機械としての役目を果たし機能した。これらの個人の差異への注目とその帰結は、他の制度、特に能率的・合理的に人々を使用し、配置することに関係した制度へと広がった。[*5] 法廷で、発展過程にある学校教育システムで、貧窮状態や労働市場に関係する組織で、軍や工場で、今世紀の初期に、心理学的諸科学が注目する二種類の問題が提示された。第一の問題は、個人を査定し、どのような種類のレジームが彼らにもっとも適しているかを決定する、いわば人間を分類する装置の要求である。すなわち、怠慢、精神薄弱、貧民との関係において、後には職業訓練指導や軍隊の選抜のための事業において打ち立てられた問いであった。第二の問題は、労働災害、疲労、不服従などといった生産〔活動〕や戦争における人間の問題を最小限に抑えるために、個々人を組織化し仕事を調整する最善の方法に関する助言に対する要求であった。心理学を一つの学問分野やその社会的な宿命と統合することは、個人化の技術的手段、つまり、人間の主体性とその変化を解釈、観察、記録するための新たな方法を創造する能力と結びついていた。

一九世紀に、保護施設や刑務所、病院、学校の組織化が変容すると同時に、ファイル、記録文書、個別事例史といった収容者に関する情報を文書化したり記録したりするための新しいシステムが考案された。[*6] 多数の人間の個別的詳細や歴史を、このように日常的に記録し蓄積することによって、個々人は、制度とその目標によって適切性を付与された自身の生活や人格に関する事実に基づいた書類によって特定される。そうした個人は、哲学的想像の抽象的な跳躍を通してではなく、官僚的な文書化という日々の業務を通して知識の領域に入っていった。個人化の諸科学は、それらを記録・利用し、アイデンティティを記述するための体系的な道具立てへと作り変えるそのような日常的な技術から脱却した。その技術は、人間の魂の特質や能力、活力を絵、図解、図表、測量といった物理的な形式に移し変えることのできるものであった。[*7]

このような視覚化の手法や記述技術への依存は、心理学的諸科学と他の諸科学との根本的な差異を表しているわけではない。科学は、概念化の焦点を形成するために現象を可視化する技術をともなっているだけでなく、説明すべき現象を表現するための手段も必要としており、その仕組みによって諸現象は分析に適した形式へと変えられるのだ。おそらく心理学的諸科学は、これらの低い認識論的な敷居においてのみ他の諸科学と異なっている。すなわち、対象を視覚化し記述することを可能にする規準が、初めは統制の社会的・制度的プログラムの一部分であったことの帰結として、知覚の科学的プログラムの一部分となることが非常に頻繁に起こる。そして、それらの規準はそうした〔統制の社会的・制度的〕プログラムへと戻っていくことを運命づけられている。

文《センテンス》、つまり言語による表現あるいは描写は、諸現象が科学的言説《ディスコース》の中に記述される主要な様式ではない。[*8] 言語形式による観察言明は、映像や図式、数字といった異なったタイプの記録《トレース》に素早く取って代わられるか、あるいは少なくともそのような形式をともなうのである。しかし、科学が生み出し扱ったすべての痕跡《トレース》には、ある特徴的な性質がある。ブルーノ・ラトゥールは、それらを不変で移動可能なものとして描写している。[*9] それらの主体の原寸が何であろうと、すなわち、それらが子どもでいっぱいの部屋であろうと、あるいは裸眼では見えない染色体であろうと、その痕跡は大きすぎても小さすぎても駄目で、ただちに精査・読取り・想起ができる大きさでなければならない。性質上三次元的で、パースペクティヴの変化によってイメージが変わりやすい主体とは違って、それらの記述は理想的には二次元で、また視座によって変化したり歪んだりすることのない一つの視点で結合しやすくなっている。このことによって、それらを並列に、また様々な組み合わせで配置させることができ、他の情報源からの資料やメモ、記録に統合することができる。記述は束の間の現象を、時が経っても繰り返し検証し蓄積することができる安定した形に転換できるものでなければならない。現象はしばしば時空間に固定され、科学者の研究の応用に不都合である。すなわち、記述は、それらが研究所や診療所、その他の会計や計算、管理のための中心施設に集中され活用されるように、簡単に移動可能なものでなければならない。

心理学的諸科学における人間の差異の視覚化と記述の最初の技術は、心理学的病理を観察するための土台として全体の表面を構成するものだった。肖像画の中で栄誉ある高貴な人物の記念碑としての役割を果たしていた視覚的イメージが、今や魂〔心〕の病気を発見し、その程度を測定する手段となったのであった。一八世紀後期と一九世紀に、精神異常を扱う医者は、ラヴェイターから、ピネルやエスキュロール、バックニルやテュークを経て、そしてモズレーやモレルのような〔道徳的〕退化についての理論家に至るまで、古くからある人相学の技法を改良・体系化し、身体の外観の調和や特徴を、病理的な人に関する個人化の手法として活用した。線画から慎重に工夫された写真まで、視覚的イメージの一覧表や配列は身体の文法を構築しようとするものだった。この知覚体系の下で、視覚化された身体の差異や組み合わせを、目に見えない精神的特徴の上に体系的に描くことができるような言語を獲得しようとする努力がなされた。サンダー・ギルマンが指摘したように、これらの絵で表した表現と、一九世紀を通しての精神異常や精神病理学の教科書の症例研究とを関連づけることは、理論的なものと観察可能的なものとを連結する上で、理論を具体化し対象を理想化する上で、さらに視覚教育を通じた心の指導を図る上で、重要な認知機能を果たした。[*10]

骨相学や犯罪人類学、その他の魂〔心〕に関する科学において、諸体系は同じように、個人の他の側面を訓練された目で見て判読できるように構成された。そのようなシステムは短命に終わった。それは内在的な矛盾や理論的な批判のせいではなく、それらに要求される個人化の技術を提供できなかったからであった。処罰や産業、教育、軍事生活という拡大する諸装置の中で、多数の人々を調整・統制していくことによって、人間の差異を管理するための新たな技術や語彙、それらを発明するための条件に対する必要性が生じた。学校内でのパフォーマンスに影響したり、犯罪の原因になったり、刑事罰制度の成功の要因になったり、工場での効率や軍隊での神経衰弱傾向に関係していたりしたけれども、身体の表面にはっきりと記述されない能力と属性が今や明らかになった。この心理学という学問分野《ディシプリン》は、これらの新しい個人化の技術を発明する問題を巡って形成された。

心理学の個人化プロジェクトへの最初の貢献は、知能の心理テストだった。心理テストは、振る舞いと心理《プシケー》の臨床的な仲介物としての身体の表面に頼らずに、差異を視覚化、規律、記述する手法であった。知能テストが解決するだろうその問題は、イングランドとフランスの両方で、普遍的学校教育の初期に起こったものだった。それを刺激したのは、精神薄弱〔知的障害〕の子どもたちだった。

一九世紀後期と二〇世紀初期に巻き起こった子どもの精神薄弱に対する強い関心は、現代の視野からは理解しがたいものであった。精神薄弱の子どもと、彼・彼女の将来の大人の姿は、重大な社会的脅威であると思われた。優生学者は、精神薄弱者を人類の堕落や退化の中心的要素であるとみなした。[*11] 精神薄弱者は、売春婦や結核患者、精神異常者、雇用に適さない人、浮浪者、放蕩者の親類であり、すべて堕落した性質の表れであった。精神薄弱が堕落の鍵となる要素であるのは、明確に家族の中で受け継がれていくからだけでなく、精神薄弱者は社会化させることができず、道徳を受けつけず、それゆえふしだらな生殖行為に対して文明が課した拘束を受けつけることができないからであった。それらは、人種がそれ自身を、その劣った部分からもっとも素早く補充するという事実の証明であり、その結果として、世代に引き継がれる遺伝的な不適応性が一貫して増していくのである。要するに、隔離や不妊によって彼らの生殖行為を抑制することが緊急の問題であり、したがって彼らを発見し確認することが優先事項なのであった。

優生学者は、「精神薄弱者」を正確に把握し、明確な制度的な対策の下で対処する必要があると考えた多くの人々の中、一グループに過ぎなかった。これについて財政の観点から論じた者もいた。精神薄弱者の管理に寄与するだけでなく、実際に産業や農業にも掛け値なしに寄与する方法で彼らを訓練できる可能性が存在する限り、彼らを改善あるいは改革することもできない制度の中で彼らを支援することは、かえって国の資源を徒に消耗させるに過ぎないと。さらに社会経済の背景から論じる人もいた。制度的なケアを受けられない白痴者は、腐敗した犯罪的な要素による酷使や搾取を受けやすく、慈善事業家や社会調査専門家が明らかにした大都市中心部の犯罪、貧困、極貧、身体的な病気、不道徳な習慣といった「社会問題」を悪化させた。[*12] 同時に、これらの事柄に対する懸念は緊急の問題を提示した。つまり、精神薄弱の人々をいかに特定して、適切な処遇を行うべきかという問題である。

普遍的学校教育はこの問題についてさらなる証拠を提示した。しかし、それはまた解決策も生み出した。普遍的学校教育は多数の子どもたちを同じ物理的な空間に集めて、彼らを制度的な基準や目標にしたがって規律訓練しようとするものだった。それゆえに、振る舞いやパフォーマンスの諸規範は、行動空間を組織化し、子どもたちの間の分岐をチャート化することを可能にした。学校の授業を学習できなかった子どもたちの中には、目や耳が不自由というわけでもない、それどころか完全な感覚を備えている者たちもいた。しかし、それにもかかわらず彼らは指導から恩恵を受けることができないようであった。これらの子どもたちは、教育上の痴愚者あるいは精神薄弱者として知られるようになった。彼らは最下層の階級に集中しており、教育委員会が定めた標準に達することもできなかった。そのことは、学校を決定的に重要な道徳化装置とみなす人々にとっての悩みの種であり、また教育をすべての市民の権利であると考えている人々への侮辱であった。精神薄弱の子どもたちは、他の学校集団とは区別し、その道徳的感受性を呼び覚まし、悪事や犯罪への誘惑に対する免疫を増大させるための特殊な施設に隔離されることが望ましかったが、問題は、いかにして彼らを厳格で一貫したやり方で確認する方法を見つけるかだったのである。イングランドやフランス、アメリカでは、その問題がほとんど同一の用語で提示された。行政は精神薄弱者を個人化するという問題の科学的・合理的解決を探し求めた。しかし、これは科学者にとってかなり難しい作業であることがわかった。手始めに、これらの子どもたちを発見するために、身体の綿密な検査によって診断が行われた。子どもたちは医者の前に行列をつくり、医者は病理の印を探した。つまり、斑点や不釣り合いな肢、不安定な神経あるいは筋肉、変形した口蓋、特徴的な頭蓋の形、変質した耳といった点を調べたのである。*13 しかし、医者の真剣な取り組みと組織の要求を結びつけることは困難だった。差異はもはや個人の表面に明確に現れてはいなかった。それは魂〔心〕の内部に隠れていた。それは判読されなければならなかった。

知能テストはこれらの目に見えない差異を判読できるようにするという意図から生まれた。そこで考案された手続きは、精神測定の手段全体の雛型となった。その技術は、フランシス・ゴルトン、チャールズ・スピアマン、ルイス・ターマン、シリル・バートのような優生学を推進する精神測定提唱者の頭の中から、十分に形成された上で、出現したものではなかった。またそれは、ある種のあやしげな不朽の名声を得たアルフレッド・ビネーによる「発明」でもなかった。それは、二つのかなり異なった個人化プロジェクトが結合することによって形成された。

一八六九年のゴルトン著の『遺伝と天才』の出版以来、精神測定の提唱者は、思考における人間の精神の力の遺伝率や社会的な帰結を測定し影響を与えることを目指して、そのような力の可変性を掴む方法を提供しようと努めた。*14 正規分布（normal distribution）という統計的概念は極めて重要な認知メカニズムであり、これによってゴルトンは人間の可変性を可視化できるようになった。人口の二つの構成員が持つ特定の気質や属性のそれぞれの程度に関する比較という単純な行為によって、差異を数学的に検証すること（mathematization）が可能になった。これは、人口のすべての特質が規則的な予測できるパターンによって変化し、このパターンの特徴が統計的な大数の法則によって打ち立てられたといったん想定された時、単純な視覚形式で表現することができた。個人的な差異は、記述という単純な行為によって考えられるものとなった。つまり、比較という蓄積された行為群が人口の規準や平均の数字と結び合わされ、それが図表の形で表現された時、「正規」曲線の滑らかな輪郭を描くのである。知的能力は、一次元として解釈されうるものであった。そして、人口全体にわたる知的能力の変動《ヴァリエーション》は正確な法則によって統治された。どの個人の能力も、その曲線に沿ったそれらの位置という点から確立される。すなわち、知性のばらつきは序列化させられ、その安定的で予測可能な二次元的な形跡への規格化〔正常化〕を通じて、把握可能なものになった。

正規分布は、特質のばらつきの法則、大数の法則、社会的予期の規準を視覚的、概念的に統合したものであった。それは、変動性の社会的知覚に関する新しい様式、つまり、差異を規律化し、それを社会的に使用可能にするための方法を生み出した。しかし、精神測定学（psychometrics）がその社会的使命を果たし得る前に、さらなる段階が必要とされた。それは、学校教育の行政的な要求によってもたらされた。

優生学者は、精神的特徴の生物学的、遺伝的、可変的基礎と、社会的価値の基準とを結びつけようと模索した。この関連は、個々人の感覚能力を測定し、それらの測定結果を社会的判断と結びつける心理学者によって形成された。ゴルトン、カッテル、ピアソン、スピアマンといったイギリスの優生学を推進する心理学者たちは皆、感覚能力の測定によって知的能力を測定しようと努めた。そしてこれら感覚能力は正常に分布し、遺伝性であり、また知性や価値についての社会的判断と相関関係があることを示そうとした。しかし、子どもの精神薄弱が学校組織の中で問題となり、学校の教育上の判断は、精神測定に関してイギリスの理論家に好まれた重さや音を識別する能力の精神生理学的な測定とは一致しないとしたようであった。

アルフレッド・ビネーがフランスの文脈の中で考案したテストは、最初は、たんに精神薄弱者の特殊学校への入学のために子どもたちを特定する運営管理手段として知られたのだった。[*15] それを構築するために、ビネーは自身の初期の知能に関する研究をいったん中断した。その探求を進める中で、彼は、知能はほんの数時間での診断を目的とするテスト〔だけ〕では充分に調査することができず、必要なのは特定の個人についての長期にわたる詳細な研究だとの結論を下した。それにもかかわらず、子どもについての心理学的研究学会（the Society for the Psychological Study of the Child）の構成員として、ビネーは特殊学校への子どもの入学を決定する機関である、異常者のための一九〇四年閣僚委員会の支援に努めた。その委員会は、「厳密な分布」を作成でき、臨床医が「知能の劣る主体を誰もが検証可能な範疇に分類する」ことができるようにする手段を必要とした。[*16] 合理的な行政の要求が、袋小路に陥った数十年間の詳細な科学的研究に勝利したのだった。

年齢は、能力によって個人を序列化するための鍵となる概念的道具立てをビネーに提供した。教育上の要求への適応によって、測定基準が生み出された。個々人の精神生理学的特質を測定し、それら〔の結果〕を社会的判断と比較するよりも、まずビネーのテストは、直接的に教育的、行動的な基準を用いた。それは、他人が子どもに抱く期待に対する、個々の子どもたちの適応度合を直接的に測定しようというものであった。ビネーのテストでは、学校における同年代の多くの子どもたちや施設にいる多くの障害者に対する観察が組み合わさることによって、子どものイメージにおける二つの関連した変化が認められた。[*17] 個々人は多様なものであるけれども、特定の年齢の子どもにとってのパフォーマンスの規準が確立された。そして、障害のある子どもは数歳年下の正常な子どもと著しい類似性を帯びていることがわかった。ビネーは、彼らを単一の尺度、すなわち精神の段階――それは障害の程度を表す単一の尺度をつくりだすような、暦上の年齢と結びついたものであった――のもとで分類するために、抑え込まれた発達としての精神薄弱という考え方をみずから〔ことさら〕表明する必要は、なかったのである。もちろん、これはすべて、管理上の目的のために子どもを最初に測定できるようにするものだった。

知能テストがその後どうなったのかということは、ここでは私たちの関心ではない。その〔進行の〕様相は、十分に実証されてきた。[*18] ビネー自身は、それを病理の診断のための技術から正常性のヒエラルキーを創造するための道具へと変化させた。ウィリアム・シュテルンは、暦年齢と精神の段階とを単一の数字に結合させた一つの精神的な指数の数値インデックスを考案した。アメリカのルイス・ターマンは、そのテストをさらに洗練された型へと改良し、同僚の優生学者であるヘンリー・ゴダードとロバート・ヤーキーズとともに、隔離や断種〔手術〕を容認し、より下流の人種を排斥するための出入国管理の必要性を訴えるために、以前は発見不可能だった高度障害者を検出する運動に参画する中で、そのテストの使用を広めた。イギリスのいくぶん地味な優生学の風土の中で、シリル・バートは、正規分布の理論的要求や教育当局の行政的要求に沿わせるために、そのテストを標準化させた。[*19] 集団テスト、非言語テストやその他の様々な精神測定のすべてが、個人の振る舞いや、社会的判断、統計的信頼性、行政上の便益を同一線上に置くような、同様の進路をたどった。[*20] ここで言及されていることについて、私の現在の関心上重要なのは、テストの歴史や変遷の詳細というよりはむしろ、正常性と差異の視覚化や、個人の能力の記述、児童管理に関する新たな方法や、その他の新たな手法である。

このテストの技術は、二〇世紀前半の人間のテクノロジーに対して心理学的諸科学がもたらしたもっとも重要な貢献の例であった。テストは、個人のばらつきに関する社会的判断をある自動的な仕掛けと複合的に組み合わせることを慣例化し、それによって差異を視覚化し、明確に認識できるものに変えることができるようになったのだ。もはや子どもの類似点や差異を明らかにするために、教室や保護施設で長い期間彼らを観察し、多数の子どもを他の子どもと比較しなくてもよいのだ。テストは差異をコード化し、数値化し、規格化〔正常化〕するものである。それは単純な技術的手段であるが、専門家の意志にしたがって短時間に管理しやすい空間で個人を差別化するための、どんな心理学的なスキームであっても実現させるために用いることができる装置である。それは、個人の差異を統治するための近代のプログラムの欠かせない一部となった。

心理テストは個人の能力を調べ、それらを数字や比率、得点、プロフィールとして文書化する。この形式の文書は明確な使命を持っており、それは官僚制にとっても心理学にとっても中心をなす、個人の価値についての関係書類、すなわち、持ち運び可能な累積的記録である。その結果は、個人の能力の検証の観点から個人の運命についての算出がなされる制度的フォーラムに直接的に結びつけられる。法廷、教室、相談室、取調室で、これら個人性に関する記述は、バランスよく熟考され、比較され、考察される。それらは、個人を他者との関係において差異化し、比較・検証できる程度に、個人を理解しやすくし、測定しやすくし、管理しやすくする。個人に関する一般科学はもはや矛盾した試みには見えず、個人性は科学的判断に適うものとされている。

精神測定とともに、かつては理解されていなかった精神的能力の領域は開かれ、統治できる状態となっている。現在、判断し管理できるものは、今や、その人が何をするのかということではなく、その人が何者であるかということである。精神能力の判断に基づいた子どもの管理についてのこういった手続きは、学歴や様々な矯正施設への送致という意味で子どもにとって強制的な帰結を有する。それらは法律上の役人の掌中にだけあるのでもないし、掌中にあるのが原則的というのでさえもない。だが、その調査や判断は心理学的である。それらは規則やその違反という観点ではなく、規準や正常性の検証という観点で行われる。[*21] 精神測定が行われるようになったことで、心理学は個人の生活に関する判断を下したり、それらの社会的効用を最大化したり、その差異が表している社会的危険を最小化したりするような形で、生活を管理するための適切な権威としての地位を占めるようになり始めた。おそらく初めて、知能の概念やテクノロジーにおいて、魂の科学が個人の統治のための戦略と結合したのだ。

精神測定によって、知性は管理しやすいものとなった。子どもや大人に対する判断を下し、配置するための技術として、精神測定は重要な運命を背負っていた。正規曲線のイメージ、すなわち単一で、可変的で、検証可能であり、単純な数値へと変換可能な知能としての概念は広く普及した。しかし、日常会話においてＩＱという言説《ディスコース》が広く使われるようになったり、ＩＱに対する自己評価の手引書の市場が生まれたり、ＩＱの高い人々の「ユーザー」組織が出現したりしたのをよそに、精神測定は管理のための専門的で官僚的な方式にもっともスムーズに適合していった。判断は専門家の領域であり、決定は行政官の領域である。その結果、個人は何かしらの社会的、制度的地位に結びつけられるということになった。しかし、ほどなくして精神測定は、子ども期に関する他の規格化するための展望をともなうようになった。その展望はより穏やかで、良質のものだと思われているが、しかし他でもないそのことによって、より普及したのである。その将来展望のうちでもっとも強力なのものは、発達という観念であった。

二〇世紀初期より前に、子どもの「発達」はなかったというのは明らかな無理がある。確かに、幼児から成人までの彼らの成長は常に誰の目にも明らかであった。しかし、子ども期に関する体系的知識が、子どもの属性は統合された連続の中で時間的次元に沿って結びつけられるはずであるという観念に立脚すべきだということは、決して自明のものではなかった。幼い子どもたちは、一八世紀と一九世紀においては哲学的関心の対象であり、生得的な考え方や素質の存在・不在を明らかにし、人間性の特質が感覚組織に入ってくる感覚にどの程度由来するかを示す「決定的な実験」材料となる存在だった。しかし、一九世紀後期と二〇世紀初期になると、進化という観点から新たな科学のまなざしが幼い子どもたちに注がれるようになった。幼い子どもたちを観察することによって、人間や、人間と動物を区別する特徴を明らかにするかのように思われた。それは、人間の感情と表現〔行為〕がどの程度先天的なものなのか、またどの程度後天的なものなのかを明らかにするのかもしれなかった。それは反復発生の原理を裏づけるかもしれなかった。なぜなら、人間の胎芽の発達が人間の肉体的進化の各段階を繰り返すようにみえるのと同じように、子どもの発達は、原始的なものから文明化されたものへと人間の文化的進化の各段階を繰り返すようにみえるからである*23。時間は、自然科学の必須要素であった。人間科学にとっても、そうであっていいではないか。
この観点から、ダーウィン、プレーヤー、サリー、スタンリー・ホール、クラパレード、ボールドウィンらは皆、幼児を観察し、彼らの感情、言葉、動き、またそれらが時とともに変化する様子を描写し、文書化した。[*24] イングランドのサリーとアメリカのスタンリー・ホールは、親たちを子どもの科学的観察のムーブメントに関与させるよう努めたが、その研究は親たちに、自身の子どもについての無数の観察結果を順に並べていくという着想を与えた。しかし、一九二〇年代の心理学者は、これらの貢献を儀礼的に認める一方で、それらの価値を低く評価する傾向にあった。子どもに関する単なる観察が、そのまま子どもの科学になるとは考えられなかった。まとめられた報告は、非常に特異であり、逸話的で非体系的なものが多く、周囲の影響のような重要な要因を無視しており、人によって手法が変わり、したがって、比較可能性を欠いていた。時間の経過にともなう子どもの行動や能力の変化に対する検証において、それらがどんなに示唆的であっても、児童心理学の学問《ディシプリン》を打ち立てられるだけの能力をそれ自身持つものでは、ないように思われた。

　発達心理学は、診療所や保育所によって可能なものとなった。そのような施設は極めて重要な役割を果たした。というのも、それらの施設では、〔コンディションが〕統制された、実験用の、ほとんど研究所に近い条件の下で、同年齢の多数の子どもや、多数の異年齢の子どもを、熟達した心理学の専門家たちが観察することができたからである。それゆえに、それらの施設では同時に、標準化や規格化〔正常化〕を行うこともできたのである。すなわち、多数の〔観察〕対象に関する比較可能な情報を集め、規準を構築するようなやり方でその分析をすることが可能だった。発達の規準とは、特定の課題や具体的な活動における、ある年齢の子どもの平均的な能力やパフォーマンスに基づいた標準のことであった。したがって、それはある年齢の子どもにとって正常なものとは何かについての〔一般的な〕像を示しただけでなく、あらゆる子どもの正常性をこの規準との比較によって検証することも可能とした。

ある時期にかけての特定の年齢の子どものデータを収集し、このデータを年齢の規準に編集し直すことによって、その規準を時間軸に沿って調整し、発達の連続的局面を通した断面図として見ることができるようになった。成長と経時性は、幼年期に関する心理学の編成の原理となることができた。そして規格化〔正常化〕と発達によって、子どもたちの年齢に対応して「正常」であると考えられた規準と相関した時間軸における彼らの立場という観点から、個々の子どもたちを特徴づけることができるようになった。

アーノルド・ゲゼルと彼の同僚が行った研究は、人間の差異を規律化するための技術に関する模範的実例を表している。ゲゼルの研究は、学校で問題を抱える子どもの調査や治療のために一九一一年に開業したエール精神診療所で行われた。その頃最初に撮られた一枚の写真は、このプロジェクトの不可欠の要素を表している（写真1）。ゲゼル博士の写真は彼の研究所で撮られたものだ。[*25] その日付はおそらく一九二〇年代である。研究所それ自体はその設計や設備において、心理学者がこの時以来、子どもを対象とするようになったそのまなざしの特徴を表している。研究所は、一方向から見えるように内部が鮮やかに照らされ、設計されたドーム型の建物である。外には観察者がおり、彼ら自身は見られることなく中を見ることができるようになっていて、彼らはおそらく心理学を研究する学生で

写真 1
実験室のアーノルド・ゲゼル（エドワード・B・ジェラードの拡大写真）
出　典：L. Munn, *Psychology: the Fundamentals of Human Adjustment*, 5th edition, London: George Harrap & Co.（1961: 15）

ある。ある者がたんに見ている間に、もう一人は鉛筆を持って剥ぎ取り式ノートにメモを書いている。さらに三人目の人物は、おそらく技術者で、動画カメラを操作している。その白いコートの科学者はドームの内にいる。写真の内の観察者、また私たち自身の眼差しと同じように、彼のまなざしは特定の点に焦点をあてている。赤ん坊が、ドームの中心で、ある種のベビーサークルの中におり、食卓について、小さな積み木のようなもので遊んでいる。これは、アーノルド・ゲゼル博士が赤ん坊をテストしている写真である。

そのような光景の親しみやすさに騙されてはいけない。この小さな生物がこのように複雑な装置の着眼点となったのは、間違いなく注目に値することである。子どもはここでは、自身を目で見ることができ、観察することができ、分析することができる対象に変化させるような複雑なシステムの内におり、私たちの注目に向けたある特定の種類の主張、すなわち、真理の主張を形づくっている特定の合理的・科学的言説《ディスコース》（発達心理学）の内に組み込まれている。

間違いなく、子どもは、今頃は老人になっており、とっくに研究所を出ている。しかし、その足跡は記録、写真、グラフ、測定結果という形で残っている発達心理学の研究対象へと集積され、結合され、関連づけられ、格付けされ、統合されたのは、それらの軌跡や記述、また多くの似たような子どもの軌跡や記述なのである。[*26] 心理学者にとっては、その他の科学者にとってと同じように、記述は被験者それ自身に比して多くの利点を持っている。これらのうちのいくつかは、ゲゼル自身の研究の中に極めて明確に表れている。子どもは多く集めるのが難しい。子どもたちを隣同士に並べて、共通した特徴や差異のある特徴を見分けるには、広い部屋と相当な労働力が必要である。彼らは時とともに変化する。いったん研究所から出てばらばらになってしまったら、彼らを再び集めて再調査することはできないだろう。限られた数の観察者だけしか彼らを見ることはできず、それゆえに心理学者の彼らに対する見解の価値について確信を持つことはできないのである。彼らは、科学が研究対象とするには安定性を欠いた存在である。

ゲゼルはこの問題を写真技術によって解決した。動画がフレーム毎に分析され、静止画が作成された（写真2）。それらは、遊び部屋や研究所といった変化のある三次元空間の中ではなく、机の上の安定した二次元平面に、並べて置いて、思いのままに吟味し、比較・対比することができた。それらは、科学的想像力の限界によってのみ拘束される認知的諸操作――また、被験者である子どもたちをうまく処理するのは困難であろうような諸操作――の素材を作り出すことができた。それらの写真は、規則性を探し出すために、様々な組み合わせで集めることができた。「代表的」で「典型的」な写真は、「奇抜な」あるいは、「普通でない」、「不規則な」写真から区別することができた。すなわち、それらは規格化が可能だったのだ。さらに、それらは、視覚的な表示《ディスプレイ》に整理することができた。その視覚的な表示によって、科学的議論の中で、つまり、論文や教科書、授業資料において、子どもたちの多面的な行為は、都合よく配置され得る単一の配列の形に、要約・凝縮された。

そのように配列され、それら自体を記述する作業を通じてさらなる変化が起こり得た。写真自身は典型的行動を「示していた」が、それらがどのように読まれることになるのかについての指示がまだ具体化されていなかった。これらの指示はキャプションの形で、別個に表示されなければならなかった。すなわち、「投げている」、「煙突のない電車」、「九つの積み木の塔」というような形で。そのキャ

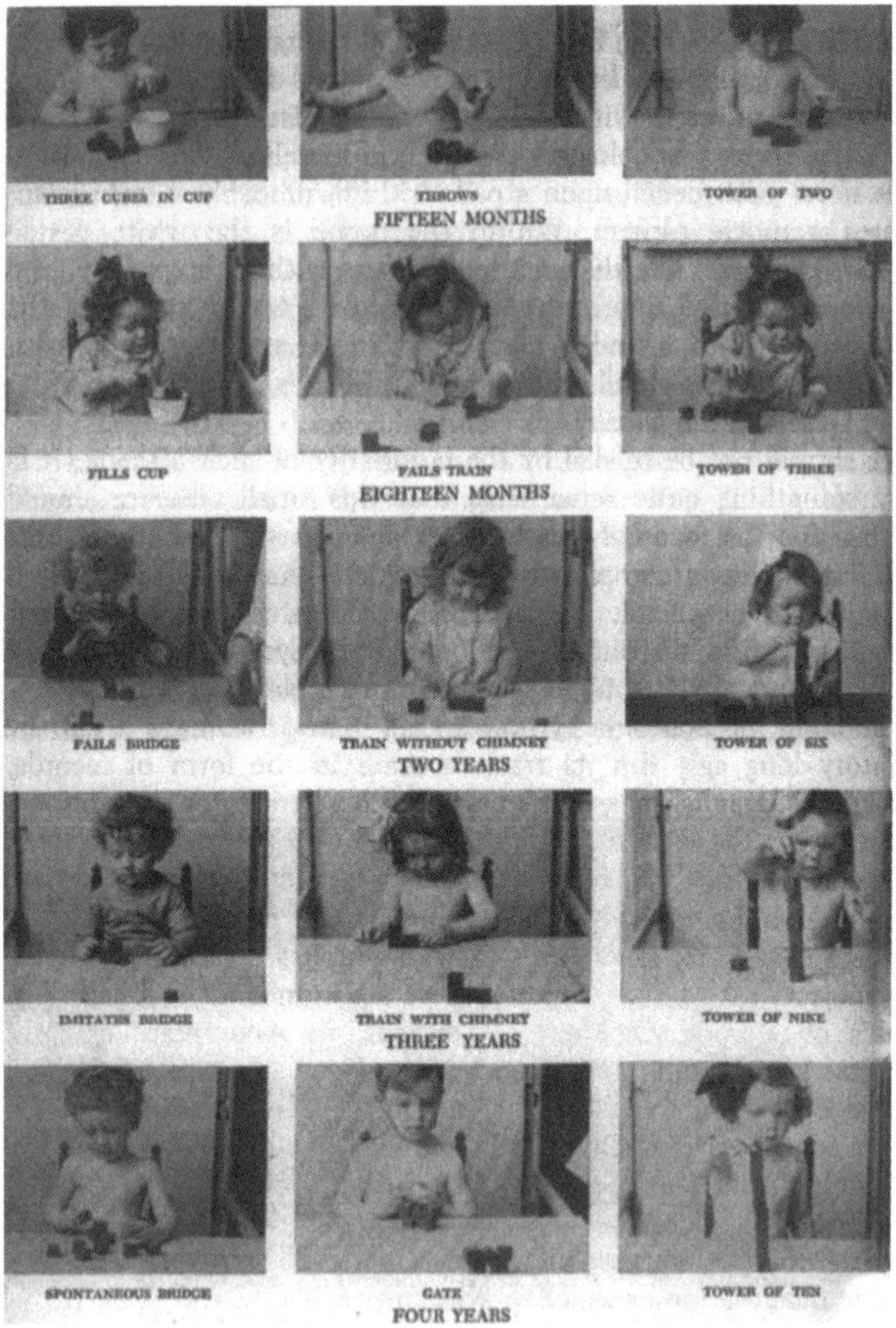

写真 2　正常な発達
出典：Arnold Gesell, *The First Five Years of Life,* London: Methuen（1950）.
（＝ 1952 年、山下俊郎訳『乳幼児の心理学――出生より 5 歳まで』新教育協会）

プションは指示として機能した。すなわち、そのキャプションは、私たちが注意すべき写真の側面や関連性のない写真の側面を表すことに役立った。例えば、微笑の表情や髪の長さ、「背景」といったものである。後日、この「背景」はそれ自身、「文脈の重要性」という説明書きのもと「前景化」された。ただしここでの子どもとその行為の可能的かつ妥当な特徴の範囲は、写真への変換を通して根本的に単純化されており、また、その痕跡はそれが「図解する」概念を完全には含んでおらず、内部に組み込んでもいない。私たちはいかに読むかについて指示を受けるが、指示は誤解されることがある。

図による表示は概念と痕跡を不可分に結びつける（図1）。このようにゲゼルの研究から生み出されたデッサンが、読解の問題を最小限のものにした。すなわち、発達主義の視座は、子ども自身の特質として表示された。マイケル・リンチの言葉で表すと、そのように生み出された対象は従順なものとなった。それはまさに、記述の形で科学プログラムの規準を内面化したのである。[*27] これらのちょっとしたデッサンの中で、子どもはその本質的な要素に還元されている。描写する価値があったのは、規準として妥当であるものだけであった。

研究所の、泣き叫び、厄介で、行儀の悪い幼児と、これらの穏やかで、秩序だっており、規律化された枠組みとの間には、相当な距離がある。しかしながら、これを具体から抽象への次元の変化であると考えるべきではない。実際には、まったく逆で、これらのイメージは、子ども自身よりも、いっそう具体的で、いっそう現実的なものである。子どもは、目の前では、束の間で、移り気で、捉えどころがなく、変化するもので、どんな安定した型においても知覚しづらいものである。これらのイメージは、知覚体系、つまり、感覚の気まぐれで混乱した多様性を、判読できる視覚領域へと変える

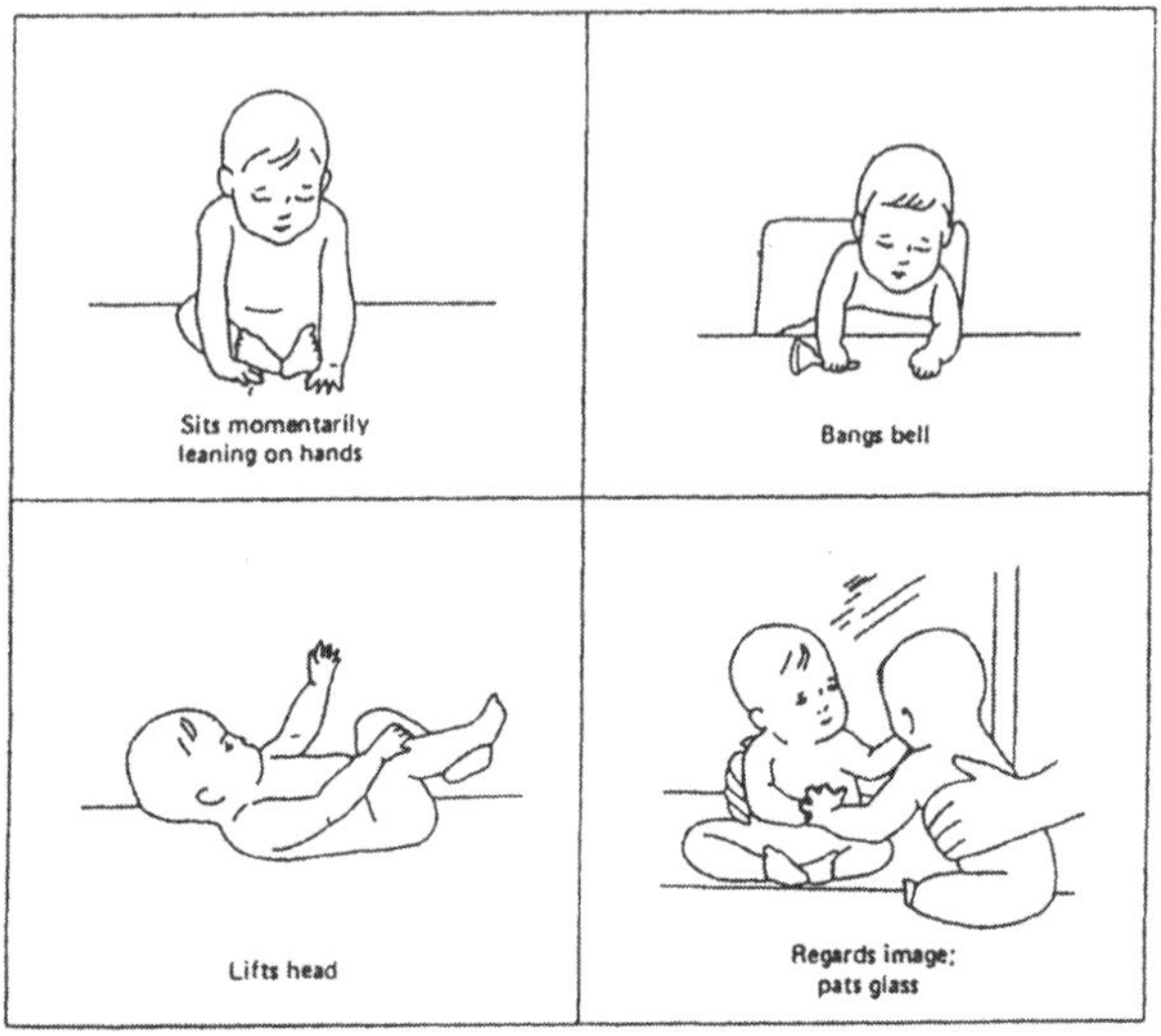

図 1
従順な対象：ゲゼルに使用されたデッサン。生後 28 週での典型的な振舞い図解する発達予定表。
出典：H. Knobloch and B. Pasaminick, eds, *Gssell and Amatruda's Developmental Diagnosis*, 3rd edition. Hagerstown, Maryland: Harper and Row.（＝ 1983 年、新井清三郎訳『新発達診断学』日本小児医事出版社）

方法を構築することによって、子どもを安定させる。

科学の知覚体系とは、それ自身のために構築し、それ自体を可能にするまなざしであるが、そこにおいて、私たちの感覚に影響を与える世界がまさに知覚化の行為の中に規格化される。ゲゼルの研究所ではこのように、子どもの活動は重要な科学的基準や重要でない基準によって区別される範囲で科学的に判読できた。現象界は、正常と考えられる価値や特質との合致やそこからの逸脱を描くことで考察できるものとなった。科学的知覚というこの行為の中では、科学的言説《ディスコース》の言明が言説《ディスコース》の対象から分離されない。決定的な意味において、知識の形式は対象それ自身と融合したのだ。

ゲゼルの研究で、これら小さなデッサンはもう一つの型の知覚体系と並行して存在する。その一覧表（表1）は多くの写真の意味を単一の枠組みに凝縮したものである。その枠組みは同時に、知覚や記録、評価の手段も提供した。それは、特定の年齢であれこれできる子どもの割合を権威的に表すパーセンテージという規準に加えて、特定の年齢において発達的に重要だった、対象児童のそれらの特徴を要約するものだった。それによって一連の問いを公式化することができるようになり、ここでは単純に肯定的か否定的かの形において、その答えによって非正統的なもの（the unorthodox）を特定することができるのである。

これらの尺度は、それらが結びつけられる規準を通じて、小さな子どもの生活の新しい区分、すなわち、発達の速さや発達障害の区別という形での正常と異常の区分をもたらした。様々な年齢において、特徴的で明確に区別できる行動に関する項目が、一定の割合の子どもがそれぞれの尺度の様々な水準を達成できる年齢の詳細事項に関する基準の中に定義され、まとめられた。その結果、知能とか

24カ月（二歳児）の水準

		18カ月	24カ月
(M) 運動神経 *motor*			
M-1	走る（転ばないで）	12	48
M-2	階段（一人で昇り降り）		
M-9	大きなボール（蹴る）		(59)
M-17	積み木（6–7段に積む）	20	56
M-22	本（ページをめくるだけ）		
(A) 適応性 *adaptive*			
A-2	積み木（6–7段に積む）	20	56
A-3	積み木（2個かそれ以上を電車のように並べる）	23	62
A-20	お絵描き（折れ線をまねて描く）	47	79
A-20	お絵描き（円をまねて描く）	32	59
A-28	文（3-4音節を復唱する）		50
A-12	パズル（ブロックを適切にボードの上に並べる）	(28)	(63)
A-12	パズル（4回やれば成功する）	8	62
A-10	パズル（箱に四角片を入れる）	29	70
(L) 言語 *language*			
L-2	会話（片言を脱する）		
L-2	会話（3語文を話す）		73
L-2	会話（I, me, youを使う）		48
L-6	絵入りのカード（3つ以上、名前を言う）	2	57
L-6	絵入りのカード（5つ以上、識別する）	2	55
L-4	検査用の物体（2つの名前を言う）		(74)
L-5	ボール（4つの命令を理解する）		51
(P-S) 個人 - 社会 *personal-social*			
	食事（スプーンをまっすぐ持てる）		
	トイレ（夜トイレに連れて行けば、おもらしをしない）		
	トイレ（必要に応じて便意や尿意を伝える）		
	着替え（簡単な衣類を着る）		
	コミュニケーション（直近の経験を言葉にする）		
	コミュニケーション（名前を呼ばれると自分だとわかる）		
	コミュニケーション（「もう1つ」の意味を理解し、要求する）		
	遊ぶ（積み木をカップに入れて検査官に手渡す）		
	遊ぶ（人形やテディベアなどを使って、おままごとをする）		
	遊ぶ（平行遊びが多い）		

表1　表にされた人生
出典：A. Gesell, The First Five Years of Life. London: Methuen,（1950: 328）.（= 1952年、山下俊郎訳『乳幼児の心理学——出生より5歳まで』新教育協会）

かわりのない行動は、規律訓練され、正常化され、また判読可能で記述可能で予測可能な思考へと変換された。姿勢や移動の規準、語彙や理解力、会話の規準、個人的習慣や自発性、独立心、遊びの規準は今や、検証や診断の中に位置づけることができる。発達の言説《ディスコース》は、時間とともに変わるものとして解釈できる生活のあらゆる特徴を理解する能力を持つ知覚体系を確立した。それは、いくつかの単純な作業を通して得ることができる形式で、生活を理解するものだった。つまり、進んだか、遅れたか。何カ月までに？　表の中で、生活は事前に整理され、事前に調整され、事前に規格化されている。

こういった記述の手続きを、たんにより便利な形態での馴染みの現実──すなわち、発達途上の子ども──についての記録を可能にするものとしてだけ考えるべきではない。人格とその特質と同じように、子どもとその発達が哲学者や神学者、慈善事業家、改革者、大科学者から何世紀にもわたって注目され続けている一方で、視覚化や記述のための手段や技術は、たんに知的過程の技術的な補助具であるだけではない。このことについて考えることは、抽象的な思考能力に対してはもたらすものが多すぎて、思考を機能させる技術的なメカニズムに対してはもたらすものが少なすぎるのである。テクノロジーの変化は同時に意識における革命である。個人の差異を視覚化し記述する技術は、科学者の知的領域と、実際に物事がなされる対象や関係の実践的な領域とを変質させる。要するに、技術的発展によって新たな生活領域が使用可能なものになるのである。

ゲゼルの研究に続いて、一九三〇年代に類似の状況における同じような検証手法を用いた一連の他の試みが行われた。[*28] 概して、子どもが教育上の問題を抱えているとわかったために、そうした学校や保育所にいる子どもはそこにいるわけで、彼らの社会的・感情的行動が、〔社会への〕順応や、社会的に受け入れられる応答の養成という観点からますます検証されるということは、驚くことではない。社会的承認の基準や順応という概念を通じて、ビネーがとった方法と似た方法で発達に関する尺度を技術的に規格化〔正常化〕することができるようになった。したがって、それらによって、教育上の問題のある子どもの実践的な規格化〔正常化〕のためになされた取り組みの成功を検証するための技術が生み出された。私たちはこれらの問題を抱えた厄介な子どもに、少年裁判所や児童相談所での他のフォーラムで再び出会うことだろう。

これらの尺度は、精神測定の本質的な特徴のいくつかを一般化し、拡張した。しかしそれらは、現実により広く受け入れられる子ども期の規格化〔正常化〕に関するヴィジョンを構成した。というのも、これらの尺度は単なる検証の手段ではなかったからである。それらは子ども期について考える新たな方法を、つまり、科学的でポピュラーな文献を通じて教師や医療従事者、両親に急速に広まった子どもを見守る新しい方法を提供した。赤ん坊についての本、教師のマニュアル、心理学の教科書は、誰でも子どもを評価できるようにするために表や絵の形式に「発達の目印」を組み入れた[*29]（図2）。職業柄、あるいは個人的な生活の中で子どもを扱ってきたすべての人々が、今やみずからのまなざしを教育することによってみずからの精神を教導することができるようになったのだ。実際の子どもの行動と、規準という理想との間の空間において、新たな願いや期待、新たな恐怖や不安が、親たちの中で高まり、新たな管理と矯正の意欲が専門家の間で生じた。子ども期に関する規準を定める専門技術の隆盛とともに、家族の生活や主体性は新たな方法で統治されることができるようになったのである。

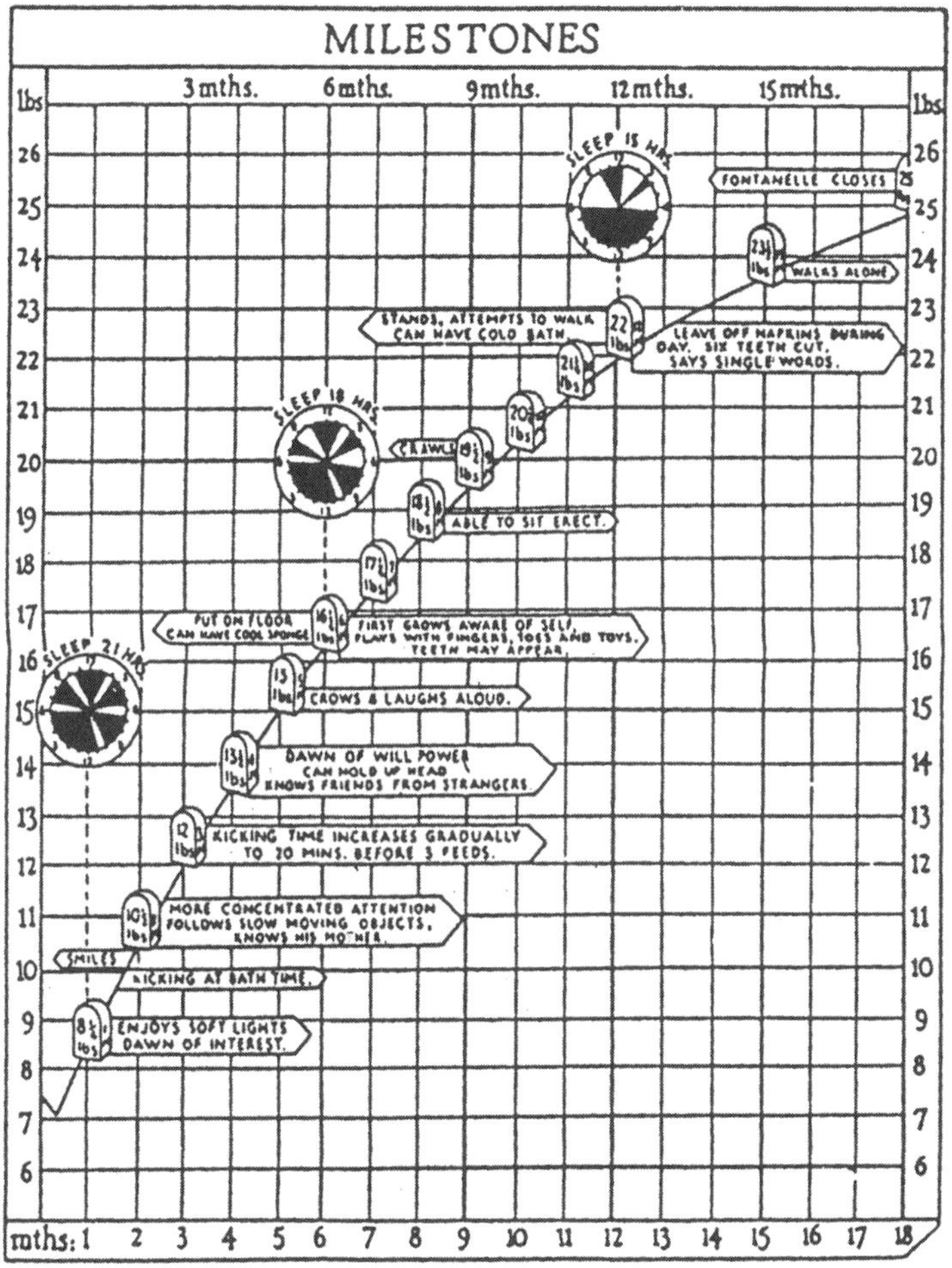

図 2　発達の目印
出典：M. Lyddiard, The Mothercraft Manual. London: Churchill,（1924）.

三　愛の絆の調整

疑いの余地を残さないほどの証拠が提示された……幼い子どもに対して母親のケアを長期間にわたって施さないでいると、子どもの人格と将来の人生に深刻で広範な影響を与えるだろう。[*1]

ジョン・ボウルヴィ、一九五二年

現在の家族において、善き生を送り、諸々の活動と選択を意味と喜びで満たし、念願をかなえ、生命の危機にもかかわらず自分の存在に超越論的な目的を与えようとする諸個人の私的な試みは、適切な人数の健康的でよく順応した子どもたちを継続的に生み育てるという社会的責務と結びつくようになってきた。個人の欲望は、権力と管理の社会的なネットワークに巻き込まれ、主体性と間主体性についての職業的専門技術者たちによってつくられたイメージや基準を通して形成され、組織された。当初の目的では、人口不足を避け、社会的な非効率を予防し、若者の社会問題を是正することになっていた諸々のプロジェクトとテクノロジーは、男女が自分自身でみずからの生活を送り、行動を評価するために用いる諸々の語彙と技術に結びつけられるようになった。そして「家族」は、将来の市民の主体的能力を生み出し統制するための社会的なメカニズムとして、また個人的な願望と希望の達成のための特権的な経路として機能するようになったのである。

戦後、母子関係への強い関心が数多く調査された。しばしば分析は、次のような事柄に対する言及をともなっている。それは、家庭的であることや母親であることに女性たちを縛りつけている社会-政治的な関心であり、専門家たちの利己的な起業家精神であり、母性剥奪や母子の絆、母性本能に言及する心理学用語のわかりづらい特徴である。しかし、これら各々の批判の道筋を逆方向にたどる価値はある。戦後いかにして家族主義化（familialization）が、社会的諸力の自己組織化を巡る目標となってきたのか。いかにして母性的関係の専門知が構成されたのか。いかにして専門家たちの言葉や評価が、良くも悪くも、規準や標準として諸個人に採り入れられるようになったのか。

既に一九世紀には、ある部類の危険な子どもたちが認識されるようになっていた。[*2] 警察組織の新しい形式、犯罪を記録する新しいメカニズム、都市空間の一種の「道徳的地勢学」を図表にする統計的な手段の使用が、大都市の中心部の道徳秩序の崩壊を明らかにするように思われた。ブルジョワの慈善家や宗教組織、社会統計学者は、これらの問題の根源を家庭とそれをとりまく道徳的環境に位置づけた。一連の様々なプロジェクトは、大人に対する道徳的抑制として作用し、子どもに道徳を教え込む、内向きに閉じられた領域に家庭を変えようとするものだった。子ども期は、生涯にわたる影響力を持つ悪習が形成される可能性のある明確な時期とみなされ始めた。それ〔子ども期〕は、道徳を教え込まない親たちの怠慢の内にあり、そこに、犯罪と悪習が見出されるような都市生活の腐敗した道徳環境の内での、諸々の悪い習慣の伝染がともなっていた。

少年の再道徳化のためのプログラムには多くの要素があった。教育装置は、貧困者のための学校やその他の道徳訓練を行う場所を設けることを通じて拡張されることになった。都市環境は、堕落と罪の瘴気で伝染病のように道徳的悪影響が広がる非行の植民地や群落を解体しようとする都市計画の将来像を通して、再建されることになった。しかし、具体的な運動は、二種類の問題のある子どもたちの集団を中心にして展開され、道徳化が失敗した領域に国家が介入するよう促そうとするものだった。危険な子どもたちは既に罪を犯している集団であるが、通常の刑務所で、徳ではなく非行を覚えていた。それゆえ、彼らを成人犯罪者から隔離し、道徳的な再訓練を行うための施設に送る必要があった。堕落した子どもたちは犯罪者の発端であり、路上で生活していたが、まだ法律を適応される対象ではないため、一同に集めて、法律に従った道徳的な生活を指導するのに必要な規則正しい労働と規律、従順さ、宗教的な敬意といった習慣を訓練できる施設に送る必要があったのである。一八五四年以降の一連の法律で、前者〔危険な子どもたち〕のために少年院が、後者〔堕落した子どもたち〕のために職業訓練学校が設立されることになり、諸規定は「ケアと保護を必要としている」または「親の管理が及ばない」と考えられるこの範疇の子どもたちを含むレベルまで拡大された。

家族は、子どもたちに道徳性を教え込むための唯一ではないにせよ相応しい場所として解釈され活用された。子どもの性格は道徳的な影響によって形成され、それは例えば家庭で、友達を通じ、また路上で習得される一連の学習された習慣の中にあった。子どもに対する教化が不適切な家族に対しては、教化する責任を剥奪すべきであり、その子どもたちは、正しい道徳原理を教え込み、清潔さや仕事、従順さという習慣に収容者を順応させる、家族代わりの役目を負う少年院に移されなければならなかった。

子どもの問題の新しい解釈方法は、第二次世界大戦後にようやく頂点を迎えることになるのだが、二〇世紀の最初の一〇年間に形づくられ始めた。家族はある特定の諸関係、つまり、母親と父親、両親と子ども、兄弟と姉妹の間の心理学的な関係という観点から再解釈されることになった。そして、子どもたちの問題は、適応と不適応の単一次元に沿って、危険なものと危険にさらされたものとを橋渡しし関連づけるという観点から考えられるようになった。少年裁判所と児童相談所は、子どもと家族を織りなす権力と認識の新しいネットワークの非常に重要な結節点としての機能を果たした。

一九〇八年に少年裁判所が設立された時、罪を犯した子どもたちや、放浪しているか悪い仲間といるところを見つけられた子どもたち、子どもたちを虐待したり放置したりした両親やその他の人々の事件は、一つの法廷——不運な子どもと悪い家族という連続した次元——に集められた。若い犯罪者と放置された子どもの間には、性格においても適切な扱いにおいても違いがないということが、その後まもなく議論されるようになった。つまり、犯罪は放置の結果でしかなく、放置はすぐにでも犯罪をもたらすものだった。いずれにせよ、人々が見ていたものは心理的な問題、すなわち家庭内の何か悪いものが子どもの心理に対して影響を与えた結果であった。同時に、学校でも、ある部類の子どもたちが軽度の行動障害を表していることが明るみに出ていた。軽度の身体疾患のために開発されている新しい衛生学者の諸技術になぞらえて、これらの障害は、子育てに関する欠陥のある技術、つまり、精神衛生の乏しさから生じるものとして解釈された。今や、精神異常と同様に犯罪、社会的な非効率をもたらす成人の重度の精神障害は、子ども期の軽度で一見取るに足らなそうな情緒《エモーション》や振る舞いの障害を発端にしている、ということが明らかになった。早期の発見と処置は、肉体的な健康の促進と同じ程度に、精神的健康の促進のためにも非常に重要だった。精神衛生の欠如は、肉体的な健康の喪失と同様に、将来において社会的な災難を生む原因となるのであった。学校は、このような軽度の問題を発見するための極めて重要な場所となりえた。そして、新しい部類の子どもたちが、科学と管理の対象として、つまり、神経質で、神経症的で、情緒不安定で、〔環境〕不適応なものとして現れたのだった。口喧嘩をしたり、嘘をついたり、ズルをしたり、夜驚症に悩んだり、外向的すぎたり、あまり外向的でなかったりすること、過度にあるいは過少に悲しんだり恐れたりするといったことはすべて、それら自体が重要であるというよりは、それらが示す将来の深刻な問題の兆候として重要性を増した。

少年院と職業訓練学校との区別を廃止した一九三三年の児童少年法は、非行をはたらいた子どもと恵まれない子どもの境界を少しずつなくしていくという特徴を持っていた。少年裁判所は、刑罰体系や、教育組織、社会的援助の組織化、心理学的・医学的・精神医学的な専門知といった、それまでは比較的個別に行われていた実践を、多次元的な社会的ネットワークに結びつける結節点となる一つの重要な要素であった。[*3] このネットワークにおいて、社会事業《ソーシャル・ワーク》は、家族に対する手当の支給やその他の形での財政的な支援を、家計の検証に結びつけた。社会事業は、罰則と国家の行政機関を結びつけもした。この結びつきは、子どもや家族にかかわる様々な諸勢力から情報を集めることや、諸々の事実と解釈をネットワークの一部から別の部分に転換すること、家族の生活を裁判所の審議へと翻訳すること、裁判にかかわっている世帯に法的・行政的な意識を注入し直すことによって、可能となった。

法廷は依然として〔意思〕決定の重要な場所であったが、一方でその判決は徐々に知識や基準、評価、精神‐諸科学（the psycho-sciences）から派生した診断に巻き込まれるようになった。ミシェル・フーコーが別の文脈で記したように、「有罪であれ無罪であれ宣告を行う判決は、単なる罪の審査、処罰の法的決定ではない。判決は、正常性の検証と、可能な規格化〔正常化〕のための技術的な処置命令とを兼ね備えているのだ[*4]」。判決が可能となり、宣告が正統なものとなるのは、心理学的な記録の中にはっきりと明記できる限りにおいてであった。

児童相談所は、子どもや家族について考え行為する新しい方法のための、補助的な制度上の場を提供した。精神衛生のプログラムにおいて、児童相談所は、保育所や家庭、学校、遊び場、そして法廷を含む、予防的・臨床的な児童福祉の網の目の中心になった。相談所には、社会領域の様々な場所から精神障害の子どもや問題を抱えた子どもが送られてきた。つまり、遅滞児、神経過敏な子ども、吃音児、うそつき、不登校児、手がつけられない子ども、放置された子ども、非行少年である。相談所では、子ども期の問題が診断され、適応不適応の規準が提示、改良され、規格化〔正常化〕が行われたのだった。適応の規準や、適応を生み出すような実践、不適応の観察が、相談所によって制度的な生活や家族生活へと広められた。

これらの問題を理解するもっとも重要な方法は、「新しい心理学（new psychology）」によって提唱されたもので、社会適応への原動力が個人の内に、心理のレベルで刻み込まれた。フロイトは文明に固有の不安について記したが、新しい心理学は社会的な満足感に関する科学だった。性格は今やもう、単なる訓練や善き道徳の影響によって生み出されるものではなかった。それは本能の組織化の結果であった。本能が正しく導かれれば、社会的環境に〔うまく〕順応した子どもが生み出されるのであった。個人が社会的にうまく順応できたということは、同時に、子どもの発達の自然な結果であり、家族生活の正常な結果だった。なぜなら順応した子どもが正常な家族の自然な結果であるように、本能が進化したからだった。それゆえ、正常な家族は今や心理学的な用語で規定され、そして正常に順応した子どもはその成果であると解釈された。しかし、家族が願望や感情の対立を生み出したり、それを表現しなかったり、それを不快な感覚に結びつけたり、子どもの感覚に対する自分たち自身の不安や希望、欲望、失望によって反応したりする場合には、〔その結果〕生み出されるのは不適応だった。そして、おねしょから非行に至るまでの不適応は、家族の感情のエコノミーの部分に何か問題があることを示しているのだった。

新しい心理学的な社会事業相談員たち（psychological social workers）は、愛情が間違った方向に進んでしまったことを記録する上で診療所の心理学者たちと連携し、子どもたちを取り巻く大人たちの感情・欲望・失望という観点から、子ども期の不適応を理解可能にする家族ドラマによく見られる数々のモチーフを組み合わせた。子どもを愛しすぎる両親は、子どもを失うという自分たち自身の恐れから、子どもを幼児性の罠に陥れる恐れがあった。子どもへの愛情が足りない両親や、自分たち自身の欲求不満を子どもたちに投影した両親、一人の兄弟を別の兄弟よりも偏愛した両親は、報復的な攻撃手段としての非行を育む可能性があった。望まれない子ども、誤った性別の子ども、人格を愛されなかった子どもは、彼らが与えられなかった愛を求めて盗みにのめり込む恐れがあった。異常性の原因は、両親の欲望と子どもたちの欲望の相互作用の中に、愛それ自体という伝達手段の中にあったのである。

この見方の強みは、それが逆の場合にも適用可能なことだった。家族が正常な子どもを生み出した場合、それはそれ自体大きな業績であって、当然のことではない。それは、家族が自分たちの感情のエコノミーを正しく統制した結果だからである。正常性を生み出す作業は、今や思いがけない危険をともなう過程のように思われた。安全と危険の間の境界線はわずかなものだった。正しく処理されなかった場合には、あまりにも簡単に、些細な混乱から重大な問題が生じる恐れがあったのである。個人と社会のための精神衛生という名のもとに、家族生活の情緒的なやりとりを継続的に検証することが必要だった。新しい心理学と児童相談所が心理《プシケ》の新しい表現方法を生み出すにつれて、社会的に様々な問題を抱えた人々だけでなく、すべての親の感情と欲望が、社会的統制の領域内に記述される可能性が開かれた。ラジオの語りや育児マニュアルを通じて、子どもと関係しなければならないすべての大人は、家族の内部機能を視覚化し、その成員の間の絆について語る新しい方法で教育された。また同時に彼らは、子どもたちの主体性を促進するために愛の力を利用できる方法を教えられた。それは、恐れや、残酷さ、強情さ、嫉妬を避けるのと同時に、信頼や、助力、頼りがい、徹底した態度を増大させることである。両親の情緒的な生活に問題がある場合、両親は無意識にそれを子どもへの態度や関係に組み込むことになり、それゆえ、なんらかの遺伝的な過程を堅持する必要性もないけれども、何世代にもわたって精神障害を伝染させることになる。両親と教師は、問題を抱えた面倒な子どもたちを生み出さないようにしようと考えているならば、今や自分たちの習慣や道徳だけでなく、感情や願望、不安をも統制する責任を持たなければならなかった。

愛はもはや単なる道徳的な義務やロマンチックな理想ではなく、正常な子どもと異常な子どもが生み出される要因だった。正常性は今や、病的な子どもの排除や家族の無能化といった出産後の強制を通じてではなく、家族に対して正常な主体を産み育てるという責任を果たすように働きかけることによって促進されるものとなった。主体性と社会秩序の間の新しい関係は、家族という母体の中で形づくられるようになった。専門知は、子どもの主体性を統制する家族の社会的な責務を、正常な子どもに対する個人の欲望と、この目標を果たすための情緒的で間主観的な諸技術に転換できるようにするものだった。社会的な責務と個人の願望の両方をかなえるために、両親は自分の欲望を検証・統制し、自分の感情を点検し評価するように忠告されていた。理想を達成しようとする願望は、叶えられた際には喜びの源泉ではあるが、現実の一覧表が理想の一覧表からあまりにも離れている時には、それは家族に関する専門技術者たちの指導や助けを切実に求める誘因でもあった。愛と喜びは、私たち全員のうちの内発的で非社交的な人間性を表現するものではなく、これらの新しい統治のテクノロジーに現実への足がかりを与えうる次元になる可能性を持ったものだったのである。

子どもと家族に関するこのような見方が一般的になったのは、戦後二〇年の間だった。家族の集団的な生活、その関係的なエコノミーや依存性、妬み、愛着、競争意識、そこに渦巻く欲求不満は、子ども期の問題の説明手段にも、理想的な家族の解釈手段にもなった。家族内での子どもの情緒的な発達過程は、繊細で壊れやすく、様々な方向へ歪められがちなものとして、つまり、行儀の悪さから犯罪行為、そしてあからさまな狂気に及ぶ子どもの病理を生み出すものとして再解釈された。そしておそらくもっと重要なのは、育児のありふれた任務が、愛情の自然で本質的な状態の発露として書き直されるようになったことだった。

このセラピー的な家族主義（the rapeutic familialism）は、戦後において、夫婦間、家庭内、そして親子間の関係を含むプログラムと議論の網の目の一要素であった。これらのプログラムの目標は様々だったが、その一つひとつは、市民の感情的な投資と自己実現の場としての、子ども中心の家族の安定回復を必然的にともなった。それ自体多面的であるこの網の目の一つは、出産奨励主義だった。多くの声がこの言説《ディスコース》を編成したが、ともに同じ歌を歌っていた。子沢山は幸福を意味するに違いない、と。一九四二年のビバレッジ報告は「現在の再生産率では、イギリス国民は維持できない」という懸念を示し、また戦争の勝利にもかかわらず、結婚を遅くしたり、子どもをつくらなかったり、自分たちで産む子どもの人数を一人だけに限定したりという市民の利己的な決定の影響に対する不安を表明していた。[*5] 一九四四年に設立された王立人口委員会は、この広く見られる懸念を公式に表すものであった。[*6] それは、イギリスの人口の傾向やその原因、それらの引き起こしうる帰結を考察し、国益にかなう措置を勧告するものだった。低く下落しつつある出生率の影響は、委員会が憂慮するところでは、「イギリスの安全保障と影響力」と「西洋的価値の維持と拡大」の両方にあった。[*7] このように、避妊に関する助言から、「生殖力の消耗」（死産や幼児の周産期死亡率）を最小にする措置、家族手当計画や所得税軽減のような財政支援と軽減のためのスキームに至るまで、出産率がもとの水準より落ちることを防ぐために、両親であることの負担に対する一連の措置に向けた強い国家的な配慮があった。母子の特別な利益のためのサービスの開発は、出産奨励計画の重要な要素であった。というのも、その目的は、家族に対する本能的な欲求や持続的な満足感の実現を、抑制するのではなく積極的に奨励する、社会的な諸条件を提供することだったからだ。

大家族への願望を再活性化させるための様々な提案が広く行われた。デニス・ライリーはその広がりと変化を次のように示している。

保育所、放課後の遊び場、疲れた主婦たちの保養所、電車の家族切符、公式な近隣のベビーシッター、貧しい家族のための社会事業においてすべての人が産婦人科の援助を受けられる適切な態勢、スムーズで合理的な台所や十分な数の寝室を目指す家庭構造の革命、さらに多くの公共の飲食店やクリーニング店。[*8]

出産奨励主義は、諸々の提案を異なった政治 - 倫理的立場からまとめ上げた。平等主義者は、保育所や適切な医療サービスのような少数の人々が利用できる特権はすべての市民に拡大されるべきであると主張した。フェミニストは、もし避妊のような措置によって親になることが自発的なものとなり、女性たちが自分で時間をやりくりできる自由を持てるようにするために社会的な支援が利用できるようになれば、女性たちはもっと多くの子どもを産みたくなるだろうと主張した。〔また、〕優生学者は、人口の中のもっとも優れた人たちに子どもを持つことを奨励することを目的とした積極的な措置を講じれば、健全な人々の数を最大化することができるだろうと主張した。〔さらに、〕教会は、家族に子どもを一人と制限する意図的な決定は、子どもにも家族にも良くないと主張した。

〔けれども、〕これらの関係者たちによって構想されたことは、子どもの出産に対する国家による直接の関与ではない。つまり、これは、ナチスの人口政策を彷彿とさせるものではない。むしろ、求められたのは、子どもを産みたいと市民自身が決めるよう彼らに推奨する手段であり、社会の中の問題集団を形成している無能で無責任な個人よりも、もっとも恵まれた者に生殖を奨励する手段であった。出産奨励主義は、したがって、多くの様々な形で、多くの様々な帰結が表現され得る議論と政策の言葉であった。夫婦と子どもを持った家族に対する財政上の手当と会計上の利益は一つの要素であったが、決して一貫した家族政策にはならず、様々な措置の結果全体は子どものいない夫婦に有利なものとなった。また、委員会や家族手当協会（the Family Endowment Society）などの集団によって提唱された避妊対策は、一貫した政策にまとめられなかった。ラジオや雑誌、本を通じて行われた母親やこれから母親になる人々への助言は、教養と責任感のある母親を対象にしたもので、特定の方法で責任感を形成しようとするものだった。そして、問題を引き起こす子どもや問題を抱えた厄介な子どもを持つ世帯は、さらに直接的な介入の対象となった。彼らの問題は、物事の自然な秩序であり、専門家の措置によって維持されなければならない何がしかでもある家族を回復させ補強する必要性を表すものだった。

問題を抱えた子ども期に対する新しいイメージとして、不適応な子どもと少年非行の他に、貧しい子どもが加えられた。戦時期の経験は、この子どもたちの集団と彼らの問題のある生活に新しい見通しをもたらした。戦時期の子どもたちの特別な問題は新しいものだったかもしれないが（疎開や収容所、居住型保育所、一日保育所）、その分析や救済策は精神衛生というおなじみの言葉で構成された。戦争の勃発前、精神衛生運動において主張されていたのは、市民の感情面の生活が公的な関心事であり、専門家の知識や指導にかかわる事柄である、ということであった。プログラムレベルで、フェバーシャム委員会は、一九三九年に精神保健のための全国評議会にその勧告を公示した。[*9]これは、主なボランティア機関を合併し、それらを法定当局と調和させ、精神衛生の諸要素に則って専門家と素人の教育プログラムを引き受け、予防と処置の調査計画に主眼を置いて外来診療所の供給を援助するものだった。戦争が勃発し、そのような精神衛生の政策科学を促進する鍵となる組織（精神福祉中央連合会、児童指導評議会、精神保健のための全国評議会）は、精神保健緊急委員会にまとまった。[*10]一九四三年までには、保健省からの豊富な資金援助を受けていたこれらの組織は、一三の民間防衛地域それぞれに管理者と精神保健福祉士を擁する、精神保健のための臨時全国協議会に合併された。

戦時において、精神衛生分野は新しい経験と新しいチャンスを得ることになった。戦中の保育所は、子どもたちとその問題を観察する素晴らしい実験場だった。病院や孤児院における子どもたちへの制度的なケアの精神医学的影響に関する取り組みが一九三〇年代に始まり、幼い子どもの心理《プシケー》に対する制度的なケアの諸々の危険性についての記述が、戦前のアメリカやフランス、スカンジナビアの論文においてしっかりと確立されていた。*11 一九四五年に幼い子どもの精神衛生に対する病院収容の影響について書かれたリーン・スピッツの「古典的」な論文でさえ、一九三六年に始まった取り組みを基礎に執筆されたものであった。*12 戦中の保育所についての医学的な議論は、母子の生物としての結びつきの解体がもたらす有害な帰結について、既存の論拠を用いていた。*13 しかし、戦争それ自体は両親から引き離された子どもたちに新しい見通しを与え、社会政策を変えるための苦闘の中で、母子関係に関する動的心理学の概念の提唱者が、協力者として子どもたちを徴募できるようになった。

戦後にそのような多くの議論を支持するために用いられたアンナ・フロイトの研究は、ハムステッド保育所（the Hampstead War Nursery）で行われた。その保育所は、空襲でホームレスになったり、まだ避難していなかったり、避難できないでいたり、両親のケアを受けられなかったりしたロンドンの子どもたちのために一九四一年に設立された*14〔施設である〕。ニューヨークにある戦争孤児のためのフォスター・プラン社によって設立された居住型保育所とは異なって、ハムステッド保育所は制度的な方針にとらわれなかった。むしろ、

その保育所は、子どもたちのために、子どもたちが失ったもの、すなわち、個人の発達のための

機会をともなった安定した家の安全を回復しようとした。唯一避けられなかった「施設の」生活の特徴は、家族自体の不在だけだった。[*15]

これらの研究において重要なことは、正常な子どもたちの壊れやすい感情面での生活に関してそれらが構成した認識である。診療所や施設における子どもたちについてのその他の多くの研究とは異なって、これらの子どもたちは本質的に病的ではなく、病的な家族から生まれたのでもなかった。戦時という状況の力（爆撃、地下鉄で寝ること、疎開の諸問題、爆撃による物理的に危険な家庭状況、戦争の緊急事態を通じた家族の解体）だけが、正常な家族生活を彼らから奪った。そして彼らのケアは、大きな施設の非人間的な雰囲気の中ではなく、小さな集団、すなわち、大人たちによる豊かなケアと配慮をともなった家で行われた。子どもたちは三、四人の「家族」に分けられ、それぞれの「家族」は、彼らを入浴させたり、寝かせたり、散歩に連れて行ったり、歓待したりする一人の働き手のケアを受けた。このように本当の家族の存在という点以外はすべて正常な子どもたちは、自分たちの感情や応答、行動パターンを心理《プシケー》の専門家による絶え間ない監視下に置かれていたのだった。

アンナ・フロイト自身は、幼い子どもに対する精神分析的な治療を発明した一人であり、ジェイムズ・ロバートソンの支援を受けていた。ロバートソンは、後にタヴィストック診療所に入所したソーシャルワーカーであり、母親と引き離された幼い子どもたちの映画を作った。保育所の月次報告は母子関係の各段階、つまり、最初の六カ月、次の一八カ月、三歳から五歳までの期間をチャート化し、離別の影響を詳細に記録した。すなわち、退行やおねしょ、自慰、貪欲さ、かんしゃく気質、外界に対する感情的な無関心、ヒステリー症状、恐怖症、精神分析を必要とする重大な衝動強迫といったものである。

一九四二年、〔アンナ・〕フロイトの前には、〔どちらも〕害悪に満ちた二つの選択肢が示された。一つは、小さな子どもたちを、あらゆる物理的な危険や感情的な混乱、またそれらが暗示する残忍さをともなう爆撃地域に、両親とともに留めておくことである。もうひとつは、感情的な安定性と耐久性を必要とする時期に、子どもたちを田舎へ避難させ、両親と別れることによって〔爆撃地で負うものとは異なる〕他のショックを負わせることである。*16 しかし一九四四年までには、問題は、家族と保育生活という、身内的で本能的な満足感といら立ちの領域に直接位置づけられた。居住型保育所の乳幼児は、コミュニティの反応を引き起こし、コミュニティの同年齢の子どもたちとの交友を享受したようだった。しかし子どもたちは、通常ならば親に向けられるであろうすべての感情的関心を向けることのできる対象を、より一層求めた。〔自慰行為などの〕自体愛や、外界から素朴な利己心や自堕落さに逃げ込むことの背後には、母親との身体的な喜びを共有する機会の欠如があった。「褒められる願望」という満足感の欠如は、絶え間なく称賛を得ようとするか、その反対の行動をもたらした。幼児期の好奇心を満足させるにあたっての問題は、学びたいという願望の発達に障害をもたらし、あらゆる種類の抑制という結果をもたらす可能性があった。*17

ジークムント・フロイトは、もちろん、子どもたちの精神生活についての分析を、主に大人に対する分析から推定した。子どもたちに関する臨床的な研究を基礎として、アンナ・フロイトとメラニー・クラインは子ども期についての精神力動学上の異なる概念を提唱し、子どもたちに対する異なった分析のバージョンを実行した。その最初期はともかく、精神分析の認知的な枠組みを通じて、子どもたちの日々の生活を視覚化することができたのだった。幼児期のセクシュアリティと原始的な攻撃性、抑圧、退行、空想やその他の本能的な力を、実際に観察することができるように見えたのである。[18]〔ただし、〕これらはすべての人々の目にも明らかというわけではなかった。アンナ・フロイトは、報告書を読んだ保育所への訪問者の中には、訪問時に見た平和で平静な雰囲気と、報告書で特徴づけられた、わんぱくで攻撃的な、慎みのない子どもたちとの間の矛盾に懸念を表す者もいたことに注目している。しかし、アンナ・フロイトが指摘しているように、子どもたちの行動についてのこれら一過性の特徴は、日常の目的のためには無視してもかまわないだろうが、「〔保育所の子どもたちを〕理解するという目的のためには、観察され、いちいち明確にしなければならないものであった」。[19]子どもたちの精神生活は、もはや大人を分析するという限られた観察から推定されなければならないものではなく、精神分析の直接的な観察対象とされ、精神分析理論の妥当性という観点から、観察可能で、注目すべき、記述しうるものと解釈されたのである。

疎開もまた「大規模で悲惨な心理経験」であった。[20]その第一段階として、一九三九年九月、迫りくる空爆の恐怖のもと、七五万人の学童と幼い子どもを連れた五四万二〇〇〇人の母親、一万二〇〇〇人の妊娠中の母親、それにその他の人々が七万七〇〇〇人、都市にある家から安全だとみなされる田舎へと逃れた。しかし、残酷かもしれないが、疎開はまた「未来の社会事業《ソーシャル・サービス》のための非常に貴重な教訓を学ぶ機会」でもあった。[21]それ故、一九三九年一〇月に、ケンブリッジ疎開調査会が設立された。そこにはスーザン・アイザックスやマージャリー・フライ、シビル・クレメント・ブラウン〔主要な戦前の精神保健福祉の主唱者〕、ジョン・ボウルビィ、メラニー・クライン、ルーシー・フィルズ

（戦前の児童相談運動に参加した心理学者たちの最初の一人）が含まれていた。再び明らかにされたことは、「家族の絆と親子の互いに対する感情の決定的な重要性」であり、「一方にある家族の絆の強さと、そして他方での個々の子どもに対する高度な理解の必要性が、そのスキームに責任を持つ人々の視野にまったく入っていなかったように見える」という悲しい事実であった。[*22]「児童相談所の研究が、食事・睡眠・排泄における不安やかんしゃく、混乱といった子どもたちの諸々の情緒的問題は、概して子どもの親との関係性と固く結びついているということを明快に示した」一方で、児童相談所は選ばれた一部の人々しか診ていなかった。[*23] 疎開についての心理学と社会事業にとって決定的だったのは、疎開が専門家の視野の内にもたらす新しい人々であった。

疎開はたんに厄介な子どもたちの新しい集団の存在を明らかにしただけではなく、実際に彼らを生み出す原因になっているようにも見えた。戦争を通じておよそ一万五千人から二万人の子どもたちが「行動や気性の問題」によって「宿泊させることが不可能」な状態であり、徐々に「問題のある」子どものための特別な宿泊所に収容されていった。[*24] 精神保健のための臨時全国協議会が自分たちの精神保健福祉士を紹介し、地方自治体に自力で精神保健福祉士を導入するように働きかけたのは、同伴者のいない疎開した子どもたちを収容した仮泊施設と居住型保育所に加えて、これらの「扱いにくい」子どものための特別な」宿泊所を巡ってのことだった。しかしながら、ジョン・ボウルビィのような著者にとって、疎開の経験はすでに知られていたことを確認するだけのものだった。ボウルビィは、ロンドン児童相談所で働いている間、一九三六年から一九三九年にかけて、少年窃盗犯の家族経験についての一連の調査を実行した。これらの研究から、母親からの早期の離別と少年の窃盗との間に明らかな関連性があること、人生の最初の五年間を第三者によってケアされていた子どもたちの割合が高いことを、彼は確信した。この関連性は、子どもたちの心理《プシケー》を通じて形成されたものだった。離別の影響として「愛情のない性格」を生み出すことになり、この性格障害こそが反社会的な行動の源泉として見出された。あるいは、別の言い方をすれば、反社会的な行動は、子どもの母親との早期の関係における障害の結果として生じた、精神力動学的な障害の兆候だった。

一九四四年になって初めて、これらの発見事実が公表された。[*25] ただし一九四〇年という早いうちに、リチャード・パッドレイとマーガレット・コールがフェビアン協会のために編集した「疎開に関する報告書」の中で、ボウルビィは、空爆の危険に対する見かけ上の解決策は、問題そのものよりも一層悪いものだろうと切迫した調子で警告していた。自身の研究結果を引いて、ボウルビィは以下のように主張した。

小さな子どもが家から離れ、慣れない環境で長期間第三者にケアされると、彼らの人格の発達全体が深刻な危険にさらされる可能性がある……小さな子どもが家庭から長期間離別した場合、犯罪的な性格を発達させる突出した原因のひとつとなる……現在、はからずも、将来に深刻な影響を及ぼす可能性のある環境におかれている非常に多くの幼い子どもたちがいる。自身の経験したことの結果として、犯罪的な性格になると予想される者だけではなく、ほかにも、慢性的な不安や憂鬱傾向になったり、漠然とした苦痛や明らかに肉体的な性質を帯びた病気になったりすると予想される者も多い。貪欲で、嫉妬深く、こずるい程度の半非行的な者も生じるだろう。[*26]

疎開や居住型保育所に対する心理学的な批判は、戦争中、ほとんど政府の政策に影響しなかった。そしてまた、戦後の保育所の閉鎖において、心理学もたんに周辺的な役割を果たす以上のことはなかった。むしろ、戦時がなしたのは、精神衛生の主張の新しい議論と新しい戦略的な可能性の提供である。今や、「ボウルビィズム」が解決策と思われるような問題が提示され始めたのである。一九四二年に保健省によってカルロス・ブラッカーの「精神保健サービス報告書（Report on the Mental Health Services）」がまとめられたが、それは、精神科の外来患者へのサービスに関する調査という当初の目的を大幅に超えて、広範にわたる影響を及ぼすようになった。戦争直後の他の多くの報告書と同じように、精神保健サービス報告書も、精神保健サービスの抜本的な再編成を提案した。すなわち、精神病と隔離施設の重要性を強調することをやめ、精神保健サービスは、「コミュニティ」に基礎を置いて、外来患者の身に起こりうる軽度な精神的諸問題を予防し、迅速に対処するシステムへと再編成されるべきである、と提案した。[*27] 子ども期の問題は、予防的な精神衛生のそういったスキームにとってとりわけ重要であった。というのも、そういった問題は、それ自体が重要だというだけでなく、より大きな問題が将来生じることに対する確かな警告になるからであり、また早期介入によって治療できるからでもあった。それゆえにブラッカーの計画は厄介な子どものための対策を非常に強調した。児童相談センター（二万人の子どもに一カ所）、児童精神診療所（人口一〇〇万人につき三、四カ所）、〔情緒〕不安定で扱いにくい子どもたちの宿泊所、精神薄弱者のための隔離施設が、その対策であった。

戦後すぐ、世界保健機関の精神保健専門委員会がその最初の会議で、「とりわけ子ども期の治療的で予防的な精神医学に集中することの望ましさ」を強調した時、問題が提示されたのは、精神衛生の用語についてであった。[*28] 一九四八年四月の国際連合の社会委員会第三回会議では、家のない子どもや、親を亡くすかその他の理由で家族と離別した子ども、里親家庭や施設におけるケアや、その他のタイプの集団ケアを必要とする子どものニーズの研究を行うことが決定された。世界保健機関は、その問題の精神衛生に関する側面についての研究を行う意思を表明した。そして、その当時タヴィストック診療所の児童相談部門の指導者であったジョン・ボウルビィは、報告書の編集を任されたのである。[*29]

ボウルビィの報告書を巡るその後の議論では、通常、子どもの将来の生活が、母性的ケアの欠如によって深刻で取り返しのつかないダメージを受ける可能性があるという、彼の現在よく知られている主張を支持するか、もしくは異議を唱えるかに関心が向けられた。だがこの前提は、それ自体新しいものでもないと同時に、またそれはボウルビィが確立しようとしたもっと複雑な回路の中の一つの要素にすぎなかった。すなわち、その回路とは、精神的な健康と子ども期、それらの社会的帰結、政府の諸々の課題、専門知の役割といったものの間の揺るぎのない一連の結びつきである。児童の精神力動学と育児の諸関係に関する洗練された概念は、母子関係の統制のための拡大されたプロジェクトとつながっているものであった。そのプロジェクトは反動的で矯正的であるのと同じ程度に予防的で教育的なものでもあった。

ボウルビィの議論は、異なってはいるが相互に関係し合う二つの軸の基礎を形成するものである。その軸に沿って、子ども期とパーソナリティについての精神力動学のチャート化が進展した。第一の軸は、母親と子どもの間の関係の大まかな特徴ではなく、その詳細に対する新たな注目であった。これは、一つの明白な問題から生じた。その問題とは、議論されている異なった研究での間に類似性があるにもかかわらず、その詳細は「剥奪」と「パーソナリティ」の一連の関係が非常に変わりやすいものであることを示す、という問題である。そのような変化はすぐに脅威からチャンスへと変化し、政策を議論する基礎を形づくるおおまかな結論を下すことを可能にしたが、その詳細は心理学的な研究プログラムの拡大の基礎を形づくりうるものだった。将来に向けた研究について、ボウルビィは次のように記している。

年齢や母性の剥奪期間だけでなく、剥奪前の母親と子どもの関係の質、もしあれば離別の間の代理の母親との経験、ようやく彼がまた落ち着いてきた時に受けた母親や養母からの歓待にも細心の注意を払うべきである。[*30]

この軸に沿って、育児に関するきめ細かい理解が進むことになる。つまり、育児に関しての子どもの経験の詳細と子どもの精神発達の過程の間にある一連の理想的な関係がより明確になってくるのである。母親との離別それ自体はもはや重要ではなかった。というのも子どもは、母親のすぐ傍にいる時でさえ、離別を経験しうるからであった。離別は母親による育児自体の経験の質と深い関連性を持ち始めた。「繊細な母親」の登場に向けて、舞台が準備されたのだった。私たちは間もなく、彼女に出会うことになる。

第二の軸は、アンナ・フロイトによって提唱された道筋に沿った、自我と対象との関係という観点における、子ども期のより洗練された精神分析的な見方であった。ボウルビィは下記のように結論づけている。

自我が機能する発展段階と、対象関係を作る能力、それらが完成するライフサイクルの期間という理論的な枠組みは、臨床的証拠に適合するように見える。間違いなく、理解が進むにつれて、ここで描かれた三つの主な段階がさらに多くの下位段階に分けられることになり、人々はそれぞれの段階で剥奪によって作動するある特定の精神的な力を識別できるようになるだろう。[*31]

精神分析は発達理論に、さらには、適応した自我と不適応な自我の発達における母親の役割に関する理論となるに至った。

ボウルビィの報告書の後半部分は、母親が正常な発達のための心理的条件を確保できないことや、医療機関や社会福祉機関によって子どもが母親から引き離され第三者に引き取られること、死や病気、遺棄によって母親を失ってしまうことによる母性剥奪の予防に紙幅を割いている。それは主に家族の問題が起こることを予防するという形をとった。ボウルビィは後者の二つ〔子どもの移送・母親の喪失〕に特に注目したが、前者〔母親の失敗〕の重要性を軽視したわけではない。これらは、母親の無知や無意識的な敵意から生じた。そのような敵意は、母親自身が子どもだった頃の経験に由来するものであり、母親に対して児童相談員による熟練した治療を必要とした。

要求されているのは、精神衛生に関する包括的なスキームだった。これは、人間関係の心理学と精神病理学、すなわち、無意識的な動機づけとそれを認知し緩和する方法の重要性について研究している専門家（医者や看護士、福祉士）に対する大規模な訓練を、必然的にともなわざるを得なかった。極めて重要なことだが、それは家族サービスだった。これは、子どもへの治療と専門家による両親への助言、とりわけ問題を起こした幼い子どもを持つ母親への助言をともなうであった。それは、結婚生活にかかわる指導や、子どもが家から引き離されるのを防ぐためのその他の措置によって家族を支援しようとするものであり、いかなる理由であれ、家にいることができなくなった子どもたちに、可能な限り良質の支援措置を保障しようとするものである。嫡出でない子どもたちやその母親に対する感情的な、あるいは懲罰的な態度のような、その他の倫理原則は、この目的よりも下位のものとされなければならない。養子縁組の手配は、迅速でなければならず、また、精神医学的検査を受けなければならない。代理養育を熟練した専門家を用いなければならず、子どもの遺伝的潜在能力とその家族のそれとを調和させるために熟練した専門家を用いなければならず、また、精神医学的検査を受けなければならない。代理養育を施設によるケアよりも優先し、里親に財政支援を行い、専門家に準ずる職業上の身分を保障することによって奨励した。集団居住のケアは六歳以下の子どもに対しては避けられた。不適応な子どもたちは、両親と接触し続けることができるように、可能な限り家で治療されるべきであり、それゆえに治療施設は地域に広く分散させるべきである。ボウルビィは、徹底的に改善され合理化された児童保護サービスを夢見た。それは、人間関係に関する社会学や心理学に精通した専門家が職員を務め、広範にわたる新しい財政力と法権力をも持った家族福祉サービスに、不可欠なものである。

問題の親も含めて、親たちに熟練した支援を行い、子どもたちに安定した幸せな家族生活を提供できるようにするサービス……それは、未婚の母親に対するケアを行い、彼女が子どものために家庭を持つか養子縁組を手配するための支援を行い、緊急時に代理として行為する親類や隣人を確保する手助けをし、必要な場合には短期的な支援も行うものである。また同時に、正常な家での生活の回復に向けて活動し、最終的に他のすべてにおいて失敗した場合には、長期間にわたる支援を行うのである。*32

〔これは〕確かに、強力で人道にかなった構想であり、専門家の文献のレベルを超えて急速に広がった。ボウルビィは、より幅広い読者層に向けて『子どものケアと愛の発達』の中で、自身の議論をわかりやすく短縮した形で提示した。この本は、一九五三年に廉価版のペーパーバックとして出版され、第二版が出る前に一〇年間で、六回増刷再版された。彼の研究は、タヴィストック診療所の研究グループの助力を得て拡張・洗練されていき、また専門職の訓練や、〔母性との〕離別や喪失の本性や帰結に関する一般的な発表を通じて、リサーチ・ペーパーやリサーチ・フィルムにおいて、その〔研究〕成果は広く知られるようになった。*33

〔結局〕ボウルビィ自身は、精神分析と動物行動学という異説の混合物を通じて自分の見解を発展させていった。しかし、初期の研究は、一九四〇年代後半からと一九五〇年代の間における作品を寄せ集めた著作集のための理論的枠組みであった。それは、子どもの人生の最初の数カ月で、母親と幼児とを、相互依存関係において、心理学的に結びつける、愛の絆の自然さを確立したように見えた。この関係性は、人間の条件の根本的で不変な側面——生物学的であろうが、心理学的であろうが——に由来するという意味で、自然であるというだけではないようだった。母親であれ子どもであれこのパターンから外れる人々やそれに異議を申し立てる人々が例外的で病理的な事例であり、その原因学は子どもの遺伝的な欠陥や身体的な問題、胎内や人生の最初の数ヵ月での経験、母親自身の子ども期の出来事という観点から説明・理解する必要があるという点でも、それ〔この関係性〕は自然だったのである。さらにそれは、その変化が自然に反すると思われるあらゆる結果を引き起こすという意味でも自然であった。人生の最初の二年間に母子が離別しなければならなかったり、施設で代理母のケアを受けなければならなかったりすると、子どもの感情の無駄のない働きに障害が生じる。それは、子ども期の身体的な問題や行動上の問題、不安、行儀の悪さ、神経症、後の人生において人と親密な絆を築くことができなくなるという問題、非行、またさらには犯罪の前科や完全な精神病理さえももたらす恐れがある。

戦後期には、そのような分析は、社会的な問題を最小限にし、社会的な効率を最大化するための広範囲にわたる戦略の理論的根拠を提供するものであった。それは家族や母子間の愛の絆を通じて人々の精神衛生を統治しようとするものだった。この主題は、一九五〇年代から一九六〇年代を通じて、公式的な報告書や立法で練り上げられた。一九四六年に報告を行ったカーティス委員会は、その付託事項によって、正常な家での生活を剥奪された子どもたちのための対策にかかりきりになっていた。多くの「家」の中に見出されたものは、以下の通りである。

私たちにとって衝撃的だったのは、子どもに対する個人的な関心と愛情の欠如。これらの「家」の子どもは、権利や財産、自分自身が生きるべき人生と自分自身の価値ある貢献を持つ個人として見なされていなかった。彼はたんに、他人と一緒に食べて、遊び、眠る大勢の群衆の一人にすぎなかった。……さらに重要なことは、彼は、自分の福祉に極めて重大な関心を払ったり、自分を人間としてケアしてくれたりする、頼れる人間がいるという感情を持っていないということであった。*34

子どもは民主主義の市民、すなわち、諸権利を持った市民であった。これらの諸権利の中には家族生活を送る権利が含まれていた。母子の心理学的な関係に関する新しい見方によって、子ども期の問題を監督するという政治的な目標を、個人の自由を保護するという民主的な責務と調和することができるようになった。当局は今や、道徳上の、そして心理上の責務を負った。その責務とは、第一に家族の崩壊を事前に防ごうとすることであり、〔それが可能でなかった場合には〕自身の家族生活を奪われてきた子どもたちのために、養子縁組や里親といった方法を通じて、正常な家族生活を再建しようとすることであった。アイリーン・ヤングハズバンドは後に、それを次のように記している。

子どもへのサービスが始まった時はまだ、不適切な家族から子どもを救い出し、すべてを白紙に戻して、子どもは人生の新しい出発の機会が与えられなければならないということが想定されていた。〔その後〕次第に、親が子どもの中に生きていること、子どものアイデンティティがそのルーツと密接な関係にあること、そしてそれゆえに、家族の絆を強くするためにできる限りの対策を講じるべきであることが気づかれていった。[*35]

一九四八年の児童法は、子どもと家族に対するこの新しい民主的な見識を立法化した指針だった。一九四八年の内務省の回状は次のように強調している。

家族を一つの集団として維持することを第一の目標としなければならず、子どもの両親からの離別は、その子ども自身の家でその子どもに適切なケアが保障される可能性が無い時にのみ正当化される。[*36]

精神力動学的な社会事業《ソーシャル・ワーク》は、家族生活における人間関係の失敗を解釈し、矯正するための知識や技術を提供した。それは、市民の自由を保護し、子どもに対して可能な限り最良の社会化を施すという、国家や家族の互恵的で積極的な責務を重視するというやり方で為された。アイリーン・ヤングハズバンドは一九五〇年にソーシャルワーカーの新しい義務について、次のように記している。

ソーシャルワーカーはもはや、社会的サービスに関する知識や、救済資金・乳母車・質札・救急サービス・簡易宿泊所といったものを巧みに操作することで満足していることはできず、またこれらのサービスによって恩恵を受ける人々について理解するために、直観に頼るだけではもはや不十分である。今やソーシャルワーカーに求められていることは、ある特定の瞬間にだけでなく、困っている人を現在の彼に至らしめた主要な経験と関係性において、理解しようとすることである。その経験や関係は、彼がその起源に気づいていない葛藤や、外的要因にではなく自分自身の考え方に解決策がある問題、彼が独力では変えられない支配力へと固着化した、緊張や問題のある人間関係、現実に立ち向かう能力の欠如をともなっている。*37

児童相談所を中心に一九三〇年代に発明されていた精神医学的なケースワークは、その理論的な治療計画を新しい心理学に基づいていたのと同時に、戦争中、ロンドン・スクール・オブ・エコノミクスの精神保健課程に在籍していたスーザン・アイザックスやその他の精神分析的な志向を持った教員の参加によって、精神力動論的な性格を帯び始めていた。*38 ボウルビィが書いたように、精神力動論の診断法は家族に対する社会事業の基礎におかれなければならなかった。というのも、以下のような理由によるものである。

ソーシャルワーカーが無意識の動機づけに関して熟知していない限り、多くの未婚の母親や、崩壊の危険にある多くの家、両親と子どもの対立からなる多くの事例を扱うには頼りないだろう。*39

このようなパースペクティヴは、一九五〇年に始まったソーシャル・ケースワークの高等教育課程に正式に組み込まれた。これはタヴィストック診療所でのボウルビィの親子部門によって運営されており、その目的は「非精神医学的状況にあるケースワーカーに、精神力動学的心理学の体系的な学習機会を提供し、成人のパーソナリティ形成における早期の影響の効果に対する理解を深める機会を提供する」ことだった。[40] これが意味するところは、次のようなものだった。

援助を探索し、承諾し、提供する力学……（ワーカーとクライアントとの）関係性における現実と空想の要素についての議論……母子離別（transference）の具体的内容をケースワークの状況で扱うことができる様々な方法とともに、母子離別の肯定的および否定的側面についての研究、……不安の原因と表現……人生の早期に、クライアントが他の人物に対する複雑な思いを表現し、認めることを手助けすることの価値……過剰防衛的な態度や過剰な同一化を時に含む、クライアントに対するワーカーの態度と感情。[41]

精神力動的ソーシャル・ケースワークは、問題を抱えた厄介な子どもたちに影響を与えるための技術的な手段を提供することになった。訓練課程はカーティス委員会の勧告に沿って設置され、一九四八年の児童法の規定に基づいて、向上心に燃えるソーシャルワーカーは新しい言葉と技術を学んだ。戦時の仮泊所の厄介な子どもたちに関する研究を終えてきたばかりのクララ・ブリトンは、ロンドン・スクール・オブ・エコノミクスで訓練課程を運営し、学生たちは子ども期の精神力動学についてのドナルド・ウィニコットの講義に出席した。ブリトン（後のウィニコット夫人）は、彼女自身児童分析家としての訓練を受けることになり、後に内務省の中央訓練委員会の児童保護訓練所長になった。児童分析は精神分析の専門職における発展分野になり、それは、イングランドにおける精神分析的政治学の草分けであるメラニー・クラインとアンナ・フロイトの競合関係の影響から見れば、当然のことだった。イギリスの精神分析運動の先駆者であるエドワード・グローヴァーが管理していた非行に関する研究治療研究所（The Institute for the Study and Treatment of Delinquency）は、その分野の研究と広報をさらに進める指針を示した。そして、一九五〇年代、問題のある子どもに関する分析と調査は、ある特定のタイプの家族、つまり問題のある家族を中心に置くようになった。

もちろん、問題のある家族は新しいものではなかった。優生学者は一九世紀以来、低劣さの系譜学を築き上げ、それが、不摂生や狂気、結核、白痴、犯罪行為、売春が一つの家系に同時に存在すること、それらが生殖率の高さと深く結びついていること、またその運命的な成り行きを明らかにすると主張した。それゆえ、一九五〇年代における問題のある家族についての研究の多くが、優生学協会の保護の下で発表されたのは驚くことではない。優生協会の重要人物の一人であったブラッカーは、一九二九年の精神遅滞についての合同部門協議会の報告書、通称ウッド・レポートからの引用によって、精神薄弱の予防についての議論を始めた。同報告書は、ほとんどの精神薄弱は、遺伝によって受け継がれた「原始的で重度な精神遅滞」であり、堕落した集団――同種〔の人々〕の増殖を、また〔それが〕コミュニティの残りの人々を堕落させることを、なんとしても防がなければならないような集団――の遺伝〔的過程〕は、最終段階にあると主張した。

私たちが、この国で原始的な精神薄弱型の精神障害者を含むすべての家族を、ある別個のコミュニティとして分離できると仮定してみよう。私たちは、それらの内に非常に興味深いある社会集団を採取したのだということが分かるに違いない。社会奉仕活動を実地で経験した誰もがただちに認めるように、その社会集団は、精神障碍者を含んでいない家族の集団よりも、錯乱した人々、癲癇患者、貧困者、犯罪者（とりわけ常習犯）、雇用に適さない人々、恒常的なスラム住人、売春婦、のんだくれ、その他の社会的無能者たちのほうがずっと大きな割合を占めるだろう。こうして集められた家族の圧倒的多数は、私たちが「社会的に問題のある（social problem）」集団あるいは「亜正常（subnormal）」集団と名づけるよう提案した、コミュニティの区分に属するだろう。この集団は、ほとんどのコミュニティの社会階層における一番下のおよそ一〇％を占める。[*42]

戦時は、この社会的に問題のある集団が住まう暗い場所を目立たせる役目を果たしたかもしれない。しかし、ブラッカーのような優生学的な分析は、戦後期の問題のある家族への関心のほんのわずかな一部分にすぎなかった。家族の問題の中心にあるのは、遺伝というよりもむしろ関係性であった。続く二〇年の間に、問題のある家族は、その存在や特性、帰結を図示した一連の社会調査すべてによって精査された。[*43]当初から疎開や不健康、精神衛生、放置された子どもたちの問題を懸念していたかどうかにかかわらず、厄介な家族に関係する社会福祉機関は同じ問題に視線を向け始めたようだった。問題のある家族は、多くの機関と連絡を取り合いながらも、複合的な問題を抱えていたが、その要点は、社会的に不利な立場や、荒れた家族の関係性、大人と子どもの両方の側に見られる社会的に不適合な行動との間に明確なつながりがあることであった。それは、低い社会的地位、低い収入、貧しい住宅、貧しい肉体的・精神的衛生環境、犯罪行為、子どもの放置といった要素が深く絡み合った混合的なものであった。どのような切り口から調査が始まったとしても、どのような機関からその調査が開始されたとしても、また、どのような種類の問題がその調査に当初はかかわっていたとしても、その調査はすぐさま他のすべての問題があるということも明らかにした。そしてこれだけでなく、これらの家族には沢山の子どもがおり、それゆえ、たとえ両大戦の間の期間の優生学的な説明が今や心理社会的なものに取って代わっていたとしても、将来の世代に自分たちの病理を伝染させることも考えられた。問題のある家族の人間関係は、政府が行動を起こすべき緊急の問題であった。というのも、「もし問題のある家族の本当の困難が、人間の関係性の根本的な不全だとしたら、私たちがその状況を改善することを望みうる唯一の方法は、ある形式の満足のいく関係性の治療を問題の人々に提供することだ」からである。[*44]

家族の人間関係は、理論的な分析と実践的な介入のマトリックスを打ち立て、新しい方法で家の内部世界を知に向けて開放した。家族は価値観と振る舞いの基準を伝達するための近代社会における中心的なメカニズムであると、一九五〇年代の社会学者が宣言したということはよく知られている。この機能主義的社会学に対して続く批判で、多くの人々は幾分、この研究が関係していた精神分析、社会学、臨床的な専門知との間のつながりの重要性を軽視した。この社会学のもっとも著名なアメリカの代表者であるタルコット・パーソンズにとって、現代社会で精神医学や臨床心理学、専門家の助言や指導といったその他の形式に与えられた重要性は、近代的な生活においてパーソナリティや人間関係に見出される緊張への反応であり、それを表す指標であった。この緊張状態は、家族と婚姻関係においてもっとも顕著であった。[*45] というのも、核家族の孤立性が、その家族に著しいストレスをかけたためであり、専門家はそれらのストレスに対して、産業や社会生活のその他の領域における人間関係に関する専門家によって展開された、ある種の技術を適用することができたし、また適用したはずである。[*46]

イングランドでもまた、抽象的な理論体系の精巧さというよりも、新しいテクノロジーの発明に活力が向けられたにもかかわらず、人間関係論に関する用語と技術が家族に適用されることになった。[*47] そのようなテクノロジーの一つが、結婚生活の指導だった。この指導への推進力は、戦争直後の離婚事例数の増加によって引き起こされた諸問題に対して助言を行うために、一九四七年の出産奨励主義者の思潮を背景にして設立された、婚姻訴訟措置委員会に由来した。その勧告の中で、同報告書は「結婚準備と、結婚後の困難両方に関して支援および指導を行うために、結婚福祉事業」を提唱した。[*48] この勧告は、内務大臣によって設置されたもう一つの委員会により、さらに重視されることになった。その結果、国庫によって資金を提供されるが、ボランティア団体によって運営されるサービスの形になった。[*49] 家族審議局がその最初の答えだった。それはソーシャルワーカーに、家族の諸問題に取り組み、家族の精神力動学についての科学的な知見を深めるための心理治療技術と人間関係の専門知を教え込む機会として、タヴィストック診療所のトミー・ウィルソンによって推し進められた。同審議局は、一九四九年にタヴィストック診療所と共同で、家族福祉協会（the Family Welfare Association、慈善組織協会の理念を具現化した最新の組織）の中に設立され、一九五七年には、タヴィストック人間関係研究所によって引き継がれた。その結果生まれたのが夫婦療法の技術であり、それによって、妻と夫の精神力動学的な関係を、専門的に分析・管理することができる対象へと変えることができたのである。[*50]

一九五〇年代から一九六〇年代の間の報告書と調査は、子ども期の不適応と非行のそもそもの原因である荒れた家族関係の役割に対して、何度も注意を促していた。不適応児委員会が一九五五年にまとめた報告書、通称アンダーウッド・レポートは、これが精神病院、離婚裁判所、刑務所の内外での精神疾患や、非行、工業生産の喪失などにとって、非常に深刻な社会的意味を含んだ問題であるということを確信した。そして、その問題は、自己増殖的であるゆえに、さらに深刻であると感じられていた。というのも、「昨日の不適応な子どもが今日の不適応な親になり、その子孫は明日の不適応な子どもたちを生む」からである。[*51]

子どもの不適応は、市民が安全や幸福、独立、個人的な〔人間〕関係の成功、社会的に調和のとれた生き方に向かう過程で起こりうる障害の全領域を網羅する現場となった。不適応の観念の中には、癇癪気質から不登校まで、神経質から意地の悪さまで、就学年齢の子どものすべての問題がひとまとめになって含まれていた。アンダーウッド・レポートにおいて、不適応は、一つの定義の内にまとめられえないものであった。なぜなら個人とその人が生きなければならない人間関係との間の不一致が、それほどの幅広く多様な形式を持ちえたためである。また、それ〔不適応〕を生み出す諸要素の〔それぞれの〕寄与を、正確に量ることもできなかった。それらの相互作用、推移、影響自体があまりにも変わりやすいものであったため、それらを――個人的な〔人間〕関係、家族環境、コミュニティの影響、身体的な要因、学校それ自体、というように――たんに列挙する他にはなかったのである。しかし、この多様性は不適応という観念の弱点ではなかった。まったく逆である。多様性は、子ども期の問題を見抜き是正することができる、熟練された職業的な専門知の拡大されたネットワークを推し進める機会であった。すなわち、学校心理学サービスや学校保健サービスを含めた各地方の教育機関での包括的な児童相談サービス、児童精神科医と同じく教育心理学者や精神保健福祉士の雇用、人間関係論と心理障害の専門家を養成するための施設の拡大、不適応な子どもたちを家から離別させる必要なくその子どもたちに働きかけを可能にする、治療センターのネットワークといったものである。しかし、これは問題の兆候を扱っているだけだった。というのも、アンダーウッド・レポートが以下のように認めたのである。

子どもの不適応が生じるのを防ぐもっとも確かな方法は、彼らの健康的な発達、とりわけ感情面での健康的な発達をあらゆる可能な方法で奨励することである。これは実のところ、児童相談の一般的な実務家たち、つまり、両親と教師たちが彼らの人生の大部分を費やしていることである。*52

両親と教師はもはや「児童相談の一般的な実務家たち」として解釈される。彼らの課題は子ども期の治療学という見地から理解され、ワーカーとしての彼らの役割は、精神的な健康を通じた社会的な調和を目指した闘いの最前線にある。

一方で、家族の絆は「自然な」ものとして現れる。〔だが〕他方で、心理学的に訓練された専門家たちによって教育され、補強され、そして最終的には取って代わられた時にのみ、両親は自分たちの課題を効果的に実行できるのだった。子どもたちと両親〔の双方〕を統治する場合は同様に、専門知による規範的な監督を受けなければならないのであり、すべての市民は、社会的な調和と平穏のための心理的条件を促進するために、みずからの生の導き方を教え込まれることになる。家族に対するこのような人間関係の戦略は、厄介な子どもたちへのすべての介入の核に見出すことが可能だった。アンダーウッド・レポートの最終勧告は、次のように強調している。

家族全体の根本的な重要性は、社会事業を強化し発展させる責任を持つ人々の心に留め置かれているべきものであり、そして家族をひとまとまりにしておくために計画された行為は、予防のもっとも重要な側面の一つであるとみなされるべきである。[*53]

このテーマは、若い非行少年を対象にした介入行動において繰り返し見られた。一九五〇年代後半から一九六〇年代にかけての、政治的左派から発信された一連の出版物は、政治的左派から生じたが、非行の予防のために人間関係論的アプローチを展開させようとした。[*54] 人間のニーズは、限定された形には収まらないと主張された。それらは個人と家族の中で絡み合っていた。そして非行をはたらいた子どもたちはたんに、両親の抱える問題に苦しめられているもっと幅広い集団の中で、もっとも目立ったものにすぎなかった。病気や貧困はもはや、問題のある家族の中核にあるものとはみなされなかった。というのも、福祉国家が、これらの問題は前の時代に有していたような悲惨な結果を生むことはないと保証していたからである。問題の根源は、両親の人間関係に対する処理能力の欠如と、不適切な両親から子どもたちへの問題の伝染に見出されなければならない。それゆえに、目標は、近代の生活の複雑性や、急速に変化している社会で子どもを育てるという課題に対処できるだけの見識や技術、能力を、両親に再び身につけさせようと計画された家族サービスでなければならない。

一九六〇年代の公式な報告書と白書はよく似たテーマを強調していた。それらは非行少年や厄介な子どもと、たんに腕白な子どもとの間の境界線を曖昧にし、診断を熟練した専門知の課題として解釈し、家族の失敗についてより速くさらに効果的に診断するためのメカニズムを提案し、罰よりも治療の観点から子ども期の問題に応答することを主張した。また、家族問題を解釈し、親子の教育的な更生のための措置を選択する一種の審判所として機能することができるような法廷制度への改革を提案していたのである。[55] 家族が新しい世代にシティズンシップの価値観や振る舞い、技術を教え込む教育的な制度になりうるように、その目標は家族を統治する方法を見つけることだった。クラークが指摘するように、そこで強調されていたのは、家族に「家族自体の」責任として定義されるに至った事柄を受け入れさせる必要性であり、〔家族に対して〕子どもたちに関して諸問題が生じている場合にみずからを治療に委ねるということへの合意を促すこと、家族と社会的な専門知との間に、合意に基づくのと同時に後見の関係にもあるパートナーシップを形成することだった。[56] というのも、問題のある家族はそもそも、家族生活の責務に関して自身を教育する能力を持つものでもなければ、法的制裁の強制的な執行によって矯正されるものでもなかったからである。もちろん、強制的な法的プロセスはある種の役割を担ってはいた。それらは最後の手段として、また〔他の人々や組織の〕非協力が問題となる事例における訴えの手段としても活用されたわけである。だが、それらの使用は、社会的な専門知が促さなければならなかった他ならぬ人間関係、つまり、適切な振る舞いの規準にしたがって自身の管理に当たるべき家族の責任を破壊したのだった。

地方自治体と関連対人サービスに関するシーボーム委員会が一九六五年に設立された時、効果的な家族サービスのための目標は、その委託事項に組み込まれた。その目標は、孤立した問題集団だけでなく、すべての市民を取り巻く何かと向かい合うことを必要とするものだった。「私たちは次のように決定した」と報告書は述べている。

二世代の家族の、あるいは、三世代の家族のニーズでさえ、それらだけに自分たちの仕事を制限することは不可能であるということを、議論の非常に早い段階で決定した。私たちは、子どものいないカップルや誰も親戚を持たない個人をも考慮に入れることによってのみ、自分たちの課題を理解することができる。言い換えれば、すべての人間を考慮に入れるのである。*57

その勧告は、児童保護、福祉、教育的な福祉、児童相談、ホームヘルプ、精神衛生に関する社会事業、成人訓練、その他の社会福祉事業、住宅供給《ハウジング》の福祉的な諸側面を、一つの部門へ統合することを目指したものだった。

新しい地方自治体の部門は、すべての人々が利用可能な地域密着型で家族志向のサービスを提供する。この新しい部門は、社会的な被害者の発見と救出をはるかに超えた範囲にまで手を差し伸べるものだ、と私たちは信じている。それによって、可能な限り多くの人々が相互に助け合って行為することができるようになる。そして、その人々は、共同体全体の福利のためのサービスを提供したり、享受したりするのである。*58

シーボーム委員会の指標にならって、組織改編は、治療的な家族主義の支配権における大きな転換を制度化した。なぜなら、それらは、他の媒介物（教育、健康、住宅、精神医学）によって家族の内部にまで拡張した多様な行政の糸を、一つの結合体にまで編み上げることで、社会事業をその中心的な役割において確立したからである。その結合体は、家族の事例を、個人化されていると同時に調和した一つの政策の場としての家族症例にかかわっている。その理想的な形は、社会事業が機能不全の早期の兆候を見つけ、親や子ども双方によるどのようなひどい侵害にも先立って情報と行為を調和させるという仕方で、予防的で先行的な介入を可能にするというものだった。その目的は、子どもを離別させることによって問題のある家族を崩壊させるというよりも、その機能を維持することであり、家族を無力にするのではなく専門家の監督下で矯正することだった。家族に関する専門技術者たちは、家族自身の人間関係の再調整のために家族成員の積極的な協力、もしくはせめて遵守を熱心に説くことによって、社会的なものと個人的なものを調整しようとした。

この目標は一九六九年の児童少年法の中核にも見出された。これは、社会事業が家族問題を診断し、その家族を理解することを可能にする情報を調整し、適切な対応を判断することができるように、裁判所とケースワークとの以前の戦略的な関係を再明文化しようとするものだった。ケア秩序の装置を通じて、社会事業が、多様な戦術の中から適切なものを選択し、両親の権威を補強あるいはそれに取って代わり、結果を監視し、適切な調整をすることができるようにするため、議論の中心は法廷から離れることになった。

児童少年法は、家族を通じた統治のための戦略として、治療的な家族主義の絶頂を表すものだった。多くの鍵となる対策は実施されなかった。刑事責任年齢は引き上げられず、一四歳以下についての刑事手続きは禁じられず、前よりもさらに多くの少年が法廷を通じて判決を下され、拘留センターとサービスセンターの段階的廃止はなされず、さらに治安判事によって拘禁刑が科せられ、そしてさらには、前よりも多くの正式な警告が警察によって行われた。時に次のように考えられることがある。その法律の目標は、新しいアプローチを「犯罪者に甘い」と特徴づけるような、また軟弱なリベラリズムと空想的社会改良主義者のメンタリティによって愕然とさせられた、保守派の頑固な抵抗者によって覆された。そして、法廷の伝統的な権力を支持し、政治的右派の復古主義者に譲歩することになった、と。しかし少年司法制度の運命は、単なる懲罰的な精神の復活という観点から説明することはできない。それは、家族とその厄介な子どもたちを統治するための技術における、さらに広範囲にわたる変化の一部だった。この変化は逆説的だった。一方でそれは、本やラジオ番組、テレビのドキュメンタリー番組、市民自身の手によるそういったものによって、またそれらの摂取を通じて、治療的な家族主義の諸々の規範と技術の公共圏への一般化の上に築かれたものであった。しかし他方で、それは、治療的な家族主義の観点からものを考えていた心理学者とソーシャルワーカー、精神分析家、政治的進歩主義者たちの連携の解体を通じて現れた。

一九四〇年代と一九五〇年代に、母性と、両親と離別させられた子どもという大義の下に集まった人々は、進歩主義的で人道的であると自認していた。彼・彼女らは家族と子育ての本質に関する最新の科学的な証拠を把握し、問題を糾弾するよりも理解し、糾弾や罰よりも問題事例のためのケアや治療、矯正を重視し、知的にも資金的にも母親と子どもを支援しようとした。しかし一九六〇年代半ば、この理論体系と専門的な実践、立法上の措置、社会的な対策、世間のイメージの混合、つまり、この「母性の複合体」は、攻撃の対象となった。歴史学者と社会学者は、母子の絆の普遍性とそれが「自然」であるという主張に異議を申し立てた。彼・彼女らは、人生の特別な時期としての子ども期が近代の現象であり、子どもへの母親の愛や良い育児が近代化の発明であり、妻と夫、親と子の間の強い感情的な絆に基づく家族単位は、様々な社会的・人口統計学的な理由で伝統的な社会には存在しない、と様々な仕方で提唱した。[*59] フェミニストたちはそれを、女性の社会的に劣った地位や公共生活からの追放を強要し、正統化する手段にすぎないとして批判した。[*60] 心理学者はその〔「母性の複合体」が提示する〕証拠や結論について不信を表明し、特定の居住ケアの形式やわずかな事例史からの研究成果を一般に適応することを疑い、複雑性や曖昧性を指摘し、概して初期の議論の力強い簡潔さを非難した。[*61] 進歩的な精神分析は、ボウルビィやウィニコットの議論、彼らの行った分析、彼らの提供した助言は、信憑性のある精神分析ではなく、それを一般的でわかりやすい形に歪曲したものであると抗議した。[*62]

右派左派双方のリバタリアンは、一般的には福祉官僚制の理論的根拠に、個別的には社会事業の理論的根拠に対して、異議を唱え始めた。[*63] 裁判所の権限と引き換えに社会事業の権限を拡張することに対する哲学的な正当化は、子どもの福祉を理由にすることであったが、この福祉原理は今やその自明の長所を失った。それは子どもと両親双方の権利を同様に否定し、適正手続きが主体の自由に対して保証する保護措置を破壊し、家族生活への介入を正当化するような、未立証の偏りのある理論を使用するソーシャルワーカーの非正統的な拡大を裏づけるものだという議論がなされた。

社会事業に関する限り、とりわけこういった批判の最初の影響は、家族の「問題」を幅広い社会的・政治的文脈に移し替えることを一般的な目的とした「急進的な社会事業」を生み出すという不幸な試みとなって表れた。精神分析に関する限り、その反応は、個人的なセッションや家族セラピーでの集中的な治療と、「援助専門職」の中に広がる分析の「劣化」版への信頼の撤回をともないつつ、理論と実践における正統性への方向転換という傾向を持っていた。心理学に関する限り、焦点は、母子間の関係の存在や不在から、その微細構造に移った。詳細な観察や録音、フィルム撮影、ビデオ撮影、その他の諸技術は、大人と子どもの間の「相互作用」の詳細を知識として記述するのに用いられた。見つめること、音、言葉、抱きしめ触れることの本質的な意味といったものすべてが、育児に関する洗練された認識の焦点になってきた。その認識は、「繊細な母親」と「子どもたちのニーズ」に対する彼女の敏感さのレベルに重点を置くものであった。そしてこの考え方は、別の方向から生まれた不安でさらに強化されるようになった。それは、ある種の問題のある子どもたちの知的能力と彼らの成り行きに対する新たな不安である。これらすべてから、家族のプライバシーを中心に据えた社会生活の統治のための新しい戦略が次第に生まれていった。責任ある自律的な家族は、その象徴であった。

四　精神の最大化

教育は学校とともに始まるのでもなく、終わるのでもない。子どもは生まれたその日から学んでいて、生まれてから最初の数年間で人生の他のどんな時期よりも著しく広範な発達の期間を経験する。これらの数年の間に、もし子どもが発達に必要な経験を奪われたら、その影響は広範囲に及ぶ可能性があり、初期の経験剥奪による不利益を克服するのは容易でない可能性が高い。これらの初期の数年は、両親が子どもの教育にとってもっとも大きな影響を与える時期である。発達をもたらす初期の経験を提供するのは家である。学校で、最初の教師は両親が準備した基礎を足場として始めることしかできないのである。*1

シンシア・ミッチェル、一九七三年

今日、母親は子どもの指導において専門家以上のものとなっている。一九六〇年代初期から、子どもの認知的な発達において、すなわち子どもの思考、推論、読み書き、計算の能力を最大化させることにおいて、母親はますます決定的な役割を割り当てられている。母親は協力者として、あるいはその予備軍として、改革者たちが提唱した教育上の諸計画に組み入れられている。認知的な発達や、「初期の数年間」の重要性についての心理学理論は、世帯の毎日の生活を複合的な教育機会へと変化させた。母親は教師に先行するものであり、彼女の日課や子どもの欲求や問題に対する彼女の対応は、子どもの精神的な発達のために行われるものなのである。*2　もし、母親が自分の役割をしっかりと果たすなら、子どもの未来の人生のチャンスは果てしなく多くなるが、もし彼女が無知や短気でそのような学習計画を実現するのに失敗したら、子どもが学校に入る時に苦悩が降りかかることになる。

約二世紀か、おそらくもっと長い間、二つのまったく異なった型の教育が幼い子どもたちを対象に考案された。一つは富裕階級の子どもに向けられたものであり、もう一つは労働者階級出身の子どもに向けられたものだった。[*3] 概して、前者は子どもが将来なる大人としての潜在能力を最大化することに努めた。それは、幼年時代の子どもに対するある特定の考え方や働きかけ方が、両親自身の家系を活性化させ、子孫にもっともよい未来を確保することにつながるということを両親に納得させようと努めた。後者は、様々な方法で母親の仕事を補完し、その任務を遂行するための正しい方法で彼女を訓練するなど、多様な方法で未来の大人が守る社会的福利への脅威を最小化することに努めた。「初期教育」を研究する歴史家はルソーの『エミール』を革命的転換点とみなす傾向にあり、また子どもが学ぶ自然の過程をルソーが強調している点を「子ども中心」の教育の創始とみなす傾向にある。この〔教育の〕起源に関する神話の真偽とは関係なく、一八世紀の後期以降、哲学者や科学者は、進歩的なブルジョア家族の構成員に、子どもに対する道徳的、精神的《スピリチュアル》義務を吹き込もうとした。各々の子どもが自分の人間としての運命を実現できるようにするのは大人の義務であるように見えたし、またこの義務は、人生の最初の数年間に子どもにある特定の経験をさせてあげることを通して果たされるものであった。非常に幼い子どもが、そのような考慮を払うべき特定の対象とされたが、これは、この時期〔非常に幼い時期〕の出来事が、それ以降の人生においてずっと続く気質や傾向を規定するという、たびたび繰り返される議論に間違いなく起因するものである。[*4]

おそらく、一九世紀においてこの意見を熱心に主張したもっとも重要な人物は、フリードリッヒ・フレーベルであった。フレーベルにとって教育は、子ども期の諸段階を通じて発達する、内なる神性に、人間が表現を与えることができるようにする方法であった。しかし、より重要なことは、フレーベルが、そのような道徳的発達を達成するための一連の実践的手順や教具（devices）に、この空想的な哲学を変形させたことである。これらは、教育的な目的のために子どもの遊びを利用しようとし、子どもが参加する活動を通じてその感覚を身につけるような方法で、遊びを教具化しようとした。幼稚園という仕掛け、全教科課程の技術、幼稚園の先生の訓練体系を通して、教育慈善事業のこの新たな戦略はゆっくりヨーロッパ全土に広がった。[*5]

一九世紀後期、イングランドにおいて、フレーベルの提唱するロマン主義と精神性は科学への訴えによって支持された。ヨハネス・ロンゲとベルタ・ロンゲが述べたように、あまりにも長すぎる期間、「母親は託児所で科学の援助なしで取り残され続けていた」。[*6] 感覚教育に関する科学技術は、少なくとも部分的には、病気の子どもの改善や教育の試みに由来した。そういう子どもたちは孤独だったり、生まれつき視力や聴力が不自由であるか、生まれつき知能が制限されていた。ジャン・イタールのアヴェロンの野生児のための感覚教育計画は、知識の本質に関する哲学的教養を個人の才能を高めるための指導や訓練に変えることができる仕組みを発明した。エドワード・セガンはこの手法を、感覚を呼び起こすことを通じて白痴を教育するための体系的なプロジェクトに発展させた。イタール自身は、それを耳が聴こえない人の教育のために利用した。[*7] マリア・モンテッソーリは、聾の子どもが、子どものニーズの表現と、遊びで使っている形状や立体に関する教具（apparatus）との間の体系的な関係性をプログラミングすることで非常にうまくやっているとしたら、「正常な」子どもが〔同じようには〕うまくいかないのはなぜか、と問うことになった。そこで、彼女はその手法をまず発達の遅れた子どもに、そして、彼女がイタリアのスラム街で建設したカサ・デ・バンビーニの貧しい非行をはたらく子どもたちに適用した。[8] フレーベルやモンテッソーリ、彼らの支持者たちによるこれらの計画は、身体的な経験を通して子どもの魂に働きかけるよう努め、数学や物理学の世界の法則を明らかにするであろう論理的連続体に子どもの経験を適合させることで、教育学を慈善の科学へと変えた。その一方で、同時に、あらゆる活動において愛と宗教の中心的な道徳の原理を具現化させたのだった。

二〇世紀初期のイギリスの保育所の運動はこれらの分析のいくつかを引き継いだが、「幼児の貧困」に対する初期の配慮を改めて作り直そうという、一連のより退屈で禁欲的な社会的アスピレーションの中にそれらを組み込んだ。イギリスやヨーロッパの一九世紀の慈善事業家は幼児学校の設立を、「少年犯罪の予防のための」、また社会の最大の利益を促進するための一つの仕組みとみなした。[9] サミュエル・ウィルダースピンにとって、「一歳から七歳までのすべての子どもの知力と道徳力を発達させるための幼児システム」は強力な道徳化の手段であった。

> 初期段階の子どもを街にはびこる汚い現実から守り、家庭での悪の見本の悪影響から子どもを解放することによって、私たちは揺らぐことのないような美徳の基礎を築くことができる。[10]

一八世紀中期のパリの保育園から、農業労働者の子どものためのオーベルランの一八世紀後期の学校や、一八三〇年代パリのコシャンの保育室、同時期のドイツの幼児保護施設に至るまで、手法は違えど目標は同じであった。ロバート・オーウェンのニュー・ラナークの名高い幼児学校は、歩けるようになったばかりの子どもの入学を認めた。なぜなら「教育は揺りかごから始まるべき」であり、教育は未来の立派な市民を創造する上で強力な役割を果たすものだからであった。[*11] 異なる道徳的、政治的立場から、他のイギリスの慈善事業家は、幼児学校が子どもの抑えの効かない情熱を抑制し、その思いやりのある愛情を育てると論じた。「母親の腕の中でさえ、子どもはしつけられるかもしれない」のだった。[*12] 正直な心や精神の習慣を植えつけることにおいて教師たちと協力することで、貧乏な人々の母親は国家への大きな貢献を果たすだろうと思われた。

イギリスの義務教育は五歳で始まるが、それより幼い子どもでも両親が望めば入学を許可され、一八七〇年代までに約三〇万人の五歳以下の子どもが学校に入学し、世紀の変わり目には最高六〇万を超えるところまで上昇した。二〇世紀初期、学校の幼い子どもの数を巡って不安が生じた時、それは子どもにとっての学校の道徳的帰結が理由となったというよりはむしろ、両親にとっての道徳的帰結が理由となっていた。なぜならこの機会を利用して、無能な人々が自身の子どもへの適切な義務を避けるようになってしまうのではないか、と主張されたからである。そしてそのような回避は二重の意味で嘆かわしいことだった。なぜなら、学校の環境は幼い子どもに適さないものであり、実際彼らの健康に害を与えていたからであった。家の条件が十分で（清潔で、十分に明るく、風通しがよく、窮屈すぎることもない）、母親が子どもに対する義務を果たしているところでは、その家は学校あるいはその他のどんな公的制度によっても真似できない教育の初期段階に対する優位性を持っていた。[*13]

幼い子どもに対する学校教育という論点は、新しい衛生に関する戦略とつながるようになった。その戦略の中では、子どもの健康や福祉は極めて重要な国家的資源として解釈され、また同時に、好ましくない生活条件や、健康や衛生を維持するために必要な技術に無学な母親、子どもの特定の性質にとって不適合な公的対策により脅威を負うものとして解釈された。この動きは巡回保健システムや学童の強制的な医療検査、家事の技術に関する女子生徒たちの教育、他にも多くのもの、つまり、家の細かな項目や人々の毎日の日課への社会的装置の拡張を生んだ。[*14]

「不十分な家」出身の子どもを若者のための学校教育の対象とする試みや、子どもの知的、道徳的、肉体的能力に適した学校教育をつくる試みは、財政上の制約によって損なわれた。地方自治体は五歳以下の子どもの通常学校への入学を拒否する権限が与えられていたが、新たな保育所を提供する義務はなかった。その後何十年間も、このような計画への支出はしばしば公然と妨げられた。[*15] 託児所教育という横断幕は、最初は社会主義者の慈善の形で、後には都市社会主義を通して、社会主義者の運動によって掲げられた。

労働者の闘争の初期の支持者で、国際労働党の構成員であったマーガレット・マクミランは、改良された学校医療サービスを目指したブラッドフォードでの運動の過程で、スラム街の健康障害の蔓延に初めて気づいた。[*16] 一九〇二年にロンドンへ戻ると、国際労働党の国家管理委員会の構成員である彼女はフレーベル協会の有力メンバーとなった。富裕なアメリカの実業家からの助力によって、彼女はロンドンのイーストエンドのボウで学校診療所を始めた。そしてデプトフォード学校治療センターとして診療所がデプトフォードに移転する時まで、診療所はロンドン州議会からの資金提供を受けていた。診療所は健康設備を年間約六〇〇〇人の子どもたちに提供したが、それにともなう問題は、彼らが家に帰るとすぐに再感染してしまうことであった。マーガレットと彼女の姉妹レイチェルが使用した治療法は、新鮮な空気を用いるものであった。

一九〇四年、最初の野外保育園がベルリン郊外のシャルロッテンブルクに設置された。それは次のような考えに基づいていた。すなわち、暗く過密で、風通しの悪い学校の状態は、神経質、衰弱、栄養不良、貧血、結核の子どもたちの悪い健康状態をますます悪化させるものであるが、新鮮な空気と、健全で規則正しい食事、休養によって、この過程は逆転させることができる、というものであった。[*17]〔そうした中で、〕このようなマクミランのやり方は、自然環境に開かれた小屋で子どもたちが一夜を過ごすというキャンプ生活をともなうものであった。この技術は、野外保育園へと発展し、一九一三年に子どもを受け入れ始めた。一九二〇年代のマクミランの野外保育園の教育学は、子どもの美的な想像力の発達、すなわち、その教育的雰囲気の中での子どもの自然な開花を重要視するものであり、フレーベル、ペスタロッチ、ロバート・オーウェンらの手法を折衷して編み出されたものであった。しかしそれは、子どもの生来の気質と、彼・彼女らの福祉を確固たるものにするためのメカニズムに関する衛生学的なヴィジョンに裏打ちされたものであった。肉体的な健康は、それ自体美徳であるだけでなく、精神的発達にとっても必須のものとされた。ともかくも、筋肉の働きが精神の働きや刺激と結びつけられた。

一九二三年に設立された保育園協会の初代会長として、マーガレット・マクミランは、議会に対して運動を展開した。一九二九年の選挙運動で労働党は、保育園の拡張を政策に掲げた。新たな労働党政権は、一九二九年の政策綱領で次のように述べた。

幼児たちの世話をし、身体を洗ってやり、食事を提供し、教育する野外保育園（Open-air Nursery Schools）は、実験の段階を過ぎた。野外保育園は、もっとも貧しい家庭生活を送る幼児たちに人生の公正なスタートを約束する、比較的安価で完全に有効な方法である。[*18]

また、ブラッドフォード国際労働党にとって、保育園の機能はよりラディカルなものであった。というのも、「当該保育園精神の下で訓練された労働者階級は、経済的・社会的な既存の状態を容認しようとはしなかった」のであり、そのように容認しないことは「永続的な進歩の必要条件」だとされたからだ。[*19]

確かに一九三〇年代初頭に保育園設備は拡張されたが、教育委員会が繰り返し強調したのは、平等主義や階級闘争ではなく、むしろそうした組織が不衛生を防ぐという役割を果たすことであった。[*20] 一九三八年には、三歳児・四歳児の一五％以上が保育園に通っていた。このことは、スーザン・アイザックスによる富裕層のための保育園サービスの復活に、またすべての子どもの早期教育の重要性に関する彼女の主張に影響を受けた多くの教師たちの公立高校への移動と連動するものだった。その様子はまるで、幼い子どもの発達を巡る関心の二つの軸を調和させる教育のネットワークが今にも合体しようとしているかのようであり、人々と制度、身体や精神の効用を最大化しようとする諸活動との体系的なネットワークにその軸を組み込もうとしているかのようだった。

既に前の節で述べたように、保育園スキームは戦時中に母親に雇用の道を開くために拡張されたが、イデオロギー的理由というよりは行政的・財政的理由によって、その後は縮小された。確かに、政府から出された最初の提案は、戦争中の供給体制では、それらを求めるすべての人が利用可能な保育園と〔小学校に付属する〕保育クラスと託児所を擁する包括的なシステムに再編しなければならないというものであった。一九五〇年代おける中央政府による保育園教育に対する援助の一連の削減は、よく記録され分析されてきた。[*21] しかし、戦後の新しい技術は、成長の推移を洗練された形で図に表す手法と、幼い子どもの精神への関心のあり方の変容とをもたらした。

一連の長期的な研究は、初期の出来事と将来の見通しとを結びつける経験的な可能性をもたらすように見えた。健康と発達に関する全国調査はもともとは、産院施設の機能と出産育児のコストを研究するための王立人口委員会による、より一層限定された意図から始まったものだった。しかし、一九四六年の三月三日から九日の間に、イングランド、ウェールズ、スコットランドで生まれたほぼすべての子どもの集団《コーホート》は、予想以上に重要であることが明らかになった。というのも、こうした調査は結果的に、子どもたちと家族らの生活と健康を精査するための、すなわち、良い意味でも悪い意味でも彼・彼女らの成長に影響を与える要因を可視化し記録可能にするための比類ない機会を提供したからである。五年間にわたって子どもを調査するという、すなわち、乳幼児の死亡率の社会的な違いを観察するという当初の案は、拡大されたプロジェクトの下に組み込まれた。子どもたちの発達や、事故、病気、家庭環境、福祉サービスの利用といった点に関して、子どもの生活は、二歳および四歳の時点で記録された。子どもたちが学校に入学する年齢に達した時には、心理テストによって子どもたちの知性と教育の進み具合が描き出された。子どもたちが学校を卒業した後は、彼らの職業的な向上心と進歩〔状況〕について評価が行われた。その研究を一段落させるにあたって、調査の対象となった子どもたち自身の家族と子どもについて、文書に記録するための「第二世代」研究が計画された。[*22]

これは、人間の生と愛と死にまつわるロマンスと悲劇を、感動的な、あるいは有益な虚構の語りではなく、質問票やコンピューターからの印字文書、グラフ、図、表、点数、そして諸々の規準へと変換する大規模な事業のはじまりであった。恐れ知らずの探検家たちは、家族生活や、そこに住まう人々の姿勢、行動、信念といった暗黒大陸を描き出した。乳幼児の身体的な発達が繰り返し調査され、様々な点でゲゼルの研究をモデルにしたテクストや測定機器に記録された。[*23]その結果は、医師、心理学者、生徒、教師、親に向けて発信され、彼・彼女らに異常が存在することや異常と診断されることに対して注意を払わせるという明確な目的を持って、規格化された、また規格化のための子ども期に関する未来像を教え込んだ。また別の方向からは、言うなれば、家族生活に関する面接調査が、階級による細かい子育て技術の違い、つまり、幼児の食事、遊び行動、規律と寛容、家庭での読み書きと本や読書、お話し会などを描き出した。[*24]

子どもの家族生活に関するこれらすべての報告から、二つの教訓が徐々に姿を現してきた。第一のものは、学習能力ないし意欲や、将来の知的発達の前提が、子どもの家庭生活の早い段階で植えつけられたり育成されたりしたということだった。第二は、社会階級が次の点で異なったということだった。すなわち、労働者階級が、最善の場合でもある種の文化的な立ち遅れをこうむり、進歩によって無用とされた一昔前の子育てをするよう運命づけられたという点である。それゆえ、労働者階級は、子どもの従順と廉潔、習慣形成を強調した。それは、トルビー・キングの価値観であり、新たなリベラリズムの時代の価値観ではなかった。最悪の場合、労働者階級の家族生活に対する身体的、知的、情緒的な制約は、彼らの子どもの将来にとって確実に危険なもののように思われた。

これらの子どもたちは、幾分古い道徳物語の新しいバージョンの物語の英雄に、いやむしろ殉教者になった。遺伝的に受け継がれていく退化した家系の憂鬱として語られていた家族の歴史は、若者の精神の発達に対する環境（とりわけ家族環境）の有害な影響という観点から近代化され、書き換えられていった。みずからもまた子ども期に貧困や不利益な環境の弊害を経験した大人たちは、学校では不出来で、劣悪な職に就き、婚期が早すぎ、みずからの子どもの多くを貧しく不潔な世界へと陥らせ、子どもたちを育てるにはあまりに未熟で脆弱な状態にあり、またみずからの身体的、精神的な不健康を次の世代に伝染させてしまう存在だった。貧困と不利益、剥奪の循環は、次の二〇年間における子どもや家族、社会問題に関係するあらゆる種類の調査や検証、プログラムに意味を与える物語形式をもたらした。

その証拠には説得力があるように見えた。健康と発達に関する全国調査の一九六四年に出された報告書は、親が教育に関心を持つ度合いおよび子どもの教育の達成水準や成功における階級間の違いを浮き彫りにしたように見えた。[*25] 社会環境および学校状況の変化との関連の可能性も認められたものの、一九六〇年代における研究や出版物は次のようなことを主張していた。すなわち、「家庭」という変数がもっとも重要であること、家庭でもっとも重要なのは、社会的水準ではなく親の考え方であること、労働者階級の家族は子どもの学校教育にあまり関心がないこと、そしてこのことは、学業不振や低い適応レベル、常習的欠席に現れている、といったことである。[*26]

この文脈で、子ども期についてのさらに長期的な研究は、より一層の確証を提供するように見えた。

イングランド、ウェールズ、スコットランドで一九五八年三月三日から九日の週に産まれた子どものグループを追った、子どもの発達に関する全国調査は、一九四六年の集団《コーホート》調査をモデルにして実施された。前回の調査と同様、この集団《コーホート》はもともと周産期死亡率にかかわる社会的・産科的要因を調べるために選ばれたものであった。しかし、一九六〇年代初期まで国立児童局は、この調査は、教育的、行動的、感情的、および社会的な発達の規準をより一般的に描き出すのに役立つものだと主張していた。こうした調査によって、逸脱行為やハンディキャップを教育的、環境的、身体的な要因へと関連づけることができるだろうと主張された。すなわち、リスクと関連した状況を調べることができ、リスクにさらされた個人を特定する手段を案出することができ、ハンディキャップを抱える子どもや、逸脱した子ども、例外的な子どもに対する社会的な措置の適切さを評価することができる、とされたのである。

なぜある子どもは読む能力に劣るのか。なぜある子どもは適応不全なのか。家庭の崩壊はどんな結果をもたらすのか。……長期的な調査によって、崩壊した家庭の子どもは、どの程度の割合で非行に走るのか、換言すれば、そこに含まれるリスクがどの程度のものなのかを明らかにすることができる。さらにそうした調査によって、潜在的に破壊的な経験を是正し得るようないくつかの環境を特定することも可能となる。将来のための予防処置という観点から言えば、普通の健康な子どもを調査することは、問題のある子どもを調べるのと少なくとも同程度に重要なことなのである。*27

七歳・一一歳・一六歳の子どもとその家族を対象とし、その最初の一〇年だけで約二〇冊の本と無数の論文を産出したこの調査にも飽き足らず、第三回目の長期的調査が着手された。子どもの健康と教育に関する調査は、イングランド、ウェールズ、スコットランドで一九七〇年四月五日の日曜から一週間の間に産まれた子どもたちを追跡した。この調査の最初の報告書が上梓される時までには、明確なメッセージがすべての研究から発せられていた。報告書の冒頭で、ブライアン・ジャクソンは次のように述べた。

著者たちは、この週に産まれたある子どもにはより良い人生のチャンスがあり、同じ週に産まれた他の子どもにはないという違いはどこから来るのか、という普遍的な問いを立てた。さらに著者たちは、リスクにさらされ、発達が遅れたり行動面で逸脱していたりする子どももいれば、そうでない子どももいるのはなぜかということを追求しようとした。……彼らは、諸々の環境的要因と、片親、大家族、一つの場所に定住している家族、引っ越しの多い家族、成功した家族や苦労の多い家族といった、多くの異なる複雑な家族生活の形態に着目した。また同時に、彼らは……人生のチャンスの平等性ないしサービス提供の普遍性を明確に示す模範を模索した。*28

著者たちは、この研究における議論の前提を次のように明確に述べている。

人生の最初の五年間は唯一無二のの時期である。この時期が子どもの将来の発達と人生のチャンスにとって決定的に重要であるというだけではない。子どもたちの健康と教育、社会化を取り巻く諸々の重要な事柄が、ほとんどの場合、そうした領域に関する特別な訓練をまったく受けたことがない人々の手に丸ごと委ねられている、人生の中でも唯一の時期なのである。もちろん、これらの人々とは子どもたちの親である。……子どもたちの中には片親の者もあり、他の子どもの親はといえば、若く経験に乏しかったり、学歴が低かったり、健康状態が悪かったり、精神的に不安定だったり、未熟であったり、家族を支える経済的手段がなかったり、生計を立てる機会が限定されたり、という具合である。……そのため、一部の子どもたちは健康面での発達と学業面での成功において、他の不運な子どもたちよりも相当恵まれた状況で人生のスタートを切るのである。[29]

こうした長期的調査を通して、子ども期という暗黒大陸の探検に乗り出したのは、イギリスだけではなかった。一九八一年には、世界保健機関が『将来予測のための長期的調査：社会心理学的異常の初期予防のための経験的基礎』というタイトルで、遠く離れたルーマニアやアイスランド、モーリシャスから集められた約七〇の研究事例の概要を出版するに至った。[30]

というのも、これらすべての記録と分析の目的ははっきりしているからである。研究者たちの情熱《アスピレーション》は、不適応、非行、神経症、精神病、そして今や「社会心理学的」と解釈されるに至ったその他すべての行動や情緒、意志の異常を最小限に抑えることで、子ども期を管理する手段を発見することに向かっていた。この夢は、監視と管理の抑圧的な欲望に動機づけられたものではなかった。それどころか、これは大いに人間主義的で平等主義的なプロジェクトである。すなわち、シティズンシップの失敗の原因を追究し、社会の利益をその社会のすべてのメンバーに拡張することを確かなものとする知見を提供しようとするプロジェクトであった。これらの平等主義的な動機《アスピレーション》から、統治装置の構想が生まれてきた。それは全国的に組織化されていると同時に、子どもと母親、専門家とのあらゆる接触において、人の顔をも備えたものであった。新しい計画は、幼い子どもの知的発達に影響を与えるようになった。すなわち、母親が行うシティズンシップ教育法を補完したり、それに取って代わったりするようになったのである。

一九六〇年代を通して、公式の報告書はこれらのテーマを念入りに議論している。一九六三年のニューサム報告は、社会的、物理的に困難な環境にある一群の学校における問題を、低い教育水準、不健康、不登校、非行、生徒が法定学卒年齢後に学校に留りたがらないことと、というように分類した。[*31] 初等教育を扱ったプラウデン報告は、特別委任された多くの研究に基づいて分析を精緻化した。実際、プラウデン委員会の研究は、「子どもの発達に関する全国調査」に対する最初の基礎を提供したのであり、この調査の最初の主要な分析は、プラウデン報告書の付属文書として出版された。[*32] 委員会のために実施された調査研究は、物質的・社会的に不利な状況に置かれていることと、学業不振との間の関連性を、裏づけるものと考えられた。この関連性は、分析的でもあるのと同時に行政的でもある「教育重点領域（education priority areas)」という概念でまとめられている。教育重点領域では社会問題と教育問題、すなわち、貧困、大家族、劣悪な家屋、常習的欠勤、不登校がぴたりと一致しているのである。

一九六〇年代後半までには、この関連性は教育社会学の知見として広く受容された。

貧困は、子どもを学校に通わせ続けようという親の気を殺ぐ。貧困によって、子どもは本やおもちゃを買ったり、学習の機会である冒険を経験することが困難になる。貧困によって、家族全体を抑圧し不幸にするような居住環境を強いられるようになり、子どもと親が一緒に話をしたり遊んだりすることがほとんど不可能になる。それだけではない。そうした状態がもはや存在しない場合であっても、そうした状態が近い過去に存在していたり、あるいは親自身の子ども期がそうした状態であった場合、その事実は、一世代かそれ以上にわたって、考え方や価値観、向上心《アスピレーション》に影響を及ぼし続けるのである。*33

不利な状況におかれた子どもたちを巡る諸々の関心は、確かに大いに平等主義的な色彩を帯びている。教育の平等な提供も、出自のゆえに子どもたちが便益を享受できないような立場に置かれているならば、ほとんど意味がないだろう、と著者たちは何度も強調した。劣悪な物質的条件や、子どもを育てるための施設の不足、孤立、母親の知識の欠如といったものが有する悪い影響は、子どもにも母親にも同様に及ぶのだ、と彼らは強調した。彼らは、「われらすべての未来」のために、家族と子どものための就学前サービスに投資するよう主張した。短期的に見ればコストは大きいが、そうした投資の欠如は、母親の抑鬱という点においてだけでなく、より重要なことには、学業不振、学習習慣の欠如、不登校、非行、不満といった子どもたち自身の問題において、より高く隠れた社会的なコストをもたらしたのである。

私たちは、こうした仕事に込められた個人の福利と社会正義への関心が本物であることを否定したり、過小評価したりすべきではない。しかし、平等化装置としての教育という概念に沿って、社会化や道徳化のための企てとしての学校教育という、もう一つの概念が動き出した。というのも、教育がシティズンシップの極めて不可欠な装置であるとすれば、それはたんに知的能力と資格を教育がもたらすためではないからである。平等主義は、教育的装置が子どもにシティズンシップへの意欲《アスピレーション》を育む手段となるという希望をともなうものでもあった。それは、勤勉や適応、仕事や家族、社会に対するコミットメントを介した自己研鑽活動の内部で、子どもたちがみずからの人生を構築するための方法はもちろん、その意志を彼らに植えつける。こうして、子ども期に関するこれらすべての研究が明らかにしたことは、たんに不公平と消耗の問題だったのではなく、疎外の問題であった。言い換えると、学校の文化や、学校を重要な準備の場所とするさらに広い社会の文化を形成する価値観や褒章、期待といったものに適切に応える気のない、あるいはそうした能力のない子どもの集団が産み出されるという問題であった。[*34]

社会の現実に対して、こうした観点から最初の主要な介入が行われたのはアメリカにおいてであった。一九六〇年代の初めに、新しい社会の地勢学が構築された。それは、人口増加や大都市への人口の集中、そこでの人種的・階級的な分布を問題にしていた。研究者たちは、中心ブロックにあるゲットー地区への黒人家族の集中、ゲットー地区を取り囲んでいる、白人労働者階級の家族や多くの場合近年のヨーロッパからの移民たちが住む同心円地区、より外縁の郊外に分布している多くの中産階級、といった規則的なパターンを発見した。ハヴィガーストの「地位比率」の公式のような、この地勢学を数量化し、変化率を測定することのできる方法が提案された。これはある学校内部における中産階級の子どもの下層階級の子どもに対する割合を計算し、「臨界点」を提示するものであった。その点を越えると、残っていた中産階級の親たちが郊外へと移転するために、移行地域にある学校は、急速にその大部分を「下層階級」によって占められるようになった。[*35] こうした動きは、雇用の拡大している部門が郊外へ移動することによってさらに悪化した。郊外は高所得家庭をますます魅了し、ゲットー地区では地方税の基盤と雇用機会がますます低減していった。と同時に、彼らの公共サービスへのニーズと失業率は上昇していった。

統計と調査は、この議論を論証するものだった。多くの分析者は、いずれにせよ、オートメーションやその他の技術的な変化が、特に黒人の慢性的で持続的な失業を増加させており、学校をドロップアウトして失業者になった者がさらにこの集団を膨張させていると感じた。ドロップアウトした者自身が、雇用の対象とならない人々をさらに増やすような家族を生み出すだろうとされた。[*36] 社会的および人種的な分極化に関する政治的認識は、南部において法的・市民的権利が与えられていないという関心から、大都市における人種差別を生み出している社会的・経済的な不平等へと移行していった。調査報告書は、これらの問題について、また、諸問題が潜在的に秘める一触即発の社会的帰結について、現行の政策を考慮した場合経済拡張が明らかに問題を是正できないことについて、したがって、問題を軽減あるいは改善するためには、さらなる経済拡張に頼る以上のことが求められるということについて、注意を繰り返し促した。[*37]

リンドン・ジョンソン大統領が、一九六四年に「貧困に対するアメリカの不屈の戦い」を宣言した時、彼の念頭にあった敵はこうした問題であった。この戦いは、立法活動と社会的計画における激しさと同程度に、調査と学問的主張の領域においても激しく戦われた。学校は、貧困とその撲滅のために根底的に重要なものだと考えられた。学校は直面している問題を体現しており、問題を増幅させるものでもあった。そして学校は説明と解決の重要な試験場となった。インナーシティ〔都心周辺区域〕からの白人と被雇用者の撤退とともに、居住区の棲み分けと通学区域の区分けは、かつての公民権侵害と同じくらいの効果をもって学校教育の分断をもたらした。貧しい黒人の子どもたちはゲットーの資金不足の学校に集められた。そこは設備が不十分で、建物も壊れかけており、〔学習に対する〕意欲の低さと人種的緊張に満ちていた。教師の態度、カリキュラムの特質、職員の退職率といったものすべてが、インナーシティの問題をより悪化させていった。子どもたちに保証されたのはスラムの教育にすぎず、低水準の学業達成と高い退学率のため雇用の見通しはより暗くなるとともに、ますます彼らを不利な状況に追いやった。*[38]

急進的な自叙伝から学問的な報告書に至るまでの急増する文献が、この問題の過酷さと恥辱を証言するものだった。「ボストン公立学校における黒人児童たちの心と知性の破壊」という副題を持つ、ジョナサン・コゾルの『死を急ぐ幼き魂』は、「考えられる限りでの最悪の罪は子どもの気力を絶えさせてしまうことだ」というエリク・エリクソンの信条の引用で始まり、ラングストン・ヒューズの詩である「地主の詩」で締めくくられている。*[39] これよりも散文的に、しかし実に唖然とするほどに、コールマン報告《レポート》は、黒人と白人の子どもの間にある学業達成の不均衡について、綿密で説得力ある証拠を詳細に記述した。*[40]

しかし、コールマンによる分析には重要な変化があった。学校の種類や教師の質よりも重要なのは、子どもの家庭環境と同級生の特徴であるように思われた。他の報告書でも、問題は「貧困のサイクル」と思われるということを認めていた。

不十分な教育、低収入あるいは収入の皆無、限られた就業機会、ぼろぼろで人の込み入った住宅、身体的・精神的な不健康、非行と犯罪に走る傾向といった、貧困に関するこれらの特徴や、他の多くの特徴は、それぞれが相互に原因となるものであり、不利な状況に置かれた子どもや大人、家族にとって、「貧困のサイクル」を断ち切ることが事実上不可能になるような形で、相互に悪影響を及ぼしていくのである。[*41]

教育がこのサイクルの本質を示し、それを悪化させるものであるならば、同時にそれを打破するための鍵でもある。知的発達の心理学はこの問題を巡って再構成され、就学前の数年が、知性の発達と、教育組織における子どものその後の成功にとって決定的に重要であることを示すものとなった。こうしてブルームは、子どもの発達に関する長期的調査を再分析し、知性のもっとも急速な成長は就学前の時期に起きるということを示した。[*42]またハントは、ヘブ、ハーロウ、ピアジェによる研究を用いて、知的水準の劇的な上昇は、子ども期の数年間における出来事についての理に適った科学的な教育心理学によって成し遂げられるということを主張した。[*43]発達のための重要な時期という概念のような、その他の諸々の提案は、ほぼ同様の見解を示すために活発に行われた。

「補償教育」は、「貧困のサイクル」を打破するために、こうした見識や機会を、新たな統制の型へと結びつける発明であった。もっとも重要なのは就学前教育プログラム《ヘッド・スタート》であった。一九六五年の夏にはアメリカ全土の貧困地域で、四歳児と五歳児を対象に就学前夏季八週間の教育を提供するための「児童発達センター」が活動を開始した。開設された最初の夏には、二〇〇〇以上のセンターで五〇万人以上の子どもが教育プログラムに参加し、およそ二〇万人の有償無償の職員が活動に加わった。しかし、これらのセンターはたんに「教育的」なだけのものではなかった。つまりそれらは、医療診断および治療のための保健サービス、家族への援助を調整する社会的サービス、心理学的サービス、栄養プログラム、親の参加などを含めた、子どもの家族生活に介入するための包括的な新プログラムの基礎を形作るものだった[44]。

就学前教育《ヘッド・スタート》プログラムの急成長は、その当初は、提供された教育の実際の内容における革新を意味するものではなく、ほとんどのセンターでは「社会化」に関する体系化されていない支援プログラムが採用されていた。しかし、その周辺により専門化された様々なプロジェクトが次々と生まれた。ナッシュビルにおけるグレイとクラウスの「早期訓練プロジェクト」、ニューヨーク市の発達研究所に始まるドイチュのプログラム、ミシガン州イプシランティ市におけるワイカートの「ペリー就学前プロジェクト」、ノースカロライナ州グリーンズバラ市におけるニムニヒト早期教育プログラム、ベライターとエングルマンによって設置された高度に組織化された「学問的」就学前教育、マリオン・ブランクの個別言語プログラムなどである。権力と知の加速するスパイラル、強力な新制御技術、さらに精密化された一連の測定法と技術は、子どもの知的生活や話し方、考え方を管理しようとするものだった。それらは、シティズンシップに関する社会的意欲《アスピレーション》を家族の構造の中に組み込む新しい方法の可能性を、その後一〇年の間にわたって提供することになった。

当初、それは高度に組織化されているように思われ、また子ども自身に対する集中的な働きかけが不十分だった。一方で、その働きかけは学校自体の中にまで貫徹されねばならなかった。経済機会局が通常の授業時間を用いたプログラムに資金援助することを妨げられたことが、就学前の期間に注目が集まる理由の一つでもあった。しかし、一九六五年の初等中等教育法の第一編は、学校レベルの補償教育プロジェクトに一〇億ドルを支出し、人材、カリキュラム改善、読書プログラムに充てた。他方、学校の外の世界は、認知面での発達と学校への動機づけのために有効に利用された。学校の熱意《アスピレーション》、価値観、技術は家庭へと振り向けられることになった。母親たちは、就学前スキームに積極的に参加するよう促された。それによって彼女たちに、効果的な教育の中心にある姿勢や対応の仕方を、多少なりとも教えることが可能となった。ナッシュビルにおける母親訓練プログラムなどいくつかの計画では、彼女たちは直接訓練を受けたし、教える側の役割も担った。しかしながら、しばしば指摘されていたように、もっとも教えを必要としている母親たちは、このように積極的にプログラムに参加しそうにはない人々であった。それゆえ、自宅で指導を施す訪問計画やその他のメカニズムが成長した。その他の計画は、子どもの精神に利するように、より一般的に環境に働きかけようとした。計画の中には、都市部の学校に見られる人種別の棲み分けを打破する手段として、「強制的バス通学」を実施するものもあった。また、コミュニティ全体を動員し活性化させるプロジェクトと学校とを結びつけようとする計画もあった。これらは、ワシントンのアダムズ・モーガン・コミュニティ・スクールのような、学区内の落ち着いたコミュニティ・スクールから、ボストンやハーレムその他の、学校教育の大転換とより広範な意欲《アスピレーション》を持った進歩的な政治プロジェクトとを融合させた地域におけるフリースクールにまで及んだ。

大勢の心理学者が、「実地研究」の形で、あるいは後の追跡調査で、子どもたち自身におけるこれらすべての働きかけの効果を測定する様々な研究に雇われた。これらの評価をもとに構築された話の内容は、期待を裏切るものであった。[*45] 子どもたちはその計画で感情や認知能力においていくらかの限られた進歩を見せた一方で、一般的な統一見解は、その進歩は学校教育の最初の数カ月で失われた、というもののようだった。幻滅につきまとわれながら、これらの否定的な検証結果は、多数の様々な分析事業の中で展開された。[*46] ある人たちは、その失敗はプロジェクト開始のタイミングが遅く、期間も集中度も十分ではなく、態勢も十分に構築されないままに実施されたという事実によるものだった、と主張した。別の人たちは、その結果は、知能指数が主として遺伝的に受け継がれていることを確証するものだったと論じた。アーサー・ジェンセンの論文「知能指数と学業成績をどこまで高めることができるか」を巡る熱狂的な様子は、詳細に記録されている。[*47] 第三のグループとして主に社会学者たちは、「教育は社会を埋め合わせることはできない」と主張した。また、「恵まれない」子どもに調査の対象を集中するということは、そのような不利な状態をもたらす政治的・社会的状況や、教育的変化だけでは大きく変えることができない状況から、〔人々の〕注意をそらすことになると論じたのだった。[*48] いずれにせよ、リチャード・ニクソンが一九六〇年代の主要なアメリカの社会プログラムを一九七一年の一二月に中止し、母親が低所得である子どもに対する教育や健康面での保護のための二〇億ドルの立法計画を拒否した時、かつては行動に向けて議論の余地のない状況を打ち立てていた進歩主義的でリベラルな議論は、分裂し、信頼性を失い、弱体化していた。*49

しかし、このアメリカの失敗が、成長する子どもの知能を理解し形成しようとする専門家の活動の終焉の兆しとなったと考えるべきではない。実際、アメリカの研究がすでに期待外れの方へと向かっていた時、ほとんど同じ言葉で表現されたイギリスの計画は、アメリカよりかなり控えめな規模ではあったが、ちょうど軌道に乗りつつあるところだった。ここで、また教育学が家庭に浸透し、子どもの知能に影響を与えようとする拡張的な計画が始められることになった。さらに、その狙いは、学校という装置が社会化・道徳化のための仕組みとして作用できるようにすることであり、もっとも貧しくもっとも疎外されていた人々の意欲《アスピレーション》を社会的統合の道へと向かわせることだった。

イギリスにおける一九六〇年代は、教育と学校教育に対する希望とその学説の絶頂期であった。学校教育と社会に関するアメリカの文献がイギリスに輸入された。コゾルの書籍が一九六八年（決定的な年である）に出版され、教育改革と社会変容の間のつながりに関する、ポール・グッドマン、イヴァン・イリイチ、エヴァレット・ライマーなどの急進的な著作が続いて出版された。イーノック・パウエル下院議員が、移民、都市の暴動、貧困、不安といったものを、失業率や都市の衰退、みすぼらしい住宅を巡るイギリスでの不安の増大に関連づけて考えたのは、社会的無秩序がヨーロッパやアメリカ中にあふれた一九六八年の四月のことであった。彼の議論は主に、合衆国の無法状態と暴力に対する認識に基づいており、このままではストリートがおびただしい血で染まる事態になることを予言した。すると、その月に、労働党の伝統的な支持者である港湾労働者や他の労働組合員がパウエルの立場に賛成して町をデモ行進し、労働党の総理大臣であるハロルド・ウィルソンが新しい都市の支出プログラムを発表した。この都市プログラムは、移民家族の激しい集中を含む、多様な問題を抱えた地域がある都市圏に向けられたものだった。多くの都市に対する援助が注がれたのは教育分野であり、とりわけプラウデンによって示唆されたように、就学前の対策援助であった。

プラウデンによって考案された「教育的優先地域」が、いくらか現実のものに変えられたのもまた一九六八年であった。その中の五つ（オックスフォード、バーミンガム、リヴァプール、ロンドン、ヨークシャー州のウェストライディング）が、オックスフォード大学の社会行政学部の学部長であるA・H・ハルゼーの監督下で、実地研究計画の対象地域として選び出された。ハルゼーは、プラウデンのリポートに由来する言葉で、みずからのプロジェクトの狙いを次のように要約した。

(a)子どもの学業成績を上げること
(b)教師のモラルを改善すること
(c)子どもの教育に対する親の積極的な関与を促すこと
(d)住民のコミュニティに対する「責任感」を高めること*[50]

現場で実際に起きたことは、これらの壮大な目標と比較していくぶん控えめなものだった。優先地域の領域とそこでの教育対策が計画され、事前の想定が条件つきで確認された。就学前の教育対策は、主に、地方自治体や自発的アソシエーションによってすでに用意されていた対策の拡大を促進することによって、わずかに増強された。合衆国から輸入された系統立った「教材」を使うことによって、言語力の発達を向上させる試みがなされた。数の理解については、ある方法によってバーミンガムで奨励された。その方法は、いわば認知的成長の各段階に関するピアジェ主義者の考え方をひっくり返したものであり、子どもが数を理解することを説明するためにピアジェが用いた手段を、教授の方法に変形したものである。子どもは実験対象となり、その結果を検証するために再試験され、彼らの家の背景事情が記録された。地域教育センターがウエスト・ライディングで設立され、カリキュラムの開発が開始され、家庭訪問スキームが試され、学校と家との連絡教員が任命された。その目的は、「学校と家庭、および学校が属する地域の間の相互理解を深め、とりわけ、最大の援助を必要とするのにもかかわらず、時として親が援助を求めていない子どもに配慮しながら、学校と家庭と地域がお互いに与え合うことができる援助を強化しようとする」ことだった。[*51]

　このことは、このすべての懸念からすれば、かなり貧弱な帰結だ、と人は考えるかもしれない。そして実際に、EPAスキーム、統計、図表、一覧表、グラフに関する五巻のレポートが持つ尊大さや重々しさの下で、そのレトリックと比較した時の現実性の貧弱さに、気づかずにはいられない。にもかかわらず、ハルゼーとその研究グループは、一九七二年にはまだ楽観的であり、教育上の優先地域という行政手段を通じて「肯定的差別〔差別の積極的な是正措置〕」を適用することができる、と結論づけている。また、就学前教育は、その評価結果が——控え目に言うとしても——いかがわしいという事実にもかかわらず、「EPAの教育基準を高めるための一般的な試みにおける極めて経済的・効率的な手段である」と結論を下した。[*52]

不利な状況におかれた子どもや補償教育の問題に焦点を当てた研究プロジェクトや論文、書籍が、文字通り大氾濫を起こした。学校評議会、国立教育研究財団、そして、考えられる限りのほとんどすべての研究組織は、就学前教育に対する介入が子どもの認知的・感情的発達に及ぼす影響を実証・評価しようと努めた。[*53]「幼少期の決定的な重要性」、「就学前教育」、「知的・言語的刺激」以外の言葉で、子どもについて考えることは不可能であるように思われた。

この洞察の一面は、インナーシティ出身の不利な状況におかれた労働者階級の子ども、そして、学校教育からの疎外が引き起こす社会問題の方に向けられたけれども、第二の面は、富裕階級の子どもの教育的発達と中産階級の母親の職歴向上と満足感に焦点を合わせた。この関心がとった制度形態は就学前保育園であったが、書籍、おもちゃ、ゲーム、振る舞い――つまり、敏感で裕福な母親が同じ家系の構成員が将来成功するチャンスを最大化するような、〔しかし、〕あるいは彼女がその好機を拒絶するなら罪悪感を経験するような、数多の些事――においてもまた具体化された。

一九六〇年代の保育運動は、今や認知的成長や社会的・感情的発達という世俗的な言語で述べられているが、一九世紀の知的・倫理的向上心を復活させたことは確かである。[*54]ある若い母親が一九六一年に『ガーディアン』紙に投書し、定期的に家庭で子どものグループ・ミーティングを開くために彼女が多くの近所の人たちと取り決めをしたことについて書くと、彼女のもとに、同様の境遇にある若い中産階級の母親から情報とアドバイスを求めるリクエストが殺到した。これを受けて、事態は急速に進展した。二歳半から五歳までの子どもを対象とした地域グループの活動を促進するために、就学前保育協会が結成され、ボランティアの地域管理係が任命された。一九六五年には、協会のメンバーは五〇〇人になっており、その一〇年の終わりまでに、メンバーの数は、毎年ざっと三〇〇万人の子どもたちを巻き込んだ、八〇〇〇を超えるプレイグループ〔就学前の子どもたちを交代で世話をする親子の会〕の存在を示唆していた。

これらのプレイグループ、そしてプレイグループというアイディアには、多方面から熱心に支持する声が寄せられた。自分の子どもが成功していると考えている親たちは、教育の重要性について説得する必要もなく、これらのグループは知能の倫理と、自助や隣人愛の倫理とを結合させた。急進的なグループは、プレイグループを、ブルジョワ的な社会化という害を和らげる手段とみなし、性別に対する固定観念や教育に関する狭い考え方を取り除いていった。彼らは、コミュニティのプレイグループの中に集団的な行動と自由主義者《リバタリアン》の闘争ための基礎を見出し、そこには大学教育を受けた能弁な中産階級（子どもを伝統的な家庭環境とは違う環境で育てることが多い）と労働者階級の抑圧された女性との連携が生まれた。このことは同時に、コミュニティのプレイグループが人生のもっとも決定的な時期に進歩的な考え方や価値観を将来の世代に教え込むという、さらなる利点を持っており、次に続く国家教育の有害な影響に対抗するための予防接種であった。

しかしプレイグループは、自助《セルフ・ヘルプ》運動以上のものになった。政府は、プレイグループが、危険にさらされた子どもたちの就学前の生活に介入するための安価な形態であると確信して、「不利な状況におかれた」地域のプレイグループに資金を提供した。全国児童虐待防止協会〔NSPCC〕やセーブ・ザ・チルドレン基金のような慈善団体によって設立されると、プレイグループは過度の負担状況にある家族に一時的な支援を提供するのと同時に、危険に瀕している子どもの発達を監視し、彼らの親を綿密に調査する手段ともなった。就学前の時期に関する新しい準専門家を育てる場所にプレイグループを変えようと努める人々もおり、訓練課程、資格付与、新しい職業分野が開設された。子どもたちを育てるという日常の仕事は、〔自分を〕向上させる可能性を秘めた場になった。過小評価されてきた、母親であることの喜びや労働（子どもと話すこと、子どもと遊ぶこと、子どもに本を読み聞かせること、子どもとお絵描きすること）は、社会的に認可・評価された科学的な専門知の部門になることになった。

当時の社会福祉大臣であるキース・ジョゼフ卿がこれらの「教育的な」政策と、問題を抱える社会団体の部門を監督するというより全般的なプロジェクトとの間にあるつながりを再び関連づけたのは、一九七二年の就学前保育協会に対する演説においてであった。「第二次世界大戦以来、長期の完全雇用が続き、社会が相対的に繁栄し、コミュニティ・サービスが改善したにもかかわらず、子どもと両親との離別や不適応などの問題がこれほど顕著に続いているのはなぜなのか？」という疑問をキース卿は提示した。*55 彼の答えは、「剥奪のサイクル」という観点から「貧困のサイクル」という考えを復活させることであった。これは、家族の文化内部での伝達のプロセス——無知、未熟、感情的貧困、絶望のそれ——を十分に踏まえた、捉えがたいが、しかし重要な変化であった。

国家の公的な装置や機関を通じて就学前の教育に干渉することは、社会サービスの領分、また、みずからに付託される範囲を、不利な状況におかれた子どもとその家族への「社会事業」にまで拡張させつつあるボランタリーな組織の領分になった。これは、「危険にさらされている」子どもに向けた対策の問題であり、その「危険」とは、物理的な虐待から劣悪な衛生状態、知的剥奪に至るまでの、危険の範囲全体を包括した言葉である。就学前の対策は、少年裁判所から医者、警察、ソーシャルワーカー、巡回保健員、近所の人に至るまでの組織を通じた、予防的な家族統制という夢に統合された。マリア・コルウェルからジャスミン・ベックフォードに至るまでの人たちにとって、「危険にさらされた」子どもは、チャンスにも悪夢にもなった。すなわち、さらなる研究や専門知の洗練、干渉の新しいメカニズムの必要性を再認識させる存在であり、一方では、家族を統治するための合理的なスキームと、実際の混乱した現実の間にある避けられない矛盾を常に思い出させるものであったのである。[56]

けれども、また別の意味において、一九六〇年代の教育的な情熱《アスピレーション》は維持され、子どもの認知的・感情的発達のために、家庭における母親と子どもの個別的な関係の鋳型をつくり、管理しようという関心にまで拡張された。学校や胎児期講習、保健師による「親であるための教育」は、発達心理学や保育園の規準と教育技術を、家庭自体に普及させた。心理学の考え方や価値観、規準は、小児テストや健康診断のような日常の社会実践を通じて、また、母親を対象とした書籍、パンフレット、雑誌記事の急増を通じて、母親と子どもの生活に溶け込んでいった。

心理学的な専門知と専門職の権威との教育的な結びつきに母親を組み入れることは、そのはじまり以来早期教育擁護者を邪魔し、心配させてきた問題を解消した。一九二五年にゲゼルが言ったように、「重要な問題とは、家庭と親を支援することであり、彼らに取って代わることではない」[57]。つまり、その困難は、構成員を社会化することに対する私的な家庭の責任を破壊することなく、母親の非効率的で社会的に損害を与える実践をいかにして補うべきかということにある。その答えは、教育の規準を母親自身の願望や想像に組み入れることであり、それらの規準が、母親自身の振る舞いや子どもの振る舞いを計算し、判断するための不可避の自然なシステムを形成するようにすることである。専門家は、良い育児を定義し、それが子どもの可能性を実現するために必要であることを立証しようとした。彼らはそのような実践を遂行するための技術を規定し、それを評価するための規準を定義しようとした。しかし母親は、自身の個人的な願望と不安の下で、彼女自身の家の「プライバシー」の中で、その体制を実践しようとしたのである。[*58]

知的成長の規準が専門家の領域から家の中に広がるにつれて、起業家は、これらの新しい必要性によって作り出された市場を広げようとした。今やお金で購入することができるようになった書籍やゲーム、おもちゃ、レコードといったものの助けを利用することで、家庭という親密な環境は、認知的成長に関する紛れもない実験室に変形させられることになった。それぞれの子どもは、アヴェロンの小さな野生児になることになった。すなわち、欠乏とニーズに関する経験をプログラムすることを通じた、精神的発達における個人的な実験の主題になったのである。食べ物や飲み物、遊び、運動を求めるといった子どものそれぞれの願望は、欲望とその満足の間に、操作的なタスクや推論のハードル、記憶テストを入れることによって、学習経験の基礎になりえた。あらゆる家庭内の仕事は、順序や数を教える機会になり、あらゆる会話は、語彙、文法、発音を教えるちょっとした授業になりえるのだった。

例えば、ジョーン・ベックの『もっと利口な子どもの育て方』を取り上げよう。[*59] その目的は、生まれてから六歳までの間の子どもの知能の発達に関する新しい研究について親に報告することであり、科学雑誌や学術的なシンポジウム、実験室から寄せられたこの研究を、毎日小さな子どもとともに生活し働いている人々にとって有用な形態に翻訳することである。*60

「翻訳する」とは、まさに正確な言葉である。すなわち、科学の言説から実践的な指示と技術に翻訳することであり、そして同時に、真理という神聖な領域から、鼻水の垂れている鼻やべとべとする指といった世俗的な領域に、それらの妥当性を効果的に翻訳することである。

もちろん、科学の価値をあまりにも低く評価する親があまりにも多かったし、そういう親たちにとって、科学は脅威を与える厄介でなじみのない推論のかたまりであるように思えた。しかし、ここで科学は、いかに彼らが重要な存在であるか、また就学前の学習技術を使うことによってどれほどの楽しさと喜びが彼らに待っているかを、親たちに対して常に再確認させるのである。それを強調するために、小さな家族ドラマが長々と繰り出される。四歳のジーン・ジェンキンズは、自分の誕生日パーティで母親の友達の子どもたちに朗読してあげることで、母親の友達をとても感動させる。四歳のダニーは、ビーズの数をカードの数に九九九まで対応させる遊びをする。脳に障害を負った幼いデビーは、一〇〇〇語を超える語彙を読むことができる。これらすべては、それぞれの場合において、子どもを愛する誰かが、就学前の学習と脳の発達に関する新しい学説を知っていて、適用したからである。愛、楽しみ、成功、義務、科学、優越が、無抵抗のキメラの中に縫い合わされた。「自分の子に早期学習の諸原理を使おうと試みる父親と母親は、子どもの知能の発達を喜ぶだけでなく、それに続く新しく幸せな関係にも喜びを見出す」[61]。子どもは、より利口になるだけでなく、行儀よく、興味深い存在にもなる。子どもを育てることは、もはや、価値はあるがありふれたことではなく、感情的な激しさや危険をともなうことではない。科学の適用を通じて、子育ては、母親と子どもの両者にとって教育的なものであると同時に刺激的なものとなったのである。

〔だからといって、〕この幼児教育が様々な話題に関する一連の「講習」による家庭生活の破壊をともなうわけでは、まったくない。そこで生じるのは、生活のすべての側面を、子どもの学習に対するそれらの影響という点から理解することができ、形作ることができるということの承認である。就学前教育《ヘッド・スタート》の実験、ジェローム・ブルーナーからマリア・モンテッソーリ、ケネス・ワンに至るまでの専門家の著作、そして、成功と失敗を対照させる多くの個人的な逸話は、結合されて、信憑性があり実行可能で魅惑的な一つのイメージを生み出した。このイメージは、さらなる母子の相互作用に関する心理学的評価を再現するものである。こうしてティザードとヒューズは、そのような相互作用を分析した末に、次のような結論を下した。すなわち、理解の基礎を導き、説明し、築き上げることを通じて子どもの好奇心や「知識に対する渇望」に応じながら、子どもが抽象的な概念を探求することを手助けする母親もいれば、無知、鈍感、忍耐力の欠如によって、決して子どもとの相互理解を成し遂げられない母親もいる、という結論である[62]。極めて重要な認知的なタスクは今や、母親であるという労働に対する新しい規準において、家庭のおける一家の義務と結びついた。そして、母親と子どもの間にある「相互作用」の詳細な内容は、かつてなかったほど、視覚化し、評価し、管理することが可能になった。

教育的な刺激のある家では、朝食から就寝時間までの日課のあらゆる側面が、認知的に価値あるものになっており、また、学習経験として視覚化されている。それらは、思考、言語、科学、数学、知覚、創造力を伸ばし、また、病気、退屈、画一性というやる気をそぐような要素から子どもの脳を保護する役割を果たしている。並外れた子どもを、という願望は、あなたの子どもが学校や人生で失敗するのはあなた自身の責任であるということの承認とともに、専門知の語彙や評価、計算を家族の日課の構造に浸透させる。母親であることは、理論においては、知的に刺激的なものであり、個人的な能力を図る試金石であり、実質的にそれ自体が専門職であるということになる。そして実践においては、母親であることは、自分の子どもに対する責任の規準と照らし合わせて常に自分を反省し検証する現場になる。

私的な家族は、教育的な規準に抵抗する潜在的な場所から、それらを求める要求の現場になった。こうしてウォーカダインは、就学前の数学に関して親に提案された学校の配布資料から次のような一節を引用している。

> あなたはたぶん、気がつかないでいるかもしれないけれど、様々な方法でお子さんが数学を学ぶ準備をするのを手伝っていることでしょう！　以下には、あなたがお子さんといっしょにできる、役に立つ多くの活動のいくつかを挙げています。食事の用意をし、ナイフを数え、適切な場所に並べることなど。買い物に行き、お金を扱い、かごの中の品目を数えること。料理を手伝い、重さを

量り、大きさを測ること。……お子さんと活動をともにし、お子さんと話すことによって、あなたは、物の大小、多い少ない、もっとも長いとかもっとも短いといったような正しい「数学の」言葉をも教えることができます。しかし、それを堅苦しい授業に変えてはいけません。これらすべてのことは、日々の出来事として何かのついでに行うことができるのです。[*63]

子どもの認知能力を最大化するための新しい技術によって、私的な普通の家庭を、その自律性を損なうことなく教育的装置の中に組み入れることができる。「あなたの子どもはあなたの子どもであり、あなただけの責任である。そして、熟練した教師とは、このことを忘れることのない者である」[*64]。子どもを育てる親の権利は、それら自体が、注意深く守られるべき大切な自由である。「親は、法律ではなく助言を必要とする。彼らは、子どものために最善を尽くしたいと思っているが、利用できる十分な助けがない」[*65]。

したがって、子ども期についての専門知は、アカデミーの発達心理学と、家と学校における大人と子どもの相互作用の微細構造との間で、一種の橋渡しの役目を果たし、赤ちゃんや子どもと遊び、話し、触れ合うための正しい方法と誤った方法という新しい概念を広め、成長に対するこのような非常に繊細な工程に対処するための正しい方法について、親や教師を指導するものだった。正常な発達とは何か、それをいかに保証するかについての知識は、難解なものになった。すなわち、その知識の入手方法を確保するためには、マニュアルを読んだり、テレビを見たり、ラジオを聴いたり、雑誌や広告を研究したりすることが必要である。正常な発達は、一つの問題になった。すなわち、成し遂げられるべき対象であり、絶え間ない訓練と監視を必要とするようになったのである。子どもとその子を取り巻く環境との「相互作用」は、最善の結果を生み出すために、組み立てられ、組織化され、管理されることになる。活動、社会的交流、空間、色、教具、人工物、言語、スケッチ、絵画、分類すること、数えること、聴くこと、歌うことなどすべては、最大限の心理学的な成功を達成するように組織化され、プログラムされ、順番に並べられ、監視されるようになる。もし、学校においてだけでなく、学校での成功に左右されるその人生においても、永久に、成功を危険にさらさないようにしたいのなら、これらすべてが必要なのであった。

母子の関係性は、強制や個々の家族の責任を無力化することを通じてではなく、責任のある自律的な家族の願望や希望、不安を通じて、知性の名において統治されることになった。

五　責任ある自律的な家族

イングランドの国家は、両親に国家が提供するものを自由に選択し、容認あるいは拒絶する自由を認めようと苦心している。……［それは］良き母親は、事実に関する情報を持ち、ニーズに関して教えを受けているなら、自分の子どもにとって何が良いのかについて、正しく判断する人であるという事実をしっかりと認識しているのだ。問題は……実際に公益事業を運営する人々は母親が他の誰よりも子どもをよく理解できると決して一様に確信してはいないということである。……国家は両親に対する非強制的な教育の政策において実に賢明であり、次の段階は公益事業を運営する人々の教育である。……両親は責任ある人々であるという考えを明確に支持しないものは何であれ、長い目で見れば社会のまさに核心に害を及ぼすであろう。*1

ドナルド・ウィニコット、一九四四年

一九七〇年代と一九八〇年代の間、児童福祉の組織を巡る議論は混乱の様相を示した。一方では、家庭における両親による児童虐待を巡って「スキャンダル」が繰り返し起こった。最初に、肉体的な、次に性的な虐待が連続して専門家によって発見され、大々的に公表された裁判事例を通して大きく伝えられ、公式の調査や報告の対象とされた。もう一方で、家族の自律性を蝕み、そのプライバシーを侵害したかもしれない、国家やソーシャルワーカーの権力を巡る不安が再燃した。これは家族の権利に対する強力な要求の形をとった。前者がより徹底的な家族の「行政管理《ポリシング》」や、「リスクにさらされている」家族の登録、ソーシャルワーカーの権力の増強、家族に対する監督の拡大を求めているように見える一方で、後者はその逆を強く求めているように思われる。この観点から〔言えば〕、家族こそが自身の子どもたちを育てる方法をもっともよく知っているのであり、家族は「野次馬」や「おせっかい焼き」から守られるべきである。すべての子どもは自然な家族の中で育てられる権利を持っており、そこでは子どもは、福祉官僚によって提供され、職員が配置された代理の家という人工的な環境ではなく、適切な領域で愛され、大事に育てられることになる。

　しかし、この相容れなさは本物というよりは見かけ上のものである。むしろ、これらの二極間の衝突は単一の領域で起こる。法廷、公的報道機関、テレビ・ドキュメンタリー、公式報告書における幼児虐待の事例や審問のオーバーな繰り返しは、その世紀の前半の慈善事業や国家福祉を鼓舞した貧困家庭の子育て実践についての諸々の不安を単純に再演しただけではない。育児放棄や虐待への憤りは、かつてもっとも問題のあるように思えたまさに社会の領域、つまり、労働者階級そのものからもっとも声高に明白に現れたように見受けられる。タブロイド紙や大衆新聞は、もっとも扇情的に虐待を表現し、もっとも明確に犯罪者を怪物や悪魔のように描写し、もっとも強く懲罰を要求している。

　今日、児童虐待のスキャンダルから引き出された公的な教訓は、一つの社会階級全体、つまり、その不適当な行動と無関心が国家の福利を脅かす社会体《ソーシャル・ボディ》の暗愚な一部分を教育したり道徳化したりする必要性を表してはいない。治療的、教育学的な責務を理解できなかった家族は今日、貧しい人々の道徳観念のなさや無知の表れというよりは、ごく少数の個人や夫婦の個人的な精神病理の結果であるように見える。それは、彼らの個々の特性や家族の歴史という観点から説明可能で、刑事上の処罰あるいは精神医学の手当を必要とするものである。

これらの公的スキャンダルによって引き起こされたあからさまな要求は、この病理的な少数者の抑制に対してであるけれども、同時にこの要求にかかわる逆向きの力はより強烈である。これは、夫婦や親類縁者の適切な関係の外部にある、憎悪、嫉妬、暴力性、攻撃性、挑発、報復、性的欲望は、正常な家族における子どもに対する大人の正常な感情のレパートリーに含まれていない、ということを伝えるメッセージである。もし経験したとしてもそれらは認められることはない。もし認められるとしても、このことは彼らの異常性を承認するという文脈の中でのみであり、したがって、判決を下し非難する立場にある者、あるいは聴き、理解し、忠告し、改善する資格を持っている者に対してのみ認められるのである。

近代の家族は、家庭内の出来事を、ひどく主観的で、感情的で、エロティックなものと化すことを通じて形成された。それは欲望のベクトルによって組み立てられた機構であり、その構成員がお互いに対して持っている欲望と、自己実現の欲望が満たされる場所としての家族の働きを通じてのみ機能し得る。しかし、家族のメカニズムを刺激するよう要求されている「社会的」欲求の誘因は、常に同時に境界の外の欲望、反社会的欲望の誘因によって脅かされており、それはまさに家族が達成することになっている社会化の破壊という代償によってのみ満たされるものである。虐待、審問、非難の公的な見世物《スペクタクル》は、正当と不当の境界を私たち各々の主体性において再構築し、取り締まるイメージや同一化を生み出すことを求めるこういった不断の必要性と本質的に結びついている。

不当な性欲や、女性や子どもに対する暴力の原因を、個人や家族の病理、あるいは家父長制社会それ自体にあるものとして公的に表現することは、近代家族を構成する激しい感情的構造の根源を見えなくしてしまう。私たちは各々、この合意による正常性を構成する者として扱われ、子どもたちを愛し、彼らの心理的な福利、知能の発達、身体的な健康のために腐心する。これらのスキャンダルが引き起こす諸々のメッセージは、犯罪者たちに向けられているように見えるかもしれないが、実際は、彼らに同情してしまう人すべてに向けられている。憤りのもう一方の側面は、「正常な家族」それ自体についての心理的な安心と疑いを絶えず更新したもの、すなわち正常な親についての精神病理学である。

一九四〇年代と一九五〇年代にドナルド・ウィニコットが残した著作は、この矛盾をある程度まで表現するものである。ウィニコットは、ボウルビィと同様に、少年犯罪や子どもの「反社会的傾向」の起源についてある程度関心があり、それは家庭生活に不可欠な要素の剥奪や、良いものの喪失、無くしたものを求めることに起源があると彼は確信していた。[*2] しかし、彼のもっともよく読まれた著作や彼の多くの放送された講演の焦点は、正常な子どもの精神病理学と、正常な母親によってなされた治療であった。すなわち、「夫の支えのある普通の良き母が初めに行う個人と社会に対する多大な貢献であり、それは、たんに彼女が自分の子どもの養育を献身的に行うだけでなされるものである」。[*3]

ウィニコットの「普通の献身的母親」という概念は、以下の認識を要約したものである。すなわち、

一九四九年の夏、私はＢＢＣ〔英国放送協会〕のプロデューサー、アイザ・ベンジーさんと飲み

に行った。彼女は……私に、私が気に入ったテーマなら何でもいいので、一連の九つの話をしてほしいと言った。……私は彼女に話した。……私は母親たちがうまくやっていること、それぞれの母親が職務について献身的であるゆえにうまくいっている事柄、つまり、子ども（時に双子）の世話について母親を対象に話をしてみたいと言った。普通母親はそういうものだ、と私は言った。……アイザ・ベンジーはほんの二〇ヤード歩いたところで私のアイディアに賛成した。「素晴らしい！普通の献身的母親」。それで、テーマは決まったのだった。[*4]

偉大な博愛と感受性を基礎に書かれているウィニコットの著作ではあるが、この正常性の治療学こそが、児童虐待のスキャンダルへの手厳しい反応と対になる、概念上の対応物となった。両親の、とりわけ母親の能力に関する変わることのない安心が、彼の作品の中心にあるように見える。赤ん坊に関する母親たちの行動は、細部にわたる指示によって形成されるのではなく、むしろ、自分の子どもを自然に扱うという自覚的な意識の水準にまで向上することに、その基礎を置くようになった。目標は「根底にある原因についての啓蒙」であった。これは、彼女らの自然の行為を補完し、安心の基盤を提供するのに必要であるように見えた。[*5]

正常な母親とその子どもに関する当然の専門知についてのこの考え方を広める中で、ウィニコットの著作と講演は安心以上のものを提供した。それらは知覚体系や語彙を打ち立てた。その体系や語彙といった手段によって、母親たち（やその他の者たち）は、自己自身や自身の感情、〔人間〕関係、子どもの自己について、意見を述べたり、評価したりすることもできるようになった。例えば、幼児の食育は、学ぶべき仕事ではなく「二人の人間の間の愛の関係を実践すること」となった。[*6] 赤ん坊の生活と、母親の生活は「本来的に困難」となった。この時以来、「正常な両親」は「良き直観的感情に対する現実の正しい理由を自身に与えるための」支えを必要とすることは当然である。しかし同時に、「両親の一番良いところを引き出すために、私たちは、彼ら自身の事柄、つまり彼らの家族の養育に関しては、全責任を彼らに委ねなければならない」。[*7] 家族は同時に責任を割り当てられ、その自然な能力を保証され、自身の能力への確信を持つために専門家によって教育される必要があるという事実の中で教育される。両親は、自由と自律性を保証されたまさにその瞬間に、専門知の言語や評価に縛りつけられるのだ。

この逆説的な一連の要求が、病理的な家族の中の育児放棄、虐待、暴力という一連の問題を下支えし増長させる。異常性が公に非難される光景の中で、正常性の勢力と普及力は復活する。したがって、その標準に対する私たち各々の自己審判が動員される。似たような逆説が、家族を巡る最近の議論の反対の極の基礎となっている。家族、特に少年裁判所のシステムの内側やその周辺の人々をとりまくようになった法権力の複合体に直面し、強力な「対抗言説」が形成された。それは、子どもの保護の名において、家族の自由への侵入を制限しようと努めるものである。この対抗言説は非常に強力である。なぜなら、それは政治的分布の異なった側面から、また、異なった倫理的立場からテーマと論点を寄せ集めているからである。そのすべてが合同して、児童福祉システムの現在の形への反対となる。

保守的かつ新自由主義的な政治家や著述家の現代の言い回しにおいて、状況はほとんど変わっていない。彼らはよく知られた言い方で、家族の責任を促進するよりむしろ、福祉がそれらを破壊する危険に対する懸念を表現している。[*8] しかし、これらの議論は新しい勢力を獲得した。なぜなら、児童福祉の基礎をなす原理に対して強力で多岐にわたる支えを以前提供していた慈善的な、人文主義者の、自由主義者の、そして社会主義者の議論の構成要素は、児童福祉の多くの現実の事柄に対して批判的であるのにもかかわらず、組み立てられてこなかったからであり、それどころか自身を一つの新たな形式に組み入れたからであった。福祉の原理と子どもの最善の利益は、啓蒙された善意の表現どころか、国家の側での強制的なパターナリズムの表現や促進であるとみなされる。

この新たな形式の一つの要素は、市民的なリバタリアンに起因する。[*9] 国家とその機関によって担われたこれらのパターナリスティックな権力は、家族の私的領域への不法侵入、すなわち、家族のプライバシーの法的承認によって阻止されるべき侵入同然のものである、と彼らは主張した。市民的自由の立場に立つ弁護士は、「家族の権利」と「子どもの権利」という一般的な旗印の下で、騒がしい圧力団体からのこれらの主張を提起した。弁護士たちは、子どもと家族の市民権を守る法的、専門的権力の複合体が持つ意味合いについての関心を表明した。

彼らは、子どもたちについての彼らの判断にかかわって法廷を左右する緩い基準――それは一般に信じられているところでは、若年の対象者の「福祉」と「最善の利益」を一致させるような仕方でなされる、彼らの諸決定を形づくりうるとされていた――を批判した。[*10] 彼らは次のように主張した。法権力の枠組みや実施における正確さの欠如は、介入のための根拠を提供する行動の型を明確に規定することができなかった。そのため、はっきりと公的にあらかじめ告知された諸規則によって統治される場合の国家権力の使用だけが正統であるという、中心的な法原理を冒涜した。そうやって〔批判することで」、諸個人がみずからの振る舞いを調整しない場合の帰結についての認識を考慮して、そのような調整をするための公正な機会を、彼らに与えようとしたのである。明確で正確な基準が存在しない状況の中では、最善の利益あるいは福祉といった原理の解釈は意思決定者である行政官や裁判官、ソーシャルワーカーの自由裁量に任されたように見えた。それは、当該の子どもとその家族にとっての正義の否定であるように見えたのである。

これらの言葉を使って持論を論じる市民的なリバタリアンは、福祉の社会学的分析や、道徳的なパニックに関する批評、職業的な起業家精神、政治的監視や社会統制、児童保護制度は親子の個人的自由に関するインプリケーションを含んだパターナリズムを象徴しているという議論から、支持を引き出した。社会学者は、福祉の理論的根拠に対する批評や、家族の福祉の行政管理《ポリシング》を抑制するための運動に活発に参加した。[*11] 福祉従事者の中にも同じ行動をとった人たちがいた。彼らは、みずからに割り当てられた責任や込められた希望に対する不安を表明した。そのような「福祉」のアプローチの下で児童を保護しようとする試みは、単純にうまくいかない、と彼らは論じた。家族の監視はたびたび家族の問題を拡大した。「援助」の専門家が参加することによって、結果的に逸脱というレッテルが貼られたりやスティグマが押され、事態が悪化する恐れがあった。少年犯罪に対する矯正処置、あるいは施設への収容や代理家族に預けるために子どもを家族から離別させることは、子どもの問題を軽減するというよりはむしろ悪化させた。国家は、家族への介入によって、実際に良い状況を悪くし、悪い状況をさらに悪くさせるようであった。[*12]

急進派は、この議論を福祉専門職の科学的信憑性や職業的な専門知に対する無差別な攻撃に結びつけることによって、この議論を拡張した。[*13] 彼らは、子どもの発達に対する様々なタイプの家族形態の影響について、ソーシャルワーカーは客観的な判断を下す能力がたんにないだけだと主張した。彼らの心理学的理論における科学的な知識基盤の強調は、有効性を欠いていた。心理学それ自体は科学としての地位に達しておらず、様々な分析やインプリケーションを持って競合する諸派へと分割されており、その研究成果のほとんどは適切に実証されていなかった。子育てとパーソナリティとの関係や、非行の原因、父親あるいは母親による子育ての影響、児童虐待の長期的な帰結を巡って、意見の一致はまったく見られなかった。さらに言えば、子どもや彼らの反応の個人差は、心理学理論が、具体的な家族形態が特定の個人に与える影響について正確に予測することはできないということを意味していた。たとえこれらの問題が研究所や実験的な状況においては解決されえたとしても（そうなれば、子どもの発達についての予測がひどく杜撰であったことが追跡調査によって示される）、ソーシャルワーカーには、単純に、客観的な結論を導くための特定の子どもと家族に関する充分なデータを集め、検証する能力がなかった。その代わりに、彼らの「社会調査報告」は科学的評価のふりをした価値判断、すなわち事実のふりをした風聞や噂に満ちていた。心理学において安定した知識基盤を持つべきだというソーシャルワーカーの主張はたんに、法や法廷によって与えられた彼らの職業的な能力のために疑似科学的正統化を提供する試みだった。

左翼の視点から、この分析は、福祉に関する情報を提供している片寄った価値観やそれを下支えしている社会統制機能に対する、より一般的な批評と関連づけられた。ソーシャルワーカーは、非常に文化として限定された規範に沿って家族を判断した。特に、正常な家族や適切な子育て実践という概念は、白人や、専門家、中流階級のものであり、これらの専門職は主にそういった概念を利用していた。しかしながら、彼らの顧客および裁判所の前に来る者たちは、圧倒的に労働者階級であり、しばしば黒人であった。専門職の人たちにとって、西インド諸島の人々、アジア人あるいは白人の労働者階級の家族は、異なっているのではなく、不完全であるとみなされていた。両親の権威の形、子どものしつけ方、ある活動形式の禁止は階級や文化によって異なるが、しかし自民族中心主義的かつ差別的な方法で、ソーシャルワーカーや法廷は、それがまるで普遍的であるかのように、ある決まった規範を押しつけた。さらに、統制装置は強制的に、母性についてのある種の教義、女性が家庭的で母親らしい役割を身につけるということの自然さや望ましさという教義を女性に押しつけ、それは母性本能や母子の絆、母親の原初的な子育てへの没頭に関する疑わしい心理学的理論によって強化された。ソーシャルワーカーや裁判官に与えられる権力は、個人や家族を審理し、管理し、制裁を課すための国家の強制装置を利用することができるのだった。[*14]

こういった議論が、専門知が疑問視されているまさにその「専門家」によって支持されたとは驚くべきことかもしれない。しかし、これはまさにアンナ・フロイトがとった立場であり、彼女は、法律家であり、政治学者であり、精神分析医でもあるジョセフ・ゴールドスティンと、小児科医であり、精神医学者であり、子どもの行動の問題に関する専門家でもあるアルバート・ソルニットとともに、著書を著わした。

法律は、親子間の脆く複雑な対人関係の絆を監督する能力を持っていない。国親〔パレンス・パトリエ」として、国家はあまりに粗雑な道具なので生身の両親の適切な代理とはなりえない。法体系は、成長している子どもの常に変わり続けるニーズや要求に対応する上での資源も持っていなければ、感受性も持っていない。[*15]

したがって、彼・彼女らは、育児怠慢や育児放棄の場合を除き、家族が望むように子どもを育てる権利を保護するための法律を修正しようと努め、また国家の介入に対する非常に制限的な基準を構築しようと努めた。この基準は、家族形態の心理学的適切さについての評価よりむしろ、主として子どもに対する実際の身体的な危害に基礎を置いていた。

家族の領域内での安全に対する子どものニーズは、子育てにおける両親の権威への国家の侵入に対する防壁として、家族のプライバシーを承認することによって、法律で満たされなければならない。これらの権利、つまり、両親の自律性や、自律的な両親に対する子どもの権利付与、プライバシーは、「家族の統合」のための不可欠な要素である。[*16]

法の役割を制限し、また家族に対して治療的に働きかけようとする法的試みを非難する際に、これらの著者は心理学的専門知の権限を制限しようとはしない。むしろ彼らは家族メカニズムに対する影響に関する法的様式を変えようと努める。心理療法は強制ではなく自由の問題であるべきだ。心理学的知識はまだ、統治のための公的な装置に関する役割を持っているが、それは違う役割となっている。すなわちそれは、子どもと両親の心理《プシケー》に関する知識に照らし合わせて、裁判手続きや法的調整の適切な形式を規定し、評価することなのである。しかし、この時点以降においては、心理学の専門家とその研究対象との理想的な関係は、法的領域の外にあるものであり、家族について気にかける個人と、うまく順応した自己や人間関係、子どもを求めている個人を助けようとする専門家との私的な契約関係の中にあるだろう。

間違いなく、福祉や児童保護の理論的根拠に対するこれらの様々な攻撃は、様々な方向から来ており、批評家が引き出すインプリケーションはまったく異なっていて、対立してさえいた。しかしこれこそが、強力かつ流動的で万能な対抗言説――すなわち、家族にその自律とプライバシーへの「権利」を「回復」させ、その法的権力の外部領域としての法的な地位を再構築し、そして親密な環境を独立させようという対抗言説――の中へそれらを連結することを可能にした、まさに当のものであった。家族の領域に対する強制的な介入の根拠が明らかにされるであろうそのやり方については、福祉主義の批評家たちの間に明確な分業が存在するが、他方でその根拠となるものは、子どもに対する明瞭かつ明白な危害や危険なケースに限られるべきあろうという一般的な意見の一致があった。両親と子どもの諸権利が留意されるべきなのと同様に、そのような根拠は議会において承認された法典や法規に明確に規定されるべきであった。システムにおける適切な説明責任は、法的手段によって、少年裁判所の法的手続きを復活させることによって、また自動的にもしくは両親や子ども、利害集団により要求されたものとして行政が下した決定について司法の審査を提供することによって、保証されるべきである。福祉官僚制の強制的権力は最小化され、個人的選択や私的責任の領域としての家族の境界は再建されるものとなった。

これらの議論は純粋に対立的なままではなかった。それらはアメリカとイギリスの両国で法的変化を引き起こした。とりわけそれは、福祉の基準に基づく行政的決定によって両親の権利を強奪した当局の権力に関しての変化だった。一九八四年のイギリスで、保健社会保障省は、地方自治体がその目的として家族の統一を維持すべきであること、また両親が意思決定に参加し、みずからの法的権利を知る権利があることを強調した服務規定書を発行した。「進歩的な」地方自治体は、そのような権利を基礎とした原理を手続きに組み入れ、代理家族によるケアの使用を最小限に抑え、家族の維持や援助、家族と離別した子どもを家族のもとへ迅速に戻すように社会事業の方向づけをするよう努めた。「分担ケア」や「包括養育」という観念は、生みの親をできる限り代理養育制度に内包するための理論的根拠を提供しようとするものだった。どんな社会事業による介入も、家族の統合、同一性、自律性を促進するよう努めるべきであることが繰り返し強調された。権利の語彙はどんな法的言及をも超えて使われ、家族単位やその構成員のプライバシーと自律性を保護する目標を強調した。

家族のプライバシーの戦略は、過去一五〇年間にわたる家族の仕組みを取り締まり、統制しようとするすべての試みに対立しているように見えたかもしれない。しかしその逆が真相である。つまり、その戦略は、みずからに社会化の義務に対する責任を課し、みずからの欲求としてその義務を果たすために生きようとする家族を構築する、これらの試みの成功の証明として存在するのである。社会化プロジェクトはもはや慈善事業によって植えつけられたり、法廷やソーシャルワーカーによる脅威の下で課されたりする必要はない。少なくともその理想の形において、それは私たち各々に備わっているもので、私たちを取り巻くイメージによって、すなわち、広告で、テレビで、新聞や雑誌で、育児書で、絶えず維持され、活性化させられるものである。もはや専門家は、法律や、社会事業の強制的侵入によって、家族に触れる必要はない。彼らはラジオの視聴者電話参加番組を通して、週刊誌のコラムを通して、保健師や教師、隣人の優しい助言を通して、心理学的に教育された私たち自身の自己分析という絶え間ない内省的な眼差しを通して、私たちに問いかけてくる。

現代の私的家族は今でも厳しく統治されたままであり、それは非常に多くの方法で、社会的、経済的、政治的目的と結びついている。しかし、ここでいう統治は、社会統制や意志の服従の仕組みを通してではなく、主体性の促進、喜びや大志の構築、また、罪や、不安、羨望、失望の高まりを通して作用するのである。家族のこの新たな関係性のテクノロジーは私たちの中に組み込まれ、私たちの家族の生活を見つめ、それについて話すためのある特定の心理学的方法を打ち立て、私たちの子どもやお互いの本来は難しい相互行為に対する不断の検証、すなわち、健康や、順応、発達、知能への相互行為の帰結に関する絶え間ない判断を促すのである。正常性と現実性との間の隔たりによって生じた緊張は、私たち個人の活動を専門知と不可分に結びつける。

家族の統治のために必要な仕組みは、もはや進歩したリベラルな社会の原理を脅かさない。自律的で責任ある家族は、魂〔心〕を統治するための新たな様式の象徴としてある。それぞれの正常な家族は、良心的にそのもっとも私的な夢を実現させようと努力するまさにその瞬間に、その政治的責務をもっともよく果たすであろう。

第四章　私たちの自己のマネジメント

一　自由を義務づけられた人々

複数の近代社会を横断する権力のネットワーク群において、自己とは、欠くことのできない要素である。近代国家における諸々の統制装置は、本来的には〔その装置から〕手つかずの諸個人に対して、外部から課せられる何かではない。主体性を統合し、形づくり、導き、そして強化することは、統治の諸々の働きにとって本来的なものであった。ただし、社会の統治が主体性の統治を求めるに至ったにもかかわらず、それは、すべての対象への永続的な監視とコントロールをつくりあげるような全知全能の中央政府の成長を通して達成されてきたわけではない。むしろ主体性の統治は複雑で異種混交的な諸テクノロジーの集合体の増殖というかたちで、具現化してきた。これら〔の技術〕は、政治的、科学的、博愛主義的といった様々な野心および専門的な権限と、諸個人の理想や願望、私たちの各人がそうなりたいと望む自己とを、一連のものとして結びつける中継器のように作動してきたのである。

心理療法、その実践者たち、その諸々の言語、さらにはその諸技術は、政治や権力の関心事から遠く隔たって現れたのかもしれないが、第二次大戦末期以来生じた心理治療の領分の目覚ましい拡大は、統治の諸原理と諸技術における深部の変容と、密接に結びついて継続してきた。五〇年にも満たない期間に、精神の領域は多くの方法で、また多くの道筋に沿って探査、開拓、そして統制へと開かれてきた。一対一で、一日に五〇分、一週間に五日、年間四四週を五年間あるいはそれ以上にもおよぶ最高の形の精神分析は、多くの場合、未だ都市部のブルジョア知識人に限定されているかもしれない。だが、手に余るほどの比較的安価で穏やかな治療技術が、諸個人がみずからの内面的苦悩の解消を求めるがゆえに、作り上げられてきた。分析的心理療法、ゲシュタルト療法、行動療法、論理情動療法、来談者中心療法、個人構築療法などである。

身体は、時を同じくして、診断の対象であり、新たな包括的治療法の領域における臨床的な媒介物であり、近代における自己の疎外、抑圧、断片化に接近する手段であり、それらの変容物でもあるものへと変化した。さらに、「成長」や「人間の可能性」を目指す治療の動きが形を成してきた。それらは生体エネルギー療法、超越瞑想法、適切な自己表現の訓練《アサーティブ・トレーニング》の類を実践し、苦悩する人々に安堵をもたらすというよりは、自身が普通であることに苛立つ世俗的な人々に、ある種の超越を約束する。心理療法の諸々の語彙とメカニズムは、日常を生きることができない人々にだけではなく、生きることそれ自体に向けられているのである。

諸々の治療の語彙は、人間的な諸問題に取り組むすべての実践において、増大しつつ配置されている。一般開業医の診療において、普通の入院患者のために行われる看護師のケアにおいて、家庭教師の勉強や人事部マネージャーのオフィスにおいて、心理療法の諸技術は迎え入れられ、そして、包括的な意味での個人が、生きて、経験し、物事を感じる主体としての自己が、はっきりと見出されるようになった。薬物を使用する傾向があるにもかかわらず、心理治療の諸技術は、精神科病院において、大小の諸々の集団において、看護師と患者の出会いにおいて、臨床心理士、芸術療法士、演劇療法士の活動において、さらには一部の精神科医の実践においてさえ、利用されている。外来病院や治療コミュニティにおいて、心理治療の手続きは、患者が依存と不適応から自律と責任〔の状態〕へと至ることを可能にするやり方を探求する上で、適切なものへと調整されている。[*1] ソーシャルワーカー、結婚指導カウンセラー、死別カウンセラーなどは、心理療法の作法、慣習、技能がすべての多種多様な生の諸問題に専念するところの、「公的」でも「私的」でもなければ、「法的」でも「ボランタリー」でもない次元において、複雑な関係を紡いできた。

心理治療の言語や助言は、専門家への相談や面接として、決まった時間と場所で行われるものであることを超えて拡大し、今やそれはマスメディア、雑誌の相談コラム、テレビのドキュメンタリーや討論において定番の内容となっている。参加に金銭が必要ない聴者参加型の生放送ラジオで、無料で即座に分析してもらうため、私たちはみずからのもっとも私的な諸問題を告白するか、そうでなくとも、同胞である市民の多くが彼らの生活の難事を処理する苦労に、聞き耳をたてることになる。

治療における必須事項は、〔病気が〕治療されることであると同時に、私たち自身〔の苦しみ〕を癒すということのように思われる。ある種のジャンルの出版が急速な進歩を達成した。書店に溢れるペーパーバックは、それぞれ異なる治療システムを提唱している。それらの本は読者を、彼または彼女が不満足から満足へと移行できるような手順で教育するが、その手順とは精神に対する体系立てられた作用を介するものである。それはある種の告白文学や自伝に似ている。これらは、「内側からくる」神経症や抑鬱、躁病、さらには精神病についての経験さえを語るドキュメントであり、治療を通じて苦悩する著者を癒し、ある種の精神の平穏へと辿りつかせる、あるいは彼ら自身が自己をそのような平穏へと導くための道筋を描く。

実践者、クライアント、政治家、そしてメディアが、人間存在の厄介ごとに精神科学的な発見を活用することを、解放の可能性として祝福するのは無理からぬことである。現代における自己への関心は、近代の生活によって生み出された問題への応答であり、西洋世界が個人へ与える尊厳の証であり、未だ新しく誤りがちであるにしろ、特筆すべき科学の試みの結果であるように思われる。

しかし社会を分析する専門家たちは、自己治療の文化に対して、いくぶん偏見を持つ傾向があった。一九七〇年代の文化批評は、アメリカやヨーロッパの若者の間に生じた治療や自己開発への関心の高まりに、公的な世界や急進的な政治とともにあったそれ以前の一〇年間の熱狂から、目を背けるという意味が含まれていると見なしたのである。新たな精神は、ナルシスティックな引きこもりとして、個人的な満足、気づき、信憑性のジャーゴンで包まれた私的な繭の内側へ向けた転回として、非難された。マルクス主義者はとりわけその新しい治療を、自己の妄想、資本主義イデオロギーにおける個人賛美の神聖視とみなした。治療への欲望は、資本主義によって作られた精神的なダメージへの反応であり、また、よりマシな生き方、在り方を絶望しつつ探し求める人々の姿を反映したものであったのかもしれない。しかし、経済構造の形式に基礎づけられた疎外状態において、治療はたんに一時しのぎでしかありえなかった。新しい治療のムーブメントにおいて流布された諸々のスローガン、そのムーブメントによって提供された幸福への希望は、それら自体が消費文化において崇拝される諸要素となり、満たされない約束が際立たせたであろう、深い失望の上に繁栄したのであった。[*2]

歴史家はまた、治療文化を、近代における自己の妄想の一部であり、以前のような物事のより望ましい状態のいくらかが崩れ去ったという、否定的な現象の帰結と見なす傾向があった。リチャード・セネットは、近代文化のあらゆる側面において親密さやパーソナリティ、信憑性が強調されることについて、それが一八世紀の都市社会においては文明化された生活を可能とした、公的領域と私的領域の区別が崩れることから生じてきたと論じた。[*3] 公衆の面前における外見、言語、行為は、今や彼らが獲得し得る何かによって価値づけられるのではなく、露わになった彼らの内面的なパーソナリティの用語で解釈される。親密さ、温かさ、自己の内面についての率直な表現は、至高の価値となるに至ったのである。心理治療的なるものは、個人のアイデンティティにおけるこの妄想に、またあるいはナルシズムが社会関係へ動員され、自己が何を為すかではなく、どのように感じるかという語彙で特徴づけられるところの、親密さの専制に密接に関連している。

私たちの文化をナルシスティックだと宣告しつつも、クリストファー・ラッシュは、この強烈な自己への没頭が自己満足からではなく、官僚制の発達によって私たちの私生活の上につくり出された荒廃から生じるものだとした。[*4] 現代のアメリカ人は、彼ら彼女らの技能を、官僚、経営者、専門家に明け渡してきた。労働者の経験や知恵は、企業経営者の専門知識の前に露わにされてしまった。親たちは、資格を有する子育ての専門家に依存するようになった。個人の生活や自立のかたちでさえ、医師、ソーシャルワーカー、そして心理学者から学ぶ一連の技能へと変容するに至った。専門知の統制のテクノロジーは、個人や家族の能力を蝕み、国家、企業、官僚制への依存を生み出してきた。自己に付随するナルシストの顕著な妄想は、かつて父親、教師、牧師として表象されていた「社会的超自我」の弱体化によって生み出された不安定さに対抗するための手段の、死にもの狂いの探索である。二〇世紀の心理学的な人間は、個人的な心の平穏を、それを阻止しようとする社会的および心理的な状況下において、必死に探し求める。

似たような悲しげな気分とともに、フィリップ・リーフは、治療的なるものの隆盛を、高度産業社会における「積極的な文化《ポジティブ・カルチャー》」と彼が名づけたものの終焉と結びつけた。*5 ある積極的な文化は、行為に付属する秩序づけられた意味の体系を持っており、それは、個人的な関係を、合意された諸目的へ従属させることを介して、何かしら自己の救済のようなものを約束する。積極的な文化における治療とは、以下を誓約することである。すなわち、健康な人こそがよい市民であるということ、そして、治療はその目的であると同時にメカニズムとして、集団的な諸価値への個人の復帰であるということ。しかし、高度産業社会はもはや文化的に積極的ではない。個人主義が支配し、個々人を共同体の全成員から成る繋がりへと結びつけていた絆は断ち切られ、すべての人々がまったく私的な生活を送るという可能性が露わになった。したがって、そのような共同体はいかなる集合的な救済も提供しない。彼らの治療は、積極的な共同体への象徴的な回帰ではなく、内的な葛藤を制御する自我をより厳しく統御することを目的としている。ある積極的な共同体においていかなる信念も不在である場合、善き生活とは、諸々の活動と価値を共有する公的な生活への参加ではなく、むしろ個々の関係から成る私的な生活の折衝である。治療とは、いかにして信頼を欠いた文化の孤独を耐え忍ぶかを学ぶための方法なのである。

しかし、私的な自己が自己自身を平穏のうちに、その公的世界における役割とともに自覚しうるような過去についての、これらの懐古的な憧れは、根本的なところで、誤解を与える恐れがある。その問題は、真逆のやり方で提起されるべきである。心理治療と政治的権力の諸関係は、精神的な自律や自己の安全の破壊ではなく、社会的な病の分析と治療において鍵となる用語としての、専門的な知の対象としての、道徳上の整形外科の諸体系における対象としての、自律的な自己の偽造を露わにする。公と私の区別は、確固とした分析の道具ではなく、その区別自体これら知と権力の体系における流動的な資源なのである。そして、これらの諸システムが熱望するものは、大いに倫理的であった。このように心理治療を位置づけるのは、それを文化の歴史の内側にではなく、人格に関する政治技術の系譜の内側に置くことに等しい。そのような系譜学は、政治権力が諸主体に重くのしかかるようになるところの、また、それが彼らを理解し統治しようとするところの、その変わりゆく形式を露わにする。またそれは、私たちの諸々の支配者が、社会的な目標を追い求める際に、統治の諸技術によって私たちを教育することが必要でありまた望ましいことであると自覚するに至った、その歩みを強調する。近代的な自己は、それを対象とする権力、意味、美徳の諸実践の網目を介して、構成されてきたのである。

社会理論家たちは、多くの異なった見地から、今日の西洋における人格概念の普遍性を疑問視してきた。すなわち、区別された思考、意志、情動の領域、知覚と判断の場、行為の創造者であり個人の責任を引き受ける者、人生の道程をまとめ上げることによって作られた固有の経歴を持つ個人、ということを含み持つその概念の普遍性を、である。一九世紀中盤以来ずっと、先の二〇〇年にわたる「個人主義」の隆盛についての分析、とりわけ個人主義を、プロテスタンティズム、ロマン主義、独占的な所有に基礎づけられた市場社会の成長、そして自然法理論と結びつける分析が大幅に増加してきた。[*6] これらの議論は、多くの社会において固有の個人としての人格の観念が知られていない、ということを主張した二〇世紀の人類学者たちによって下支えされた。[*7]

マルセル・モースは、オーストラリアと北アフリカの社会において、統一された「自己」なるものは存在しないと主張した。それぞれ人々は、固有のアイデンティティという観点からではなく、一族内における諸々の権利、地位、そして責務の位置を示す名によって、個別化されていたのである。[*8] 古代ローマでは、仮面か、さもなければペルソナとしての〔社会的に果たすべき〕任務が、個人化された法的および政治的システム内における諸々の責任の担い手を指すようになったという意味で、より「個人的な」性格を獲得した。しかし、個性を持った人であることは、決して人間の本来的な特性ではなかったのであって、特定の種類の人間、とりわけ奴隷は、政治的にも法的にも個人ではなく、また企業や宗教団体などのような非‐人間的な存在は、法律上の善良な個人であるとされた。

モースは、この法的・政治的な意味でのパーソナリティに、人間各人と彼らの神との間に仮構された関係を通じて、良心という形の内面的な存在とある種の普遍性を与えたのは、キリスト教であったと主張した。キリスト教的な魂は、肉体と魂、意識と行為を統一し、遂にはプロテスタントによる個人、魂、自己、そして意識の同一視へと至った。カントとフィヒテも、引き続きこれに厳格な近代の形式を与え続けた。カントは個人の意識を実践理性の聖なる基礎と位置づけ、またフィヒテは自己を意識、科学、そして純粋理性の条件としたのである。

モース自身は、歴史における諸々の範疇は移ろいやすいにもかかわらず、「未だかつて、彼の肉体だけでなく、同時に、霊的かつ肉体的であるところの彼の人格についても感づくことのなかった人間というものは、存在したことがない」と確信していた。[*9] 彼の論文の解説者たちも概ね同意し、また主張するのは、モースとその歩みの追従者たちは、社会が発展するにつれて自己認識の普遍的で中核的な感覚の獲得に徐々に近づいていくような自己についての、一連の文化的信念の人類学と歴史学を、素朴に計画しようとしているということである。*10 しかし、この〔モースの〕確信は、それ〔＝その計画〕が理解しようと試みるまさにその諸過程の産物である。「自己」とは、それについての社会的な承認の形式に先立って存在するものではない。それは、自己に狙いを定めた社会的な諸々の期待、自己に与えられた社会的責務、自己が裁定を下される際に準じる諸規範、自己を誘惑しまた抑圧する喜びや痛み、自己のうちに植えつけられた自己の吟味の形式、自己が語られる際の、また思考と言明のうちで自己が自己自身に責任を負うことを学ぶ際の言葉づかいの、雑多で移ろいゆく帰結なのである。したがって、自己に関心を寄せる「信念の諸体系」は、「文化」の広範な領域に宿るものとしてではなく、種別化され統治された人格の諸形式を介した――霊的、医療的、政治的、経済的な――制度化された技術的な諸実践の中に具象化されるものとして、構築されたものにほかならない。自己の歴史は、この「テクノロジー的な」水準で自己を発達させ、評価し、完成させ、管理するための技術と評価という観点から、いかにして自己は、言葉に翻訳され、可視化され、検査され、判断され、改良されるのかという仕方で、記述されるべきなのである。

実際、キリスト教は、近代西洋における自己の発達において極めて重大なものであった。モースは、ピューリタンやその他の人々、すなわち、みずからの司祭になるため、内面の神を得るため、神と直接に通じる権利を要求する人々の考え方において頂点に達する、キリスト教の教説における変化を引き合いに出す。ただし同時に、これらの教説の変化は、自己の吟味、自己の評価の技術における変化、すなわち、人の振る舞いや願望がいかにして公での発言、検査、評価の対象物となるかということの変化であった。ヨーロッパのキリスト教において一三世紀以来発展してきた告白の実践は、たんに罪と魂についての抽象的な教説、あるいは一連の文化的信念ではなかった。それはある実践、すなわち、その人が自身を誠実に言説において詳らかにすることが責務であるような実践を、また、ある権力関係、すなわち、告白がそれを聴き、評価し、魂をでっち上げ、適切な行為の形式を指示する別の誰かの権威の下に置かれることであったような権力関係をともなったのである。[*11] カトリックの懺悔室に対する諸々の反感の重要性は、それが、一連の魂の諸技術に対する彼らの挑戦であるということにある。

ベンジャミン・ネルソンは、中世後期において、三つの一連の諸主題と諸制度が、単一の霊的な管理の体系へと結合されたと主張した。それは個人の良心の決断を包み込む諸々の信念と文化的な合意であり、そこでは決議論の技術と、司牧（cura animarum）あるいは魂〔心〕の治療による、逸脱した複雑な、あるいは異常なほど実直な良心の管理を介して、良心の命令が、事例を異にしながら、あるいは別様の状況において理解されるべきとされた。[*12] すべてのキリスト者が釈明の義務を負う良心の法廷は、法廷の伝統を創造し、日々の生活における良心の義務を追跡する、膨大な量の細かな契約を生み出した。それは、〔婚姻の〕契約から戦争に至るまでの、起こりうるすべての特定の事態において、諸個人が自身の振る舞いをどのように義務づけられているかを指示する。一二四五年以降、すなわち、すべてのキリスト者が年に一度の告白を義務づけられたよりのち、そのような説明はあらゆる場所でキリスト者の魂を導くものとなった。

他方で、瞑想の伝統は、すべてのキリスト者ではなく、真の完成と解明を求める者たちだけのためのものであった。修道士と修道女、のちにはとりわけ敬虔な平信徒の男女が、神との和合の体験を試みる、非常に困難な魂の巡礼を企てたのである。聖ボナヴェントゥラ、マイスター・エックハルト、トマス・ア・ケンピスたちのような人物の人生と著作物において、ある種の霊的な巡礼が企てられ、また事細かに記録された。聖ボナヴェントゥラは、魂の神への道程のために三つの部分からなる方法を定めている。罪を清めるための道は、瞑想、祈り、そして観想を必要とした。瞑想においては、自己への試験の儀式が、魂の道徳的な無秩序や危険の厳正な自覚を促し、罪深い性向からの離脱を達成する。祈りによって、瞑想は罪を嘆き悲しみ、慈悲を乞うことへと変わる。観想は、魂を、恐怖に始まり、痛み、苦しみ、過酷さを経て、熱狂へと導き、それは殉教の願いにおいて頂点に達する。解明の途上において、キリストの受難と苦しみに理性を従属させることによって、魂は真理に到達する。完成への途上において、魂は、完全な和合に終わる愛の中で、神の前にひざまずくことになる。

心理治療の近代文学は、同一の細部と力強さをもって記録された、似たような困難な霊的巡礼の物語で溢れている。それらもまた、自己に幸福と完成をもたらす諸々の手引書を構成する。ただし、その宛先は少数の者ではなく、少なくとも原則的には、私たちのすべてである。このような関連において、それらは、遠く離れてはいるが、魂を管理する中世の諸システムの変容と一般化の所産であって、それらはマックス・ウェーバーらと同様にネルソンが、西洋近代の原理であり続けてきたと考えるものである。*13 特別な使命とともに世俗の世界の外部で暮らし、完成への道を整然と開拓する修道士と、世俗の世界で、しきたりの恩恵もなく生きる、いずれは死すべき人との間にある区別は、乗り越えられた。それは、規律に服する人格というプロテスタントの観念、すなわち、人間の各人が、私的な良心に住まわれ、またその欠陥をめぐって恒常的に思想と行動を精査されるよう戒められるという、普遍化と個人化の両方によって、取って代わられた。プロテスタントの革命は、自己と文化と自己管理の諸システムにおける、新たな時代の幕開けであった。良心の結合、決議論、そして魂の救済は拒絶され、その同じ場所で諸個人は、学識ある聴罪司祭や指導者、助言者の恩恵なくして、神の意志を実行する責務を担うようになる。

自己統制の新しい諸形態は、告白に取って代わる自己検査という新しい自己のテクノロジーの領域において露わになった。書くことは、ある一つの中心的な技術であった。書くことが新たに獲得されたのは、自己のテクノロジーのゆえにではないのであって、それはソクラテス文学からアウグスティヌスの告白のあたりに広がっている。[*14]だが一七世紀のピューリタンにとって、一日の締めくくりに記入される告白の日誌は、ウィリアム・ペイドンが「罪状の会計帳簿」と名づけたものであり、書くという作業を介して、聖書の尺度を背景とした自己の測定をもたらした。[*15]日誌は、自身の罪深さを映す鏡であって、しかし、人がみずからを維持するところの鏡であった。日誌の自己記入は、信仰の存続のために、ささいな過ちと退屈な証言を測るものであり、その結果自己は、罪人でありながら裁判官ともなるのである。

宗教は、近代社会の構成において唯一の自己規律の力ではなかったし、また、社会的な権力の組織と諸主体の自己統制とを結びつけた唯一のメカニズムでもなかった。『文明化の過程』という二巻の著作において、ノルベルト・エリアスは、国家の形態における政治権力の集中と彼が「文明」と呼ぶものの成長の関係を実証し、また理論化することを試みる。[*16]主として、エチケットやマナー（食事の振る舞い、排尿や排便に関する諸々の慣習、鼻をかむこと、唾を吐くこと、寝室での振る舞い、攻撃性）についてのテクストに拠りつつ、彼は、人間の本能に対する漸進的な制約の強制を発見したと主張する。彼が言うには、本能的な振る舞いは、最初に公的な禁止によって統制され、のちにはしつけの過程において内面化された恥の感情に覆われることによって、徐々に人々の視野の外へと隠された。それゆえ人間の本能的、情動的な生活は、自己自身をより包括的なものへと変えていく自己管理の、より一層の統制のもとに置かれるようになっていく。

エリアスは、この自己管理の増大に体系的なパターンを発見するが、そのような体系性は意識的に強いられたいかなる様式から生じるものでもなく、社会的諸機能の分化が増大することの帰結なのだと言う。一方では、封建領主たちの争いが、正当化された軍事力や一定の領域において与えられた政治的権威の独占を結局のところ導くことによって、権力はますます中央集権化する。他方で、それぞれの個人は、生活と労働の必要のために他の人々に課された機能的な依存の網の目にからめとられ、また、もし〔考えや感じ方の〕一致が優先されるならば、彼または彼女らはその振る舞いをその他の人々により強く同調させなければならない。行為を拘束するための正当化された権力の使用は、ますます国家機構による独占が進んでいるにもかかわらず、そのような統制を用いる必要性は、自己統制の形態におけるパーソナリティ構造のうちにそれが内面化されるようになることで低下している。経済を駆動する人間の変容は、諸個人の「自己操縦」のメカニズムを変え、生活のすべての区域における、自己吟味と絶え間ない振り返り、また将来の洞察を生じさせるのである。

エリアスも認めるように、政治権力は、ただ「反社会的な」諸行為への支配を巨視的に発動することだけに頼るのではなく、同時に、情動のエコノミーや倫理の細部、個人の行為の取り扱いを統制することもまたともなうというのは、確かなことである。指揮命令のネットワークにおいて、また制度化された生活の組織において、主体の統合、配列、協調は、諸個人の行為に関する新たな問題を提起し、また新しいその解決策の導出を刺激した。しかし、統治の任務と個人の能力の統制との結びつきは、社会化の過程を通じて得られた単なる機能的な依存ではない。それはもっと直接的に分析されうる。

一六、一七世紀のヨーロッパにおいて、善き統治の諸々の課題と、勤勉、有能、従順で規律化された主体を生産する技術の間に、明白なつながりが成立した。取り締まり（policing）とは、この「つながりの」中心軸だったのであり、住民たちの間に、また各人の内面において、よき秩序を生み出し、維持するための科学、知識、技術という意味で捉えられる。[*17] 取り締まりは、幸福、平穏、徳、公共善の促進に通じる可能性のある、生活のすべての細部に関心を寄せる統制の複合体の精緻化をともなう。すなわち、宗教的な信奉、度量衡、食料や水の質、助産師の維持・管理、貧民救済の対策、使用人・メイド・看護師たちの服装、物乞いの監督、ユダヤ人にふさわしい職業の割り当てについてである。つまるところ取り締まりは、ある法の布告と、諸主体の繁栄、健康、生活や振る舞いの間の領域における「すべて」に関心をよせた。それはたんに、運営管理装置を精巧に作り上げることを通じて、これらの現象を統治の領域に持ち込もうとするだけでなく、これらの出来事の正確な一覧表と、領土と人口の状態についての政治的な地勢図を要求する。統治することは、ある人が責任を負うべき人々の生活を知ること、指示すること、そして、観察することを必要としたのである。

しかし、取り締まりが関心を寄せるのは、彼ら、彼女らの、世界への外的な関係における主体のみというわけではなかった。新ストア主義の研究において、ゲルハルト・エストライヒは、中央政府の権力と能力の伸長もまた、自己規律を、支配者の責務の拡張を、軍人や公民さらにはすべての人々への、勤労、質素、忠実そして服従の生活を目的とする道徳教育を、どれだけ必要としたかを明らかにしている。生活のすべての領域における社会的な規律の全般的な増強はその結果であり、またこの増強が、今度は、個人のエートスと彼の自己認識における変化を生み出したのである。[*18]

統治と管理のための一連の新しい教説と手続きの精緻化および普及において鍵となる役割を果たした新ストア主義者の著作においては、統治者の任務と各個人の任務の間に、またある領域の統治とある個人自身の統治との間に、明白な関係性が打ち立てられた。個人は、「彼の諸々の情動を支配することによって彼自身の人生を統制すること、また抵抗を介さずして彼自身を政治的に従属させること」を教えられたのである。[*19]「規律」は、政治的な支配における原理と自己統治の技法の間にあるつながりを理解する上で中心的な観念であると、エストライヒは主張する。〔また、〕ホッブズが言うように、「人間はその本性によってではなく、規律によって社会に調和する」[*20]。服従の諸技術の発明において決定的な先駆者であったのは軍隊だが、しかし規律化の過程は、多くの、また様々な領域において営まれた。すなわち、中央国家機構それ自体、教会、学校、家庭、工場、そして経済生活においてである。行政的、経済的、道徳的、そして霊的な領域に、同様の厳格さが浸透した。規律は、社会生活を、合理的思考、厳密さ、そして監督に照らして組織する新しい方法をたんに構成するのみでなく、同時にそのような諸実践の内部における個の存在の様式を包囲する。それは、学校における身体、発話、そして動作の管理から、学校と大学において叩き込まれた精神的な訓練を経て、自己検査のピューリタン的な諸実践や、聖なる理性への服従にまで及ぶ、自己吟味、自己評価、そして自己統制の微細な技法の訓練を課すものである。

エストライヒは、彼の研究を、プルードンの引用によって締めくくる。

統治されるということは、取り締まりの監視下にあること、検査され、素行を調べられ、指図され、法の下に埋められ、統制され、包囲され、思想を吹き込まれ、説き伏せられ、支配され、算定され、検閲され、命令され……記録され、登録され、捉えられ、鑑定され、印をつけられ、調査され、評価され、課税され、特許を与えられ、免許を与えられ、正当性を認められ、推奨され、忠告され、阻まれ、刷新され、一直線に並べられ、罰せられるということ、それらがすべての行為、すべてのやりとり、すべての動作においてなされるということを意味する。[*21]

しかし彼が明らかにするのは、近代民主主義の後期の発展が諸主体のある特定の型の存在、すなわち、継続的な外部からの取り締まりを必要としないような主体の存在に依存しているところの、より繊細なプロセスについてである。取り締まりによる外部からの拘束は、自己の振る舞いに対する、また諸主体の構成物に対する、内的な拘束へと置き換えられた。その諸主体の形成は、彼ら自身の諸行為や、規律の倫理がまさにその精神の基礎を為すような人々に責任を負うように、あらかじめ準備されたものなのであった。

自由、権利、法の支配という一九世紀の憲法の教説が、市民生活に介入する国家権力の使用の制限を宣言した時、それらは自身の諸行為の社会的帰結についての個人的な責任と、振る舞いを自己統制する性向を与えられた、個人という存在を前提していた。取り締まりに特徴的な、詳細に定められた諸々の規定や禁止の多くは廃止された。しかしその教説は、政治的権力の行使が前提となった、社会的な主体性と自己統治の、まさにそれらの形態を組み立て、維持するテクノロジーの網を構築するという別の側面を持っていたのである。家庭は、道徳的で社会的な諸義務をその居住者に課す本質的な装いをもった内向きの空間として設計され、エネルギーを注がれたものであった。学校は、たんに服従を叩き込むだけではなく、子どもが教師の模倣を介して自己を知ることを促進するための司牧的な技術の使用や、共感的な〔他人や集団への〕同一化の感情を強調することによって、また、美徳や誠実さと、自己否定と、享楽の浄化との関連を打ち立てることで、パーソナリティの形成を試みる道徳のテクノロジーとして作動するものであった。

もちろん、道徳性を強制する強制的な諸権力の使用を過小評価するべきではない。工場における監視と規格化や、賃金労働者の規律化は、確かによい振る舞いへの強力な誘因として作用した。自己指揮の倫理的様式は確かに、それが欠けた者に対して、監獄、保護施設、感化院における矯正と再道徳化の技術を介して強制的に課されるものであった。しかし自己統治に対する強制命令は、これら正常化の諸装置を超えて広がったのである。都市の慈善家たちの教化計画、博物館や展覧会の設立、商店や街路、その他、服装や振る舞いの道徳規範が期待される「公共的な」場所の設計に、それは組み込まれていた。当局が市民らを検査し判断を下すだけでなく、親が子どもたちを詳細に調べ、批判し、また家族がお互いを評価することもありえた。[*22] 問題は、刑罰の恐怖のもとでの道徳的規範の単純な強制、あるいは専制的な一連の教説への盲目的服従以上のものであった。統制された自由の空間の存在は、規範に照らした自己検査と自己評価のための一連の倫理的技術の普及、自身に対して明らかな感情、願望、情動を作り出す方法、市民たちが彼らの生活と振る舞いを問題化しまた統治する方法、自由な主体として彼ら自身の人柄の帰結としてよき生を生き得る方法を見つけることに、支えられていた。

二〇世紀前半に形を成した政治的合理性の諸々の形態は、市民を、たんに法律上の、また憲法上に規定された諸々の権利と義務の主体から、その権力と責務が社会的責務と集団的連帯の語において明確に示された社会的存在へと変えた。個人は社会的なニーズを持つ市民というかたちで社会に統合されたのであり、それは個人と社会が相互に要求と責務を持つ契約の中にあることを意味したのである。私たちが見てきたように、この戦術は社会の安全と子どもの福祉のような統治のテクノロジーにおいて具体化された。また同時に、それは社会衛生や精神衛生の教説ともつながりを有していた。自己評価の新たな様式は学校において繰り返し教え込まれ、保健師、医師、ソーシャルワーカーの活動によって監督され、そして専門家の著作物によって普及した。諸個人は各々、健全で効率的な政治体制を維持管理する活発な構成員となり、個人での、家庭内での、家族の振る舞いの再帰的な吟味を実行する者となった。市民は、自身と家族、そして全体としての社会の福祉のために、みずからの振る舞いと存在の統制を欲しなくてはならない。

イングランドにとって、一九四二年のベバリッジ報告は、この統治の心性についての、ある種の略図である。私たちが見てきたように、第二次世界大戦後の数年間には、この時期に着想された福祉と安全の複合的な装置の構築が見て取れる。それは、家族や軍隊、工場、組織において諸個人を社会集団へと結びつける紐帯を概念化し統制するため、また、社会的連帯が生じさせる動機と満足を手段として利用するための、新たな知識とテクノロジーの誕生と関連していたのである。しかし、一九五〇年代後半および六〇年代においては、政治的合理性における根本的な変化が生じ始めた。

このことはおそらく、売春、同性愛、わいせつ物、アルコール消費、賭け事、劇場の検閲、中絶と離婚などといった事柄にかかわる、市民の道徳的な振る舞いに対する支配様式を再構築する規制改革のうねりについての、最初の証拠である。ジョン・ウルファンデンが議長を務めた、『同性愛犯罪と売春についての委員会報告書』は、一九世紀リベラリズムの言語で、この新しい合理性のための哲学的基礎を明らかにした。[*23] 報告書が主張するには、「私的生活への介入や、なんらかの特定の行為パターンを強制しようと試みることは、法の機能ではない」。[*24] 法は「公共の秩序や品性に対する攻撃であるような、あるいは、普通の市民を攻撃的で有害なものにさらすような諸活動のみにみずからを限定すべきである」。[*25] この「公的な」領域内部では、国家がその正統化された諸々の権力を、よき秩序の実行のために行使することは当然のことであった。これは、諸主体の諸々の願望や感情、道徳を統制しようと欲しているようには、つまり、罰を道徳的非難のシンボルであり、道徳の再教育の担い手としつつ、当局が同性愛あるいは放縦といった諸々の悪徳に対して直接的に行動することを求めているようには、もはや思われなかった。それよりもむしろ統治の諸機関は、ただ「可視的な」行為における道徳性の外的な発現を強いることのみを試みるべきなのである。個人の欲望や好みにかかわる「私的な」領域は詳しく記述され、公共の意見の力によって、つまり国家の強制的権力の行使によってではなく、市民社会と個人の良心の圧力によって統制されるようになった。

道徳的な統制におけるこの変化は確かに、哲学的、政治的な水準の双方において争われた。しかし、米国や英国における「道徳的な多数派」の猛烈な要求、また明示的な性的志向性の検閲の方への時折起こる象徴的な進出にもかかわらず、法的な対策や道徳規則の法的な強制は、当局によって支持された生活の価値と形態に対する自発的な取り組みを生み出す別の諸技術の使用に比べれば重要ではなかった。今日、行為を抑えつける法に厳格さを与えるには、それがなんらかの方法で当局によって「公的」な秩序と「公的」な安全の問題として定義されうるということが必要である。同性愛を公的かつ私的、個人的な選択かつ公的という例外的な位置に置くことは、間違いなくそれが脅かすものであり、また私的領域の中にありながら、公的な安全の支柱として存在する「家族」の位置づけに、似たような変更を加えることに繋がるとみて間違いない。[*26]

しかし、「私的」な生活における「公的な」干渉を非正統化する同様の力は、諸々の願望、欲望、喜びの一つひとつを新たな統治の過剰へと開く。その統治は、公権力の権威ある規定から「分断」されているからといって、力を弱められたわけではない。テレビ、広告、雑誌、新聞、ショーウィンドウ――よき生活の諸々の記号やイメージは、それらの印を持ちえたあらゆる表面に刻まれた。シティズンシップ形成の新たなテクノロジーは、選択と消費の技術によって生み出された諸々の価値と生き方への主体のコミットメントを介して、その力を増すこととなった。

個人の振る舞いと行動に関する判断の標準を統制する体制の変容は、福祉に関するより広範囲にわたる疑問に結びつけられてきた。分布する政治勢力のすべての側面から、「福祉国家」は官僚主義的で非効率な、私的な選択と自由への政治的侵害として、個人の諸権利への侵害として、個人の生活と家族の関係を取り締まるメカニズムとして批判され続けてきた。おそらく、これらの新しい政治的合理性の諸形態をもっとも明確に示しているのは、ネオリベラリズムである。[*27] ネオリベラリズムの中心に位置する企業というテーマは、確かに経済学上の参照点である。大胆さとエネルギーをもって事業を追求し、常に新たな試みと利益への道筋を探求する、個別の経済的単位間の交換関係という形態において形づくられる経済は、もっとも社会的な財を生産し、それらを各自にとって、また全員にとってもっとも得となるやり方で分配しようとする。しかし企業はまた同時に、個々の市民の生活を組み立てるための原理を供給する。個々人は、彼らに準備されたものの中から生活の形態を選択することを通じて、彼ら自身の生活を形作る、いわば、彼ら自身の企業家となるのである。*28

それゆえ、官僚制を通じた福祉とその管理の合理的な計画による共同的な蓄えや社会的連帯の諸テーマに代わって、保険計画を私的に購入することを通じて供給される安全保障、個人に購入され健康産業によって供給されるヘルスケア、私的なセクターを通じて供給され私的所有によって占められた住宅、無視無欲の献身と専門家のコミットメントではなく顧客のための競争の規律を介して保証された効率性、という諸観念が提示される。福祉や社会保障はもはや、政治的安定性と社会的効率性にとって不可欠の要素、もしくは健康かつ意欲的な人々を危険から守り、個人を社会体へと結びつけることに必須のものとは思われない。政治的主体は今や、権力と義務を共同体のメンバーであることから得る社会的市民というよりは、市場で売買される選択肢の中から個人的な選択を自由に為すことによって、そのシティズンシップが示されるような個人である。

この新しい統治の合理性のうちで、振る舞いの正確な諸基準、生活における種々のルーティーン、諸々の価値、そして家族または個人の諸々の願望が変化し得るような空間が開かれる。ジャック・ドンズロの比喩を使えば、彼らの振る舞いは、社会的諸規範との関連において「浮かぶ〔変動する〕」可能性を与えられる。[*29] 公的に支持される振る舞いの諸形態に厳格に縛られて存在するということ、それは、個人の振る舞いに対する法律の制定または強制的な介入というよりもむしろ、極限の状況のみが法的に限界づけられている、振る舞いの為し得る標準の範囲、生活の諸形態、販売されている「ライフスタイル」の諸々の型を介して強いられる。行為の諸形態が統治されるのは、消費の圏域の内側で生活の仕方を組み立て、象徴とイメージの世界で普及している道徳的諸規則のうちから選ばれた一連の諸価値を具現化する、個人的な仕事を通じてである。[*30]

消費が個々人に要求するのは、広告と販売促進によって形作られ、正統化されたのかもしれないが、しかし個人的な欲望として経験され、正当化されたに違いない欠乏のレパートリーに対応する、多様な製品の中から選択することである。家族生活への加入とは、二人の個人の自由意思によってお互いに宣言された愛から生じるものとして表象される。婚姻関係に留まることは、永遠の義務の順守というよりはむしろ、決断の問題である。子どもを持つか持たないかは、一見すると個人の選択に違いないように見える。レジャーは極めて優れた自由な選択の領域として考案されてきた。外的・内的な諸要素にどれだけ拘束されていても、近代の自己は、諸々の選択肢の中から選択を行使することによって生活を組み立てることを、制度的に要求される。生活のすべての側面は、すべての商品と同じように、自己言及的な意味を持っている。私たちのすべての選択は、私たちのアイデンティティの徽章、個人性の記号であり、それらはそれぞれ、私たちがその種の個人であるということの、私たち自身と他者へのメッセージである。またそれらは過去を光で照らすことによって、消費する自己自身あるいは彼・彼女を照らし出す。[*31]

自己は、たんに選択することが出来るだけでなく、生活を、その諸々の選択、その諸々の権力、そしてその諸々の価値の観点から、解釈することを義務づけられている。諸個人は、彼らの生活〔人生〕の道筋を、そのような選択の結果として解釈し、それらの選択の根拠という観点から、彼らの生活についての説明責任を負うことを期待されている。諸個人の諸々の特性は、諸々の決断を通じて実現され、動機、ニーズ、願望の観点から正当化され、自己自身のために生活を構築することを介して意味と満足を探し求める、独特の、しかし普遍的な探求において、自己と他者にとって理解可能なものとなるのである。

ここで心理治療の諸技術は、行為を統治するための新たな政治的諸原理に従うようになる。それら「心理療法の技術」は、自我およびそれが作動する選択の圏域に対するこの強制命令と、本質的に結びついている。それらは、その大部分が、法的ないし宗教的な義務によって課されているというよりはむしろ、専門知の市場における自由な選択を通じて、諸個人に分配される。それらは、諸個人が自我の諸義務に耐えられないと感じる時、もしくは、彼らがそれらに苦しめられている時、特に求められる。そして心理療法の原理――これは現代精神医学にも同じく適用されるが――は、諸個人を、契約に基づく自己の社会において自律的存在として機能することが可能となるまでに回復する。選択の責務を果たすことが不可能な自己たちは、治療を通じて、選択する個人の状態にまで回復させられる。内的・外的な分裂の下で、選択が無意味であること、そしてその中でアイデンティティが恒常的に薄れつつあることに気づいた自己たちは、治療を介してまとまりと個人の目的を取り戻す。現在の自分に満たされない自己たちは、彼らが望む方向へと彼ら自身を磨き直し、作り直すための心理療法の試みに参加することができる。心理療法は、「自由に選ぶ」個人の生産と統制のための、個人性のテクノロジーを供給するのである。

二　行動の再形成

行動論的な手法（行動療法、行動修正、条件付け療法）は、効果的で即効性のある適切なものとされてきた……私たちは、そう遠くない将来に、人を無力な状態へと追い込む恐怖、強迫的・衝動的な行動、そしてその他の多くの深刻な神経障害を、一掃することができるかもしれない。診療所として設えられ、臨床心理士たちを乗せた移動可能な治療トラックを、国中に送ることによって。これらの「ささいな」精神医学的なトラブルとされたものは、多くの個人的な苦痛と悲しみを引き起こしてきたのであり、それが人類の幸福にもたらした損害は、今や膨大な量に達する。[*1]

ハンス・アイゼンク、一九七五年

人間の振る舞いを科学による再形成の支配下に置くのは至難の業であった。[*2] もちろん、宗教的な命令や諸々の儀式、諸々のマナーの作法、家庭の義務としての諸々の指導、教育の諸技術、そして規律訓練の諸装置はすべて、人間の振る舞いを形成・指示しようとするものであった。しかし行動療法の創案は、これらの仕事を心理学の専門家による指示が可能な科学へと変形させた。それによって、人間の振る舞いが特定のパターンへと水路づけられることが必要とされた際にいつでも使用可能な、自己のテクノロジーが可能となったのである。

行動のテクノロジーはみずからを、無菌状態の実験室の空気、実験手法の厳密さと高度な統計技術、白衣の精神科医の客観性と中立性へと結びつけてきた。治療の専門技術が多様化し、人間の魂を扱う技師たちが実践を行うための場所が増殖していった第二次大戦以後、心理治療が新たな諸問題と新たな人々のもとへと及んでいくに際して、それらは重要な役割を担ってきたのである。『サイコセラピー・ハンドブック』によれば、「すべての人間の行動は行動療法の専門家の領分のうちに含まれ、また行動療法の実践者たちは、ヒューマンサービスのそれぞれの領域における教育者、特殊教育者、心理学者、ソーシャル・ワーカー、医療の専門家や準専門家の中に見出されるようになる」。[*3]そして、多くの人々が行動の技術を操作と管理に結びつけるにもかかわらず、その実践者たちは、それが「自己管理」の技術を強化し、クライアントによる自身の感情と行動の管理能力の獲得を援助することが期待できると強調する。彼らはそれらを深い人間的諸価値と調和すると見なしているのである。

心理学の実践手続きを行動矯正の技術へと変えうるという発想は、それ自体新しいわけではなかった。[*4]二〇世紀初頭における古典的条件付けについてのパブロフの諸実験や、道具的条件付けについてのベヒテレフの業績は、すぐに、異常行動の研究と調整について示唆を含んでいるとみなされた。[*5]米国では、ワトソンやバーナムのような初期行動主義者が、条件付けの観点から精神疾患を説明し、精神衛生についての教訓を引き出そうと試みた。[*6]一九三〇年代までに、この研究プログラムにおける二つの裏表の性格が確立した。一方で、心理学者たちは神経症を調査し、また羊、豚、ラット、猫その他の「神経症的行動」を誘発することによって、神経症の起源を明らかにしようと試みた。[*7]他方で（特に米国、ソ連、フランスでは）彼らは、行為の異常性は、条件付けの技術を適用することで除去しうるということを示す実験に基づいた研究を行った。チック、不安、遺尿、性的異常、そしてヒステリーにはすべて、この手法が影響を与えられる余地があるとされた。それらは、「病気」というよりはむしろ、定められた手続きによって消滅させうる、学習された反射のように思われたのである。[*8]

これらの発展によって、行動の異常性についての新たな考え方が可能性を持ち始めた。矯正に服する諸問題の範囲は、組織された生活における行動の不適応すべて、とりわけ子どもたちのそれらへと、拡張された。これらの問題の矯正は、医師のみではなく心理学者によっても成就し得るかに見えた。諸問題の概念化、分析、そして治療において使用される手法が、医療の臨床的なまなざしに負うところは、ほとんどなかった。診断は心理学的な調査を通じて、治療は病院の伝統においてではなく、心理学実験室のモデルにのっとって行われた。そして、その新たな考え方は、精神衛生のための重要な教訓をはらんでいた――それ〔行動の矯正〕は、医師の理屈よりも、むしろ一般人の無学な信念により近い諸原則に基づいて親たちを指導することで、家庭へと普及しうるものだったのである。

行動論的な着想を得た臨床心理学のプログラムなるものは、一九五〇年代までは、ほとんど夢に過ぎないものであった。しかし戦後の心理学者たちは、説明のための諸々の手だてや、以前は医療的精神医学の十分に成熟した単なる代替物とみなされてきた心理分析の解釈手続を頑として拒絶していた、神経症的な行動の起源についての一般理論を、系統立てて論じ始めた。米国と南アフリカの双方において、そのような諸理論から治療の手法は演繹され、患者たちを対象とした臨床活動に適用された。[*9]イギリスでは、精神医学と精神分析の卓越性に対する、より厳格な実験に基づく攻撃が存在した。その主要な主唱者が、ハンス・アイゼンクだったのである。

人間のパーソナリティを思考へと翻訳し、またそれを記録可能、計算可能、管理可能にする新たな方法をアイゼンクが考案したのは戦時下のことであった。[*10] シリル・バートによって心理統計学の技術の訓練を受けていたアイゼンクは、ミル・ヒル救急病院の研究職に抜擢されたが、彼はそこでパーソナリティについての研究に因子分析を適用することを試みた。私たちが前のチャプターで見てきたのは、知能以外のパーソナリティの様相を測定するための概念的および実際的な道具だてを発展させることに、心理学者たちが失敗したことが、彼らの進歩における深刻な障害を意味していたということであった。戦時は、心理学者たちに、正常な兵士と神経症の兵士たちを対象とした大規模な研究を実行するための動因、地位、そして母集団を与えた。そうして、第一次大戦が知能について貢献したのに対して、第二次大戦は、パーソナリティのためにそれを為すことになったのである。

ミル・ヒル救急病院に送られた兵士たちは、精神病や精神障害、あるいは身体的な病を抱えているわけでもなかった。実際、「概して、『神経症』として提示されたものは、病気というよりはむしろ、軍隊のルーティーンや規律への単なる不適応であった」。[*11] そのようなわけですぐさま医学の権限は疑いに晒された。しかし決定的なのは、これらの諸主題や諸条件によって、アイゼンクは以前は疑いようもなく異なるとされていた二つのタイプの心理学的な仕事を結びつけることが可能になった、という点であった。すなわち、質問紙と評定尺度によるパーソナリティの大規模因子分析、そして持続性、被暗示性、ユーモアのセンス、願望の程度、固執性、硬直性、そして易刺激性といった行動の諸側面についての小規模な実験に基づく分析という二つの仕事である。そうして質問紙から引き出された評定は、妥当性を向上させ、因子分析を改良するため、実験結果と対照してチェックされた。複雑に形作られた全体像は、バートに由来する原理的な心理学的諸因子についての理論と、マクドゥーガルに由来する行為の分析を結合した、単純な機能的図式の中で示された。ここで考えられていたのは、特定の諸行為は習慣的な反応のグループに分類され、またその反応自体は諸々の特性へと分類され、さらにその諸特性はパーソナリティの一般的な諸因子へと組織される、ということであった。

アイゼンクの議論によれば、パーソナリティは、二つの軸によって生成される二次元平面によって概念化され得る。軸の一つは「神経症的傾向」と彼が名づけたもの、そしてもう一つが「内向性／外向性」である。「精神病質傾向」という第三の位相は、一九五二年、戦争終結とともにアイゼンクがモーズリー病院に戻った際に着手した研究を基礎にしながら付け加えられた。[*12] 精神医学と精神分析の双方で用いられる診断の諸カテゴリーは、ひどく誤解を招きやすく、極めて異なった事柄を不当にまとめ上げてしまうもののように思われた。診断において重要なのは、それぞれの軸に照らした諸個人の「スコア」によって指示されたものとしての、このパーソナリティの空間内における個人の位置である。彼が考案したパーソナリティの一覧表を使用することで、これらのスコアは、伝統的な心理測定調査の技術を用いて確かめられることができた。諸個人の「パーソナリティ」、すなわち、これらの平面におけるその位置は、彼らに生じうるような行動障害の種類を確定した。なぜならこれらの位置は、接触した環境と刺激から学習した彼らの諸傾向を示したからである。さらに、このようにして解釈されたパーソナリティは、行動異常を引きおこし得るストレスの種類や程度を確定するがゆえに、病原学的に決定的でもあった。

オーブリー・ルイスがロンドン大学を説得して、モーズリー病院附属の精神医学研究所を設立させ、さらにアイゼンクを心理学部門の責任者に就任させたことで、アイゼンクは、精神医学と精神分析の双方に対する攻撃に着手するための、制度的基盤を持つに至った。目指していたのは、臨床心理学の独立した専門職であった。[*13] すでに私たちが見てきたように、戦間期において、臨床の場における心理学者たちの活動は、厳しく制限されていた。医学の侍女として、心理学者たちは、精神科医たちが診断を下すにあたって利用する心理学的な知能検査を実行することへと、その仕事を大幅に制限された。アイゼンクもまた、米国における臨床心理学の発展にもかかわらず、この役割から逃れられた訳ではなかったのである。臨床心理学は、精神医学と医療の諸モデルに従属していたのであり、投影技法を用いた診断テストの実行役、あるいは精神分析的心理療法を推進するものであった。

自伝的なエッセイの中で、アイゼンクは、彼自身が一九五〇年代初期に到達した結論を要約している。

一　臨床心理学は、それが、学術的な心理学の諸法則や、実験に基づく研究の発見を、精神医学的な異常性の諸問題へと適用できた場合にのみ、自己自身を正当化できる。

二　心理学者たちは独立していなければならないのであって、もし彼が精神科医に生計を依存しているならば、彼は不可避的に後者の考えや価値を継承することになる。

三　心理療法と投影法による検査は、心理学理論や知識に由来しているわけではなく、また実際的な有効性についての独立した証拠はない。この理論または知識が提供されるまでは、そして提供されない限りは、それらは臨床心理士の訓練の一部を組織するべきではない。

四　上記のアプローチの論理は、必然的に、行動上の性質に関する新しい治療方法、すなわち行動療法の発展を導く。*14

攻撃は、二つの戦線で仕掛けられた。すなわち、精神科医たちによって用心深く守られている医学のヘゲモニーに対抗するもの、そして、精神分析医たちによって守られている心理治療のヘゲモニーに対するものの二つである。行動療法は、精神分析医たちと、臨床技術、理論上の規則、そして治療様式の水準で争おうとした。その結果精神分析は、三つのすべての水準で信頼を傷つけられた。ロールシャッハテストや主題統覚テストのような、パーソナリティに関する動的に〔精神を〕揺り動かす検査は、辛辣な非難にさらされた。精神分析理論において価値あるものは、学習理論、とりわけ、不安の動機づけ役割についての理論の中に組み込まれた一方で、学習理論に組み込まれなかったものは、科学的説明に従わないような、精神の深層に関する思弁的な観念であり、無価値である、というような主張がなされた。治療に関する限りで言えば、科学的な実験のルールを適用することによって、精神分析医による有効性についての諸々の主張は、ほどなく根拠のないものであることが明らかにされた。

しかし、行動療法は、精神医学と競合するものでもあった。よってアイゼンクは、精神医学それ自体が、まったく異なる諸系列の諸々の問題に対するアプローチと混ざり合った不健康な状態にあるということを明らかにすることに着手した。一方では、腫瘍、病変、その他の身体の諸状況の影響に、物理的、薬理学的な療法によって対処する、精神医学の正しく医学的部分が存在する。精神医学のこの部分は、実は、神経学に極めて緊密に関連するものであるがゆえに、他と区別される専門領域としてのその存在がいくぶん正当性に欠けるものであった。他方で、精神科医たちがこれまでのところ取り組む諸問題の大部分は、実際には、疾病ではなかった。一般に認知されているような不調に対して器質的な相関関係にないものというだけでなく、それらは「潜在的な不調」の「症状」ですらなかった。神経症性障害、パーソナリティ障害、そして犯罪行為の多くの型は「病」ではなく、多くの場合、学習、忘却、あるいは学習の失敗の過程で獲得された行動の問題であった。精神医学は、これらの諸問題への対処に不適当であった。関連するプロセスは医学的トレーニングの範囲の外にあり、医師の洗練された高価な臨床技術を必要としなかったからである。さらに精神医学は、望ましくなく、また反社会的だが病気ではなかったこれらの諸問題をその領域に包み込むことによって、ただ倫理的非難に対してみずからをさらけ出したに過ぎなかった。そしてここに、新しい専門知、すなわち臨床心理学にかかわる専門的職業のための科学的かつ道徳的な空間があった。*15

行動療法は、四つの要素をまとめあげた。心理的測定の技術の適用によって測定可能な、少数の側面によって構成されるものとしての、パーソナリティという心理学的な観念があった。個人が持つ生来の感受性に対する条件付けの効果を通じて学習された反応の、その積み上げによって形作られるパーソナリティ発達についての理論があった。正常な仕方で学習されたがどういうわけか不適応な行動のパターンである神経症症候群についての理論があった。条件づけと脱条件づけのプロセスが、行動を適応的と判断できるパターンへと再‐社会化するために、体系的に利用できるという原則に依拠した正常化についての技術があった。

行動論的な諸問題の生じやすさが、条件づけの容易さにかかわる個人の心理学的差異という見地から理解されうるとアイゼンクが主張したにもかかわらず、生み出され続けてきたのは、隠された魂の深部への言及を必要としない、行動についての理解と治療の方法であった。それは、生み出された行動と望まれた行動の相違、という問題の水準に留まったのである。しかし重要なのは、それが器質的な機能不全への言及を要求しない分析であったということである。なぜなら私たちは、病ではなく、それ自体は正常なプロセスによる、病気というわけではない心理状態の偶発的な誤形成に対処しようとしているからである。したがって心理学者たちは、臨床の専門知は明らかに医療への脅威でも従属でもないと主張することができた。もはやそれは、患者各人への一連の検査の実施に、また、心理学や心理学者の技術についてほとんど知らない精神科医の質問に回答することに限定されはしなかった。行動療法は、心理学者たちに、質疑における発言権を持つこと、治療を実行する固有の能力を主張することを可能にしたのである。イエーツは次のように言う。

可能な限り厳密な客観性を持つ実験の手法と、一般的な心理学の知識から導かれる有意味な質問の系統的な論述が、単一のケースにおいて現れた機能の異常に内在する基本的な原因因子の説明に適用されうる場合、同じ技術は疾患の治療へ適用し得るということは、すぐさま明白になった。[*16]

臨床心理学者たちは、精神分析医たちに対して正面からの攻撃に着手する一方で、精神科医には、医療問題に関して彼らが保持する権限への明白な挑戦をすることなしに、精神病理学の市場の一角を要求することを試みた。行動療法がその原初的形態において要求したのは、ベッドサイドでの技術ではなく、実験室のそれと熟練した調査従事者であった。もちろん、精神分析医たちも、精神科医たちも、この考えを好んで受け入れるほど寛容ではなかった。分析医たちは行動論の技術とその実践者たちの倫理や人間性に疑問を呈した。彼らは、苦痛の根本的な心理的起源が対処されていないならば、症状の代理形成や再発が避けられないと、手法が成功したとする主張に疑いを投げかけ、そして、行動療法が機能する場合、それはおそらく実践者たちはそれと知らずに精神分析的心理療法の手順を実行しているのだと主張したのである。[*17]

精神分析はそれ自体、英国における公的な精神医学のシステムにおいて、いかなる重要な足掛かりも未だ確立できていなかったがゆえに、精神科医たちの反応は一層重大であった。彼らは、すべての臨床治療は、医学のトレーニングを積んだ専門家の指示のもとにあるべきであり、このことのみが、すべての起こりうる器質的な不調や疾病が、正しく診断され治療されることを保証すると主張することで、確かに彼らの領域を防衛した。しかし、問題を抱えた不和の水面下では、精神医学制度の内側における仕事の実践的な分業が徐々に確立された。[*18] 精神医学の診断は、背後に横たわる器質的な病変を除外するために、疾病の初期段階において必要であった。確かに、すべての精神的不調を単なる心理学的なパーソナリティ形成不全に還元するという誘惑には、抵抗すべきであった。しかしこれらの制限の内部において、医学的指導のもと、緊密に種別化された問題と望ましい最終状態が与えられ、臨床心理学者たちは、今や精神医学的装置の内部に安息を見出すような、いくぶん周辺的な寄せ集めの部門で自由に活動できるようになった。アルコール中毒患者、拒食症患者、過食症患者、恐怖症患者、強迫症患者、そして不安症の人たちは、今や制裁と報酬を体系的に用いた専門的に計画されたプログラムを通して、自身の行動をもとの正常さにまで戻してもらうことが可能になったのである。

人間の振る舞いを作り変えることを容易にする様々な技術が考案された。[*19] 古典的な嫌悪療法の条件付けとは、患者の望ましくない行動を引き出しつつ、その行動に、薬物、ショック、麻痺による不快な体験をともなわせるというものだった。これはとりわけフェティシズム、服装倒錯、同性愛、アルコール依存症、サディスティックな幻想、窃視症、喫煙、ギャンブル中毒に適していると考えられた。オペラント条件付けの古典的な手順では、望ましい方向へと進む行動が「報奨される」一方で、望ましくないそれは、無視されるか、あるいはなんらかの「負の強化」に帰着する。これらの技術は、子どもたちの望ましくない行動、例えば癇癪、頭を打ちつける、指しゃぶり、反抗、孤立行動、退行的なハイハイ、多動性といったものを取り除くために有望とされた。さらに、ウォルピの業績に由来する技術があった。系統的脱感作は、心配、不安、そして恐怖を、不安の反対物であるような反応が現れている状態で生じさせることで取り除こうと試みた。対象者は、あらかじめ教示された技術を使用するか、または催眠や薬物によってリラックスした状態で、それぞれ一つ前よりはより大きな不安を生み出す、一連の諸状況の中におかれる。実験室で不安を生み出す状況を再現することはしばしば困難なため、実際にその状況に置かれることに代えて、対象者が状況を想像するという手続きが取られた。ここには拡張と一般化のための十分な好機を見込める技術があった。実際それは、否定的な事柄を除去するために利用可能であると同時に、自己評価に関する肯定的な感情、誇り、愛着の強化にも用いることが可能であった。

行動のすべての異常性を説明・矯正するために、ある一つの概念的で実践的な空間が設けられた。それは、人を苛立たせる、不適応の調整にかかわる困難のすべてを、また、両親、教師たち、あるいは当局にとって厄介な反社会的行動を理解するための、理想的なメカニズムを示すものであった。「随伴性マネージメント」という形で、オペラント条件付けは、多かれ少なかれそれが厳密に応用された一連の教育を、強迫神経症患者、拒食症患者、非行者、障害者、慢性的な統合失調症患者のために作られた管理組織のために提供した。その教育とは、配慮によって行動を強化するというよりは、望ましい行動形態には、愛情から食べ物までのなんらかの「報奨」が与えられ、望ましくない行動には、報奨を差し控えるか減らすというものであった。[20] その中でも「トークン・エコノミー」というもっとも体系的な形態においての組織として望ましい行動は、対象者が欲する物と交換可能な代理貨幣《トークン》、ポイント、あるいは金銭など、普遍的な報酬へと翻訳可能なものとなる。[21]「環境療法」の形態においては、行動療法の原理は治療的共同体のそれと融合しており、報奨と罰の諸原則は、制度の基礎構造へと統合されているので、患者や収容者の環境のすべての局面は、タイムテーブルの作成から清掃スタッフとの接触に至るまで、強化の計算法に従って、手段として利用されている。[22] 工場、学校、そして家庭、実に、帰属する諸主体の振る舞いを権威が導こうと試みるあらゆる場所で、これらのテクノロジーは合理的な解決策として提示される。[23]

多くの批判者は、行動主義理論や行動療法を、諸個人の主観的な体験や動機というよりは、諸個人の公然の振る舞いにのみ関心を寄せ、また、この振る舞いを権力が要求する目標に向けて形成することを約束するような、社会的適応の心理学のパラダイムとみなしている。行動療法はしたがって、社会の支配――それは、主体性の支配を理論的な基礎構造や技術的なアプローチに組み込んでいる――のために、権力者が、権力に欠ける者を操作することを可能にする管理の学問としての、心理学の使命を象徴している。確かに当局は、様々な種類の制度の中で、行動論的な技術を、行動の操作のために公然と使い得るし、また実際に使っている。しかし、行動論的な諸技術のこの「強い（hard）」目標に異議を唱えるのは的外れである。なぜなら、これらの思考と行動の方法は、私たちの現実に、ずっと幅広い足掛かりをもたらしてきたからである。禁煙から不安の管理まで、性治療から適切な自己表現《アサーション》のトレーニングまで、窃盗癖の矯正から価値観を変容させる認知的再構成まで、刑務所でのワークショップから管理者の訓練課程まで、実に、人間の振る舞いの特定の形態が指示され、要求されるあらゆるところで、行動論的な技術が配備されている可能性がある。これらの技術は、精神疾患に関する精神医学をはるかに超えて、集団《ポピュレイション》の新しい領域と新しい制度的な場において、社会的規範に沿って、事柄にうまく対処するための能力を促進する方法を提供するような、心理療法の拡大と再形成とにかかわっている。

この新たな応用の領域に与えられた名前は「自己コントロール」である。それはすなわち、「周囲の環境の手順に沿った処理と、クライアント自身による随伴反応の強化」であった。*24 自己コントロールは、古い道徳的なインチキ薬の復活のように聞こえるかもしないし、ある程度はそうである。しかし、それが単なる「意志の力」ではなく、特定の振る舞いの型に付随する快の見込み（「反応随伴性」）を変容させるために、自然的および社会的環境（「刺激条件」）への体系的処理を問題とする点に差異がある。治療者は「クライアント」に技術の原理を指導するが、より重要なのは、彼または彼女に、自己の検査において用いられた手法を教育する点である。すなわち、体系的な自己観察や記録管理、望ましい、または望ましくない行動が生起する状況の解明、振る舞いを変容させるための精緻な計画予定の構築——ただしそれは空虚な高望みではなく、その都度報奨が用意されている達成可能な目標を備えた、小さな一歩の積み重ねであるようなものである——といった手法である。

かつて進歩主義者たちには嫌われものであった行動修正は、このようにして適切な自己表現《アサーション》の解放神学と、調和するようになる。それは容易に、自己分析と自助の技術、私たちをしてストレスや不安、あるいは辛い社会状況と折り合いをつけることを可能にする正常性の治療へと、すなわち私たち自身を確立するための道へと変化する。したがってそれは、自律的かつ責任ある自己による生活スタイルの技術的な完成という、世俗的な倫理と完全に一致する。なぜなら、魂のいくぶん内的な質の表出としてではなく、学習された技術や社交の技能としての社会的行動——それは成功したものもそうでないものもあるが——について、そのすべての形態にわたって思考することが、今や可能になるためである。そして学習されたものは、学び直すことができる。

リネハンとイーガンのポケットブックアドバイス集『自己の確立《アサーティング》』の裏表紙で、私たちは次のように告げられる。

> 私たちの中で、社会生活を営む上での万能選手は、ごく稀である——私たちのうちの幾人かは、欲する物を手に入れるのが得意で、また別の幾人かは、友人をつくり、その関係を保つことがより得意である。しかし、社交の技能は生まれつきのものではなく、それらは、ちょうど車の運転やテニスをプレイすることが学ばれるのと同じように、学習されるものである。*25

そしてその本の狙いは、「彼または彼女自身の社会的行動のいくつかの側面が、深刻な足かせになっていると感じている、正常な大人一〇人のうちの一人」のために、自己分析と自助の技術を提供することである。[26] それは、友人をつくれない、パーティでうまくやれない、性的な関係をつくれない、誰かの恋人になることなどできない、仕事でうまくやっていけない、ノーと言えない、ジョークを言えない、もしくは自身の人生のいくつかの側面についていつもみじめに感じている人々のためのものである。

二人とも臨床心理学者である著者たちは、彼らのプログラムについて、以下のことを確信する。すなわち、「人間の問題に関する「教育上の」かつ「技能」としてのモデルは、「疾病」と「治療」のモデルにとって代わりつつあること」、そしてそのことは、治療者の仕事が今や、あまり首尾よく定義されていない「病」を取り除くというよりはむしろ、新たな技能を教授するものとしてより目につくようになることを意味する、ということである。[27] これは、「実質的に私たちすべてを治療介入の候補者にする」のであり、私たちは専門家の助けをそれほど多く必要としていないにもかかわらず、「心理学者たちは、人々がみずから自身の行動を変化させるために実行し得る多くの技術を考案してきた」。専門家の助けが必要とされる時でさえ、その最初の任務の一つは、「彼ら自身とその生活に変化を加えられるだけの能力が、彼ら自身の中にあるという信念に至る」ように、諸個人を援助することである。治療は服従を強いる試みではなく、自己であることを学ぶという、大いなる解放のプロジェクトの一部だということのようである。

生活は熟練した腕前の必要な仕事となる。[28] あなたは、他の人々がそれによって不安や関心、退屈の感情を示唆する諸々の合図を認識することによって、またあなた自身がアイコンタクト、ボディランゲージ、近接やそれに類することを通して与えるような合図を認識しそれを調整することによって、豊かな社交上の感性を獲得し得る。あなたは自己統制、すなわち、他者からのメッセージについての気づきと、あなたが選択した言葉と行動においてあなた自身が与えるメッセージを観察・調整することとを結びつけるということを、学ぶことができる。あなたは、自己統制と状況についての事前の仮想的な予行練習、諸々の問題についての予想、そしてそれらをさばく方法の自覚的な準備とを結びつけることによって、社交上の諸状況への取り組み方を学ぶことができる。あなたは、行動論的な諸々の技術によって、リラックスすることを学べる。あなたは、他者に影響を与え、また自身が影響されることへの抵抗を可能にすると心理学者たちが証明した、行動や会話における諸々の規則や技術を、学ぶことができる。あなたは、あなたの好意を他者に示し、彼らがあなたへの好意を持つ瞬間を認知し、そして視線、言葉、言動の交換を継続していくための、関係の技法を学ぶことができる。あなたは、あなた自身を尊敬することを学べる。

　私たち自身を作り直すためのこれら進歩的行動主義者のテクノロジーが、自由で民主主義的な願いをともなっていることは、自ずから明らかだと思われる。適切な自己表現《アサーション》や自己コントロールについての彼らの見通しによれば、それらは、私たちが羨むような人々の成功を保証してきたような資質を、私たち一人ひとりが入手するための手段を提供する。しかし、これらの進歩的原理は諸刃の剣である。それらは、自律と成功を約束する反面、恒常的な自己への懐疑、振る舞いの如何への恒常的な検査と評価、細かな事項に沿って調整され、判断された社会的存在というあり方を前提にその個人の側面を構築することを開始する。娯楽でさえ、職業的専門家の援助によって、科学的に体系化された知の庇護の下で成し遂げられる仕事の一形態になった。自己は、再帰的な客体化のまなざしの標的となったが、その客体化のまなざしは、それ自体の技術的完成だけでなく、「成功」と「失敗」は、幸福、豊かさ、優雅さ、そして満足という語彙で理解され、また自己の自己管理能力の結果として解釈されるべきとする信念にささげられていた。

社交の技能としての生存の技法の成文化、すなわち、社会的な能力にかかわる心理‐教育学の発達は、イメージの権力技術による発達基準の支配を拡張する。生活とは、生活のイメージを、喜びや温かさの心象を、そして、広告やテレビのトーク番組、ホームドラマなど、パーソナリティ、陽気さ、人を引きつけるやり方にかかわる大衆的な空想において表現された達成をなぞることである。これらのイメージは、私たちの生活における日常的な満たされなさ、私たちの発話の躊躇や不確かさ、他者との性交におけるきまりの悪いぎこちなさ、私たちの愛と情熱に関する的外れな愚痴が、判断され、また不十分だと判定されるための雛型を供給する。私たちが知るどんな世界よりも輝かしくまたリアルな、このイメージと価値のメタ世界に従えば、自己とは熟達した振る舞いの合図をうまく発することができるように、つくり直され、再製作されるものである。そうして、私たち一人ひとりが、私たち自身が、私たちの生活のこの絶え間ない遂行についての、もっとも厳格でもっとも恒常的な評論家になるのである。

三　自律のテクノロジー

いったん、真に彼女自身であるという内面的自由が、長年にわたる分析の中で彼女が掴んだ、彼女が適当に思う自身の生活を営むという外面的自由に加えられた後には、彼女はもはや、専門の分析者の助けを必要としなかった……彼女は〔精神〕分析者には縁がないが、精神分析についてはそうではない……精神分析は……彼女の全生涯を通じて、彼女とともにあるだろう。[*1]

ブルーノ・ベッテルハイム、一九八三年

ミシェル・フーコーが主張するところによれば、西洋人は告白する動物となった。みずからの両親、教師、医師、恋人、そして自分自身に対して、自身が何者であるかについての発話を誠実に捧げることは、個人化の現代的手続きの中心に組み込まれている。[*2]告白においては、人は他者によって主題化される。なぜなら告白は、告白の形態、すなわちそのようになされるべく作られた言葉と儀式を指示する者、真価を認め、判断し、慰め、あるいは理解する者の、実在または想像上の現前を以って行われるためである。だが告白において人はまた、自分自身を構成する。発話行為において、内面の現実に誠実な言葉を生み出す義務を介して、発話に先行し随伴する自己への試験を介して、人はみずから主体となる。

そして告白は、私たちが自身のアイデンティティを確認するまさにその瞬間において、私たちとその他の人々を結びつける主体化の構造を明瞭に示す図式である。近代医療、ソーシャル・ワーク、そして精神医学を通じて拡がった告白のメカニズムは、全き個人に至る啓蒙主義的アプローチを象徴するものでは決してなく、根本的には生活それ自体についての規律と専門家の支配の拡大であったという結論を、そのような分析から引き出すことは魅力的である。[*3]諸主体が自身を開示するよう強制され、説得され、駆り立てられる中で、個人および個人間の生活のより純度の高い親密な領域は、種別化と矯正のために、監視の下に置かれ、専門家の判断と規範的評価に対して開かれる。クライアント、あるいは患者の主体性の承認の名の下に、より深い服従が生み出される。

もしかするとそうかもしれない。しかし、告白の、また他の心理治療的な自己統制の技術は、主体化についての次元と規律のメカニズムの交差によって形成された空間を、住み処としているとみなされるべきである。これは、人間が倫理的存在、すなわち、自己自身を道徳的規則に沿って定義し、統制する存在、自身の生活を導き判断するための教訓を打ち立てる存在、そして特定の道徳的諸目標をみずから拒否あるいは受容する存在となるよう強いられ、駆り立てられてきたのとは異なるやり方を主題とする。フーコーが指摘してきたように、自己の観察・試験・改良という主体化の特定のモードを介することのない、倫理的な主体としての生活様式というものは存在しないのである。[*4]

これら自己の実践に関する記述は、大きく三つの部分から構成され得るだろう。[*5]第一に、道徳の諸規則である。それはすなわち、彼らが用いる言語であり、彼らが策定する倫理の領域であり、彼らが倫理的重要性にかかわると同定する個人の特質であり、彼らが企図するそれらの測定と評価の方法であり、避けるべき危険と追求する諸目標である。第二に、倫理的なシナリオである。それはすなわち、道徳の規則が施行される一連の諸組織（apparatuses）と文脈であり、また学校と法廷において、ソーシャル・ワークと医療の実践において、私的な相談において、ラジオの視聴者参加番組において、一人行う読書や思索の行為において、彼らに課されるものである。第三に、自己の技術である。それはすなわち、「自己との諸関係を組み立て、発展させることの、自己を省察し、自己を知り、自己を試験することの、自己をみずから読み解くことの、客体としての自己において人が成し遂げようとする変革の、諸々の理想の様式として提起された」ものである。[*6]

もちろん、心理治療において具体化された道徳の成文化は決して体系的でも一様でもない。にもかかわらず、心理療法のための道徳規範の領域は限られた一連の語によって特徴づけられる。すなわち、生活の質を改善するために自己に課せられる取り組みの必要性、自律の達成、潜在的な力の解放、解放の自由に対して制限された依存性を対置するという異議である。ここで想起されるのは、フロイトが精神分析を以下のように売り込んだことだろう。「あなたはあなた自身を説得することができるようになる」と、彼は想像上の患者に向けて書いていた。「もし私たちがヒステリー症の悲惨さを共通の不幸へと変容させることに成功したならば、多くのものが得られるだろう。健康を回復した精神的な生活とともに、あなたはあの不幸に抗するより充実した戦いへの備えを得るのである」。[*7] 彼の継承者たちは、諸々の目標を非常に異なるかたちで定式化する。「ライフ・トレーニング」は、人はたった三九時間で自分の人生を変えることができると主張する点で例外的かもしれない。それは、金曜日午後六時から日曜日の深夜まで継続する「学習体験」が、「あなたの人生におけるすべての事柄の質を変えうるまでに、あなたの能力を根本的に強化する」ことを、全部でわずか一四〇ポンドで、「請け負う」[*8]。しかしそれは、現代心理治療がその内部でみずからの意味を見出すある道徳システムについて、結果のばかばかしさによってその間違いを示すようなシステムへの反証〔帰謬法 reductio ad absurdum〕以上ではない。

ロンドン心理療法センターが言うところによれば、心理療法には、〔まだ〕時間が必要である。しかしそれは、偉大な恩恵の可能性をもたらす。すなわち、「はるかに多くの充実をもたらす諸関係と、より卓越した自己表現。家族と社会生活、性のパートナーとの良好な関係と、かなり利益を見込めそうな仕事」を、である[*9]。

イギリス心理療法士協会は、見習いたちに対して、「心理療法は、しばしば、患者のための過酷な作業と感情的なストレスを意味する」が、その目的は「患者の自己理解と世界を客観的、かつ、個人的な願望や恐怖、偏見による歪みを低減させつつ思惟する能力」を促進することである、と注意を促す[*10]。行動療法を生業とする支持者は、たんに「クライアントの「症状」は、直接的な方法によって取り除いたり、修正したりし得る個別の心理学的実在とみなされ得る」と考えた[*11]。しかしクライアントに差し出された慎ましい約束は、例えば性的志向、不安、自己主張の欠如などの多様な「諸症状」、アルコールや食事、喫煙その他の悪い習慣に対する自己コントロールの増大という願望、望ましくない思考の除去などを包含する「治療」の一般化によって、むしろずいぶん力を失った。そして、「たんに変化の過程を手助けするのみでなく、依頼人に自身の生活スタイルを今一度査定するよう促す」、「より卓越した自己の自覚」のような治療目標が加えられることは、「問題解決の技能の開発」と「自己効力感の総合的な把握」の増大をもたらすのである[*12]。

カール・ロジャーズの「クライアント中心療法」は、その倫理的主題に関して明快である。その主題とは「本当の自己になること」であった。[*13] したがってその任務は、依頼人たちをして、うわべから、体裁を保つことへの恒常的な没頭から、外的に強いられた責務から生じた義務の内面的感覚から、他者の期待に沿って生きることとの恒常的な努力から、距離をとらせるという変化を可能にすることである。そのような望ましからざる重荷に代わって、依頼人は、誠実さや「現実」を尊重するように、自分の人生を管理できるように、自分自身と諸々の感情を受容し尊重するように、今現在の体験を尊重するように、他者へのより大きな尊敬と理解を示すように、親密な関係性を大切に思うように、さらなる親密さを待ち焦がれるように、すべての内的あるいは外的な経験に対して開かれて在ることのリスクを進んでとるように、変わっていくことを望むかもしれない。その治療の目標は、種の存続が大きく依存しているであろう、「十分に機能している個人」に他ならない。[*14]

それほど「信用」のない治療の形態に関しても、その道徳的規則は同じくらい明らかである。ゲシュタルト療法の考案者であるフレデリック・パールズは、ゲシュタルトが展望するのは各個人が「彼個人の二面性を癒」し、「彼の全体性、彼の完全性」を回復し、「人類の存続可能性を包含するかもしれない問題への小さな貢献をするに他ならない自己」を成長、成熟、発達させることができるような「生に対する、独創的で、歪曲されていない、自然なアプローチ」であると宣言する。[*15] 原初療法の創始者であるアーサー・ヤノフは、主張する。

私たちが思い描いてきたものとは、まったく異なる存在の状態がある。すなわち、人が完全に彼自身であり、深い感情と内的な調和を経験するような、張り詰めることも、身構える必要もない生である。これは原初療法を介して達し得る存在状態である。人々は、彼ら自身になり、そして彼ら自身であり続ける。[*16]

まったきものと成れ、あなたが望むものと成れ、あなた自身と成れ。トーマス・ハリスは、エリック・バーンによって考案された交流分析の体系に関する彼の「実践的なガイド」において、次のように公言する。

〔交流分析は、〕適応するよりは変わりたいと欲する人々への、調和するよりは変革を欲する人々への、新しい答えであり……変化し、自己コントロールと自己管理を打ち立て、選択の自由のリアリティを発見することを、諸個人にとって可能なものにするだろう。[*17]

過去の重荷から解放された自律的な自己は、私は大丈夫、そしてあなたも、と言うだけの力を備えている。身体の治療は、欠くところのないこと、冷静さ、そして喜びという、同様の希望をもたらす。アレクサンダー・ローエンにとって、生体エネルギー法は、「個人が彼の身体とともにあることを取り戻すこと、その身体の生活――呼吸、動作、感覚、自己表現、そして性的嗜好――を最大限まで享受することを助けるための治療技術」である。生体エネルギー法は、「人々が、自由であるような条件、恩寵にあずかった在り方、そして美しくあることの本質である、原初的な自然本性を取り戻すのを助けること」をまさしく目標とする、「自己発見の冒険」なのである。[*18]

人は、自由なものとして生まれるように見えて、しかし至るところで精神の鎖につながれて生きる。しかし、その鎖は外されうるのであり、また鎖とともにあっても、恩寵、可能性、愛、自由、そして喜びの本来の状態は魂の巡礼によって取り戻されうる。魂はもはや、厳格な瞑想、キリストの受苦の模倣、そして神の善性についての観想などのつらい諸々の儀式を経て、真実と救済に至るような、遍歴を辿ることはないのである。自律的な自己は、治療による経過の中に、みずからを見出すだろう。

心理療法の発展のための倫理的なシナリオはどうなのだろうか？　私たちはすでに、その中における接触が治療の形態をとるであろう、多様な諸装置と文脈に気づいてしまっている。例えば、私的な相談〔室〕や、誕生、結婚、死にかかわる問題への助言を求めてカウンセラーを訪問することのみならず、医師の手術、医療専門家への相談、ソーシャル・ワーカーの訪問、精神病院での保護、人事部との面談、視聴者参加型ラジオ、である。心理療法の実践者たちは、固有の語彙、イメージ、価値評価、そして技術を持つ専門職たちのもとに入植し、また治療的接触の行われる場所を拡張・増加することに成功した。しかし彼らは、単純に現存する場所や問題を占有したわけではない。むしろ新たな一連の問題構制が生まれたのであり、〔それは〕新たな事象と可能性が、科学的知識と治療的矯正の領域へと舞台を移すという、生の体験についての新たな秩序化の方法であった。彼らは、治療活動が展開されていた、より古い戦略上の目標——ヒステリー症の女性、危険な、あるいは危険にさらされた子ども、変質者、機能不全の夫婦——を差し替えるのではなく、彼らを、彼ら自身が典型的かつ例外的でもあると見なされるような、より広大な領域の内部に位置づける。完全さの追求を措くなら、心理治療の四つの新たな戦略的次元が自ずから見えてくる。*19

労働の主体化は、働く身体における感情、情動、そして願望の飽和状態と、頭脳ないし肉体労働を問わず、労働の変容をともなう。労働は、個人的満足と精神的なアイデンティティの諸問題となり、そこでの経済交換においては、提供される金銭的報酬よりも、それによって授与されるアイデンティティの方がより重要である。したがって、職業とキャリアの成功と失敗に関する、また雇用と失業の費用と利益に関する包括的な言説の出現は、経済用語よりもむしろ治療において生じたのであり、治療者が労働組織へ、また労働問題がすべての治療活動の領域へ、相関しながら拡張する。[*20]

日常の心理学化は、借金に始まり、住宅購入、出産、結婚、そして離婚までの緊急事態を「ライフイベント」として翻訳することをともなう。それは模倣と調節の諸問題であり、それぞれの問題は、それが、主観的秩序の諸力と決定因子（恐怖、拒絶、抑圧、心理‐社会的技能の欠如）が争う場所として、またその帰結は同様に主観的（神経症、緊張、ストレス、病）であると、根本的に認識されることによって、取り組まれるようなものである。そのような出来事は、その失敗が診断されることを介して、生きることについての若干の正典を打ち立てる、正常化の実践の場となる。それは、兆候と症候を識別する法廷の仕事と、それらを生み出す隠れた領域とそれら自体を関連づける解釈の仕事を必要とするという意味で、臨床的である。それは、模倣の技法において主体を教育しようと試みるという意味で、教育的である。それは、生活の日常的な出来事が、告白、内省、責任を内面的に引き受けるための大切な行事になるという意味で、主体化である。

有限性の治療においては、命の限りあること、受難の悲劇、死の遍在における、苦悩、落胆、そして失望は、病理学と正常性の問題、あるいはむしろ、正常な各個人のうちに隠された、病理学的な可能性と治療の見込みを明示的に示す問題として、再び持ち出される。死別カウンセラーたちは、最愛の人の死から関係の破たんまで、子どもの病から死に至る疾病の診断までの諸々のイベントに群がる人々の中で、もっとも際立っている。これらはある時には、危険な交わりであると同時に、治療の好機になる。それらが危険なのは、それらの周囲で、非行や反社会的行動から、個人的および人間関係上の破壊や対処の失敗、明らかな精神的不調までの諸問題が、形成される可能性があるためである。しかしそれらは同時に、個人の成長にとっての好機でもある。悲しみと折り合いをつけることにおいて、すなわち、悲しみをカウンセリングまたは治療の経験によって受容することにおいて、人は新しい生活を始めること、あるいは安らかな死を迎えることを学びうる。有限性は、治療を介して、自己、すなわち、人生それ自体の活動の一部を発見するための手段となるのである。

社会的交際の神経症化においては、恋人、友人、同僚との「関係」は、個人の幸福と社会的効能の両面で鍵となる機能的要素として見出される。傷ついた子どもから健康障害まで、職場における混乱と家庭における欲求不満を含め、すべての種類の社会的な病は、私たちが他者と「相互作用」することについての、治療可能な無能力から発するものと理解されるようになる。そのような無能力は、両親と子どもたちの触れ合いから、あるいはその他の人間関係の領域における混乱の帰結として生じる、諸々のパターンの反復として再解釈される。治療者たちは、この人間関係の領域の実権を握り、その諸々の法則を知り、その諸々の病を診断し、私たちが他者とともに振る舞う際の、双方が充実して健康的であるがゆえに道徳に適ってもいるようなやり方を指示する。そしてひるがえって関係の言語は、私たちの、まさに私たち自身についての理解を定義するようになる。

これらの領域、また同じと判断されうる他の領域において、賭けられているのは、他者との、またみずからの身体、習慣、性向、そして満足との諸関係が理解されるようになる領域としての、知識と実践の集合の精緻化と、自己自体の生産の相互関係である。心理治療の言説と実践の構成的な権力について、誇張しないことが賢明だというのは間違いない。それらの権力は、それらと全き政治的合理性と自己の統治テクノロジーとの重なりから生じる。しかし、にもかかわらず、これらの治療的な知識と権力のテクノロジーに関して、何が論争となっているのかを認識することは重要である――それはもはや性でも、病理でさえもなく、私たちの自律的な自己なのである。

それぞれの治療システムと治療の文脈は独自の固有性を持っている。しかしそれらを結合するのは、主体を行為と存在のある在り方から別のそれへと至らせる計画的な試みである。おそらく、これらの諸テクノロジーについての研究を想像することは可能だろう。実行されることはまれであったが、それは、テキストブックや個人の記録に含まれている、その計画の表象を手掛かりとした分析である。[*21] 空間とまなざしの配置――精神分析の診察椅子は、これらのまったく象徴的なものであり、主体が、彼ら自身のイメージによって満たされた空虚な空間に向けて、ただ話し掛けるのみであるようなところである。治療者はもう一つの空間に住んでいるのであるが、二つの空間は現実的かつより空想的であるがゆえに、また単なる転移の場所に過ぎないがゆえに、双方ともより現実味を帯びている。だが、空間的な治療のテクノロジーは、他にもたくさんある。ガントリップからロジャーズに至るヒューマニスティック・セラピーにおけるような、主体が価値ある個人として質問を受ける率直かつ受容的なまなざしの交換に始まり、治療グループにおける椅子の環に至るまで、である。後者は、全員による告白と判断が為される民主的な領域へと、各人を平等と思われるかたちで組み込むことで、主体を他者に対して責任があるゆえに、自己に対して責任あるものとして構成するものである。

表出（voices）のテクノロジー、すなわち、固有の諸体系に基づいてしばしば型にはまった詳細な言葉と身振りの配列によって、告白を促しそれに応答する方法がある。精神分析の解釈による比喩、「非指示的治療」における肯定の「うんうん」〔という相槌〕、「私はそれを理解している、つまり、あなたを受け入れている」という含みが添えられた、治療者の表出によって生じる、話し手みずからの言葉への反省である。治療的な接触において、発話とは、全き科学の領域の内部に、みずからの言葉を位置づけることなのだ。〔そして〕表出とは調査と診断の手段なのである。問題の性質とその解決の可能性についてのやりとりに加わるのはただ一人であるとしても、それを介して、ある成文化が達成される。表出は、治療者の訓練および検討されてきた個人の記録において発せられた、別のすべての発話のざわつきで満たされた一つの部屋で発せられ、兆候としてそれを再解釈するための諸条件を提供する、言葉と語句の網の中で、その位置を見出す。発話は、このテクノロジーにおけるその特筆すべき位置ゆえに、治療活動となる。「胸中を打ち明ける」ことが、常に私たちに良い結果をもたらすことは疑いえないが、しかしそれは、私たちをよりよくするものとして定義された、症例と治療に関する伝統、権威、歴史の実効的な範囲の内側で為される接触には及ばないのである。

そして変容のテクノロジー、すなわち、主体をある状態から別のそれへと移行させるような――裁判の、あるいは疑似裁判的な、臨床的な、教育的な――説得または強制の方法が存在する。告白の場面における微妙なコミュニケーション的相互作用において、専門家は穏やかに主体を新しいイメージとの連関に移行させる。それは、彼ら自身の持つイメージであるために、より抗しがたく思われるようなイメージである。諸主体は、治療的なシナリオにおいて自身の発話と振る舞いとして示されるに至った自己の類と、彼ら自身を同一化させるようになる。理想的な種類の個人として、彼ら自身に責任を負う自己。彼ら自身と、ありえたかもしれない彼らとのギャップの中で、喜びと不安によって駆り立てられる自己。彼らは、治療の経過を通じて、彼ら自身が進んで作り出そうとしてきたところの彼ら自身のバージョンを、配役されるようになる。

説得に関する異質な諸々のメカニズムに偽りの統一性を与えるのは、誤解を招くだろう。正常性、家族生活、性的志向性、気遣い、子どもたちへの愛、そして規範化された日常生活の道徳言説についての個人としての責任という、「超越的な」イメージを利用して、同意を要求するというかたちで、主体の発話と監視を義務づける「強制的な解釈」がある。その道徳的言説は、主体がそれを拒絶するためには、病んでいるか、あるいは病的な状態でなければならないようなものである。それらは、医療、ソーシャル・ワーク、そして親子との共働活動においてもっとも一般的なように思われる。[*22]「物語化」――それは分析的な治療においてもっとも顕著だが――、その中で治療者は、発話の諸断片を、順序、論理、原因と結果、決断と結末、ある筋立てを持つ、一貫したライフ・ストーリーへと再び組み立てようと試みる。その筋立ては主体が、偶然の出来事の寄せ集めにおける偶然の参加者でも、無関係な傍観者でも、誰か他の人の脚本のエキストラでもなく、彼ら自身の人生の著者であり演者であることを啓示するようなものである。[*23]説得についてのこれらおよび他のメカニズムは、治療のシナリオと自己の技術の間にある中継点を占有する。それらの狙いは、治療的接触に至ることを超えて、永続的な自己の解釈学を組み込むことによる、主体の変容にまで及ぶ。治療の対象者は、治療から離れ、彼ら自身の生を生きることをその目的として定められるが、しかし、治療に関する自己の技術は常に彼らとともにあるのである。

心理治療を、それが供給する自己の技術という水準で入念に取り調べることは、その創意に、また自己の技法が作り出してきたある手続きの多様性に気づくということである。その手続きによって諸個人は、専門家の援助に与りつつ、彼ら自身を変えるために、自律的な自我を獲得するために、彼らの身体、情動、信念、そして振る舞いの型を決定することが可能になる。[*24] 自己を試験・評価するための技術が存在する。すなわち、自己吟味の様式、自己記述の語彙、自己を思考へと翻訳する方法である。これらは、自己の異なる諸側面——思考、感情、態度、声の調子——に関心を向けること、諸々の差異を印づけ、それらを目立たせるための方法をともなう。それらは、カウンセリング・ルームまたはグループにおいて自己発話を開示する方法、日記をつけ続ける方法、行為や演劇、絵画その他によって、内面の状態を表現する方法をともなう。それらは、自己に携わる上での異なる様式、例えば、現在の状態にかかわる過去の決断を探し求めるという認識論的な様式、あるいは言葉や行為が、治療者に関するその重要性の説明によって補完される解釈的様式を含む。それらは自己を評価し、その病を診断し、その短所と進歩を測定するための諸言語に基づいた、主体の教育を含む。そしてそれらは、カタルシスの浄化効果、理解の解放的効果、解釈の再構築効果、思考と感情の再教育を介して自己を治療するための、諸々の技術を含む。

心理療法の諸テクストは、私たちにこれらの実践へと至る道筋を示す。なぜなら、それらはそれぞれ、自己の技術を指導するマニュアルのようなものだからである。すでに議論された点に加えて、私たちは、おおよそ三つのさらなる手順を取り出すことができる。すなわち、自己における実験を主要な手段とする自覚の手法、人間の諸関係を計算可能にすることで働く相互作用のアルゴリズム、自己の識別の諸メカニズムを介して私たちを導く感情の語り、である。三つの事例が、これらの自己を思考可能かつ管理可能にするための、それぞれ異なるがしばしば連動する諸手順を説明する。

フレデリック・パールズの『ゲシュタルト療法』は、私たちの行動およびその行動についての私たちの自覚を認識するよう援助する、一連の実験によって始まる。[*25] それらは、私たちが「環境に触れる」こと、例えば、「あなたがすぐに気づくものについて文を作りなさい。その際「今」または「この瞬間」あるいは「今ここ」から始めるように」というような、単純な手助けから始まる（四四頁）。それぞれの後には、私たちに自身の経験の重要性を理解する筋道を教育する、一連の解釈の指導と、解釈をともなった他の人々の経験についてのわずかな一連の語りが続く。徐々に私たちは、みずからの身体を自覚し始める。「全体としてのあなたの「身体」感覚に集中しなさい。あなたの身体のすべての部分に、注意を巡らせなさい。どれくらいのあなた自身を、感じられますか?」（一〇〇頁）。そこから、感情の自覚に至る。「画廊を訪れなさい。できれば幅広く色々な種類の。それはどんな感情を、たとえかすかでも、呼び覚ましますか?　もし嵐が描かれたら、あなたは、あなた自身の中に、それと相通じる乱気流を感じますか?」（一一九頁）。私たちは、病的な側面を、健全に言葉で表現し、取り除く方法を学ぶ。「人前であなたが生み出した言葉に、耳を傾けなさい……あなた自身についてのあなたの理解が、実際のあなたのパーソナリティと異なれば異なるほど、あなたはあなたの声をみずからのものとして認識したがらない……あなたの内なる声の抑揚に気を配りなさい。それは怒っている？　嘆き悲しんでいる？　愚痴をこぼしている？　大言壮語している？」（二二五頁）。

今や私たちは、私たちが今まで自覚したところの自覚を管理するということ、例えば不安を興奮に変えるといったことを教えられているに違いない。これら自己の試験や自己の反省の諸技術を獲得することで、私たちは、みずからを操作する、あるいはそれに働きかけるということを、そのことが引き起こすかもしれない不快さはあるにせよ、学ぶことができる。私たちは、自身の「反転（retroflection）」に気づき、そしてそれに向き直ることができる。「人が行動を反転させる時、彼は、彼が当初他の人々や物に対して試みていたことを、彼自身に対して為すことになる……彼がこれを為すに応じて、彼は彼のパーソナリティを、「行為者」と「行為される者」に分裂させる」（二七一頁）。私たちは、自身の「取り込み（introjection）」を認識し、理解することを学び得る。「行為、感受、評価のやり方――それはあなたが、自身の行動体系に取り入れてきたものではあるが、しかし、それを有機体としてのあなたの純粋な一部となすようなかたちでは、理解してこなかったところのものである」（二二二頁）。そして私たちは、自身の「投影（projection）」を解釈し、克服することを学び得る。「投影者は、例えば、自身が他者を拒絶していることに気づかないままに、彼らは自分を拒絶していると信じている。あるいは、性的に他者に近づくという自身の傾向性には気づかずに、彼らは自身に性的に近づいてきていると感じる」（二四八頁）。

こうして私たちは、創造的な適応についての先進テクノロジーを身につけることができる。ゲシュタルト療法は、私たちがそれによってみずからの行動に関する隠された根底を自分自身に対して詳らかにできるようになるところの、したがって私たち自身を「今ここで、より自由で満たされて生きる」（口絵スペースより）というあり方に沿って、変容可能なものと為し得る、自己の統治のための一連の詳細な技術を提供する。

しかし自己統治の技術は、もしそれが至上の、孤立した自我への専心を含意するとしても、たんに「個人主義的」に過ぎないものというわけではない。この世界においてみずからを導くということは、他者たちとの諸関係を形作ることを含んでいる。したがっておそらく、（出版社の広告文によれば、ペーパーバック版だけで六〇万部売れた）エリック・バーンの『人生ゲーム入門』の人気は、それが、病的な相互作用を表現するための一連のアルゴリズムと、それらを矯正するための多様な諸技術を提供するものだったことに求められる。[*26] 指示は、精神や、それと他者たちとの諸関係を簡潔に表現することから始まる。説明によれば、各個人は、「親の姿に似ている」もの、「客観的な現実の評価に対して自律的に方向づけられた」もの、そして「原始の名残、すなわち、幼児期において固着した未だ活発な自我状態を表現する」ものという、社会的諸関係における三つの種類の「自我状態」を呈する（二三頁）。もしそれが複雑に思われるなら、それらをたんに親、大人、そして子どもと名づけ、簡潔な図形で精神を表現することもできる。すなわち、一つはその他の上にあり、三つの状態を示すラベルが貼られた、三つの輪である。こうして、二人の個人間におけるあらゆる相互作用は、親‐子、大人‐大人、大人‐子ども、その他いろいろであるかどうかという見地から、もちろん現実の参加者の見地ではなく、心的な参加者のそれによって分析されうる。これは、諸々の相互作用を表現するための万能の記述手段である。私たちは、〔三つで一組の〕輪を二組用意して並べ、何が何と関連しているかを示すために、それらの間に線を引く。どのような社会的相互作用も一つ以上の次元を含むであろうから、図はより複雑になるが、しかしそれでも明瞭である。この接触図式を通して私たちは、いつ彼らの「子ども」が、あるいは私たちの「親」が話しているのかを知る方法を習得し得るし、また、交差する線とそれらの因果関係を捉えることができる。つまり私たちは、新たな物の見方を教えられたのである。

しかしより重要なのは、病的な相互作用を特徴づけるための、諸々のゲームに関する一つの言語の定式化である。なぜなら、諸個人間の交流はプログラム化された構造において生じるからである。定型的で、簡潔な「儀式」がある。それは情報を伝達するわけではなく、悪意を抑止する、もっと言えば、人の脊髄が委縮する（one's spinal cord shrivelling up）のを抑止するという社会の論理に照らして、参加者に「ストローク〔存在を認める働きかけ〕」を与えるような、相互に補い合う交流である（三五頁）。「暇つぶし」という、半ば儀式的で、単純で、その主要な目標が一定の時間の構造化にある、相補的な交流がある。例えば、「「（車の比較で）ジェネラル・モーターズ」、「（それにかかるのは）いくら？」、もしくは「（ノスタルジックな場所なんかに）行った？」といった具合に。これらは、様々な型――大人‐子ども、親‐大人など――で生じ得るし、年齢、性別、そして状況に応じて異なる環境の中で活用される。そしてそれらは友人の選定や地位の安定化など、様々の重要な社会的機能を果たすのである。そして、「ゲーム」がある。

「ゲームとは、進行中の一連の相補的な、目的を秘匿された交流であり、よく定義された、予測された帰結に向かって進む」。しかし、それをゲームたらしめるものは、それが不誠実であること、落とし穴や罠を備え、そして見返りがあるということ、である。バーンは私たちに、彼と彼の同僚たちが発見してきた、完全かつ整序されたすべてのゲームの一覧を提供する。「人生ゲーム、結婚ゲーム、パーティ・ゲーム、性のゲーム、そして地下世界ゲーム」、また「コンサルティング・ルーム・ゲーム」のような、専門職たちがプレイするいくつかのゲームがある。諸々のゲームはそれぞれ、さらに細かく分割されていて、人生ゲームの中では、アルコール中毒者（Alcoholic）、債務者（Debtor）、蹴ってくれ（Kick Me）、やっとつかまえた（Now I've Got You）、くそ野郎（You Son of a Bitch）、そして、なんてことさせるんだ（See What You Made Me Do）、がそれにあたる。各ゲームのために、私たちは、主題、狙い、一連の役割、予測可能な力関係の説明、夫と妻または主人と客が登場するあるシナリオ――私たちはそのシナリオを理解し、みずからの経験に基づいて支持することを奨励される――の仮想的な語り、そして、主たる人物やその他の参加者に授与されるアドバンテージの説明を、与えられる。私たちはまた、それを事前に見越すための、近道するための、ゲームであることの自覚を導き、その結果それを長引かせるための方策を与えられる。

口頭の指示、簡潔な例示、目に見える動きの詳細な分析、これらすべては、社会的な相互交流における私たちの諸経験を、思考へと翻訳し、またそれらを管理に従属させる手段を供給する。ゲーム分析の狙いは、ゲームを意識させ、またそれらを普及させ、三つの能力を解放ないし回復するための自律性の獲得を可能なものとすることである。自覚とは、「教えられた方法ではなく、自分のやり方で鳥の声を聴」き、「今ここで」生きる能力である（一五八頁）。自発性とは、「選ぶ自由……ゲームをプレイすること、持つように教えられた感情のみを持つこと、という強制からの解放である」（一六〇頁）。親密さとは、「自発的で、駆け引きとは離れた、道理を弁えた人の率直さ」である（一六〇頁）。

ある自己の技術は、自己の自覚のための手順に基づいた導きをともない、また二つ目のそれは、他己たちと交流するための、自己を可視的なものにする図式を提供することによって作動し、三つ目のそれは、私たちを必要性の語りと関係への依存において自己を同定するよう駆り立てることによって働く。例えば、ルイーズ・アイケンバウムとスージー・オーバックの『女性たちは何を欲するか』(「この本は、生活を変えるだろう」『ウーマンズ・ワールド』)は、一連の小さなビネット、すなわち、ロマン主義小説の鼻につく言語によって表現された、ぎくしゃくした諸々の関係についての話を介して進む。[*27] 私たちはまず、みずからの生活についての検討を導くに違いないテーマについての情報を与えられる。私たちの生活とは「関係」にかかわるものであり、また「女性と男性を動かすものは、本質的にそれほど異なってはいない。私たちは、彼らをして満足にかかわることを困難にするものは、彼ら自身およびお互いの依存の必要性についての、深い混乱と誤解であるということを明らかにするだろう」(一五頁)。そのテクストは、私たちに、私たちが人生におけるみずからの失敗と成功をそれによって理解可能にするところの言語を、提供することから始まる。依存は、「基本的な人間のニーズ」である(一六頁)。しかしこれは、このテクストの倫理が、自律に反対していることを意味するわけではない。たちまち私たちは以下の事柄に安堵する。

心理的発達の理論家や心理治療の実践者たちは、自律と自立を達成することが、依存ニーズの満足を基礎としていることを知っている。子どもが、自立するに十分な自信を感じながら成長するのは、他者に依存できるという確信をその子が感じる時のみである(一六頁)。

男性の依存ニーズは、視界から隠されている。なぜなら女性たちは、彼の生涯を通して、彼がそれらに直面する、あるいは明白にするまでもなく、それらを満足させてきたからである。

女性たちは、彼女たちを不自由にする依存的な行動特性やステレオタイプを振り払わなくてはならないが、しかし究極的には、彼女たちが自身のニーズの満足を受け取った時初めて、これは可能になるだろう。これは、男性たちもまた女性たちと同様に、膨大な課題に直面していることを意味する（一八頁）。

これは確かに、人生の一部がよりよいものとなるよう、私たちそれぞれが参加するにたる十分な戦いである。ニーチェを敷衍していえば、私たちは少なくとも、もはや目的を欠いてはいない。例えその目的が空虚であるとしても。

これはたんなる道徳的説教ではなく、人生における私たちの痛みを描写・説明するための、また、私たち自身と密接に関係する人生を歩む人々とうまくやるための、語彙の教育なのである。それは、二つのやり方に向けられた語彙である。すなわち、権威ある、科学的調査の結果に照らして正当化されたやり方、そして、一般向けの、私たち各人が諸個人および諸関係を記述する共通の言葉として理解可能なやり方の二つに、である。それゆえそれらは私たちを、自然に、私たちがみずからの生を理解するところの諸々の物語へと導く。私たちは、登場人物たちに自己を同一化することで、自己記述の言語を利用することを学び、そして私たちは一斉に、著者の解釈の取り込みの類に参加する。例えば、「チャチャ現象」を挙げよう。

それは日曜日の午後である。ジェニーとピーターは、居間で読書しながら座っている。ジェニーはピーターに目をやり、そして彼への愛の高まりを感じる。彼女は、彼の姿が愛おしい。彼女は、幸せを感じる。彼女は、ソファの上へ、彼の隣に座ろうと赴き、彼にキスする。彼は見上げ、微笑み、そしてまた本に目を落とす。ジェニーは言う。「たぶん私たち、今夜は映画に行くのは忘れて、家でおいしい夕食を作った方がいいわね。いいワインも開けられるわ」。ピーターは応える。「ええと、ぼくはすっごくあの映画を見るって気分なんだけど」。[*28]

この小さな物語の配役は、テクストや諸々の技術が目指す顧客層を、正確に捉えている。すなわち、若く、都会的で、ある程度裕福で、より高い目標を目指すことに敗れ、食事とワイン、映画――そして「関係」――によって、彼らの生活を意味あるものにしようとしている人々である。重要なのは、同一化が生じることであり、その後を解釈が追う。

これは、チャチャの第一歩である。ジェニーは、ピーターに対して率直である。彼女は、彼に近づこうとして、いくつかのジェスチャーを送る。最初の「拒絶」は、キスの後、ピーターが本に目を落としたことだった。親密な触れ合いからの離脱の二つ目は、「家での夕食」という提案を断ったことだった。ジェニーは、これらのジェスチャーの両方とも、拒絶だと感じた。[29]

ホームドラマが提供してくれるシーンや筋書きは、許容ないし排除される諸々の感情のレパートリーとしておなじみのものである。内面とは、私たちの振る舞いの背後に広がっているものだが、しかしそれは底が浅く、単純かつ健全なニーズによって占められている。愛情、好意、セックス、依存、配慮や拒絶はここで働くが、しかし、憤怒、憎悪、自己嫌悪、罪、嫉妬、幻想、そして自己卑下はそうではなく、義務、責務、社会的責任、良心、恩寵、善、そして悪に関する前道徳的命令は言うまでもない。

チャチャの物語は、ありきたりの諸段階を経て、参加者が「彼らの間の隔たり」を気づくようになる時点まで続く。ここにきて、選択肢が示される――パートナー同士の互いに異なる反応が、彼らの結論とともに示される。一方はチャチャの悪化を、他方は解決を導く――すなわち、「怒りの表現」あるいは「苦痛の除去」である。私たちは、このわずかな一連のやりとりを、彼らの「関係」の歴史の中に位置づけることができるように、いわば「この男性はただ映画を見たかっただけ」というような考え違いをしないように、ジェニーとピーターについてより多くを聞き、いくらかの「背景」にたどり着く。私たちは、いかにしてチャチャが、依存の恐怖、親密さのニーズ、傷つきやすさ、距離を置くこと、障壁などといったものの間にある諸々の緊張を詳らかにするかを理解する。私たちは感情の治療言説を教育される。それは、私たちがみずからの「事例」を物語に変えるために、そして私たち自身の筋書きの著者になるために利用できるものであり、おそらくカウンセリングの必要もないもの、ジェニーとピーターの物語を満足できる物語的解決へと導く「カップル・セラピー」なのである。

こうして私たちは言語と技術を獲得する。それは、心理的なニーズと不安を象徴するものとしてのやりとりの、特定の諸様式の、選択・配置・そして解釈の方法である。私たちは、自覚に関する実験に基づいた技術ではなく、交流の論理的図式でもなく、感情の物語への同一化を通して、自身を管理可能なものとすることを学ぶ。これらの同一化がその狙いを満足させるなら、私たちは、みずからの人生を、「感情」と「関係」の見地から物語化できるようになるだろう。それは「ニーズ」の提示としての、私たちの諸々の行為であり、そしてそれゆえ、私たち自身の結末を、私たちの生の連続ドラマへと組み上げるための能力の獲得である。そしてまた、私たちはみずからの選択を通じて、みずからの生活を作り、そして作り直すことができること、また生活を、私たちの主観的ニーズを満足するような選択の見地から計画することは、正統的で、望ましく、実に健全であるということを、学ぶのである。

アイヘンバウムとオーバックの著作は、自己についての意識的な進歩を志向するフェミニストのテクストである。しかし私たちは、これらの話に見受けられる共同性や公共性のレトリックによって欺かれてはならない。私たちは、「人々はもはや、互いから独立しようと、みずからの二本の足で立とうと、個人主義的で競争的であろうと努力することのない」場所で生きることを望むようになるかもしれない（二〇三頁）。しかし私たちは、未だ、自律を目指している。なぜなら「みずからの依存ニーズの満足、愛の安心感、感情の支えをもたらす諸々の関係の育成によってのみ、私たちは、真に自律的と感じることができる」からである（二〇三頁）。

一九六〇年代の急進的な文化の中で、民間の「反‐精神医学」の指導者が約束した自由は、主体性の社会的拘束からの完全な解放であった。[*30] 彼らの現代における末裔は、異なった何かを約束する。すなわち、社会的拘束からの解放ではなく、自律した意識の上に心理的な制約を課すことであり、それによって合理的な変容が受け入れられる。自由を獲得することは、スローガンの問題でも政治革命のそれでもなく、精神の専門的知識によって導かれた、私たちの主観的で個人的な現実についての、ゆっくりとした、丹精込めた、きめの細かい取り組みの問題となるのである。

心理治療は、その深層で、近代的自己の社会‐政治的な諸々の責務に結びついている。それが解放ないし回復を試みるところの自己とは、個人の決断という行為と、個人的責任という前提によって、その生涯の個人的な道行きの舵を取る存在である。それは、みずからの選択を積み重ねてその人生を組み立てていく責務以外の、あらゆる道徳的責務から解放された自己である。人生とは、そこで自己が自己自身を実現していくところのものである。生活とは、共同体の福祉、あるいは道徳への忠誠というよりはむしろ、個人的満足の規準によって測られるものであり、選択と経験の集積を通じて、個人的な娯楽の増大によって、愛、セックス、幸福の成功と悲劇によって、目的を与えられるのである。

心理治療の諸規範と語彙は、したがって、主体性の統制のための技術と、現代の政治原理の内側で精巧につくられた統治のテクノロジーを、調和させることができる。それは、私たちすべてをして、私たちの伝記のプロジェクトを立ち上げること、私たちの生のスタイルを作り出すこと、私たちの日々のあり方を、自律の倫理の観点から形作ることを、可能にする。けれども、自律の規範は、それに不可避にともなうものとして、恒常的かつ熱心な自己の吟味、私たちの個人的経験、情動、そして満足の表象に結びついた感情についての絶え間ない評価、内面性の語彙によって私たちの生を物語る必然性を分泌する。解放された自己は、みずからのアイデンティティのプロジェクトに縛られた生を生きることを義務づけられる。

四　自由の治療

「幸福を発明した」「末人」たちへのニーチェの破壊的な批判の後では、私は、科学――すなわち、科学に基礎を置く生を支配する技術――が、幸福に至る道として祝福されてきたという、その素朴な楽観主義を、全く相手にしないだろう。[*1]
マックス・ウェーバー、一九一八年

マックス・ウェーバーは合理化された生活秩序の内部において、「倫理的な」生活を営むことの可能性に、懐疑的であった。合理化、知性化、そして「世界の脱魔術化」がなされた私たちの時代において、究極的価値は、もはや私たちの生を導く術を供給しない。人々は、超越的な倫理的諸価値にかかわる一連の徳によってではなく、合理的な諸規則や匿名の義務に従って、彼ら自身の生を履行する。[*2]完全な合理化は、個別の生を営むための自由の余地を否定する。合理的な諸原理は、特定の諸目標に達する方法を特定するかもしれないが、しかしそれらは、私たちが達成するために骨を折るべき諸目標がどれなのかということを語りえない。科学〔学問〕は、自由な個人の生の営みについて言うべき何ものも持っていないように見受けられる。そしてウェーバーは問う。「「真の実在への道」「真の芸術への道」「真の神への道」「真の幸福への道」という、かつての諸々の幻想のすべてが一掃された今、職業としての科学〔学問〕の意味とは何か?」。彼は、トルストイの言葉で答える。「科学〔学問〕には、意味はない。なぜならそれは、私たちの問い、私たちにとって唯一重要な問いに答えを与えないからである。すなわち「私たちは何をすべきか、そして、いかに生きるべきか？[*3]」。

そして私たちは、自律性の科学、すなわち、いかに生きるべきかという問いへの合理的な解答の、現代の擁護者は、たんにバカ正直な、あるいは有害な道徳主義者に過ぎないと結論づけるべきなのだろうか？　たんに収入源としてではなく、召命、すなわち、生それ自体に意味を与える方法としての心理療法への、あの彼らの支持は、悪しき信仰の産物なのだろうか？　あるいはそれ以上に、彼らは、社会的な力の増大という彼らの要求を正当化する点において、恣意的かつ機能的であるような倫理的憶測に対して、客観的基盤の外見を与えるために科学の神秘性に訴える、道徳の企業家なのだろうか？　ピエール・ブルデューはこの種のことを提案する。彼によれば、この倫理的な前衛者は、善き人生を導き、世界を改良しようという彼らの主観的な願望と対立する、産業への奉仕、広報、社会的統制、そして文化的操作についての客観的役割を担う、新しいプチ・ブルジョアジー出身である。彼らは、この葛藤に対する自身の解答――生活スタイル、消費、満足についての個人化された世俗的な技法の構築――を、科学的基盤をともなった普遍的回答として推進する。この新しい倫理の精力的な推進の中で、彼らは、彼らだけが供給可能な、専門家団体のサービスについての需要を作り出す。こうして彼らは、信仰の告白を――心理学の諸々の教説が持つ解放の諸力の中で――、専門家の創作物へと変えるのである。[*4]

そのような懐疑的な評価は魅力的である。しかしそれでは不完全だろう。科学〔学問〕に倫理を対置させることとは、分析の代わりに批判を以ってするという、ある卓越さを強要することである。それどころか、今日科学〔学問〕は、それによって倫理的な諸々の言明が、みずからを真理の内部に位置づけ、彼らが信奉する諸価値と諸技術のための力を打ち立てるに至る様式なのである。その無邪気さ、あるいは自己強化〔自己権力の拡大〕のゆえに、自己心理療法における科学と倫理の外装が重要性を失うわけではない。それどころか、ウェーバー自身のテーマを彼自身に対立させることになるが、科学と存在の美学の相互浸透、合理性と倫理のそれは、それに従って諸個人が、経済、社会、そして政治的な現在の状況との調和の中で統治される道筋において、その基礎となった。

倫理的な言明を、科学の領域の内部に配置することは諸刃の剣である。一方で、政治的、宗教的、社会的権威が発する権威ある指示と禁止から、生活上の正しい振る舞いに関する多くの問いを解放することと、それはもたらされ得る諸々の解答を複数化し、各々の主体がその内側に彼ら自身を置くことを義務づけられた多様性の領域を拡大する。他方で、生活上の振る舞いについてのこれらの問いを専門知の領域内に置き直すことと、真理と健康についての諸規範に対してそれを試行すること、それは諸主体をある支配へと結びつける。その支配は、それが私たちの、私たち自身を求める自律的な探求から生じているように思われるがゆえに、より深刻なのであり、それはすなわち、私たちの自由の問題であるように思われる。

主体性の統治に対する心理治療的な諸解決策は、確かに「福祉国家の危機」の時代に働く政治的諸原理と調和する。それらが、自由、自律、そして満足という道徳を採用することによって、精神的な健康と個人の自由に関する言語相互の翻訳可能性がもたらされる。市場メカニズムを通じたそれらの拡大は、自己統制のための技術を、個人の振る舞いに対する官僚制的な監視、評価、そして統制のシステムから解放する。そうして例えば、私的な治療を可能にする金銭のやり取りは、もはや熱意ある分析的な折衝の背後に横たわる、分析者と被分析者の関係の非個人性（impersonality）を保証することを要求されない。[*5] むしろ、その原理は今や、選択の原理、クライアント主権の原理である。それは、個人によって為される、彼または彼女自身の自己発達へのコミットメントの自発性を強調し、また、自由のための契約にかかわる責任を受容するにあたっての積極性を露わにする。

批判理論は、コリン・ゴードンが指摘してきたように、「ライフスタイル」や「生活の質」をありふれた語と為してきた文化的な価値統制のやり方に対する、「憂鬱で貴族的な皮肉」とともにあるのかもしれない。しかしこの見方はかなり独善的なものである。これらの諸主題の重要性は、個の存在の振る舞いにかかわってそれらが住み着く場所である、「非決断性の空間」により多く存している。[*6] マスメディア、広告、そして専門家たちによる「ライフスタイル」の奨励を通じて、それらが持つ、自己言及的な諸々の対象とイメージの世界における選択を通じて生活を形作るべしという義務を通じて、近代の主体は統治されるのである。

公的な権力による振る舞いへの過大な諸々の支配の要求と、個々人が採用する生活の諸形態の間に広がる空間において、精神‐諸科学の諸々の語彙と技術は働く。それらが描いてきた複雑な網目において、科学の真理と専門知の諸権力は、当局の諸々の価値基準とビジネスの諸目標を私たちすべての理想や行動と接触させる、中継点としての役割を担う。魂の統治のためのこれら諸テクノロジーは、支配や利潤のために主体性を押し潰すのではなく、政治的、社会的、そして制度的な諸目標と、個人の諸々の満足や欲望との、また、自己の幸福や満足との調整を模索するという仕方で作動する。それらの権力とは自己たち――また他者たちと他者自身たち――を統制するための手段を提供する能力のことであるが、その統制の手段は、現代の政治的諸原則、道徳的な諸々の理想、そして憲法上の緊急要件と一致することが可能なものなのである。それらは、まさに自由の治療である。

治療的なものの膨張に、国家による社会全体にわたる監視と統制の伸長を見る、幾人かの社会分析家たちの誇大妄想的な洞察は大いに誤解を招く恐れがある。[*7] 私たちの現実に広がる新たな領域は、幅広い様々な倫理・政治的諸立場から生じる諸々の価値と願望の駆け引きを許容するのである。これらの新たな諸組織と諸技術の主要な特徴は、それらが、中央の諸権力と、諸々の団体、家族、個人の内的な統制との間に分離をもたらすことにある。それらの重大さは、行為者や個人および集団の生活の統制メカニズムの複数化、すなわち主体性の要素を介して作動するに至った、近代社会における権力の諸集合体の異種混交化から生じる。それらの深刻さは、それらが優位性を拡張しているという事実にではなく、同時にそれらが、自由になることの責務を奨励する諸実践として機能していることにある。私たちは、活動的な市民としての、熱中する消費者としての、熱心な従業員としての、そして愛情あふれる親としての、私たちの政治的役割を、あたかも自身の欲求の実現をみずから希求しているかのように、全うするよう義務づけられている。

自己への配慮のための新たな諸技術が主題化するとすれば、それは、専門家たちが、生それ自体の官僚的な管理によって自己の自律性を支配し従属させるために、政治権力のグローバリゼーションと共謀してきたからではない。むしろそれは、近代的な自己たちが自由のプロジェクトに結びつけられるようになった、すなわち、アイデンティティという観点でそれを生きるようになり、そして、専門知の利用によってその自律性を強化するための諸手段を探求するようになったがゆえである。この母体としての権力と知識の中で、近代的な自己は生まれてきた。したがってそのはたらきを把握することは、ある種の人間を理解するいくらかの助けにはなる。私たちが、そうであるような種類の人間を。

あとがき　一九九九年

アメリカの大統領は、彼のスタッフの若い女性メンバーとの秘密ではあるが合意の下での性的関係について、国民に嘘をついていたことを謝罪するためにテレビに出演する。テレビのトークショーは、ある女性が彼女の夫がトランスセクシュアルであると発見した時に生じる問題に関する議論を特集し、トランスセクシュアルの人と結婚した他の人々や、トランスセクシュアルの親を持つ子ども、そしてトランスセクシュアル本人から熱い声が寄せられている。ラジオのリスナー参加番組は、性欲の欠如、過食症、ポルノグラフィーへの依存、心を蝕まれる嫉妬、癒されない悲嘆などについて語ることを望む相談者と、医師やセラピストとの間で交わされる三分間の会話を毎晩何十件と放送し、何十万もの人々が定期的にそれを聞いている。タブロイド新聞は、金持ちや映画・テレビ・スポーツ・ポップミュージック・ファッションのスターたちの性癖や薬物依存、知られざる苦悩に関するみだらな推測や、それらの告白をばらまき続けている。硬派な新聞は、ショウビズ界やメディア、大衆文学界出身で人気のある「有識者」に対する告白調のインタビューで週末版を埋め尽くし、特集を組んでいる。トークショー、映画、ドキュメンタリードラマ、記録映画、そしてニュースでさえも、身体的・性的虐待や精神的屈辱、飲酒癖、配偶者への暴力といった家庭生活の隠された恐怖の物語で溢れかえっている。それらは被虐待者、生存者《サバイバー》、目撃者によって詳細に語られ、加害者がみずからの惨事の犠牲者として出演し、語ることも増えている。私たちは、このような個人的な語りで溢れかえった文化的世界に生きている。これらの語りは、内的現実と外見の関係という観点から人間を描いている。そこにおいては、外側にあり、人目につき、可視的であり、表面的なものが、いかにして内的な人間の真理――そこでは個々人の本質が発見される――を表現し、その真理によって形成され、あるいはその真理を隠蔽するのかということを見るために、外面的なものが審問されることになっている。

こうした二〇世紀末の西洋文化の特徴は、どのように本書『魂を統治する』で展開される議論と関連しているのだろうか。専門家による主体性の統治の政治的重要性は一過性であるとか、あるいは北米や英国のエリートに地理的に限定されたものであると信じる根拠は、確かに何もない。どちらかと言えば、二〇世紀最後の一〇年間にわたる政治的・文化的発展は、急速な「生活の倫理化」によって特徴づけられた。「生活の倫理化」によって、市民が健康、福祉、安全、相互扶助に対する責任を「国家」に委ねるのではなく、自己実現の名のもとに、市民がみずからの振る舞いとその帰結に責任を持つことがますます求められるようになった。すなわち万人の幸福は、各々の責任ある自制の結果であるとますます見られるようになってきており、自由の要求は、主体性の統治とますます密接に関連づけられるようになった。しかし主体化は、学校教育、診療所や病院、セラピー、育児のように専門家の指導下で行われる個別の制度的実践に限定されるものではない。専門知は、主体性に関するものも含めて、建築や製品設計、総合レジャー施設やテレビの放送計画、工場経営やショッピングモールといった、まさに生活の構造へと組み込まれてきた。すなわち、日々の生活を形成し調整する管理の回路に専門知が刻まれているのである。失敗した人々や欠陥がある人々、反体制的な市民、このようなライフスタイルや家族、仕事、消費の管理構造に適応できない、あるいはするつもりのない人々は、治療や矯正のために専門家のもとへと送り込まれる。また他の多くの者たちは、生活上の様々な問題について精神の専門家に指導や助言を求める。しかし、大部分の人々がとりわけ心理学あるいは精神医学の専門知に接触する機会は、限定的で間接的なものにとどまっている。

それゆえ、現代の主体化の管理体制は、「専門的」言説、すなわち公認の科学者をともなう心の科学の普及という観点から単純に理解されうるものではない。「大衆文化」や「日々の経験」の精神的浸透と、心理学者や精神科医、心理療法士、ソーシャルワーカー、カウンセラーなどの「人間の心の技術者」の言説の関係はより複雑である。他の場所で私が述べたように、精神の専門家はその「寛容さ」によって特徴づけられる。すなわち彼らはみずからの言葉や振る舞いの文法、判断の様式を喜んで他者に分け与えるのである。こうして、弁護士、医師、建築家、金融コンサルタント、聖職者といった専門家や、警察官、保護監察官、経営コンサルタント、美容セラピストなどの専門家に準ずる者の多くが、擬似心理学的な倫理を扱うようになった。こうした倫理は様々な領域で作用しており、それは教室や法廷、ソーシャルワークの面談、セラピーのセッションに限定されず、家庭生活、性生活、余暇、ジム、運動場、スーパーマーケット、映画館などの日常生活における諸々の営みにまで拡散している。そしてこれらの倫理は、別の（しばしばキリスト教の）遺産に根ざした自己改革の実践と、様々な形で結びついてきた。これらは、単なる良心に対する個人的試練という伝統的な実践や、自制の技術の方法といったものではない。[*1] またそれらは、群れにおける個々の構成員に払われた羊飼いの配慮にまつわる思想の様々な政治的配置をフーコーが説明する際に述べた、司牧的権力の一種でもない。[*2] マリアナ・ヴァルヴェルデが断酒会〔AA；Alcoholics Anonymous〕に関する研究の中で述べたように、こうした会は相互扶助の形態をとるが、それは専門の「羊飼い」の指導のもとではなく、「羊たち」自身が互いの「心」をケアするために集まるのである。これは、ヴァリヴェルデがいう「司牧主義の民主化」であり、それは「自分自身に働きかけるための、非専門的で、低い文化資本の技術が揃ったもの」と、AAにおける「否認」の概念のように、振る舞いを問題化しそれに働きかける新しい処世術の普及を含んでいる。[*3]

すなわち現代の人間は、特定の自己の型を前提とし、つくり上げ、安定化させる集合体のネットワークの中にいるのである。そして、たとえそうした用語と複雑かつ矛盾に満ちた権威ある心理学的な知の領域の関係が、雑多な寄せ集め《ブリコラージュ》や翻訳、交配の一種であるとしても、現代の人間は私たちの中の「精神的に形成された空間」を表すような心理学的な用語で理解される。この主体化された環境こそが、自己についての「専門家」すなわち自身の生活についての専門家に過ぎない人々に対して、倫理的なレパートリーを提供するのである。そうした倫理的な領域は、トラウマやストレス、態度、知能、自己評価、自己実現といった言葉で表現され、メディア表象の大部分を構成している、細部にまでいたる倫理的シナリオの中のお手本によって形成され、自己の振る舞いに関するささやかな行動原理と技術をともなっているが、それによって日々の行動を行い、判断を下すことが可能になる。しかしそれは、単一で一枚岩であるような個性および自己の振る舞いの形態が、私たちの経験や存在を支配するようになったということではない。それどころか、自己の形態の多元性は、年齢やジェンダー、階級、人種などによって作られる、存在のジレンマに対する解決策とされるのである。ただし、解決策は様々なものがあるかもしれないが、それらは限定的で比較的固定された一連の問題の中で機能する。これらのジレンマは、一生のうちになされる選択を通じた自己実現のための葛藤にかかわっている。すなわち、家族関係や性的関係、経済的願望やライフスタイル、病や死別、死の可能性といった不確実性〔についての葛藤〕である。そしてこれらの解決策は、個々の人間の中に存在する、特定の「非実在空間」を仮定し、構築する。この内的領域には、独自の特徴とプロセス、歴史的法則がある。これは精神的に形成された空間であり、その空間は、神経や体液を持つ身体の生物学的な物質性と、正誤や善悪のジレンマをともなう人間の振る舞いの道徳的な複雑さとの間に存在する。そして今後、私たちの生活スタイルおよび倫理体系の方策や、惨めさを癒し、私たち自身や私たちの振る舞いや他者に対する判断を改善するための方法は、この精神的に形成された空間のもたらす影響や、それに対する影響力を考慮に入れなければならないだろう。

私が冒頭の例で示したように、ある特定の内省の形態が、こうした倫理的シナリオの多くを通じて普及してきた。それは「率直に述べること」の一つの形態であり、そこにおいては、人間の生活や振る舞いに関する、親密で、個人的あるいは私的な側面や特徴が述べられ、あるいは言説へと組み込まれている。これらはたいてい当事者の報告という形をとるのであるが、もちろん「率直に述べる」のではなく「曝露《アウティング》」という形をとることもあり得る。そこでは、性的解放の政治のためであろうと、個人的あるいは政治的報復であろうと、個人の恥ずかしい秘密の側面が他者によって暴かれるのである。

こうして曝露された内面的な真実は、しばしばセクシュアリティにかかわるものである。しかしその具体的な文脈がどんなものであれ、それらは典型的に意志の病理なのである。イヴ・セジウィックとマリアナ・ヴァルヴェルデがともに指摘するように、自由意志や選択、消費を通じた自己実現の賞賛は、他方では意志の病の全般的な「蔓延」をともなうものであった。それは責任ある自制や自己管理の失敗であり、酒・薬物・ギャンブル・セックスの衝動的な消費における自己のより卑劣な側面への屈服であった。[*4] これらすべての物語において明らかにされているもの、すべてを消費し尽くす自由を責任を持って行使する際に、私たちが避けなければならない危険や落とし穴とは自由のもつ危険性である。

個人的な振る舞いの詳細を公に開示するためのこうした言説や実践の著しい増加は、どのように説明できるだろうか。逆説的なことに、こうした類型が一般的になるのとまさに時を同じくして、容認可能な振る舞いの境界線や種類も大幅に拡張されてきたのである。不変で疑問の余地のない善悪の道徳規範への忠誠を要求する判断の「外的な」形態は、個人の選択という現代的思潮や文化的・宗教的多元性と対立するようには見えない。許容できるものの境界線は、現代の自由の体制が有する二つの特徴によってのみ固定されるように思われる。すなわち第一に、合意のない、一方の自由が侵害されている振る舞いというものがある。その典型は、小児性愛者のイメージである。そして第二に、過度で意志と自由な選択の行使の欠如を示す振る舞いというものがある。その典型はアルコール依存症あるいはヘロイン中毒であるが、それはさらにエイズ以前の時代におけるゲイのセックス・シーンの「不品行」に示されるような「解放」の病理まで含んでいる。これらの二つの自由にかかわる病理は、様々な境界線を明らかにする。そこにおいては、選択と責任ある意志の行使と同様に、多元性も許容しうるものであるかもしれないし、実際、欲求の構築と充足の保証という形をとった意志の行使は、商業的搾取にとって新しい重要な領域なのである。

こうした自由の境界線の中で、道徳的判断の外的規範の代わりに信憑性という倫理が用いられるようになった。こうした倫理においては、振る舞いを判断する様式は、外面的ではなく内面的なものである。すなわち、公的な振る舞いと私的な秘密や、公的な言明と私的な欲望、そして表面上の人柄と内面の真理を比較することによって判断がなされるのである。信憑性という倫理は、ある評価軸にかかわっている。つまり信頼できるか偽善かという軸である。こうして信頼性の賞賛は、排他的な病理の形式としての偽善を生み出し、曝露というマクロあるいはミクロなレベルでの独善的な政治――たとえば、クローゼットの同性愛者に対する「曝露《アウティング》」や、表面上は立派な人物が、実はセクシュアルハラスメントの加害者や隠れた酒乱、女たらしであると明かすこと――にもつながっているのである。リチャード・セネットは、彼の古典的研究である『公共性の喪失』の中で、こうした信頼性の病理の起源は一九世紀のヨーロッパに遡ることができると述べている。[*5] 一八世紀に形成された都市生活は、網の目のように礼儀正しさが行き届いたことによって可能になり、そこでは、公共の場での外見は巧妙に作られた作法であり、見知らぬ人々同士の社会的交流を円滑にするために必要で理にかなったものと理解されていた、とセネットは主張する。こうした公私の区別の正当性は、一九世紀を通じて疑問に付されていたが、それは二〇世紀後半に頂点に達することとなった。公的な振る舞いは、より深層にある何かの兆候や表現として、すなわち私的な個人の本質を表したものとして、ますます注意を向けられるようになった。二〇世紀における心理学と精神分析学の登場とともに、あらゆる行動や言葉や原理が、内部の本物の人格の性質を心ならずも明らかにするのだと理解されるようになり、私的なものは公的なものの上に重ね合わされた。セネットの歴史的な説明や、あらゆる自己の中にある「恐怖の保管棚」という彼自身の精神分析学的解釈に同意しようとしまいと、彼の以下の指摘は多くの真理を含んでいる。すなわちセネットは、二〇世紀後半までに、公的な生活や行動は、心理学的な用語に変換され、関係する個々人のパーソナリティの表現という観点から理解される限りにおいてのみ、了解可能なものになったというのである。

こうした開示の様式を「告解」と考えたくなるのはもっともであり、確かにこうした物語には告解の側面がある。みずから語る自己は、形式化され、型にはまった言語と文法を持った言説を通じて、自分自身とその内面にある真理とを一致させる。〔また〕それは、聞く者――この場合、彼らの語りを扇動し、記述し、詳述し、広めるという役割を引き受けてきた、様々な疑似ジャーナリストやコラムニスト、トークショーの司会者など――によって正当化されるのである。重要なことに、こうした開示の様式は、「硬派な」新聞から昼間のテレビ視聴者まで様々な聴衆が理解できるような、個性に働きかけ、個性を表現する一つの様式なのである。しかし告解という考え方は、個人史において心理学的な主体性をそれぞれが作り上げるという観点からアイデンティティを表現するための、こうした新しい実践の複雑さを、完全には捉えていないかもしれない。告解とは、カトリックの方式から日記を綴るというプロテスタントの方式に至るまで、単にその人の真実である隠された秘密を伝えるのではなく、魂や心、行動、欲望、色欲、心の病の中にある罪や欠陥、過ちの個人的な情報の集積を伝えるものであり、自己が彼らの堕落や苦しみから解放されるには、それらをはっきりと述べなければならないのである。しかし、おそらく今日私たちが目にしているのは、こうした個人的な欠点や責任の確立、赦しと癒しの希望という軸にそって組織化されたものではないだろう。今日声をあげている人々は、悔い改めている罪人というよりも、他者によって、あるいは悲運のために彼らに加えられた見えない傷を証言する生存者《サバイバー》なのである。子どもたち、そして大人たちも、彼らの父親や母親、あるいは他の親類による身体的・性的虐待や遺棄の生存者である。女性たちは、その夫による虐待の生存者であり、あるいはレイプや性暴力、セクシュアルハラスメントによるトラウマの生存者である。民族的マイノリティに属する人々は、人種差別主義や差別によって彼らの自尊心が傷つけられ、アイデンティティが剥奪されたことについて声をあげている。癌やエイズを患った人々は、犠牲者から生存者になるまでの彼らの道のりについて話したり、書き記したりしている。それはあたかも、少なくとも部分的には、スティグマという古い問題の反転現象を見ているかのようである。そこにおいては、見えない傷こそが、尊重されるアイデンティティを主張するための根拠となるのである。アイデンティティは、個人的・集団的な罪がなく、他者によって否定され、抑圧され、傷つけられ、排除されたものとして表現される限りにおいてのみ、正当に主張されうるのである。しかし、このマイノリティ主義は、アイデンティティの倫理に挑戦するものではない。否定されてきたアイデンティティの「承認」を要求することによって進展していくこの転倒の政治は、その主唱者たちを、彼らの真実が、彼らが〔今後〕為すかもしれないこと、成るかもしれない者の中にではなく、彼らが〔現に〕何者であるかということの中に見出されるという信念と、より密接に結びつけるのである。

ウェンディ・ブラウンはこの現象を、ニーチェがルサンチマンと呼んだものを示す政治として、非常に鋭い分析を行った。[*6] 私たちの世界の真の意味が、歴史や公的な領域から個々人の内面的な世界へと退却し、あるいは歴史が、「普通の人々が普通の生活を送る」という私たちにとって唯一の真理を定め、抑制し、可能にし、歪ませ、終わらせる限りにおいてのみ理解可能なものになるにつれて、服従（subjection）こそが、すなわち一見〔服従する〕主体（subject）であるように見えたり、みずからをそのように経験したりすることが、私たちのあらゆる喜びと苦難が現れる場や空間、軌跡、そして審判者になるのである。もちろん、償いを求めて隠された傷について声をあげることは、新しいことではない。しかしその現代的な形態は、自己実現という治療的な倫理と、一九六〇年代後半の急進的な政治運動以降の実践との融合から生じているように思われる。「意識変革《コンシャスネス・レイジング》」は、抑圧の歴史を主張する集団の中に、集合的な自己探求や自己評価、補償の要求のための一群の技術を生み出した。女性運動においては、意識変革は結局付随的にルサンチマンの論理に結びつけられただけだった。見えない傷について声をあげることは、必ずしもアイデンティティの政治の一部であるわけではなく、ましてやその主軸が、責任の所在の確定と補償の要求ではなかったことは言うまでもない。しかしながら今日では、ブラウンが「痛みをめぐる問題」と名づけたものは、個人的（そして政治的）アイデンティティの現代的な承認要求のまさに核心部に位置づけられているのである。この文脈において、見えない痛みについて「声をあげる」技術は、治療的なエートスの中に再度組み込まれている。自己を犠牲者性という観点から表現したり、自己を生存者とみなしたり、自分自身が他者によって排除され、蔑まれ、傷つけられた人々の集団の一員であると発見することによってアイデンティティを形成したりするような実践は、私たちの文化の至るところに普及している。ブラウンが指摘したように、その過程において、「政治化されたアイデンティティは、それ自体の排除に付随したものになる」[*7]。アイデンティティは、排除や傷害に対する異議申し立ての上に築かれるだけでなく、苦しみの方向を反転させる、すなわちはけ口を見つけることによって痛みを反転させるための技術にも付随しているのである。「不当な扱いを受けた過去や傷ついた意志としての過去に対する無力を責める場や、現在の社会的無力に対する「耐えられない痛み」の「理由」を見出していく際に、アイデンティティはこうした理由づけを、倫理化の政治、すなわち痛みを再確認するとともにそれに報いるような償いの政治へと転換するのである」[*8]。セラピーの政治、あるいは政治のセラピー化は、苦しみや報復の要求、改心、責任の遵守といった観念のもとに作られる。それはスティグマを反転させ、まさにある人の美徳の印としてその人と結びつけることによって、スティグマを理解する方法である。

このような言説に自己を位置づけることは、マスメディアにおいて自己や彼らのアイデンティティおよびルサンチマンの政治について声をあげ、書き、演じ、呈示する人々だけではなく、それらを読んだり見聞きする「視聴者」にも影響力を持つ。というのも、マスメディアの中で表象される生存の様式化は、自己およびアイデンティティの形成や規制においてますます重要な役割を果たすようになっている。恐らくこれは、人類学者や社会学者が、長い間「社会化」の過程において「文化」に帰属させてきた役割の一つの具体例に過ぎないだろう。私としては、このことを、倫理的なテクノロジー、すなわち特定の文脈で特定の目的のためになされる振る舞いや、自己のイメージ・規範・評価・技術の方法のための技術的なレパートリーの普及という観点から考えるのがより有用であると考えている。私たちは明らかに、記号と意味から成る独特な世界に生きている。私たちの世界は魅力的だが、エヴァンズ＝プリチャードが研究したアザンデ人の世界に比して、それ以上でもそれ以下でもない。もっとも、アザンデ人が彼らの世界における実体や出来事、関係性に意味や意義を付与するのは一方向的で記号論的であるのに対して、私たちの関係は双方向的で技術的なものである。私たちの住む世界には、すでにイメージや規範、評価、命令が刻みこまれている。例えば、私たちの家の構造や居住区域の配置、私たちの時空間的な生活を余暇や労働、娯楽、欲望へと分割していくこと、そして「コカ・コーラを飲みたい」という衝動があたかも「本物」であるかのように私たちを駆り立てるような光り輝くネオンサインといったものがある。これらはますます「アイデンティティ」という言葉で自己のレパートリーを拡散している。それは比較的標準化された個性やパーソナリティの形態であり、各々が一連の習慣や気質、嗜好、願望を備えている。

これらのアイデンティティは、振る舞いおよび能力に関する説明や行動の模範に富んでおり、様々なよくあるジレンマ――その結節点においては、現代の自由にとって本質的な、選択の種類が求められているように思われる――に関連して配置されている。テレビやラジオ、コンピューターゲーム、映画、ポピュラー音楽といったイマゴロジカルな世界の大部分を様々な形でつくり上げるのは、これらのささいな倫理的シナリオである。もちろん、それらのシナリオの中で述べられる人々や彼らの振る舞いについての心理学的な説明――動機や情動、感情、選択、願望などの心理学の語彙――は、現在のアカデミックな心理学や、心理療法・カウンセリングの様々な権威的な学派における通説とは、多くの点で異なっている。〔とはいえ、〕自己に関する一般的な概念は、こうしたアカデミックで専門的な言説の模造品でしかありえないというわけでは決してない。両者は多くの面で競合し、相反しているのだから、それはなおさらである。これらの表象は、社会構築主義の提唱者たちがよく指摘するように、自己を「構築する」よう機能するわけではない。むしろこれらの表象は、個々人がある特有の方法で彼ら自身や彼らの人生の進む方向と折り合いをつけていくことを可能にするのである。こうしたジレンマの表象や、ジレンマに対処する方法は、存在に可視性という格子を投影する。そしてそれらは、ある種の出来事を、重要で問題のあるものとして選び出すのと同時に、こうした出来事とかかわる特定の振る舞い方そのものを、思考可能で実行可能なものにするのである。

既に強調したように、ここでの私の意図は、生活や真っ当な人間性のありうる形態についての、ある種の一枚岩的な統一体を提示することでもなければ、こうした技術的で表象的な環境に住む何百万という人々が、それらを単に受動的・従属的に受け入れているとほのめかすことでもない。自己に関する物語と技術という倫理的なテクノロジーは、明らかに多元的であり、ジェンダーや年齢、階級、人種、地域、宗教とあらゆる次元において異なっている。製品開発やマーケティング、広告などの消費のテクノロジーの中で発展し、洗練された市場細分化の区分は、消費パターンにおいて能動的な行為体と想定されている消費の主体と、消費の対象の実際の、そして押しつけられた特質との関係における、複雑で相互作用的な性質を示す良い例である。すなわち、「消費のテクノロジーは、潜在的な消費者の能動的な選択と、製品に表された品質や楽しみ、満足感との間にある、精巧な提携関係を作りこむことに依存している。そしてそのテクノロジーは、部分的には広告とマーケティングの実践を通じて組織化され、常に人間の主体性の本質についての特有の信念に照らして用いられるものである」[*9]。ここでかかわってくるのは、支配関係や主体の操作、あるいは誤った信念と願望の注入ということではなく、複雑で異種混淆的な集合体の精緻な構造である。この集合体においては、特定のジェンダー、年齢、階級、あるいは類型に属する人々の心理学的な内面に存在すると想像されている過程や欲望が、存在様式の表現や関連する人工物に費やされ、生活をしていくための日々のルーティンの中に位置づけられる、諸々の約束や喜びに結びつけられる。これらとそれに類似した過程を通じて、私たちはある種の「情熱の経済」が作り上げられて行く様を観察することができる。そこにおいては、人間とその肉体は、ニーズと欲望、喜びと不安の氾濫と結びつけられている。

ポストモダン文化を称賛する現代の人々は、私たちの生きている時代とは表面的な時代であり、ごまかしとうわべの時代であり、個人の生活を形成する際に「非真正性」と遊び心をパロディ的に礼賛し受容する時代であると主張することがある。恐らく現代は、アイデンティティを示す外面的な記号や衣服のスタイル、話し方、外装品などを身につけることによって、誰もが誰にでもなれる時代であり、今や入念に選ばれ集められた外部の記号の放出という観点からのみ理解されるのである。身体は今や、そのありのままの重厚さが、生まれながらの特徴と逃れ難い一時性とともに人間存在を基礎づけているような生物学的な事実ではない。それどころか身体は、ほとんど意のままに成形され得るものであり、運動や手術によって切り刻まれ、作り直されるし、薬によって改造され、移植によって補われ、ボディピアスによって交雑させられ、眼鏡や補聴器、個人の音楽機器、携帯電話、コンピューター・ネットワークなどの電子・デジタル感覚器への接続によって拡張されるものなのである。同様に、振る舞いは内的真実の外的な表現ではなくなり、学んだ技能や習得した能力、多かれ少なかれ意識的に形成された自己管理や自己表現の技能に関する事柄となっていくだろう。宗教的な忠誠心でさえも、選択の問題、すなわちスピリチュアリティのショッピングモールで売り出されている、様々な信仰や実践の中から選んだ特定の構成要素を個人的に集めたものに関する事柄ということになる。

私たちの生きる現在についてのこうした描写がどんなに誇張されていようとも、そこには明らかに何がしかの真理が含まれている。しかし、私が本書で示そうと試みたように、アイデンティティをみずからの自由の問題として組み立てる義務づけは、一定の代償をともなう。また、選択するということは、パロディ的で愉快なものかもしれないが、その状態が長期にわたって続くことはめったにない。というのも、誰かによってなされた選択や、日々の生活を選択の結果として意味あるものにしようとする義務においては、自己との関係は、人格的な自律と個人的な誠実さに関する倫理とより一層強く結びつけられているからである。こうした代償について問うことは、それによって得られる利益を拒否することでも、現代の経験の可能性そのものが形成される権力と主体性の結びつきから徹底的に逃れられるような存在形態の可能性を主張することでもない。むしろそれは、少なくとも一つの思考実験として、各々の近代的諸個人の中心に据えつけられ続けてきた空間を心的なものが形作るということに、みずからを差し向けなかったかもしれない一つの存在の倫理とはいかなるものであったか、という問いを立てることである。別種の自由を想像することはできなかったのだろうか。その倫理が、断固として「表面的」であるような自由を。すなわち、外部から内部に向かう志向性を持たず、隠された真実という名のもとに外見を問い質すこともせず、人々の外部や人々の間を横断するような——そこでは主体性が割り当てられ、収集され、行為へと方向づけられる——倫理である。換言すれば、心を問題化したり、称賛したり、統治したりしないような倫理とはどのようなものなのか、ということである。

原　注

第二版への序文

＊1　*The Psychological Complex*, London: Routledge and Kegan Paul, 1985.

＊2　もっとも注目すべき例――そして典型――は、以下のものである。Jacques Donzelot's *The Policing of Families*, London: Hutchinson, 1979.

＊3　S. Shapin, *A Social History of Truth: Civility and Science in Seventeenth-Century England*, Chicago: University of Chicago Press, 1994, pp. 4-7.

＊4　私自身のアプローチに影響を及ぼしたもっとも重要な著者は、ブルーノ・ラトゥールとイアン・ハッキングである。

＊5　A. Pickering, *The Mangle of Practice: Time, Agency, and Science*, Chicago: University of Chicago Press, 1995.

＊6　私はこれらの古典的および現代の諸議論についての以下の選集を、世に示している。*The Self A Reader*, London: Free Associations Books, 1999.

＊7　以下に収められた彼らの議論を見よ。P. Heelas, S. Lash and P. Morris (eds), *Detraditionalization*, Oxford: Blackwell. 私は、私自身の見解を以下でより詳細に説明している。*Inventing Ourselves*, Cambridge: Cambridge University Press, 1996.

＊8　例えば以下を見よ。I. Hacking, 'Making up people', in T.C. Heller, M. Sosna and D.E. Wellbery (eds), *Reconstructing Individualism: Autonomy, Individuality and the Self in Western Thought*, Stanford. CA.: Stanford University Press, 1986, pp. 222-36.

＊9　例えば以下を見よ。J. Shorter, 'Social Accountability and Self Specification', in K.J. Gergen and K.E. Davies (eds), *The Social Construction of the Person*, New York: Springer Verlag, 1985, pp. 168-90; J. Shotter and K. Gergen (eds), *Texts of Identity*, London: Sage, 1989（特に Rom Harré による論文）; K. Gergen and M. Gergen, 'Narrative and the Self as Relationship', in L. Berkowitz (ed.), *Advances in Experimental and Social Psychology* Vol. 21, New York: Academic Press, 1988, pp. 17-56.

*10　以下を見よ。I. Hacking,'World-making by kind-making: child abuse for example', in M. Douglas and D. Hull (eds), *How Classification Works: Nelson Goodman among the Social Sciences*, Edinburgh: Edinburgh University Press, 1992, pp. 180-238, and I. Hacking, *Rewriting the Soul*, Princeton: Princeton University Press, 1995.

*11　K. Danziger, *Naming the Mind: How Psychology Pound its Language*, London: Sage, 1997.〔カート・ダンジガー『心を名づけること　心理学の社会的構成　上・下』河野哲也監訳、勁草書房、二〇〇五年〕

*12　私はこの主張を、以下でより詳細に展開している。*Inventing Our Selves* 前掲書.

*13　例えば以下に収められたフーコーのインタヴューを見よ。P. Rabinow (ed.), *The Foucault Reader*, London: Penguin, 1986.

*14　P. Rieff, *The Triumph of the Therapeutic*, Chicago: University of Chicago Press, 1966.

*15　この仕事への最善の手引きとなるのは、以下に集められた諸論文である。G. Burchell, C. Gordon and P. Miller (eds), *The Foucault Effect, Hemel Hempstead*: Harvester, 1991. 私は以下で私自身の分析を提出している。*Powers of Freedom*, Cambridge: Cambridge University Press, 1999.

*16　これはゲーテによる。*Italienische Reise*, dated 27 May 1787〔ゲーテ『イタリア紀行』中、一九七頁、相良守峯訳、岩波書店、二〇〇七年〕. ここでの引用は、Rieff 前掲書 p. 24 における引用を使用した。当該部分は、W.H. Auden and E. Mayer, New York, 1962, p. 312 による翻訳である。

はじめに

*1　M. Foucault, 'The subject and power', Afterword to H. Dreyfus and P. Rabinow, *Michel Foucault: Beyond Structuralism and Hermeneutics*, Brighton: Harvester, 1982, p.214.〔H・L・ドレイファス、P・ラビノウ『ミ

シェル・フーコー『構造主義と解釈学を超えて』二九四頁、山形頼洋、鷲田清一ほか訳、筑摩書房、一九九六年〕

＊2　私が他で述べた通りである。'Calculable minds and manageable individuals', *History of the Human Sciences* 1: (1988): 179-200. 私は続く議論で、この論文に依拠している。

＊3　以下を参照。J. Meyer,'The Self and the Life Course: Institutionalization and its Effects', in A. Sørensen, F. Weinert, and L. Sherrod (eds), *Human Development and the Life Course*, Hillsdale, NJ: L. Erlbaum, 1986. 私は続く議論で、Meyer の見解に依拠している。

＊4　ミシェル・フーコーは、この点について非常に啓発的な考察を加えた。とくに以下を見よ。*The History of Sexuality*, Vol.1: An Introduction, London: Allen Lane, 1979. , especially Part 5 ;〔ミシェル・フーコー『性の歴史Ⅰ　知への意志』渡辺守章訳、新潮社、一九八六年、第五章〕; 'On governmentality', I&C, 6 (1979), 5-22, and 'Omnes et singulatim: towards a criticism of political reason', in S. McMurrin (ed.), *The Tanner Lectures on Human Values*, Vol. 2, Utah: University of Utah Press, 1981. 関連する「ポリス」概念に関する議論については、以下を見よ。J. Schumpeter, *History of Economic Analysis*, New York: Oxford University Press, 1954, and P. Pasquino, 'Theatrum politicum. The genealogy of capital - police and the state of prosperity', *Ideology and Consciousness*, 4 (1978): 41-54.

＊5　Foucault, 'On governmentality' 前掲書 p. 20.

＊6　統計については、以下を見よ。Pasquino, 前掲書および I. Hacking, 'Biopower and the avalanche of printed numbers', *Humanities in Society* 5 (1982): 279-95. 記入と計算については、以下を見よ。B, Latour, 'Visualization and cognition: thinking with hands and eyes', in H. Kushlick (ed.), *Knowledge and Society*, Vol. 6, Greenwich: JAI Press, 1987.

＊7　イギリスの統計学会の歴史については、以下を見よ。P. Abrams, *The Origins of British Sociology, 1834-1914*, Chicago, Il: University of Chicago Press, 1968; and M.J. Cullen, *The Statistical Movement in Early Victorian Britain*, Hassocks, Sussex: Harvester, 1975.

＊8　M. Foucault, *Discipline and Punish; The Birth of the Prison*, London: Allen Lane, 1977, pp, 184-92.〔ミシェル・フーコー『監獄の誕生　監視と処罰』田村俶訳、新潮社、一九七七年、一八八―一九五頁〕

＊9　「テクノロジー」についての私の議論は、ブルーノ・ラトゥール、ミシェル・カロン、およびジョン・ローの作品に依拠している。以下に収められた彼らの議論を見よ。J. Law (ed.) *Power, Action and Belief*, London: Routledge & Kegan Paul, 1986.

第一章　戦時下の人々

一　戦争の心理学

＊1　戦争において現れたいくつかの問題は他の節で扱われる。特に、戦時中に産業の生産性に関連して生じた心理学的関心についての分析は、二章の七節で論じられる。疎開政策、戦時の託児所について、また家庭生活におけるその他の変化については、三章の一三節で論じられる。

＊2　二つの主要例は以下を参照。A. Marwick, *Britain in the Century of Total War*, London: Bodley Head, 1968; and P. Addison, The Road to 1945. London: Cape, 1975.

＊3　例えば以下を参照。H. Pelling, *Britain and the Second World War*, London: Collins, 1970, p.270. また次の文献も参照。A. Calder, *The Peoples War*, London: Panther, 1969, p. 15. いずれも以下の文献で言及されている。A. Marwick, *War and Social Change in the Twentieth Century: a comparative study of Britain, France and the United States*, London: Macmillan, 1974.

＊4　いくつかの重要な例外があるが、それらについてはこの節で論じる。

＊5　戦争と「人間の本性」については、以下を見よ。K. Lorenz, *On Aggression*, London: Methuen, 1966〔コンラット・ローレンツ『攻撃　悪の自然誌』日高敏隆、久保和彦訳、みすず書房、一九八五年〕E. Wilson, *On Human Nature*, Cambridge: Harvard University Press, 1978.〔エドワード・O・ウィルソン『人間の本

性について』岸由二訳、筑摩書房、一九九七年〕また、以下も見よ。Brigadier Sheldon Bidwell, *Modern Warfare*, London: Allen Lane, 1973. 争いに巻き込まれた人々に対する戦争の影響については、以下を見よ。P. Watson, *War on the Mind*, London: Hutchhison, 1978. 文化における心理学的な出来事としての戦争については、Marwick 前掲書を参照。

＊6　Watson 前掲書 p. 15.

＊7　以下の関連する巻において、それらの人物の項目を見よ。*History of Psychology in Autobiography*, San Francisco, CA: Freeman.〔佐藤幸治、安宅孝治編『現代心理学の系譜　その人と学説と』岩崎学術出版社、一九七五年〕

＊8　Watson 前掲書 p. 22.

＊9　以下を見よ。P. Buck, 'Adjusting to military life: the social sciences go to war', in Merrit Roe Smith (ed.). *Military Enterprise and Technological Change*, Cambridge, MA: Massachusetts Institute of Technology, 1985.

＊10　イギリスについての最も良い概説としては以下を参照。Robert H. Ahrenfeldt's *Psychiatry in the British Army in the Second World War*, London: Routledge & Kegan Paul, 1958.

＊11　レオン・カミンの研究は、アメリカの精神検査運動の創始者たちを、人種差別や疑似科学として非難するものの中で最も影響力のあるものであった。フランツ・サメルソンが示唆するのは、その証拠がより疑わしく、心理学者は人種差別的な入管法の通過に対してしばしば示唆されるほど社会的な影響力を持っていないだけでなく、心理学者自身の多くがまた、人種問題について関心がないか態度を決めかねており、そして確かに、偏見に合わせたデータのでっち上げや改ざんにかかわっていなかった、ということである。実際、心理学者らはブリガムのような人々を非難した。ブリガムは根拠薄弱な証拠や外挿法から結論を出していた。以下を見よ。L. Kamin, *The Science and Politics of I.Q.*, Harmondsworth: Penguin, 1977〔L・J・カミン『IQの科学と政治』岩井勇児訳、黎明書房、一九七七年〕F. Samelson, 'Putting psychology on the map: ideology and intelligence testing', in A. R. Buss (ed.), *Psychology in Social Context*, New York: Irvington, 1979.

＊12　米軍のこの知能テストの説明は上記のフランツ・サメルソンによる説明に大きく依っている。

＊13　Samelson 前掲書。

＊14　同書 p. 144.

＊15　私はこれらの過程を以下の二つの論文の中でより詳細に議論している。'Individualizing psychology', in J. Shotter and K. Gergen (eds.), *Texts of Identity*, London: Sage, 1989; 'Calculable minds and manageable individuals', *History of the Human Sciences*, (1988): 179-200. より一般的な社会的規制の記入装置の役割については、以下を見よ。B. Latour, 'Visualization and cognition', in H. Kuclick (ed.), *Knowledge and Society: Studies in the Sociology of Culture Past and Present*, Vol.6. Greenwich, CT: JAI Press, 1986.

＊16　C. Burt, 'Psychology in war: the military work of American and German psychologists', *Occupational Psychology* 16 (1942): 95-110; P. Vernon and J. Parry, Personnel Selection in the British Forces, London: London University Press, 1949.

＊17　心理学の「学問領域化」の一般的な問いについては上記の私の論文 'Calculable minds' を見よ。

＊18　M. Simmonheit, *Wehrpsychologie: Ein Abriss ihrer Probleme und politischen Folgerungen*, Berlin: Bernard and Graefe, 1933.〔マックス・ジモナイト『國防心理学要論　その問題と実際的結論の概要』望月衛訳、中川書房、一九四三年〕これは以下で議論されている。Burt 前掲書。また、次の文献の Ansbacher によるものを見よ。C. Pratt et al., 'Military psychology: a selected bibliography', *Psychological Bulletin* 38 (1941), 309-510. また、以下を見よ。D. Davis, 'Post-mortem on German applied psychology', *Occupational Psychology* 21(1947), 105-10.

＊19　Davis 前掲書。

＊20　私は、砲弾《シェル》ショック〔戦争神経症〕をめぐる議論や砲弾《シェル》ショックの影響の、さらなる詳細のいくつかを以下で説明している。*The Psychological Complex*, London: Routledge & Kegan Paul, 1985. pp. 180-91. また、'Psychiatry: the discipline of mental health', in P. Miller and N. Rose (eds.), *The Power of Psychiatry*, Cambridge: Polity, 1986. 大変に有用な説明は、以下で与えられている。M. Stone, 'Shellshock and the psychologists', in W. F. Bynum, R. Porter, and M. Shepherd (eds), *The Anatomy of Madness*, Vol.1. London: Tavistock, 1985. また、以下を見よ。P. J. Lynch, 'The exploitation of courage', MPhil thesis, University of London, 1977. 次の文献も参照。War Office, *Report of the*

Committee of Enquiry into 'Shell Shock', London: HMSO, 1922.

＊21 統計データの議論については、以下を見よ。Stone 前掲書 p. 249.

＊22 例えば、以下の文献に稿された論文を見よ。Hugh Crichton Miller, ed., *Functional Nerve Disease: An Epitome of War Experience*, London: Oxford University Press, 1922. また以下の拙著（*Psychological Complex* 前掲書）を参照。

＊23 Rose 同書。

二 士気の統治

＊1 E.Glover, 'The birth of social psychiatry', *Lancet*, 24 August 1940, p. 239.

＊2 A. Calder, *The Peoples War*, 1969, p. 18.

＊3 以下を見よ。Foucault, 'On governmentality' I & C 6 (1979): 5-22. また、拙著の以下の箇所を見よ。'Beyond the public/private divide', *Journal of Law and Society*, 14 (1987) 61-76.

＊4 以下を見よ。D. Armstrong, *Political Anatomy of the Body*, Cambridge: Cambridge University Press, 1983.

＊5 Royal Commission on Lunacy and Mental Disorder, *Report*, London: HMSO, 1926. p. 22.

＊6 以下の数段落は次の文献に依るところが大きい。R. Titmuss, *Problems of Social Policy, History of the Second World War*, UK Civil Series. London: HMSO, 1950. 想定された、また実際の空襲の影響に関するさらなる議論は、以下を見よ。I. Janis, *Air War and Emotional Stress*, New York: McGraw Hill, 1951.

＊7 W. Churchill, House of Commons Debate, 28 November 1934, vol. 295. col. 859. これは、Titmuss, 前掲書 p. 9 に引用されている。

＊8 同書 p. 16.

＊9 Titmuss 前掲書 pp. 20-1.

＊10 E. Miller et al., *The Neuroses in War*, London: Macmillan, (1940) pp. 184-5. また、この本にかかわったタヴィストック診療所の他のメンバー、E. Miller, G.R. Hargreaves, E. Wittkower, A.T.M. Wilson. による

諸論文を見よ。また、次の文献を見よ。J. Rickman, *Lancet* i (1938) 1291. また以下も参照。*British Journal of Medical Psychology* 17: 361. Titmuss もまたR・D・ガレスピーを引用する。彼もまた有数なイギリスの精神科医である。そうしてティトマスは、一九三八年のミュンヘン危機の後の時期に、いかに彼や彼の仲間たちが長時間議論しドイツが攻撃を開始した時点で予期されていた精神疾患のすさまじい発症率に対処する方法を決定したのかを記述する。Titmuss 前掲書 pp. 338-9 を参照。

＊11　後述については、Titmuss 前掲書 pp. 340-51 を参照。

＊12　これらの問題は、次節で議論される。

＊13　以下を見よ。A. Lewis, *Lancet*, 15 August 1942; P.E. Vemon, 'A study of war attitudes', *British Journal of Medical Psychology* 19 (1941): 271-91, R. Barber, 'The civilian population under bombardment', *Nature*, 7 June, 1941, 700-1, C.P. Blacker, *Neurosis and the Mental Health Services*, London: Oxford University Press, 1946. また、以下にある議論を見よ。I. McLaine, *Ministry of Morale: Home Front Morale and the Ministry of Information in World War II*, London: George Allen & Unwin, 1979, pp. 108ff.

＊14　Titmuss 前掲書 p. 347.

＊15　以下の情報省の働きの議論は上記のイアン・マクレーンの包括的な研究に大きく依る。

＊16　以下を見よ。I.L. Child, 'Morale, a biographic review', *Psychological Bulletin* 38 (1941): 393-420.

＊17　例えば、次の文献を見よ。G.W. Allport and L. Postman, *The Psychology of Rumour*, New York: Holt, 1947.〔G・W・オルポート、L・ポストマン『デマの心理学』南博訳、岩波書店、二〇〇八年〕

＊18　G. Gallup and S.F. Rae, *The Pulse of Democracy: The Public Opinion Poll and How it Works*, New York: Simon & Schuster, 1940.〔ジョージ・ギャラップ、ソール・F・レー『米國の輿論診斷』大江専一訳、高山書院、一九四一年〕

＊19　次の文献の説明を見よ。W. Albig, *Modern Public Opinion*, New York: McGraw Hill, 1956.

＊20　集合心理学については、次の文献を見よ。G. Le Bon. *The Crowd: A Study of the Popular Mind*, London: Fisher Unwin, 1895.〔ギュスターヴ・ル・ボン『群衆心理』櫻井成夫訳、講談社、一九九三年〕また William McDougall の諸著作を見よ。より新たな見解への有力な批判については、以下を見よ。F.H. Allport, 'Towards a science of public opinion', *Public Opinion Quarterly* 1 (1937): 7-23. オールポート自身は、世論を「個人の言語化」の算術上の和——集団心理ではなく個人の行動——に過ぎないものとして捉えることを支持した。

＊21 この分析には、ウィリアム・マクドゥーガルの「ホルミック」心理学から、アレクサンダー・シャンドの「感情 (sentiments)」の理論、ゴードン・オールポートの「傾向性 (dispositions)」あるいは「神経セット (neural sets)」の概念まで、何種類かある。

＊22 これに関するさらなる議論について、特に「ホーソン実験」の中で報告されている先駆的な産業調査の議論を参照。この技術は一九三〇年代のイギリス政党によって使用された六節を見よ。

＊23 以下を見よ。K. Middlemas, *Politics in Industrial Society*. London: Deutsch,1979, Ch.12. 引用はP.369からである。

＊24 治安の科学については、P. Pasquino, 'Theatrum politicum: the genealogy of capital-police and the state of prosperity', *Ideology and Consciousness* 4 (1978): 41-54を参照。記述された情報源の詳細については、McLaine 前掲書 pp. 51ffを参照。

＊25 世情調査の詳細については、以下を見よ。C. Madge and T. Harrisson (eds), *Mass Observation: First Year's Work 1937-38*. ともに、以下による全国にわたる諜報機関についてのエッセイも見よ。Bronislaw Malinowski, London: Mass Observation, 1938.

＊26 以下を見よ。G. Watson (ed.), *Civilian Morale*, Boston, MA; Houghton Miffin, 1942; L. Farago and L.F. Gittler (eds), *German Psychological Warfare*., New York: Putnam, 1942; D. Katz, 'The Surveys Division of OW1: governmental use of research for informational purposes', in A.B. Blankenship (ed.), *How to Conduct Consumer and Opinion Research*, New York: Harper, 1946; F.H. Allport and M. Lepkin, 'Building war morale with news headlines', *Public Opinion Quarterly* 7 (1943): 211-21; F.H. Allport, M. Lepkin, and E. Cahen, 'Headlines on allied losses are better morale builders'. Editor and Publisher, 9 October 1943; G.W. Allport and L. Postman, *The Psychology of Rumour*, New York: Holt, 1947.〔G・W・オルポート、L・ポストマン『デマの心理学』南博訳、岩波書店、二〇〇八年〕すべては、以下で議論されている。D. Cartwright, 'Social psychology in the

United States during the Second World War', *Human Relations* 1 (1947-48): 333-52.

＊27　他の調査は、イギリス世論研究所（British Institute of Public Opinion: BIPO）によって実施された。ＢＩＰＯはギャラップ社のように、戦前に設立された。

＊28　以下を見よ。K. Box and G. Thomas, 'The Wartime Social Survey', *journal of the Royal Statistical Society* 107 (1944): 151-77.

＊29　McLaine 前掲書 p. 262.

＊30　同書。

＊31　最近の概観については、以下を見よ。T.H. Qualter, *Opinion Control in the Democracies*, London: Macmillan, 1985.

＊32　Pasquino 前掲書。

＊33　McLaine 前掲書 p. 144.

＊34　これは、さらに以下で議論される。

＊35　これは社会サーヴィスの改革についてのベヴァリッジ報告の発表で、曖昧な表現で示されている。以下を見よ。P. Addison, *The Road to 1945*. London: Cape, 1975. Ch. 8.

＊36　例えば、次の文献を見よ。F.C. Bartlett, *Political Propaganda*, Cambridge: Cambridge University Press, 1940.〔Ｆ・Ｃ・バートレット『戰爭と宣傳　情報心理學』岡成志訳、高田書院、一九四二年〕

＊37　様々な国における映画やラジオの使用の実用的な紹介については、以下を見よ。K.R.M. Short (ed.), *Film and Radio Propaganda in World War II*, London: Croom Helm, 1983. イギリスやアメリカの詳細については、Pronay と Culbert による同書所収の論文をそれぞれ見よ。

三　心理戦の兵士たち

＊1　アイゼンハワー将軍からマクルー将軍への書簡は、以下の口絵として再現された。Psychological Warfare Division, *Psychological Warfare Division, SHAEF: An Account of its Operations in the Western European Campaign,*

1944-1945. Bad Homburg, Germany, October1945. また、これは以下に引用されている。Daniel Lerner, *Sykewar: Psychological Warfare Against Germany, D-Day to VE-Day*, New York: Stewart, 1949.

＊2 この節のタイトルは、ダニエル・ラーナーの上記の貴重な研究から取っている。この本はまた、リチャード・クロスマンによる有用な助けとなるエッセイを収録している。

＊3 Lerner 前掲書 p. 7.

＊4 同書 p. 329.

＊5 戦時や戦後のさらなる議論がこの無条件降伏という論題や、またそれがどの程度勝利を遅らせた、あるいは早めたかという論題に焦点をあてた。

＊6 その最もよい議論が、以下の文献の中にある。Anthony Cave Brown, *Bodyguard of Lies*, London: W.H. Allen, 1976.〔A・C・ブラウン『謀略　第二次世界大戦秘史』上下、小城正訳、フジ出版社、一九八二年〕私の説明はこれに負っている。また、以下の Ronald Seth の事例を集めた書物を見よ。*The Truth-Benders: Psychological Warfare in the Second World War*, London: Frewin, 1969.

＊7 PWD SHAEF Memorandum, 'Policy and methods of black warfare propaganda against Germany', 10 November 1944. これは以下に引用されている。Brown 前掲書 p. 7〔『謀略　第二次世界大戦秘史』上、一九頁〕

＊8 William J. Donovan, Director US OSS, Memorandum to US Joint Chiefs of Staff, 'Overall strategic plan for US psychological warfare', 2 February 1943. これは、Brown 前掲書に引用されている。

＊9 これは Brown 前掲書に引用されている。

＊10 Lerner 前掲書 pp. 262-72.

＊11 H.V. Dicks, 'Psychological foundations of the Wehrmacht', *Directorate of Army Psychiatry (British)*, Research Memorandum 11/02/9A. この研究は、Lerner 前掲書 Ch. 6 で大々的に議論されている。

＊12 ところが、彼らの仲間の中には社会科学者は含まれていた。例えば、サウル・パドヴァーは「ドイツ型」についての報告書の中で公表している長期尋問の諸技術の開発にかかわった。本来彼は歴史家であり、戦前はシカゴでラスウェルとともに研究をしていた。以下を見よ。Saul K. Padover, *Experiment in Germany*, New

York: Duell, Sloan & Pearce, 1946. また、Lerner 前掲書 pp. 85-87, 111, 128n の説明を参照。

＊13　Lerner 前掲書 p. 129 を見よ。

＊14　この議論は、以下に強く依拠している。Dorwin Cartwright, ‘Social psychology in the United States during the Second World War’, *Human Relations*, 1 (1947-48): 333-52. アメリカの歴史に関する最良の一般的説明は、以下を参照。P. Buck ‘Adjusting to military life: the social sciences go to war’, in Merrit Roe Smith (ed.), *Military Enterprise and Technological Change*, Cambridge, MA: Massachusetts Institute of Technology, 1985.

＊15　Cartwright 前掲書 p. 337. その研究は以下で報告されている。United States Strategic Bombing Survey, *The Effects of Strategic Bombing on German Morale*, 2 vols., Washington, D.C.: US Government Printing Office, 1947.

＊16　A.H. Leighton, *The Governing of Men: General Principles and Recommendations Based on Experience at a Japanese Relocation Camp*, Princeton, NJ: Princeton University Press, 1945. この研究の議論については、Buck 前掲書を見よ。

＊17　A.H. Leighton, *Human Relations in a Changing World: Observations on the Use of the Social Sciences*, New York: Dutton, 1949.

＊18　これらの議論の良い説明については、以下を参照。Richard Phodes, *The Making of the Atomic Bomb*, New York: Simon & Schuster, 1987.〔リチャード・ローズ『原子爆弾の誕生』上下、神沼二真、渋谷泰一訳、紀伊國屋書店、一九九五年〕

＊19　この研究は以下のデニス・ライリーの優れた研究の三章で議論されている。*War in the Nursery*, London: Virago, 1983. 私の議論は大いにこれに依っている。

＊20　H.M Spitzer and Ruth Benedict, *Bibliography of Articles and Books Relating to Japanese Character*, Washington, D.C.: US Department of War Information, 1945.

＊21　C.Kluckhohn and D. Leighton, *The Navaho*, Cambridge, MA.: Harvard University Press, 1946; C. Kluckhohn and D. Leighton, Children of the People, Cambridge, MA: Harvard University Press, 1947; E. Erikson, ‘Observations of the Yurok: childhood and world image’, *American Archaeology and Ethology* 35 (1943): 257-301; E. Erikson, ‘Childhood and tradition in two American Indian tribes’, in A. Freud (ed.), *The Psychoanalytic Study of the Child* Vol.1, New York: International Universities Press, 1945. すべて、Riley 前掲書にある引用を参照している。

＊22 Margaret Mead and Martha Wolfenstein (eds), *Childhood in Contemporary Culture*, Chicago, Il: University of Chicago Press, 1955, p. vii. Riley 前掲書 p. 70 を見よ。

＊23 T. Parsons and E.A. Shils (eds), *Toward a General Theory of Action*, Cambridge: MA Harvard University Press, 1951.〔T・パーソンズ、E・A・シルズ『行為の総合理論をめざして』永井道雄、作田啓一、橋本真共訳、日本評論新社、一九六〇年〕

＊24 戦争が社会科学にもたらす一般的な影響の研究については、以下を見よ。John Madge, *The Origins of Scientific Sociology*, London: Tavistock, 1963, Ch.9 'Social science and the soldier'. これは主に、Samuel Stouffer らによって一九四九年および一九五〇年に以下の題名で出版された全四巻に基づいている。*Studies in Social Psychology in World War II* (New York: Wiley). これらは後に言及される。また、Buck 前掲書も見よ。

＊25 例えば、以下を見よ。J. Bruner, *Mandate from the People*, New York: Duell, Sloan & Pearce, 1944; P. Lazarsfeld, H. Gaudet, and B. Berelson, *The People's Choice*, New York: Duell, Sloan & Pearce, 1945〔ポール・F・ラーザースフェルド、ヘーゼル・ゴーデット、バーナード・ベレルソン『ピープルズ・チョイス アメリカ人と大統領選挙』時野谷浩ほか訳、芦書房、一九八七年〕A.H. Leighton, *The Governing of Men*, Princeton, NJ: Princeton University Press, 1945; B.L. Smith H.D Lasswell, and R.D. Casey, *Propaganda, Communication and Public Opinion*, Princeton, NJ: Princeton University Press, 1946. さらに多くの記事や著書への参照が Lerner 前掲書でなされている。

四　戦時下の諸集団

＊1 Privy Council Office, *The Work of Psychologists and Psychiatrists in the Services: Report of an Expert Committee*, London: HMSO, 1947. 九人の専門委員会は、Moran 卿（Churchill の医師）、ケンブリッジ大学出身の F.C. Bartlett 教授、エディンバラ大学出身の D.K. Henderson 教授、レディング大学出身の A.W. Walters 教授、モズレー病院の臨床部長である Aubrey Lewis 医師とともに、それぞれの部局の局長を含んでいた。

＊2　先の報告書に加えて、この節の諸問題の当たり障りのない概観は、公的な歴史についての関連する以下の心理医学の章に含まれている。V.Z. Cope (ed.), *Medical Services - Medicine and Pathology, History of the Second World War*, United Kingdom Civil Series, London: HMSO, 1952. 精神医学に焦点を当てているが、多少一般的な諸問題も扱う、別の二つの非常に有用な概観は以下である。J.R. Rees, *The Shaping of Psychiatry by War*, London: Chapman and Hall, 1945, and R.H. Ahrenfeldt, *Psychiatry in the British Army in the Second World War*, London: Routledge & Kegan Paul, 1958.

＊3　Ahrenfeldt 前掲書 p. 15.

＊4　同書 p. 31.

＊5　この課題は二章で議論されている。

＊6　Ahrenfeldt 前掲書。

＊7　一九四三年現在の英軍の別部門における勤務の心理学による人事の完全な詳細は、先に引用した the Report of an Expert Committee の Appendix I で与えられている。専門的に訓練された心理学者に関する限り、海軍省は首席の心理学者と一〇人の産業心理学者を雇った。陸軍省の総務幕僚局での人事選抜についての指揮者は、一九人の心理学者のスタッフ（その他の調査や医療の部局の少数のスタッフとともに）を持ち、航空省は四人の民間の助言者を雇った。しかしながら、一五〇〇人の心理学者でない人々が、限定された心理学のトレーニングを受け、様々な軍の部局の検査プログラムに従事した。私はここで、レーダー操作のような特別な任務のための人事選抜や、そのような作業のための適性の特別なテストの発達、パフォーマンスに影響するかもしれない気温や休憩時間のような諸要素への取り組みにおける、心理学者の役割は議論しない。ケンブリッジ心理学研究室と Donald Broadbent の戦時の研究がここでは重要だった。以下の文献所収の Broadbent の論文を見よ。G. Lindzey and G. Murphy, *A History of Psychology in Autobiography*, Vol.7. San Francisco, CA: Freeman, 1980.

＊8　Ahrenfeldt 前掲書 pp. 40f。例えば落下傘部隊の選抜のように、この仕事もまた他の諸任務に拡張された。良く似た計画は、海軍兵力選抜のため海軍省によって発展させられた——ＮＩＩＰの Alec Rodger がここで首席心理学者だった。以下を見よ。A. Rodger, 'The work of the Admiralty psychologists', *Occupational*

Psychology 19 (1945): 132-3. 心理学者によって用いられる様々な試験と分類の手続きの詳細を示す説明のためには、以下を見よ。P.E. Vernon and I.B. Parry, *Personnel Selection in the British Forces*, London: University of London Press, 1949.

＊9 J.R. Rees, 'Three years of military psychiatry in the United Kingdom', *British Medical Journal* 1(1943):1-6. これは、Ahrenfeldt 前掲書 p. 50 に引用されている。

＊10 これらの特色は以下から得られる。E. Ginzberg, J.L Herman and S.W. Ginzburg, *Psychiatry and Military Manpower Policy: A Reappraisal of the Experience in World War II*, New York: Columbia University Press, 1953; E. Ginzberg and D.W. Bray, *The Uneducated*, New York: Columbia University Press, 1953; E. Ginzberg, J.K. Anderson, S.W. Ginzburg, and J.L. Herman, *The Ineffective Soldier: Lessons for Management and the Nation*, New York: Columbia University Press, 1959.

＊11 S.A. Stouffer et al., *Volume 1: The, American Soldier: Adjustment During Army Life*, New York: Wiley, 1949; *Volume 2: The American Soldier: Combat and its Aftermath*, New York: Wiley, 1949; *Volume 3, Experiments in Mass Communication*, New York: Wiley, 1950; *Volume 4: Measurement and Prediction*, New York: Wiley, 1950. これらの研究は例えば以下で良く議論されていた。John Madge, *The Origins of Scientific Sociology*, London: Tavistock, 1963.

＊12 Stouffer 前掲書 Vol.2, pp. 130-1.

＊13 E.A. Shils, 'The study of the primary group', in H.D. Lasswell and D. Lerner (eds), *The Policy Sciences - Recent Developments in Scope and Methods*, Palo Alto, CA: Stanford University Press, 1951, p. 64. この題材の良い議論は以下を参照せよ。C. Sofer, *Organizations in Theory and Practice*, London: Heinemann, 1972.

＊14 第二章二節のエルトン・メイヨーの研究についての議論を見よ。

＊15 将校の選抜の議論については、Ahrenfeldt 前掲書 Ch. 3、Vernon and Parry 前掲書 Ch. 4、B.S. Morris, 'Officer selection in the British army', *Occupational Psychology* 23 (1949): 219-34 を参照。アメリカの研究については以下を見よ。Office of Strategic Services Assessment Staff, *Assessment of Men*, New York: Reinhart,

1948.

＊16　議論の詳細は、Ahrenfeldt 前掲書 pp. 62-76 で与えられている。

＊17　精神医学の面談の技術は、精神科医かつ心理学者であり、最初の実験的な委員会のメンバーであったJ・D・サザランドと、調査訓練センターの後の首席心理学者であるエリック・トリストによって発展させられた。Rees 前掲書 p. 71 を見よ。

＊18　以下を見よ。N. Rose, *The Psychological Complex*, London: Routledge & Kegan Paul, 1985, and N. Rose, 'Psychiatry: the discipline of mental health', in P. Miller and N. Rose (eds), *The Power of Psychiatry*, Cambridge: Polity, 1986. pp. 63-64.

＊19　けれども人格とその査定の因数分解についてのアイゼンクの仕事はイングランドのミルヒル救急病院で実施された。これは第四章第二節で議論される。

＊20　K. Lewin, *Dynamic Theory of Personality*, New York: McGraw Hill, 1935〔K・レヴィン『パーソナリティの力学説』、相良守次、小川隆訳、岩波書店、一九五七年〕; K. Lewin, Principles of Topological Psychology, New York: McGraw Hill, 1936〔K・レヴィン『トポロギー心理學の原理』、外林大作、松村康平訳、生活社、一九四二年〕; J.L Moreno, *Who Shall Survive? A new approach to the problem of human interrelations*, Washington, D.C.: Nervous and Mental Diseases Publishing Co., 1934.

＊21　Ahrenfeldt 前掲書 p. 61.

＊22　W.R. Bion, 'The leaderless group project', *Bulletin of the Menninger Clinic*, 10 (1946): 77-81. 技術とその展開は、Ahrenfeldt 前掲書 pp. 60f で議論されている。また、Vemon and Parry 前掲書 pp. 61f で議論されている。ビオンの理論的な展開については、以下を見よ。'Experiences in groups', *Human Relations*, Vols.1-4, reprinted in Experiences in Groups, London: Tavistock, 1961.〔ウィルフレッド・R・ビオン『グループ・アプローチ《集団力学と集団心理療法》の画期的業績・人間援助の心理学』小林ポオル、光吉俊二、尾川丈一訳、亀田ブックサービス、二〇〇三年〕

＊23　Office of Strategic Services Assessment Staff, *Assessment of Men*, New York: Reinhart, 1948.

＊24　次の段落は拙著の以下の章を参考にしている。'Psychiatry: the discipline of mental health', in Miller and Rose 前掲書、および P. Miller and N. Rose, 'The Tavistock programme: governing subjectivity and social life', *Sociology*, (1988): 22, 171-92. 以下を見よ。W.R. Bion and J. Rickman,'Intra-group tensions in therapy: their study as the task of the group', *Lancet* 245, 27 November 1943, pp. 678-81. Bion 自身の影響は、Experiences in Groups 前掲書を参照。また以下を参照。F. Kraupl Taylor, 'A history of group and administrative therapy in Great Britain', *British Journal of Medical Psychology* 31 (1958): 153-73.

＊25　良い議論としては、Sofer 前掲書 pp. 203-6 を見よ。

＊26　T. Main, 'The hospital as a therapeutic institution', *Bulletin of the Menninger Clinic* 10 (1946): 67.

＊27　以下を見よ。M. Jones, *Social Psychiatry*, London: Tavistock, 1952.

＊28　例えば以下を見よ。A.T.M. Wilson, M. Doyle, and J. Kelnar, 'Group techniques in a transitional community', *Lancet* 1 (1947): 735-8. また、以下を見よ。A. Curie,' Transitional communities and social reconnection: a follow-up study of the civil resettlement of British prisoners of war', *Human Relations* 1 (1947): 42-68.

＊29　Jones 前掲書。

第二章　生産的な主体

一　労働の主体

＊1　L. Bantz, *The Servants of Power*, New York: Wiley, 1965; H. Braverman, *Labour and Monopoly Capital*, New York: Monthly Review Press, 1974; M. Rose, *Industrial Behaviour*, London: Allen Lane, 1975. 同じテーマを強調する多くの他の書籍がある。例えば、以下を見よ。R. Edwards, *Contested Terrain*, London: Heinemann, 1979; M. Burawoy, *Manufacturing Consent*, Chicago, Il.: University of Chicago Press, 1979.

＊2　F.W. Taylor, *The Principles of Scientific Management*, New York: Harper, 1913.〔フレデリック・ウィンス

ロウ・テイラー『科学的管理法の諸原理』中谷彪、中谷愛、中谷謙訳、晃洋書房、二〇〇九年〕

＊3　もちろん、労使関係に関するすべての社会学的分析が、そのようなむき出しの言葉でその問題を表現しているわけではない。職場における利害対立に関するアラン・フォックスの著作は、イギリスの状況において重要な役割を果たしてきた。例えば、以下を見よ。A. Fox, 'Industrial relations: a social critique of pluralist ideology', in J. Child (ed.), *Man and Organization*, London: Allen & Unwin, 1973.

＊4　以下を見よ。P. Miller and T. O'Leary 'Hierarchies and American ideals 1900-1940', *Academy of Management Review*, 143, 2 (1989) pp. 250-65. 以下を参照。Gareth Morgan, *Images of Organization*, Beverly Hills, CA: Sage, 1986.

二　満足した労働者

＊1　E. Cadbury, *Experiments in Industrial Organization*, London: Longmans, 1912. これは以下に引用されている。J. Child, *British Management Thought*, London: Alien & Unwin, 1969, p. 37.〔J・チャイルド『経営管理思想』岡田和秀ほか共訳、文眞堂、一九八二年、二九頁〕私は、この節において、広くチャイルドの説明に依拠している。

＊2　『資本論』における賃金形態に関するマルクス自身の著述は、この分析の最良の説明であり続けている。

＊3　次の節については、Child 前掲書 Ch.2.〔『経営管理思想』第二章〕および M.M. Niven, *Personnel Management*1913-63, London: *Institute of Personnel Management*, 1967 を見よ。

＊4　おそらく著者が意図した意味においてではないが有益であり続けている一つの概説しては、以下を見よ。T.H. Marshall, *Social Policy*, London: Hutchinson, 1965.〔T・H・マーシャル『社会（福祉）政策　二十世紀における』岡田藤太郎訳、相川書房、一九九〇年〕また、以下の第五章と第六章の議論を見よ。N. Rose, *The Psychological Complex*, London: Routledge & Kegan Paul, 1985. 職業安定所によって全国的な労働市場をつくりだそうとする試みや、その必然的な帰結として関係する労働者の個人化もまた、主体性の統治化において重

要であった。私は、このことを以下で論じている。*Psychological Complex*, pp. 83-9.

＊5 このことに関する議論としては、以下の拙著を見よ。'Socialism and social policy', in D. Adlam et al, (eds), *Politics and Power: 2*. London: Routledge & Kegan Paul, 1980. 後に続く論評は、これに基づいている。

＊6 Marshall 前掲書 Chs 3 および 4.〔『社会（福祉）政策』第三章、第四章〕を参照。

＊7 以下を見よ。John Keegan, *The Face of Battle*, Harmondsworth: Penguin, 1978, Ch.4.

＊8 以下で引用されている。C.S. Myers, *Industrial Psychology in Great Britain*, London: Cape, 1927, p. 14.

＊9 同書 pp. 14-15.

＊10 チャールズ・サミュエル・マイヤーズは、以下で引用されている。P. Miller, 'Psychotherapy of work and unemployment', in P. Miller and N. Rose (eds), *The Power of Psychiatry*, Cambridge: Polity, 1986. また、以下を見よ。E, Farmer, 'Early days in industrial psychology: an autobiographical note', *Occupational Psychology* 32 (1958): 264-7.

＊11 マイヤーズの経歴の説明は、以下に負っている。L. Hearnshaw, *A Short History of British Psychology 1840-1940*, London: Methuen, 1964. この時期の心理学の分析としては、拙著の *Psychological Complex* を見よ。

＊12 Heamshaw 前掲書 p. 245. シェルショックと第一次世界大戦については、第1章を見よ。

＊13 Heamshaw 前掲書 p. 210 で引用されている。

＊14 Heamshaw 前掲書 pp. 275-82 は、NIIPの仕事をよく概観している。

＊15 C.S. Myers 前掲書。後に続くことについては、私はまた、P. Miller, 'Psychotherapy of work and unemployment' 前掲書に負っている。

＊16 個別の差異に関する心理学や精神衛生学の戦略の十分な議論としては、拙著の *Psychological Complex* を見よ。

＊17 Farmer 前掲書。

＊18 新しい心理学は、拙著 *Psychological Complex* 前掲書 Chs. 7 および 8 で詳しく論じている。

＊19 Myers 前掲書 pp. 29-30.

＊20 M.S. Viteles, *Industrial Psychology*, New York: Norton, 1932. また、次の文献も参照。V.E. Fisher and J.V. Hanna, *The Dissatisfied Worker*, New York: Macmillan, 1932. アメリカの経験に関する私の議論は、Miller 前掲

書に負っている。

＊21　以下を見よ。E. Mayo, *The Human Problems of an Industrial Civilization*, New York: Macmillan, 1933.〔エルトン・メイヨー『新訳　産業文明における人間問題』村本栄一訳、日本能率協会、一九六七年〕メイヨー自身は、ホーソン工場での実験に直接的に関与しておらず、その実験に対して彼がした要求は、重要な点において研究者たち自身のものとは異なっていた。メイヨーに関する議論については、M. Rose 前掲書を見よ。また、P. Miller 前掲書を見よ。

＊22　実際の研究に関する最も詳細な説明は、以下である。F.J. Roethlisberger and W.J. Dickson, *Management and the Worker*, Cambridge, MA; Harvard University Press, 1939. また、以下である。T.N. Whitehead, *The Industrial Worker*, Oxford: Oxford University Press, 1938.

＊23　Roethlisberger and Dickson 前掲書 p. 269.

＊24　第一章の議論を見よ。

＊25　Roethlisberger and Dickson 前掲書 p. 151.

＊26　E. Mayo 前掲書。これは Miller 前掲書 p. 152 に引用されている。このような、進歩した労働分業と個人主義の発展の影響の下で社会的連帯の分裂危険はもちろん、二〇世紀の最初の三〇年において、多くの著述家が懸念したことであった。もっとも有名なのはエミール・デュルケームである。

＊27　Child 前掲書。

＊28　以下を見よ。K. Middlemas, *Politics in Industrial Society*, London: Deutsch, 1979.

＊29　同書。

＊30　以下を見よ。A. Fox, *History and Heritage: the Social Origins of the British Industrial Relations System*, London: Allen & Unwin, 1985. 私は、Whitleyism に関するコメントに対して Peter Seglow に感謝している。

＊31　S. Webb, *The Works Manager Today*, London: Longmans Green, 1917, p. 157. これは、Child 前掲書 p. 53 に引用されている。

三　戦時下の労働者

＊1　W.K. Hancock and M.M. Cowing, *British War Economy History of the Second World*, War UK Civil Series, London: HMSO, p. 541. これは以下に引用されている。K. Middlemas, *Politics in Industrial Society*, London: Deutsch, 1979, p. 274.

＊2　戦時期に関する議論としては、Middlemas 前掲書 Ch.10 を見よ。私は、コーポラティズムに関する彼の分析には同意しないが、ここでは彼の研究に大きく依拠している。

＊3　以下で引用されている。M.M. Niven, *Personnel Management 1913-63*. London: Institute of Personnel Management, 1967, p. 96.

＊4　Niven 前掲書 p. 98 で引用されている。

＊5　Niven 前掲書 p. 107 で引用されている。

＊6　Middlemas 前掲書 p. 280. そのような仕組みの存在がすべての労働争議を廃絶したわけではない。重要な例外は石炭産業であり、それは戦争中も争議によって苦しめられた。以下を見よ。Middlemas, pp. 280ff, and L. Harris, 'State and economy in the Second World War', in G. McLennan, D. Held. また以下を見よ。S. Hall (eds), *State and Society in Contemporary Britain*, Cambridge: Polity, 1984.

＊7　言い回しは、Bevin's biographer, Bullock のものである。これは、Middlemas 前掲書 p. 302 で引用されている。

四　仕事場の民主主義

＊1　R. Dahl, 'Worker's control of industry and the British Labour Party', *American Political Science Review* 41 (1947): 875-900. p.900 から引用されている。

＊2　同書。

＊3　同書。

＊4　例えば、以下を見よ。T.F. Rodger, 'Personnel selection', in N.G. Harris (ed.), *Modern Trends in Psychological*

Medicine, London: Butterworth, 1948.

＊5　以下を参照。C. Sofer, *Organizations in Theory and Practice*, London: Heinemann, 1972, pp. 199-203. また、以下を見よ。J. Munro Fraser, 'New-type selection boards in industry', *Occupational Psychology* 21 (1947): 170-8.

＊6　J. Tomlinson, 'Industrial democracy and the labour party', *unpublished typescript*, September 1985.

＊7　P. Inman, *Labour in the Munitions Industry. History of the Second World War*, UK Civil Series, London: HMSO, 1957. Crippsは、一九四七年の九月にPresident of the Board of TradeからMinister of Economic Affairsへ、それから一一月に、Chancellor of the Exchequerに移った。

＊8　Tomlinson 前掲書。

＊9　同書。

＊10　Human Factors Panelの仕事の詳細は、以下で述べられている。the Annual Reports of the Committee on Industrial Productivity for 1949, Cmd. 7665, and 1950, Cmd 7991.

＊11　Tomlinson 前掲書。

＊12　経営管理職については、以下を見よ。L. Urwick and E.F.L Brech, *The Making of scientific Management*. Vol. 3, London: Management Publications, 1948; C.H. Northcott, *Personnel Management: its Scope and Practice*, London: Pitman, 1945; F.J. Burns Morton, *Foremanship - a Textbook*, London: Chapman and Hall, 1951. また、以下における議論を見よ。J. Child, *British Management Thought*, London: Alien & Unwin, 1969.〔『経営管理思想』〕私は、これに大きく依拠している。また以下の議論を見よ。V.M. Clarke, *New Times, New Methods and New Men*, London: Allen & Unwin, 1950. 心理学者については、以下を見よ。J.A.C. Brown, *Social Psychology of Industry*, Harmondsworth: Penguin, 1954; G.R. Taylor, *Are Workers Human*, London: Falcon Press, 1950; R.F. Tredgold, 'Mental hygiene in industry', in N.G. Harris (ed.), *Modern Trends in Psychological Medicine*, London: Butterworth, 1948; R.F. Tredgold, *Human Relations in Modem Industry*, London: Duckworth, 1949; C.A. Mace, 'Satisfactions in work', *Occupational Psychology* 22 (1948): 5-16; and CA. Mace and P.E. Vernon (eds), *Current Trends in British Psychology*, London: Methuen, 1953.

＊13　J.A.C. Brown, *Social Psychology of Industry*, Harmondsworth; Penguin, 1954.〔J・A・C・ブラウン『産業の社会心理　工場における人間関係』伊吹山太郎、野田一夫訳、ダイヤモンド社、一九六八年〕

＊14　同書 p. 130.〔『産業の社会心理　工場における人間関係』一五五頁〕

＊15　同書 p. 126.〔『産業の社会心理　工場における人間関係』一四九頁〕

＊16　G.R. Taylor, *Are Workers Human?* London: Falcon Press, 1950, p. 20.

＊17　Brown 前掲書 pp. 162-3.〔『産業の社会心理　工場における人間関係』一九七頁〕

＊18　同書 pp. 172-3.〔『産業の社会心理　工場における人間関係』二〇九頁〕

＊19　興味深いことにミドルマスは、戦間期に保守党によって組織的に着手された世論の管理が、社会・経済的集団という点においてホーソン実験を分析に大きく依拠していると主張している。以下を見よ。K. Middlemas, *Politics in Industrial Society*, London: Deutsch, 1979. esp. p. 354.

＊20　同書 p. 127.

＊21　Taylor 前掲書 p. 52.

＊22　Brown 前掲書 Ch. 8.〔『産業の社会心理　工場における人間関係』第八章〕

＊23　Taylor 前掲書 pp. 12-13.

＊24　R. Fraser, *The Incidence of Neurosis among Factory Workers*, Industrial Health Research Board Report no.90, London: HMSO, 1947.

＊25　Tredgold, 'Mental hygiene in industry' 前掲書 p. 364.

＊26　同書 p. 365.

＊27　この調査は、以下で要約されている。L.S. Hearnshaw, *The Shaping of Modern Psychology*, London: Routledge & Kegan Paul, 1987. pp. 206-9. これは、関連論文に広く言及している。

＊28　タヴィストックの研究所や診療所は、私自身やピーター・ミラーが始めたタヴィストック・パブリケーションズから近刊予定の研究の主題である。この研究自体は、当初、タヴィストックの活動の派生物だった。この研究の方向を予備的に示しているものは、以下に含まれている。P Miller and N. Rose, 'The Tavistock programme: governing subjectivity and social life', *Sociology* (1988): 22,171-92. 私がここで依拠している、タヴィストックの研究に関する他の説明は、以下である。R.K. Brown, 'Research and consultancy in industrial enterprises', *Sociology* 1 (1967): 33-60 and S. G. Grey, 'The Tavistock Institute of Human Relations', in H.V. Dicks, *Fifty Years of the Tavistock Clinic*, London: Routledge & Kegan Paul, 1975.

＊29　M. Rose, *Industrial Behaviour,* London: Allen Lane, 1975, pp. 163-4. Roseは、これらの研究を描写し、言及している。

＊30　E. Jaques, *The Changing Culture of a Factory*, London: Tavistock, 1951, pp. xiii-xiv.

＊31　同書 p. 300. このテーマはのちに、以下によって詳細に発展させられた。I. Menzies, 'Case study in the functioning of social systems as a defense against anxiety', *Human Relations* 13 (I960): 95-122.

＊32　同書 pp. 308ff.

＊33　E.L Trist and K.W. Bamforth, 'Some social and psychological consequences of the longwall method of coal getting', *Human Relations* 4(1951): 3-38; E.L. Trist et al., *Organizational Choice: Loss, Recovery and Transformation of a Work Tradition*, London: Tavistock, 1963. また、以下を見よ。A.K Rice's 'Report of the Ahmedabad experiment, a study of the intersection of social, economic and technical change m an Indian textile mill carried out from 1953', in *Productivity and Social Organization*, London: Tavistock, 1958.

＊34　例えば、以下を見よ。W. Brown and E. Jaques, *Glacier Project Papers,* London: Heinemann, 1965.

＊35　Brown, *Social Psychology of Industry* 前掲書 pp. 122-3.〔『産業の社会心理　工場における人間関係』一四四—一四六頁〕

＊36　Taylor, 前掲書 p. 120.

五　経営管理の専門知

＊1　J. H. Goldthorpe, 'Industrial relations in Great Britain: a critique of reformism', *Politics and Society* 4 (1974);

reprinted in T. Clarke and L. Clements, *Trade Unions Under Capitalism*, London: Fontana, 1977, p. 184.

＊2　National Institute of Industrial Psychology, *The Foreman: A Study of Supervision in British Industry*, London: Staples Press, 1951; National Institute of Industrial Psychology, *Joint Consultation in British Industry*, London: Staples Press, 1952.

＊3　Department of Scientific and Industrial Research and Medical Research Council, *Final Report of Joint Committee on Human Relations in Industry 1954-57*, London: HMSO, 1958, p. 9.

＊4　Department of Scientific and Industrial Research and Medical Research Council, *Report of Joint Committee on Individual Efficiency in Industry 1953-57*, London: HMSO, 1958.

＊5　D. McGregor, *The Human Side of Enterprise*, New York: McGraw-Hill, 1960.〔ダグラス・マグレガー『企業の人間的側面　統合と自己統制による経営』高橋達男訳，産業能率大学出版部，一九七〇年〕これは以下から引用されている。D.S. Pugh, ed., *Organization Theory: Selected Readings*, 2nd edn, Harmondsworth: Penguin, 1984, pp. 325-6.

＊6　Ministry of Labour, *Industrial Relations Handbook*, revised edn., London: HMSO, 1961. 以前の版は，一九四四年と一九五三年に出版された。

＊7　P. Ribeaux and S.E. Poppleton, *Psychology at Work*, London: Macmillan, 1978, p. 11.

＊8　Michael Rose は，以下で人間関係論に反対する主張を要約し，十二分に言及している。*Industrial Behaviour*, London: Allen Lane, 1975.

＊9　J. Child, *British Management Thought*, Allen & Unwin, 1969, pp. 172ff.〔『経営管理思想』一七四頁以降数頁〕これは，以下と同様に多くの重要な論文について議論している。M. Rose 前掲書．例えば，以下を見よ。J.H. Goldthorpe, 'Attitudes and behaviour of car assembly workers', *British Journal of Sociology* 17 (1966): 227-44.

＊10　J. Woodward は，以下で第一の点を強調した。*Industrial Organization*, London: Oxford University Press, 1965. 以下で，第二の点を強調した。D.S. Pugh and the 'Aston Group'. 以下を見よ。D.S. Pugh and D.J. Hickson, *Organizational Structure in its Context: The Aston Programme* I, London: Gower, 1976.

＊11　これらの中でもっとも重要であったのは，Royal Commission on Trade Unions and Employers Associations

1964-68であり、ロード・ドノヴァンが議長を務めた。また、この時代に出版された、Prices and Incomes Board の様々な報告書を見よ。詳細な出典は、必要に応じて以下で示される。

＊12　Royal Commission on Trade Unions and Employers Associations, 1965-68, *Report*, London: HMSO, p. 262.

＊13　例えば、以下を見よ。National Board For Prices and Incomes, Report no. 65, Payment by *Results System*, Cmnd 3627, London: HMSO, 1968. また以下を見よ。Report no 83, *Job Evaluation*, Cmnd 3772, London: HMSO, 1968.

＊14　British Standards Institution, *Glossary of Terms on Work Study*, London: British Standards Institution, 1959.

＊15　C. Sofer, *Organizations in Theory and Practice*, London: Heinemann, 1972, p. 97. Sofer は、これらの方法論のタヴィストック版を扇動した一人であった。彼の著作は、それらの概念的・実践的背景の情報に関する、よい資料である。レヴィンと実習トレーニング方法に関しては、以下を見よ。A.J. Marrow, *The Practical Theorist: the Life and Work of Kurt Lewin*, New York: Basic Books, n.d.; R. Lippitt, *Training in Community Relations*, New York: Harper & Row, 1949; and L.P. Bradford, J.R. Gibb, and K. Benne (eds), *T-Group Theory and Laboratory Method: Innovation in Re-Education*, New York: Wiley, 1964.

＊16　Sofer 前掲書 p. 96.

＊17　E.L Trist and C. Sofer, *Explorations in Group Relations*, Leicester: Leicester University Press, 1959. 後に続く説明は、この著作から得られており、それは、First Leicester Conference を記録している。

＊18　J.D. Sutherland, in Trist and Sofer 前掲書 pp. 56-7.

＊19　同書 p. 60.

＊20　タヴィストックによって様々な学会で広められた集団力学《グループ・ダイナミクス》の分析は、システム思考の時流に乗ることとなった。その主唱者はA・K・ライスであった。彼は、小集団から大集団に移り、集団を外部の世界との関係に開いた。以下を見よ。A.K. Rice, *Learning for Leadership*, London: Tavistock, 1965. また、以下を見よ。E.J. Miller and A.K. Rice, *Systems of Organization*, London: Tavistock, 1967. このことによって、集団関係に関する研究が、次節で議論される、組織変化のプロジェクトに接続することが可能になった。

六　自己の生産

＊1　P. Ribeaux and S.E. Poppleton, *Psychology and Work*, London: Macmillan, 1978, p. 306.

＊2　以下を見よ。N.Q. Hemck and M- Maccoby, 'Humanizing Work: a priority goal of the 1970s', in L.E. Davis and A.C. Cherns, *The Quality of Working Life: Vol.1: Problems, Prospects and the State of the Art*, New York: Free Press, 1975. 私は、この巻の論文から以下に続く説明を導き出している。加えて、以下からも得ている。N.A.B. Wilson, *On The Quality of Working Life*, Manpower Papers no. 7, London: HMSO,1973; M. Rose, *Reworking the Work Ethic*, London: Batsford, 1985; A.T.M. Wilson, 'Quality of working life: an introductory overview', manuscript.

＊3　Herrick and Maccoby 前掲書 p. 66.

＊4　F.E. Emery and E. Thorsrud, *Democracy at Work*, Leiden: Martinus Nijhof, 1976.

＊5　以下を見よ。A. Myrdal, *Towards Equality*, Stockholm: Prisma Press, 1971. また以下を見よ。D. Jenkins, *Job Power*, New York: Doubleday, 1973.

＊6　N.A.B. Wilson 前掲書。

＊7　A.T.M. Wilson 前掲書。

＊8　M. Rose, *Reworking the Work Ethic*, London: Batsford, 1985, p. 108.

＊9　例えば、以下を見よ。E. Trist, 'The socio-technical perspective', in A. van de Ven and W.F. Joyce (eds), *Perspectives on Organizational Design and Behaviour*, New York: Wiley, 1981.

＊10　G. Hunnius, 'On the nature of capitalist-initiated innovations in the workplace', in T.R. Burns et al. (eds), *Work and Power: The Liberation of Work and the Control of Political Power*, London: Sage, 1979.

＊11　以下は、これらの批評に関する効果的な分析と批判的な議論を提供しており、私は、ここでそれらに依拠している。Michael Rose in Reworking the Work Ethic 前掲書 Ch. 8.

＊12　例えば、以下である。R. Sennett, 'The boss's new clothes', *New York Review of Books*, 22 February 1979, pp. 42-6. これは、Rose 前掲書で議論されている。

＊13 I. Berg et al., *Managers and Work Reform: A Limited Engagement*, New York: Free Press, 1979. これは、Rose 前掲書で議論されている。

＊14 F.E. Emery and E.L. Trist, 'The causal texture of organizational environments', *Human Relations* 18 (1965): 21-32.

＊15 W.H. Whyte, *The Organization Man*, New York: Simon & Schuster, 1956.〔W・H・ホワイト『組織のなかの人間　オーガニゼーション・マン』岡部慶三、藤永保訳、一九七一年〕

＊16 以下は、もっとも明晰な説明の一つである。Chris Argyris, *Integrating the Individual and the Organization*, New York: Wiley, 1964.〔クリス・アージリス『新しい管理社会の探求　組織における人間疎外の克服』三隅二不二、黒川正流訳、産業能率短期大学出版、一九六九年〕重要な人物は、四―五頁から選んでいる。〔邦訳も四―五頁〕引用されている著者たちに言及しているのは、以下である。G.W. Allport, 'The trend in motivational theory', *American Journal of Orthopsychiatry* 23 (1953):107-19. C.W. Allport, 'The open system in personality theory', *Journal of Abnormal and Social Psychology* 61(I960): 301-10; K. Lewin et al., 'Levels of Aspiration', in J. McV. Hunt (ed.), *Personality and Behaviour Disorders*, New York: Ronald Press, 1944; A. Maslow, *Motivation and Personality,* New York: Harper,1954〔A・H・マズロー『人間性の心理学　モチベーションとパーソナリティ』小口忠彦訳、産業能率大学出版部、一九八七年〕; C. Rogers, 'A theory of therapy, personality and interpersonal relationships', in S. Koch (ed.), *Psychology: A Study of a Science*, Vol. 3, New York: McGraw Hill, 1959; J. Bruner, 'The act of discovery', *Harvard Educational Review* 31(1961): 26-8; E. Fromm, *The Art of Loving*, New York: Harper,1956〔E・フロム『愛するということ』鈴木晶訳、紀伊国屋書店，一九九一年〕; V.E. Frankl, 'Basic concepts of logotherapy', *Journal of Existential Psychiatry*, 3 (1962):113-14.

＊17 Argyris, *Integrating the Individual* 前掲書 p. 4.〔『新しい管理社会の探求』四頁〕

＊18 例えば、以下を見よ。V.H. Vroom, *Work and Motivation*, New York: Wiley, 1964.〔ヴルーム『仕事とモティベーション』坂下昭宣ほか共訳、千倉書房、一九八二年〕

＊19 F. Herzberg, *Work and the Nature of Man*, London: Staples, 1968.〔フレデリック・ハーズバーグ『仕事と人

間性　動機づけ——衛生理論の新展開』北野利信訳、東洋経済新報社、一九六八年〕

＊20　D. McGregor, *The Human Side of Enterprise*, New York: McGraw-Hill, 1960.〔『企業の人間的側面』〕これは以下に引用されている。D.S. Pugh (ed.), *Organization Theory*, Harmondsworth: Penguin, 1985, pp. 326-7. イタリックは除去されている。

＊21　同書 p. 328.

＊22　C. Argyris, *The Impact of Budgets on People*, New York: Controllership Foundation, 1952. これは以下に引用されている。P. Miller and T. O'Leary, 'Accounting and the construction of the governable person', *Accounting Organizations and Society* 12 (1987): 235-65. ここの所見は、これに基づいている。

＊23　C. Argyris, *Personality and Organization*, New York: Harper, 1957.〔クリス・アージリス『組織とパーソナリティー　システムと個人との葛藤』伊吹山太郎、中村実訳、日本能率協会、一九七〇年〕

＊24　C. Argyris, in the *Research News Bulletin* of the National Institute of Industrial Psychology, October 1961. これは以下に引用されている。M. Niven, *Personnel Management 1913-63*, London: Institute of Personnel Management, 1967, p. 150.

＊25　C. Argyris, *Integrating the Individual and the Organization*, New York: Wiley, 1964.〔『新しい管理社会の探求』〕

＊26　同書 pp. 33-4〔『新しい管理社会の欲求』四一—四二頁〕

＊27　例えば、以下を見よ。C. Argyris and D. Schon, *Organizational Learning: a Theory of Action Perspective*, New York: Addison-Wesley, 1978.

＊28　言い回しは、以下のサブタイトルである。T.J. Peters and R.H. Waterman's bestselling book, *In Search of Excellence*, New York: Harper & Row, 1982.

＊29　同書 p. 60.

＊30　同書 pp. 72-3.

＊31　例えば、以下を見よ。C. Garfield, *Peak Performers: The New Heroes in Business*, London: Hutchinson, 1986〔チャールズ・ガーフィールド『成功者たち　米国ビジネス界のピーク・パフォーマーズ』相原真理子訳、平凡社、一九八八年〕; V. Kiam, *Going for it: How to Succeed as an Entrepreneur*, London: Collins, 1986〔ビクター・カイ

アム『考える、見つける、売る　アメリカ流・知的ビジネスの方法』武田哲男訳、イースト・プレス、一九八九年〕; W. Avis, *Take a Chance to be First: The Secrets of Entrepreneurial Success*, London: Macmillan, 1986. また、以下による、これらの「卓越」な資料の概観を見よ。Patrick Wright, 'Excellence', *London Review of Books*, 21 May 1987.

＊32　自己に関するこれらの技術は、本書の後で詳細に議論されている。また、以下の議論を見よ。C. Lasch, *The Culture of Narcissism*, London: Abacus Press, 1980. esp. pp. 41ff and 63ff.〔クリストファー・ラッシュ『ナルシシズムの時代』石川弘義訳、ナツメ社、一九八一年、特に、七三頁以降数頁、一〇二頁以降数頁〕また、以下を見よ。J. Donzelot, 'Pleasure in work', *I & C 9* (1982): 1-28, esp. p. 24.

＊33　これ（以下）は、イギリスの筋の悪い模倣である以下のタイトルである。W. Goldsmith and D. Clutterbuck, *The Winning Streak*, London: Weidenfeld & Nicolson, 1984.

＊34　例えば、以下を見よ。T.R. Pascale and A.G. Athos, *The Art of Japanese Management*, New York: Simon & Schuster, 1981.〔リチャード・T・パスカル、アンソニー・G・エイソス『ジャパニーズ・マネジメント』深田祐介訳、講談社、一九八三年〕

＊35　D. Wilson, *The Sun at Noon*, London: Hamish Hamilton, 1986.〔ディック・ウィルソン『真昼のニッポン』竹村健一訳、三笠書房、一九八七年〕これは以下に引用されている。P. Wickens, *The Road to Nissan: Flexibility*, Quality, Teamwork, London: Macmillan, 1987, p. 38.〔P・ウィッキンス『英国日産の挑戦「カイゼン」への道のり』佐久間賢監訳、東洋経済新報社、一九八九年、四八頁〕

＊36　Wickens 前掲書 p. 183.〔『英国日産の挑戦「カイゼン」への道のり』一八九頁〕

第三章　子どもと家族とまわりの世界

一　小さな市民

＊1　T.H. Marshall, 'Citizenship and social class', in *Sociology at the Crossroads*. London: Heinemann, 1963.〔T・

H・マーシャル、トム・ボットモア『シティズンシップと社会的階級　近現代を総括するマニフェスト』岩崎信彦、中村健吾訳、法律文化社、一九九三年〕言い回しは、七二頁〔邦訳、一一頁〕から引用している。

＊2　B.S. Turner, *Citizenship and Capitalism*, London: Alien & Unwin, 1986. esp. pp. 92-6. 以下を参照。G.M. Thomas and J.W. Meyer, 'The expansion of the state', *Annual Review of Sociology* 10 (1984): 461-82.

＊3　例えば、以下を見よ。I. Gough, *Political Economy of the Welfare State*, London: Macmillan, 1979.〔イアン・ゴフ『福祉国家の経済学』小谷義次ほか訳、大月書店、一九九二年〕

＊4　この文献の二つの例としては、以下を見よ。A. Platt, *The Child Savers*, Chicago, Il: University of Chicago Press, 1969〔アンソニィ・M・プラット『児童救済運動　少年裁判所の起源』藤本哲也、河合清子訳、中央大学出版部、一九八九年〕; N. Parton, *The Politics of Child Abuse*, London: Macmillan, 1985. また、以下で述べられている概観を見よ。M. Freeman, *The Rights and Wrongs of Children*, London: Pmter, 1983; R. Dingwall, J.M.Eekelaar, and T. Murray, 'Childhood as a social problem: a survey of legal regulation', *Journal of Law and Society* 11 (1984): 207-32.

＊5　もちろんこの理解は、多くの概念的・政治的特徴を見えなくする。この文献の例としては、以下を見よ。A. Oakley, Self, *Gender and Society*, London: Temple Smith, 1972. L. Coiner, *Wedlocked Women*, Leeds: Feminist Books, 1974; E. Zaretsky, *Capitalism, The Family and Personal Life*, London: Pluto Press, 1976; E. Wilson, Women and the Welfare State, London: Tavistock, 1977; J. Lewis, The Politics of Motherhood: Child and Maternal *Welfare in England 1900-1939*, London: Croom Helm, 1980; J. Lewis, 'Anxieties about the family and the relationships between parents, children and the state in twentieth-century England', in M. Richards and P. Light, *Children of Social Worlds*, Cambridge: Polity Press, 1986.

＊6　これらの段落は、以下の私の論文に依拠している。'Beyond the public/private division: law, power and the family'. *Journal of Law and Society* 14 (1987): 61-76. この文献の例としては、以下を見よ。'The division of labour revisited', in P. Abrams et al., (eds), *Development and Diversity: British Sociology 1950-1980*, London: British Sociological Association, 1981; M. Stacey and M. Price, *Women, Power and Politics*, London: Tavistock,

1981; E. Gamarnikow et al., (eds), *The Public and the Private*, London: Heinemann, 1983. 最近の議論の多くは、以下に再言及している。M. Rosaldo, 'Women, Culture and Society', in M. Rosaldo and L. Lamphere, (eds,), *Women, culture and society*, Stanford: Stanford University Press, 1974. また、以下を見よ。S. Ardener (ed.), *Women and Space*, London: Croom Helm, 1981. また、次の文献を見よ。J.B. Elshtain, *Public Man and Private Woman*, Brighton: Harvester, 1981. その議論は、家族の法的規制をめぐる論争において重要な役割を果たしてきた。例えば、以下を見よ。F. Olsen, 'The family and the market: and study of ideology and legal reform', *Harvard Law Review* 96 (1983): 1497; K. O.Donovan, *Sexual Divisions in Law*, 1985. ; M. Freeman,'Towards a Critical theory of family law', *Current Legal Problems* 38 (1985): 153; A. Bottomley, 'Resolving family disputes: a critical view', in M. Freeman (ed.), *State, Law and the Family*, London: Tavistock, 1984.

＊7　有益な議論としては、以下を見よ。J. Minson, *Genealogies of Morals*, London: Macmillan, 1985. Ch. 5.

＊8　J. Donzelot, *The Policing of Families*, London: Hutchinson, 1979.

＊9　私は以下で、さらに慈善〔博愛〕について議論している。*The Psychological Complex*, London: Routledge & Kegan Paul, 1985.

＊10　これらは、イギリスでは、拙著 *Psychological Complex* で詳細に議論されている。フランスでは、Donzelot 前掲書で詳細に議論されている。

二　心理学者のまなざし

＊1　M. Foucault, *Discipline and Punish*, London: Alien Lane, 1979. p. 191.〔『監獄の誕生』一九四頁〕

＊2　この節は、以下の私の論文においてなされた議論に基づいている。'Calculable minds and manageable individuals', *History of the Human Sciences*, I (1988): 179-200.

＊3　Foucault 前掲書。

＊4　この議論は、以下に負っている。M. Lynch, 'Discipline and the material form of images: an analysis of scientific visibility', *Social Studies of Science* 15 (1985): 37-66.

＊5　これらに関する、より多くの詳細は、以下で述べられている。N. Rose, *The Psychological Complex*, London: Routledge & Kegan Paul, 1985. また、以下の Peter Miller と私による諸章で述べられている。P. Miller and N. Rose, *The Power of Psychiatry*, Cambridge: Polity, 1986. また、以下を見よ。D. Garland, *Punishment and Welfare*. Aldershot: Gower, 1985.

＊6　以下を参照。M. Donnelly, *Managing the Mind*, London: Tavistock, 1983. Ch. 7.

＊7　記入装置という概念については、以下を見よ。B. Latour, 'Visualization and cognition: thinking with hands and eyes', in H. Kushlick (ed.), *Knowledge and Society*, Vol. 6. Greenwich, CT: JAI Press, 1986.

＊8　言表と文の間の等価性という想定から生じる、フーコーの考古学におけるいくつかの問題に関する議論については、以下を見よ。B. Brown and M. Cousins, 'The linguistic fault', *Economy and Society* 9 (1980): 251-78.

＊9　Latour 前掲書。

＊10　S. Gilman, *Seeing the Insane*, New York: Wiley, 1982. また、以下を見よ。M. Shortland, 'Barthes, Lavater and the legible body', *Economy and Society* 14 (1985): 273-312.

＊11　私は、以下で詳細にこのことを議論したことがある。*The Psychological Complex*, London: Routledge & Kegan Paul, 1985. 知的障害や優生学に関する別の議論については、以下を見よ。G.R. Searle, *Eugenics and Politics in Britain 1900-1914*, Leyden: Noordhof, 1976; D.A. MacKenzie, *Statistics in Britain*, Edinburgh: Edinburgh University Press, 1981; C. Webster (ed.), *Biology, Medicine and Society 1840-1940*, Cambridge: Cambridge University Press, 1981, esp. Chs 5, 6, 7 and 8.

＊12　これは、慈善家によってとられた方針であり、それは、フランスの Seguin、ドイツの Saegert、スイスの Guggenbuhl による一九世紀前半の仕事によって印象づけられる。シドニー・ハウは、アメリカにおいて白痴の教育を求める運動を率いた。イギリスでは、国家行動が白痴の負担を埋め合わせるための運動を率いたのは、慈善組織協会であった。以下〔の報告書〕で優位を占めたのは、優生学の観点ではなく、この議論の道筋であった。*Report of the Royal Commission on the Care and Control of the Feeble Minded*, Cd 4202. London: HMSO,

1908. これらの論争は、*The Psychological Complex*, 前掲書 Ch. 4 で議論されている。

＊13　イギリスにおいてこのシステムを先導的に主張したのは、フランシス・ワーナーであった。以下を見よ。*The Study of Children and their School Training*, London: Macmillan, 1897. 彼の案は、標準的なテキストに組み入れられ、以下の第一六版でも、まだ含まれていた。A. Newshoime and J, Kerr, *School Hygiene*, London: George Alien & Unwin, 1924. 精神の病理を診断する手段として身体を使用することは、人相学にまで遡ることが可能であり、骨相学において社会に広まった。しかしそれは、診断の技術として、一八世紀と一九世紀における狂気に関する医師によって洗練され、コード化され、Lavater に始まり、フランスのピネルやエスキロールを経て、イギリスの Bucknill やチュークに至った。それは、モーズリーやモレルのような堕落に関する理論家によって利用され、ロンブローゾや彼の後継者の犯罪科学において洗練された。以下を見よ。S. Gilman, *Seeing the Insane*, New York: Wiley, 1982. また、以下の拙著を参照。'Calculable minds and manageable individuals', *History of the Human Sciences* 1 (1988); 179-200.

＊14　ゴルトンや彼の信奉者の仕事に関する議論については、以下を見よ。R.S. Cowan, 'Francis Gallon's statistical ideas: the influence of eugenics', *Isis* 63. (1972): 509-28. そして、以下を見よ。R.S. Cowan, 'Nature and nurture: the interplay of biology and politics in the work of Francis Galton', *Studies in the history of Biology* 1 (1977): 133-208. また、以下を見よ。D. Mackenzie, *Statistics in Britain 1865-1930: The social construction of scientific knowledge*, Edinburgh: Edinburgh University Press, 1981.

＊15　Binet に関しては、以下を見よ。T.H. Wolf, *Alfred Binet*, Chicago, Il: University of Chicago Press, 1973.〔T・H・ウルフ『ビネの生涯　知能検査のはじまり』宇津木保訳、誠信書房、一九七九年〕

＊16　同書 p.141〔『ビネの生涯　知能検査のはじまり』一五二頁〕で引用されている。

＊17　*The Psychological Complex* 前掲書 pp. 127-8 を見よ。

＊18　以下を見よ。G. Sutherland, *Abilility, Merit and Measurement: mental testing and English education 1880-1940*. Oxford: Clarendon, 1984.

＊19　詳細については、以下を見よ。L. Heamshaw, *Cyril Burt: Psychologist*, London: Hodder & Stoughton, 1979.

＊20　G. Sutherland 前掲書を見よ。

＊21　このテーマは、Foucault, *Discipline and Punish* 前掲書〔前掲書『監獄の誕生』〕の様々なところで詳しく述べられている。

＊22　以下の 'Wild Boy of Aveyron' の議論を見よ。*The Psychological Complex* 前掲書。

＊23　適切な議論としては、以下を見よ。D. Riley, *War in the Nursery*, London: Virago, pp. 43-59.

＊24　C. Darwin, 'A biographical sketch of an infant', *Mind* 2 (1877): 285-94; W. Preyer, *Mental Development in the Child*, tr. H.W. Brown, New York &. London: Arnold, 1894; M. Shinn, *Notes on the Development of a Child*, California: University of California Studies, 1893; J. Sully, *Studies in Childhood*, London: Longmans Green, 1895. G. Stanley Hall, 'The contents of children's minds', *Princeton Review* 11 (1883); 249-72, W. Stern, *Psychology of Early Childhood*, tr. A. Barwell, London: Allen & Unwin, 1924. 保育運動に関しては、D. Riley 前掲書 1983 Chapter 3 を見よ。

＊25　ゲゼルの多くの作品の代表的な実例としては、以下を見よ。A. Gesell, *The Mental Growth of the School Child*, New York: Macmillan, 1925. また、以下を見よ。*Infancy and Human Growth*, New York: Macmillan, 1928.

＊26　私は、前掲の私の論文 'Calculable minds and manageable individuals' で、より理論的にこれらの過程を議論している。また Latour 前掲書、さらに Lynch 前掲書を見よ。

＊27　Lynch 前掲書を参照。

＊28　以下の概観を見よ。C.Buhler, 'The social behaviour of the child', in C. Murchison (ed.), *Handbook of Child Psychology*, Worcester, MA: Clark University Press, 1931; M. Collins, 'Modern trends in child psychology', in F.C. Bartlett et al. (eds), *The Study of Society*, London: Kegan Paul, Trench, Trubner, 1939; C.J.C. Earl, 'Some methods of assessing temperament and personality', in Bartlett, *The Study of Society* 前掲書。

＊29　以下の議論を見よ。C. Hardyrnent, *Dream Babies: Child Care from Locks, to Spock*, Oxford: Oxford University Press, 1984, Chapter 4.

三　愛の絆の調整

＊1　J. Bowlby, *Maternal Care and Mental Health*, Geneva: World Health Organization, 1952, p46.〔ジョン・ボウルヴィ『乳幼児の精神衛生』黒田実郎訳、岩崎学術出版社、一九六七年、四〇頁〕

＊2　この段落は、以下の第八章の議論に依拠している。N. Rose, *The Psychological Complex*, London: Routledge & Kegan Paul, 1985.

＊3　J. Donzelot, *The Policing Families*, London: Hutchinson, 1979, esp. Ch. 4.〔ジャック・ドンズロ『家族に介入する社会　近代家族と国家の管理装置』宇波彰訳、新曜社、一九九一年、特に第四章〕

＊4　M. Foucault, *Discipline and Punish*, London: Allen Lane, 1979, pp. 20-1.〔『監獄の誕生』二五頁〕

＊5　W. Beveridge, Social Insurance and Allied Services, London: HMSO, 1942, p. 154.〔ウィリアム・ベヴァリッジ『社会保険および関連サービス　ベヴァリジ報告（社会保障研究所翻訳シリーズ〈no.7〉)』山田雄三監訳、至誠堂、一九六九年、二三八頁〕戦後の出産奨励主義については、以下を見よ。J. Weeks, *Sex, Politics and Society: The Regulation of Sexuality since 1800*, London: Longmans, 1981, Ch.12. また以下を見よ。D. Riley, *War in the Nursery*, London: Virago, 1983.

＊6　*Report of Royal Commission on Population*, Cmd 7695, London: HMSO, 1949. また以下を見よ。Mass Observation, *Britain and Her Birth Rate*, London: John Murray, 1945; M. Abrams, *The Population of Great Britain*, London: Allen & Unwin, 1945; J.C. Flugel, *Population, Psychology and Peace*, London: Watts, 1947; G.F. McCleary, *The Menace of British Depopulation*, London: Allen & Unwin, 1945; R. M. Titmuss, *Birth, Poverty and Wealth*, London: Hamish Hamilton, 1943; R.F. Harrod, *Britain's Future Population*, London: Oxford University Press, 1943; Fabian Society, *Population and the People*, London: Allen & Unwin, 1045; E. Hubback, The *Population of Britain*, West Drayton: Penguin, 1947. 私はこれらの参照に関し、Weeks 前掲書に感謝している。

＊7　Weeks 前掲書 p. 232.

＊8　同書 p. 167.
＊9　Feversham Committee, *The Voluntary Mental Health Services*, London: n.p., 1939.
＊10　以下を見よ。R. Titmuss, *Problems of Social Policy*, London: HMSO, 1950, pp. 378-87.
＊11　D, Riley 前掲書。
＊12　R. Spitz, 'Hospitalism: an inquiry into the genesis of psychiatric conditions in early childhood', *The Psychoanalytic Study of the Child* 1 (1945): 53-74.
＊13　Editorial, 'Loneliness in infancy', *British Medical Journal*, 19 September 1942, p. 345. これは、Riley 前掲書 pp. 112-13 で引用されている。
＊14　A. Freud, *Foreword to new edition of Infants Without Families and Reports on the Hampstead War Nurseries 1939-1945*, London: Hogarth Press and Institute of Psycho Analysis, 1973, p. xxiv.〔アンナ・フロイト『家庭なき幼児たち　ハムステッド保育所報告　1939-1945』上、中沢たえ子訳、岩崎学術出版社、一九八二年、一一頁〕ハムステッド保育所の最初の年次報告書は、以下として出版された。D. Burlingham and A. Freud, *Young Children in War-Time: A Year's Work in a Residential Nursery;* London: George Alien & Unwin for The New Era, 1942.〔A・フロイト、D・バーリングハム『家族なき乳幼児　その発達と戦時下の保育』久米稔訳、川島書店、一九七七年〕また、バーリングハムとフロイトによる共著として *Infants Without Families: the Case For and Against Residential Nurseries* が George Alien & Unwin から一九四四年に出版された。
＊15　Freud, *Infants Without Families*, p. xxv.〔『家庭なき幼児たち　ハムステッド保育所報告　1939-1945』上、一二頁〕
＊16　同書 p. 208 .〔『家庭なき幼児たち　ハムステッド保育所報告　1939-1945』上、一七九頁〕
＊17　同書 p. 599ff.〔『家庭なき幼児たち　ハムステッド保育所報告　1939-1945』下、一七九頁〕
＊18　勿論これは厳密な真実ではない。メラニー・クラインはこれらの用語で自分自身の成果を観察し分析する分析者というだけではなかった。
＊19　Freud 前掲書 p. 585.〔『家庭なき幼児たち　ハムステッド保育所報告　1939-1945』下、一九四頁〕
＊20　K.M. Wolf, 'Evacuation of children in war-time - a survey of the literature, with biography', *Psychoanalytic*

Study of the Child 1 (1945): 389-404.

＊21　S. Isaacs, ed., *The Cambridge Evacuation Survey*, London: Methuen, 1941,p. 3.

＊22　同書 p. 7.

＊23　同書。

＊24　Ministry of Health, *Hostels For 'Difficult' Children*, London: HMSO, 1944; Titmuss, 前掲書 p. 383. 精神保健のための臨時全国協議会が自分たちの精神保健福祉士を導入し、地方自治体に自力で備え付けさせたのは、連れのいない疎開した子どもたちも収容した仮泊施設と居住型保育所とあわせて、これらの宿泊所であった。

＊25　J. Bowlby, 'Forty-four juvenile thieves: their character and home life', *International Journal of Psycho-Analysis* 25 (1944): 19-53, 107-28.

＊26　J. Bowlby, 'Psychological Aspects', in R. Padley and M. Cole (eds), *Evacuation Survey: A Report to the Fabian Society*. London: Routledge, 1940.

＊27　C. Blacker, *Neurosis and the Mental Health Services*, London: Oxford University Press, 1946. また、以下を見よ。World Health Organization, *Report of the Third Expert Committee on Mental Health*, Geneva: 1953. 次の拙著を見よ。'Psychiatry: the discipline of mental health', in P. Miller and N. Rose (eds). *The Power of Psychiatry*, Cambridge: Polity, 1986.

＊28　Riley 前掲書 pp. 115-16 を見よ。また、以下を見よ。World Health Organization, 'Separation of the Preschool Child from the Mother', *Expert Committee on Mental Health, Report on the Second Session*, Geneva, 1951.

＊29　J. Bowlby, *Maternal Care and Mental Health*, Geneva, World Health Organization, 1951. ページの参照は一九五二年の第二版である。世界保健機構のメンタルヘルス部門の部長はロナルド・ハーグリーヴスであり、彼はタヴィストック診療所の戦時チームの一人であった。報告書が準備中の間、主な討議は、タヴィストックの研究チームで行われ、そして子ども時代の早期における母親からの離別が個性の発達に与える影響を研究していたジェイムス・ロバートソン（例えばハムステッド保育所）を含んでいた。その他の重要な影響は、ボウルヴィ自身によると、タヴィストック人間関係研究所のエリック・トリストである。

＊30 同書 p. 48.

＊31 同書 p. 58.

＊32 同書 p. 151.

＊33 これらは以下で議論されている。H.V. Dicks, *Fifty Years of the Tavistock Clinic*, London; Routledge & Kegan Paul, 1970. 例えば、以下を見よ。James Robertson の映画、*A two-year-old goes to hospital* (1952) と *Going to hospital with mother* (1958)。また次の文献を見よ。J. Bowlby, M. Ainsworth et al., 'The effects of mother-child separation: a follow-up study', *British Journal of Medical Psychology* 29 (1956): 211-47. また、以下を見よ。Bowlby, *Attachment*, London: Hogarth Press, 1969.〔J・ボウルヴィ『母子関係の理論(1)新版 愛着行動』黒田実郎ほか訳、岩崎学術出版社、一九九一年〕

＊34 Home Department, Ministry of Health and Ministry of Education, *Report of the Care of Children Committee* (Chairman: Myra Curtis) Cmd 6922, London: HMSO, 1946, para. 418.

＊35 E. Younghusband, *Social Work in Britain: 1950-75*, London: George Alien & Unwin, 1978, pp. 36-7.

＊36 Home Office Circular no. 160, 1948, quoted in Younghusband 前掲書 p. 41.

＊37 C. Morris (ed.), *Social Case Work in Great Britain*, London: Faber & Faber, p. 193. 以下で引用を参照した。Yelloly, *Social Work Theory and Psychoanalysis*, London: van Nostrand Reinhold, 1980, p. 101.

＊38 N. Timms, *Psychiatric Social Work in Great Britain, 1939-1962*, London: Routledge &. Kegan Paul, 1964; Younghusband 前掲書 pp. 190-4.

＊39 前掲書 p. 157.

＊40 Yelloly 前掲書 p. 80.

＊41 N.K. Hunnybun, 'A contribution to casework training', *Case Conference* 2 (1955). Yelloly 前掲書 p. 80 にて引用されている。

＊42 Board of Education and Board of Control, *Report of the Joint Departmental Committee on Mental Deficiency*, London: HMSO, 1929, Pt III, para. 91, quoted in Blacker 前掲書 p. 103.

＊43　例えば、以下を見よ。A. Bowley, *The Problems of Family Life*, Edinburgh: Livingstone, 1948; R. Wofinden, *Problem Families in Bristol*, London: Eugenics Society, 1950: C.P. Blacker, *Problem Families: Five Enquiries*, London: Eugenics Society, 1952; Institute for the Scientific Study of Delinquency, *The Problem Family*, London, 1957; A.F. Philp and N. Timms, *The Problem of the Problem Family,* London: Family Service Units, 1962; A.F. Philp, *Family Failure: a study of 129 families with multiple problems*, London: Faber, 1963. また、以下を見よ。J. Clarke, 'Social democratic delinquents and Fabian families', in National Deviancy Conference (ed.), *Permissiveness and Control,* London: Macmillan, and J. Lewis, 'Anxieties about the family and the relationships between parents, children and the state in twentieth century England', in M. Richards and P. Light (eds), *Children of Social Worlds*, Cambridge: Polity Press, 1985. そのような家族が存在した証拠は以下で概説されている。M. Rutter and N. Madge, *Cycles of Disadvantage*, London: Heinemann, 1976.

＊44　Dr Ratcliffe, speaking to the Institute for the Study and Treatment of Delinquency. Yelloly 前掲書 p. 108 で引用されている。

＊45　T. Parsons et al, *Family Socialization and Interaction Processes*, Glencoe, Il: Free Press, 1955. パーソンズは勿論、ハーバードの社会関係学派で議論を発展させ、多くのアメリカの戦時期の人間関係論の社会心理学者とともに前の方の章で議論した。

＊46　傑出したひとつの異議申し立ては、以下である。C. Lasch, *Haven in a Heartless World*, New York: Basic Books, 1977.

＊47　例えば、以下を参照。A.T.M. Wilson, 'Some reflections and suggestions on the prevention and treatment of marital problems', Human Relations 2 (1949): 233 52; H.V. Dicks, 'Clinical studies in marriage and the family', *British Journal of Medical Psychology* 26 (1953): 181-96.

＊48　*Report of the Committee on Procedure in Matrimonial Causes*, Cmd 7024, London: HMSO, 1947.

＊49　Harris Committee, Cmd 7566, London: HMSO, 1948.

＊50　以下を見よ。H.V. Dicks, *Marital Tensions*, London: Routledge, 1967.

＊51　Ministry of Education, *Report of the Committee on Maladjusted Children,* Chairman: J. Underwood, London:

HMSO, 1955, para. 16.

＊52 同書パラグラフ 482.

＊53 同書 p. 151.

＊54 例えば、以下を参照。D. Donnison and M. Stewart, *The Child and the Social Services*, Fabian Pamphlet, London: Fabian Society, 1958; D. Donnison, P. Jay, and M. Stewart, *The Ingleby Report: Three Critical Essays*, Fabian Pamphlet, London: Fabian Society, 1962; Longford Study Group, *Crime: A Challenge to us All*, London: Labour Party, 1966. これらは、J. Clarke 前掲書にてすべて議論されている。私は続く段落において、ここから大量に引用している。

＊55 Home Office, *Report of the Committee on Children and Young Persons* (Chairman Viscount O. Ingleby), Cmnd 1191, London: HMSO, I960; Home Office, *The Child, the Family and the Young Offender*, London: HMSO, 1965; Home Office, *Children in Trouble*, London: HMSO, 1968.

＊56 Clarke 前掲書 p. 91.

＊57 *Report of the Committee on Local Authority and Allied Personal Social Services* (Chairman: Lord F. Seebohm), Cmnd 3065, London: HMSO, 1968, para. 32.〔シーボーム委員会『地方自治体と対人福祉サービス　英国シーボーム委員会報告』小田兼三訳、相川書房、一九八九年〕

＊58 同書 para. 2.〔『地方自治体と対人福祉サービス　英国シーボーム委員会報告』〕

＊59 P. Aries, *Centuries of Childhood*, London: Cape.〔フィリップ・アリエス『子供の誕生　アンシャン・レジーム期の子供と家族生活』杉山光信・杉山恵美子訳、みすず書房、一九八〇年〕これは、イギリスではケープより一九六二年に最初に出版され、一九七三年にペンギンより再版され、この目的を達成するためにもっとあからさまに書かれた他の多くの議論によって引き継がれるこの主張を展開した。

＊60 L Comer, *Wedlocked Women*, Leeds: Feminist Books, 1974. これがその最初の一冊である。

＊61 M. Rutter, *Maternal Deprivation Reassessed*, Harmondsworth: Penguin.〔マイケル・ラター『母親剥奪理論の功罪　マターナル・デプリベーションの再検討』北見芳雄・佐藤紀子・辻祥子訳、誠信書房、一九七九―一

九八四年〕これは、一九七二年に最初に出版され、七〇年代に六回再版された。

＊62 次の文献が一九七四年に出版された。J. Mitchell, *Psychoanalysis and Feminism*, London: Alien Lane.

＊63 子どもたちの「権利」概念についてのイギリスでの最初の議論の一つは以下である。National Council For Civil Liberties, *Children Have Rights*, London, 1972. この文献は一九七〇年代後半と一九八〇年代に非常に広がった。概観のためには、以下を見よ。M. Freeman, *The Rights and Wrongs of Children*, London: Francis Pinter, 1983.

四　精神の最大化

＊1 C. Mitchell, *Time for School; A Practical Guide for Parents of Young Children*, Harmondsworth: Penguin, 1973.

＊2 V. Walkerdine, *Democracy in the Kitchen*, London: Virago, 1990. 私は、この書籍の草稿を見せてもらったことをValerie Walkerdine に感謝したい。私は、この章において、その多くの議論に依拠している。

＊3 私がここで依拠している主な二次資料は、以下である。T. Blackstone, *A Fair Start: The Provision of Pre-School Education*, London; Alien Lane, 1971. また以下である。N. Whitbread, *The Evolution of the Nursery-Infant School*, London: Routledge & Kegan Paul, 1972.〔N・ワイトブレッド『イギリス幼児教育の史的展開』田口仁久訳、酒井書店、一九九二年〕

＊4 この見解の証拠に関する批判的な分析としては、以下を見よ。A.M. and A.D.B. Clarke, *Early Experience: Myth and Evidence*, London: Open Books, 1976.

＊5 F. Froebel, *The Education of Man*, New York: Appleton, 1906.（オリジナルは一八二六年に出版）

＊6 J. Ronge and B. Ronge, *English Kindergarten*, London: Hudson, 1855. p. iii. 以下の文献の引用を参照した。Blackstone 前掲書 p. 26.

＊7 以下の私の議論を見よ。N. Rose, *The Psychological Complex*, London: Routledge & Kegan Paul, 1985. Ch. 1. また、以下を見よ。H. Lane, *The Wild Boy of Aveyron*, London: Alien & Unwin, 1977.〔ハーラン・レイン『アヴェロンの野生児研究』中野善達訳編、福村出版、一九八〇年〕また、以下を見よ。*When the Mind Hears*,

New York: Random House, 1984.

＊8　以下を見よ。M. Montessori, *The Montessori Method*, London: Heinemann, 1912; W. Boyd, *From Locke to Montessori*, London: Harrap, 1914〔ウィリアム・ボイド『感覚教育の系譜　ロックからモンテッソーリへ』中野善達ほか訳、日本文化科学社、一九七九年〕; E.P. Culverwell, *The Montessori Principles and Practice*, London: Bell, 1913. また、以下の議論を見よ。V. Walkerdine, 'Developmental psychology and the child-centred pedagogy', in J. Henriques et al. (eds), *Changing the Subject*, London: Methuen, 1984.

＊9　*Wesleyan Methodists Magazine*, 1823. これは、Blackstone 前掲書 p. 15 にて引用されている。

＊10　S. Wilderspin, *The Infant System for Developing the Intellectual and Moral Power of all Children from One to Seven Years of Age*, London: Simkin and Marshall, 1840. これは、Blackstone 前掲書 p. 14 にて引用されている。

＊11　*Westminster and Foreign Quarterly Review*, 1847. これは Blackstone 前掲書にて引用されている。

＊12　*Manchester Times*. これは Blackstone 前掲書 p. 20 にて引用されている。

＊13　Board of Education, *Report of the Consultative Committee upon the School Attendance of Cliildren Below the Age of Five*, London: HMSO, 1908.

＊14　以下を見よ。*The Psychological Complex*, Ch. 6.

＊15　一九〇八年の教育法と、地区教育局支出の後の二〇年間に繰り返された回覧状や報告書が、＊3の資料で議論されている。

＊16　とりわけ、Margaret と Rachel McMillan の仕事を見よ。M. McMillan, *The Nursery School*, London: Dent, 1930. 以下を見よ。N. Whitbread, *The Evolution of the Infant-Nursery School*, London: Routledge & Kegan Paul, 1972.〔N・ワイトブレッド『イギリス幼児教育の史的展開』田口仁久訳、酒井書店、一九九二年〕

＊17　以下を参照。D.G. Pritchard, *Education and the Handicapped 1760-1960*. London: Routledge & Kegan Paul, 1963.

＊18　Circular1054 (Health): 1405 (Education).

＊19　Blackstone 前掲書 p. 47 にて引用されている。

＊20　*Report of the Consultative Committee on Infant and Nursery Schools*, London: HMSO, 1933; Board of Education,

Nursery Schools and Nursery Classes, London: HMSO, 1936.

＊21　とりわけ、以下を見よ。D. Riley, *War in the Nursery*, London: Virago, 1983.

＊22　調査の概観は、以下に含まれている。E. Atkins, N. Cherry, J.W.B. Douglas, R.E. Kiernan, and M.E.J. Wadsworth, 'The 1946 British Birth Cohort: an account of the origins, progress and results of the National Survey of Health and Development', in S.A. Mednick and A.E. Baert(eds), *Prospective Longitudinal Research: An Empirical Basis for the Primary Prevention of Psychosocial Disorders*, Oxford: Oxford University Press for the World Health Organization,1981. 調査からの様々な刊行物については、下記参照。また、以下を見よ。M. Wadsworth 'Evidence from three birth cohort studies for long-term and cross-generation effects on the development of children', in *M.P.M. Richards and P. Light, Children of Social Worlds*, Cambridge: Polity, 1986.

＊23　例えば、J・M・タナーの仕事であり、彼は、子供の身長を測るのに都合のよい、Harpenden Pocket Stadiometer のような便利な記入装置を創り出した。以下の彼の著作を見よ。Education and Physical Growth, London: University of London Press, 1961. また、以下を見よ。R.S. Illingworth, *The Development of the Infant and Young Child: Normal and Abnormal*, Edinburgh: Livingstone, 1960; A.H. Bowley, *The Natural Development of The Child, Edinburgh: Livingstone*, 1st edn 1942, 4th edn 1957.

＊24　Newsoms の仕事の古典的な例は、以下である。J. Newsom and E. Newsome, *Infant Care in an Urban Community*, London: Allen & Unwin, 1963. また、以下である。*Four Years Old in an Urban Community*, London: Allen & Unwin, 1968. もちろんこれらは、労働者階級の家族、その、急速な都市の発展と流動性の条件の下での変容、その帰結を研究する膨大な企業の一部を形成するにすぎず、〔それは〕ウィルモットとヤングの仕事によって代表される。

＊25　J. W. B. Douglas, *The Home and the School*, London: MacGibbon and Kee, 1964.

＊26　この調査は、一九七〇年代に出版された多くの書籍において要約され、議論されている。その時にこの主題が問題になり始めた。以下を見よ。M. Kellmer Pringle and S. Naidoo, *Early Child Care in Britain*, London: Gordon and Breach, 1975〔M・K・プリングル、S・ナイドウ『イギリスの子どもたち　教育・福祉・医療

の実際』久保紘章、島田幸恵訳、川島書店、一九七九年〕; M. Rutter and N. Madge, *Cycle of Disadvantage: A Review of Research*, London: Hennemann; A.M. Clarke and A.D.B. Clarke, *Early Experience: Myth and Evidence*, London: Open Books, 1976; R. K. Kelsall, *Social Disadvantage and Educational Opportunity*, London: Holt, Rinehart & Winston, 1971.

＊27　この研究の歴史は以下で描写されている。K. Fogelman and P. Wedge, 'The National Child Development Study (1958 British cohort)' in Mednick and Baert 前掲書。後に続く引用は、以下から来ている。The quotation that follows comes from R. Davine, N. Bulter, and H. Goldstein, From *Birth to Seven*, London: Longman with the National Children、s Bureau, 1972, pp. 11-12.

＊28　B. Jackson, Prologue to A. F. Osborn, N. R. Bulter, and A. C. Morris, The Social Life of Britain's *Five-Year-Olds: A Report of the Child Health and Education Study*, London: Routledge & Kegan Paul, 1984. p. xxv.

＊29　同書 p. 3.

＊30　Mednick and Baert, eds. 前掲書。

＊31　Central Advisory Council for Education, *Half Our Future* (the Newsom Report), London: HMSO, 1963.

＊32　Central Advisory Council for Education, *Children and Their Primary Schools, The Plowden Report*, London: HMSO 1967.

＊33　O. Banks, *The Sociology of Education*, London: Batsford, 1968, p. 74.

＊34　Kelsall and Kelsall 前掲書 p. 24ff を見よ。

＊35　R.J. Havighurst, 'Urban development and the educational system', A. H. Passow (ed.), *Education in Depressed Areas*, New York: Teachers College Press, 1963. もちろん、アメリカにおける都市構造の研究の伝統は長いものであり、とりわけ、階級と人種のゾーニングや、貧困と非行の下位文化を取り扱った。

＊36　A. Little and G. Smith, *Strategies of Compensation: A Review Educational Projects for the Disadvantage in the United States*, Paris: Organizations Organization for Economic Co-Operation and Development, 1971, p. 20.

＊37　Little and Smith 同書。これはこれらの研究の包括的見直しを含んでいる。

＊38　人種、高いドロップアウト率、低い教育パフォーマンスの間にある結びつきを伝える非常に多くの研究

の要約としては、以下を見よ。Little and Smith 同書。

＊39　J. Kozol, *Death at an Early Age*, New York: Houghton Muffin, 1967.

＊40　J.S. Coleman et al., *Equality of Educational Opportunity*, Washington DC: Government Printing Office, 1966.

＊41　'The North Carolina Fund: Programmes and Policies, November 1963'. これは以下に引用されている。P. Marris and M. Rein, *Dilemmas of Social Reform: Poverty and Community Action in the United States*, London: Routledge & Kegan Paul, 1967.

＊42　B.S. Bloom, *Stability and Change in Human Characteristics*, New York: Wiley, 1964.

＊43　J.McV. Hunt, *Intelligence and Experience*, New York: Ronald, 1961.

＊44　S.H. White, 'National Impact Study of Head Start', Harvard University Laboratory of Human Development, mimeo, 1969. これは、Little in and Smith 前掲書 p. 50 に引用されている。

＊45　前者の例としては、以下を見よ。W. L. Hodges, B. R. McCandless and H. H. Spicks, *Diagnostic Teaching for Preschool Children*, Arlington, V: Council for Exceptional Children, 1971. 後者のタイプのもっとも包括的な評価は、以下である。V. G. Cicirelli et al.'The Impact of Head Start on Children's Cognitive and Affective Development', Washington, DC11 Westinghouse Learning Corporation, 1969. また、以下を見よ。D.G. Hawkridge et al., *A Study of Selected Exemplary Programmes for the Education of Disadvantaged Children*, Washington, DC: U.S. Department of Health, Education and Welfare, 1968. これらの研究は、Kelsall and Kelsall 前掲書にて概観されている。

＊46　Daniel Moynihan は、以下で貧困撲滅運動における「覚醒の政治」の説明をしている。*Maximum Feasible Misunderstanding: Community Action in the War on Poverty*, New York: Arkville Press, 1969.

＊47　論文をめぐるアメリカの論争は、以下の二つに含まれている。*Harvard Educational Review* reprints: no. 2. 'Environment, heredity and intelligence'、および no. 4, 'Science, heritability and IQ'. これらはともに一九六九年に出版された。

＊48　S. Baratz and J. Baratz, 'Early childhood intervention: the social science base of institutional racism'. *Harvard*

Educational Review 40 (1970): 29-48.

＊49　例えば、以下に収められた論文を見よ。J.L. Frost (ed.), *Revisiting Early Childhood Education*, New York: Holt, Rinehart & Winston, 1973.

＊50　A.H. Halsey, *Educational Priority: EPA problems and Policies*, Vol. 1, London: HMSO, 1972, p. 57.

＊51　同書 p. 125.

＊52　同書 p. 180.

＊53　Schools Council が資金を提供したプロジェクトのいくつかの例としては、以下を見よ。M. Chazan, A. Laing, and S. Jackson, *Just Before School*, Oxford: Blackwell for the Schools Council, 1971. また、以下を見よ。M. Parry and H. Archer, *Pre-School Education*, London: Macmillan, 1974. National Foundation for Educational Research としては、以下を見よ。H. Williams, 'Compensatory Education in the Nursery School', in M. Chazan (ed.), *Compensatory Education*, London: Butterworths, 1973.

＊54　保育運動としては、以下を見よ。W. van der Eyken, *The Pre-School Years*, Harmondsworth: Penguin, 1974.

＊55　このスピーチ、その想定や原理に関する議論としては、Rutter and Madge 前掲書 Ch.1 を見よ。

＊56　児童虐待についての関心の歴史としては、以下を見よ。N. Parton, *The Politics of Child Abuse*, London: Macmillan, 1985.

＊57　A. Gesell, 'Pre-school development and education', *Annals of the American Academy* 71 (1925). これは、Blackstone 前掲書 p. 48 にて引用されている。

＊58　C. Urwin, 'Constructing motherhood: The persuasion of normal development', in V. Walkerdine, C. Urwin, and C. Steedman (eds), *Language and Childhood*, London: Routledge & Kegan Paul, 1986. また、以下を見よ。D. Ingle, 'Professionals as socializers: the "Psy Complex"', A. Scull and S. Spitzer(eds), *Research in Law*, Deviance and Social Control, New York: JAI Press, 1985.

＊59　J. Beck, *How to Raise a Brighter Child*, originally published London: Souvenir Press, 1968. これは、一九七〇年にフォンタナによって再刊され、その後の一〇年間に何度も増刷された。

＊60　同書 p. 7.

＊61　同書 p. 23.
＊62　Walkerdine 前掲書 Ch.1 にて引用されている。
＊63　同書 Ch. 4.
＊64　Mitchell 前掲書 p. 250.
＊65　同書。

五　責任ある自律的な家族

＊1　Support for Normal Parents と題されたラジオ放送については、以下に含まれている。Winnicott, *The Child, the Family and the. Outside World*, Harmondsworth: Penguin, 1964. pp. 174-5.〔D・W・ウィニコット『子どもはなぜあそぶの　続・ウィニコット博士の育児講義』（子どもと家族とまわりの世界　下）、猪股丈二訳、星和書店、一九八六年、一三〇頁〕
＊2　以下を見よ。'The anti-social tendency (1956)' in D.W. Winnicott, *Through Paediatrics to Psycho-Analysis*, London: Hogarth Press and Institute of Psycho Analysis, 1975.〔D・W・ウィニコット「第一二章　反社会的傾向」『ウィニコット臨床論文集Ⅱ　児童分析から精神分析へ』北山修監訳、岩崎学術出版社、一九九〇年〕
＊3　Winnicott 前掲書 p. 10〔「第一二章　反社会的傾向」『ウィニコット臨床論文集Ⅱ　児童分析から精神分析へ』二二七頁〕
＊4　Nursery School Association への講演については、以下で引用されている。M. Davis and D.Wallbridge, *Boundary and Space: An Introduction to the Work of D.W Winnicott*, Harmondsworth: Penguin, 1983. pp. 129-30.〔M・デービス、D・ウォールブリッジ『情緒発達の境界と空間　ウィニコット理論入門』猪股丈二監訳、星和書店、一九八四年、一五三―一五四頁〕
＊5　Winnicott, *The Child, the family and the Outside World* 前掲書 p. 186.〔『子どもはなぜあそぶの　続・ウィニコット博士の育児講義』（子どもと家族とまわりの世界　下）一四九頁〕

＊6　同書 p. 30.〔D・W・ウィニコット『赤ちゃんはなぜなくの　ウィニコット博士の育児講義』（子どもと家族とまわりの世界　上）、猪股丈二訳、星和書店、一九八五年、三四頁〕

＊7　前者の引用は、同書 p. 125 .〔『子どもはなぜあそぶの　続・ウィニコット博士の育児講義』三〇頁〕後者の引用は同書 p. 176.〔『子どもはなぜあそぶの　続・ウィニコット博士の育児講義』一三〇―一三一頁〕

＊8　F. Mount, *The Subversive Family*, London: Jonathan Cape, 1982.〔本文の対応箇所不明〕

＊9　最初の編集物の一つは、以下である。A. Morris et al., *Justice for Children*, London: Macmillan, 1980. 同著者は、同じテーマに関する様々な別のテクストを編集した。この資料は、以下で適切に議論されている。M. Freeman, *The Rights and the Wrongs of Children*, London: Pinter, 1983.

＊10　以下は、これらの著者がこれらの方針に沿って編集した一連のテクストの最初であった。A. Morris, H. Giller, E. Szwed, and H. Geach, *Justice For Children*, London: Macmillan, 1980.

＊11　E.g. L. Taylor, R. Lacey, and D. Bracken, *In Whose Best Interests*, London: Cobden Trust/Mind, 1980.

＊12　この資料の概観としては、以下を見よ。N. Parton, *The Politics of Child Abuse*. London: Macmillan, 1985.

＊13　以下を参照。M. King (ed.), *Childhood Welfare and Justice: A Critical Examination of Children in the Legal and Childcare System*, London: Batsford, 1981.

＊14　例えば、以下である。R. Bailey and M. Brake, *Radical Social Work*, London: Arnold, 1975.

＊15　J. Goldstein, A. Freud, and A. Solnit, *Before the Best Interests of the Child*, New York: Free Press, 1979, pp. 11-12. また、以下を見よ。*Beyond the Best Interests of the Child*, New York: Free Press, 1973.〔ジョセフ・ゴールドスティン、アンナ・フロイト、アルバート・J・ソルニット『子の福祉を超えて　精神分析と良識による監護紛争の解決』中沢たえ子訳、岩崎学術出版社、一九九〇年〕

＊16　Goldstein et al. *Before the Best Interests of the Child* 前掲書 p. 9.

第四章　私たちの自己のマネジメント

一　自由を義務づけられた人々

＊1　私の以下の論文を参照。'The discipline of mental health', in P.Miller and N.Rose (eds), *The Power of Psychiatry*, Cambridge: Polity, 1986.

＊2　以下を参照。J. Kovel, *A Complete Guide to Therapy*, Harmondsworth: Penguin. また、彼の最近の以下の著作を参照。*The Age of Desire*, New York: Pantheon, 1981.

＊3　R. Sennett, *The Fall of Public Man*, London: Faber, (1977) 1986.〔リチャード・セネット『公共性の喪失』北山克彦、高階悟訳、晶文社、一九九一年〕

＊4　C. Lasch, *The Culture of Narcissism*, London: Abacus Press, 1980.〔クリストファー・ラッシュ『ナルシシズムの時代』石川弘義訳、ナツメ社、一九八一年〕

＊5　とりわけ以下を参照。P. Rieff, *The Triumph of the Therapeutic*, London: Chatto &.Windus, 1966.

＊6　この検討としては、以下を参照。S. Lukes, *Individualism*, Oxford: Blackwell, 1973.〔S・M・ルークス『個人主義』間宏監訳、御茶の水書房、一九八一年〕

＊7　これらの題材の検討としては、以下を参照。A. Marsella and G. White (eds), *Cultural Conceptions of Mental Health and Therapy*, Dordrecht: Reidel, 1982.

＊8　M. Mauss, 'Une categoric de l'esprit humaine:la notion de personne, celle de "Moi"', *Journal of the Royal Anthropological Institute* 68.(1938): 263-81, translated as 'A category of the human mind; the notion of person; the notion of self', in M. Carrithers, S. Collins, and S. Lukes (eds), *The Category of the Person*, Cambridge: Cambridge University Press, 1985.〔マルセル・モース「人間精神の一カテゴリー　人格（パーソン）の概念および自我の概念」厚東洋輔・中村牧子・中島道男訳、マイクル・カリザス、スティーヴン・コリンズ、スティーヴン・ルークス編『人というカテゴリー』紀伊国屋書店、一九九五年〕モースの議論の諸原理は、デュルケームの著作においてかなり異なったやり方で展開され

てもいる。また、以下にある論文集も参照。K.J, Gergen and K.E. Davis (eds), *The Social Construction of the Person*, New York: Springer Verlag, 1985.

＊9　Mauss 前掲書 p. 3.〔「人間精神の一カテゴリー　人格（パーソン）の概念および自我の概念」一八頁。〕

＊10　前掲の Carrithers ほかによる論文集を参照。

＊11　以下を参照。M. Foucault, *The History of Sexuality*, Vol.1. London: Alien Lane, 1979.〔ミシェル・フーコー『性の歴史Ⅰ　知への意志』渡辺守章訳、新潮社、一九八六年〕

＊12　B. Nelson, 'Self-images and systems of spiritual direction in the history of European civilization', in S. Kiausner (ed.), *The Quest for Self-Control*, New York: Free Press, 1965.

＊13　同書 p. 71. 古典的な議論は以下でなされている。Max Weber, *The Protestant Ethic and the Spirit of Capitalism*, London: Alien & Unwin, 1930.〔マックス・ウェーバー『プロテスタンティズムの倫理と資本主義の精神』大塚久雄訳、岩波書店、一九八九年〕

＊14　Michel Foucault, 'Technologies of the self ', in L. Martin et al. (eds), *Technologies of the Self*, London: Tavistock, 1988.〔ミシェル・フーコーほか『自己のテクノロジー　フーコー・セミナーの記録』田村淑、雲和子訳、岩波書店、一九九〇年〕

＊15　W. Paden, 'Theatres of humility and suspicion', 同書 p. 70.〔ウィリアム・E・ペイドン「謙虚の劇場と疑念の劇場　砂漠の聖者たちとニューイングランドの清教徒たち」『自己のテクノロジー　フーコー・セミナーの記録』一〇六頁〕

＊16　N. Elias, *The Civilizing Process*, 2vols, Oxford: Blackwell, 1978, 1986.〔ノルベルト・エリアス『文明化の過程』上、赤井慧爾、中村元保、吉田正勝訳、二〇〇四年。『文明化の過程』下、波田節夫、溝辺敬一、羽田洋、藤平浩之訳、法政大学出版局、二〇〇四年〕

＊17　取り締まり (police) については、以下を参照。On police see G. Rosen, 'Cameralism and the concept of medical police', *Bulletin of the History of Medicine* 27 (1953): 21-42; M. Foucault, 'On governmentality', *I & C* 6 (1979); M. Foucault, 'Omnes et singulatim: towards a critique of political reason', in S. McMurrin (ed.), *The Tanner Lectures on Human Values*, Vol. 2. University of Utah Press, 1981〔ミシェル・フーコー「全体的なものと

個的なもの」『ミシェル・フーコー思考集成　1982-83　自己／統治性／快楽』第八巻、西永良成編集、笠羽映子ほか訳、筑摩書房、二〇〇一年、三三〇頁。以下に再録。ミシェル・フーコー『フーコー・コレクション　生政治・統治』第六巻、小林康夫、石田英敬、松浦寿輝編、二〇〇六年、三〇五頁〕; M. Foucault, 'The political technology of individuals', in L. Martin et al. (eds), *Technologies of the Self*, London: Tavistock, 1988〔ミシェル・フーコー「個人にかんする政治テクノロジー」『自己のテクノロジー　フーコー・セミナーの記録』〕; P. Pasquino, 'Theatrum politicum: police and the state of prosperity', *Ideology and Consciousness* 4 (1978): 41-53.

＊18　G. Oestreich, *Neostoicism and the Modern State*, Cambridge: Cambridge University Press, 1982, p. 7.

＊19　同書 p. 164.

＊20　同書 p. 269. イントロダクションの私の議論と、以下を参照。M. Foucault, *Discipline and Punish*, London: Alien Lane, 1979.〔『監獄の誕生』〕

＊21　G. Oestreich 前掲書 p. 272 にて引用されている。

＊22　以下を参照。M. Foucault, *Madness and Civilization*, London: Tavistock, 1965; M. Foucault, *Discipline and Punish*, London: Alien Lane, 1977.〔ミシェル・フーコー『狂気の歴史　古典主義時代における』田村淑訳、新潮社、一九七五年〕道徳の諸テクノロジーとしての学校教育については、とりわけ以下を参照。I. Hunter, *Culture and Government: the Emergence of Literary Education*, London: Macmillan, 1988. 市民形成の諸テクノロジーとしての博物館については、以下を参照。T. Bennett, 'The eahibitionary complex', *New Formations*, (1988): 73-102.

＊23　Home Office, *Report of the Committee on Homosexual Offenses and Prostitution*, Cmnd. 257. London: HMSO, 1957. 消極的立法の時代は、時に、ある種の薬物類の使用の法的制約についての自由主義を提唱したウットン報告勧告の不履行で終了すると考えられている。以下を参照。Home Office, *Report of the Advisory Committee on Drug Dependence*, London: HMSO, 1968. この時代を通して制約の鍵となる要素としては、一九五九年の街頭犯罪法 (the Street Offenses Act) や、同年猥褻刊行物法、一九六一年自殺法、一九六四年の二度目の猥褻刊行物法、一九六七年の性犯罪法 (the Sexual Offenses Act)、同年家族計画法 (the Family Planning Act)、同年人工妊娠中絶法、一九六九年の離婚改正法がある。

＊24　*Report of the Committee on Homosexual Offences* 前掲書 p. 24.

＊25　同書 p. 87.

＊26　私の以下の文献を参照。'Beyond the public/private division: law, power and the family', in P. Fitzpatrick and A. Hunt (eds), *Critical Legal Studies*. Oxford: Black-well, 1987.

＊27　例えば、以下を参照。F.A. Hayek, *The Constitution of Liberty*, London: Routledge & Kegan Paul, 1960.〔F・A・ハイエク『ハイエク全集5　自由の価値　自由の条件Ⅰ』気賀健三、古賀勝次郎訳、春秋社、一九八六年。『ハイエク全集6　自由と法　自由の条件Ⅱ』気賀健三、古賀勝次郎訳、春秋社、一九八七年。『ハイエク全集7　福祉国家における自由　自由の条件Ⅲ』気賀健三・古賀勝次郎訳、春秋社、1一九八七年〕; R. Nozick, *Anarchy, the State and Utopia*, Oxford: Black-well, 1974.〔ロバート・ノージック『アナーキー・国家・ユートピア　国家の正当性とその限界』上下、嶋津格訳、木鐸社、一九八五―一九八九年〕; L. von Mises, *Omnipotent Government*, New Haven: Yale University Press, 1945; M. Friedman, *Free To Choose*, Harmondsworth: Penguin, 1980.〔ミルトン・フリードマン『選択の自由』西山千明訳、講談社、一九八三年〕

＊28　以下を参照。C. Gordon, 'The soul of the citizen: Max Weber and Michel Foucault on rationality and Government', in S. Whimster and S. Lash (eds), *Max Weber, Rationality and Modernity*, London: Alien & Unwin, 1986, p. 314.

＊29　J. Donzelot, *The Policing of Families*, London: Hutchinson, 1979. Ch. 5.〔ジャック・ドンズロ『家族に介入する社会　近代家族と国家の管理装置』宇波彰訳、新曜社、一九九一年、第五章〕

＊30　利己心の諸責務に関して続く諸見解で、私はジョン・マイヤーの洞察力ある議論を引用した。'The self and the life course: institutionalization and its effects', in A. Sørensen, F. Weinert, and L. Sherrod (eds), *Human Development and the Life Course*, Hillsdale, NJ: L. Eribaum, 1986.

＊31　以下を参照。J. Baudrillard, 'The system of objects and consumer society', in M. Poster (ed.), *Selected Writings*, Cambridge: Polity, 1988. また、以下を参照。C. Campbell, *The Romantic Ethic and the Spirit of Modern Consumerism*, London: Blackwell, 1987.

二　行動の再形成

＊1　H. J. Eysenck, *The Future of Psychiatry*. London: Methuen, 1975, p. 25.

＊2　以降の点は、次の私の論文に依拠している。'Psychiatry: the discipline of mental health', in P. Miller and N. Rose (eds), *The Power of Psychiatry*, Cambridge: Polity, 1986.

＊3　C.V. Binder, 'Behavior modification', in R. Herink (ed.), *The Psychotherapy Handbook*, New York: New American Library, 1980.

＊4　以降の点に関して、私は次の有用な歴史的説明に依拠した。A. Yates, *Behaviour Therapy*, New York: Wiley, 1970.

＊5　P. Pavlov, 'Neuroses in man and animals', *Journal of the American Medical Association* 99 (1932): 1012-13; I.P. Pavlov, *Conditioned Reflexes and Psychiatry,* New York: International University Press, 1941; V.M. Bekhterev, *General Principles of Human Reflexology*, New York: International University Press, 1932. 二〇世紀のソビエト精神医学の発達に関して、イギリスで最初に概観したと思われるのは、次のものである。J. Wortis, *Soviet Psychiatry, Baltimore,* MD: Williams &Wilkins, 1950.

＊6　例えば、J.B. Watson, 'Behaviorism and the concept of mental disease', *Journal of Philosophy, Psychology and Scientific Methods* 13 (1916) 587-97; W.H. Burnham, 'Mental hygiene and the conditioned reflex', *Pediological Seminary* 24 (1917): 449-88.

＊7　例えば、H,S. Liddell, 'The experimental neurosis and the problem of mental disorder', *American Journal of Psychiatry* 94 (1938): 1035-43; J.H. Masserman, *Behaviour and Neurosis*, Chicago, Il: University of Chicago Press, 1943.

＊8　例えば、K. Dunlap, *Habits: Their Making and Unmaking,* New York: Liveright, 1932; F.B. Holmes, 'An experimental investigation of a method of overcoming children's fears', *Child Development* 7 (1936): 6-30; O.H. Mowrer and W.A. Mowrer, 'Enuresis: a method for its study and treatment', American Journal of Orthopsychiatry 8 (1938): 436-47; L.W. Max, 'Breaking up a homosexual fixation by the conditioned reflex technique: a case study', *Psychological Bulletin* 32 (1935): 734; R.R. Sears and L.H. Cohen, 'Hysterical anesthesia, analgesia, and astereognosis', *Archives of Neurology and Psychiatry*

29(1933): 260-71.

＊9　J. Dollard and N.E. Miller, *Personality and Psychotherapy*, New York: McGraw-Hill, 1950〔J・ダラード、N・E・ミラー『人格と心理療法　学習・思考・文化の視点　人間科学叢書⑵』河合伊六、稲田準子訳、誠信書房、一九七二年〕; J. Wolpe, *Psychotherapy by Reciprocal Inhibition*, Stanford, CA: Stanford University Press, 1958.〔ジョゼフ・ウォルピ『逆制止による心理療法』金久卓也監訳、誠信書房、一九七七年〕

＊10　以下を参照。Hans Jurgen Eysenck, in G. Lindzey, ed., *A History of Psychology in Autobiography*, Vol. 7, San Francisco, CA: Freeman, 1980. また、以下を参照。H.B. Gibson, *Hans Eysenck*, London: Owen, 1981. Eysenckは、陸軍省選定委員会に勤務したEric Tristの後任だった。

＊11　E. Slater, 'The neurotic constitution: a statistical study of two thousand soldiers', *Journal of Neurology, Neurosurgery and Psychiatry* 6 (1943). 1-16. これは以下で引用されている。H.J. Eysenck, *Dimensions of Personality*, London: Kegan Paul, Trench, Trubner, 1947, p. 2.

＊12　H.J. Eysenck, *The Scientific Study of Personality*, London: Routledge & Kegan Paul, 1952.

＊13　これ以降の論の主要な資源となっているのは、Yatesの前掲書に加えて、次のものである。H.J. Eysenck: 'Function and training of the clinical psychologist', *Journal of Mental Science* 96 (1950): 710-25; 'The effects of psychotherapy an evaluation', *Journal of Consulting Psychology* 16 (1952): 319-24; *The Scientific Study of Personality*, London: Routledge &. Kegan Paul, 1952; 'Learning theory and behaviour therapy', *Journal of Mental Science* 105 (1959): 61-75; and H.J. Eysenck (ed.), *Behaviour Therapy and the Neuroses*, London: Pergamon Press, 1960.〔H・J・アイゼンク編『行動療法と神経症　神経症の新しい治療理論』異常行動研究会訳、一九六五年、誠信書房〕

＊14　Eysenck in Lindzey (ed.) 前掲書 p. 164.

＊15　これについてアイゼンクは、以下の論説の中で力強く繰り返している。*The Future of Psychiatry* 前掲書

＊16　Yates 前掲書 p. 17.

＊17　例えば、以下を参照。E. Glover, 'Critical notice of Wolpe's "Psychotherapy by reciprocal inhibition"', *British Journal of Medical Psychology* 32 (1959): 68-74. また彼の次の文献も参照。'Comment on Wolpe's reply',

British Journal of Medical Psychology 32 (1959): 236-8. 以下も参照。L. Breger and J.L. McGaugh, 'Critique and reformulation of "learning theory" approaches to psychotherapy and neurosis', *Psychological Bulletin* 63 (1965): 338-58.

＊18　以下を参照。Central Health Services Standing Mental Health Advisory Subcommittee, *The Role of Psychologists in the Health Services* (The Trethowan Report), London: HMSO, 1977.

＊19　概要は Yates 前掲書 Ch. 4 を参照。

＊20　例えば、以下である。W. Yule and J. Carr, eds, *Behaviour Modification with the Mentally Handicapped*, London: Croom Helm, 1980.

＊21　以下を参照。A.E. Kazdin, *The Token Economy: A review and evaluation*, New York: Plenum, 1977.

＊22　以下にある私の議論を参照。'Psychiatry: the disciphne of mental health' 前掲書。

＊23　以下では、さらに多くの事例が看取される。A. Anastasi, *Fields of Applied Psychology*, 2nd edn, New York: McGraw Hill, 1979.〔アン・アナスタシア『産業心理学ハンドブック』船津孝行訳、誠信書房、一九七一年〕

＊24　同書 p. 359.〔『産業心理学ハンドブック』版が異なるため該当する頁はなし〕

＊25　M. Linehan and K. Egan, *Asserting Yourself*, London: Century, 1983.

＊26　同書 p. 137.

＊27　この引用と続く引用は、同書 pp. 9-11 からである。

＊28　この詩文に関する若干の例としては、以下を参照。S. Spence and G. Shepherd (eds), *Developments in Social Skills Training*, London: Academic Press, 1983; Linehan, M. et al., 'Assertion therapy: skill training or cognitive restructuring?', *Behaviour Therapy* 12 (1979): 372-88; M. Combs and D. Slaby, 'Social skills training with children', in A. Kazdin and B. Lahey, Advances in *Clinical Child Psychology,* Vol.1, New York: Plenum, 1977; L. Minkin et al., 'The social validation and training of conversational skills', *Journal of Applied Behavioural Analysis* 9 (1976): 127-39; A. Bandura, 'Self-efficacy: towards a unifying theory of behavior change', *Psychological Review* (1977): 191-215.

三 自律のテクノロジー

＊1 以下に対するB. Bettelheimによるあとがき。Marie Cardinal, "The Words to Say It", London: Picador, 1984.〔マリ・カルディナル『血と言葉 被精神分析者の手記』柴田都志子訳、リブロポート、一九九二年、邦訳書に該当するあとがきはない〕

＊2 M. Foucault, *The History of Sexuality. Vol.1*: An Introduction, London: Allen Lane, 1979.〔『性の歴史Ⅱ 快楽の活用』田村俶訳、新潮社、一九八六年〕

＊3 これは、近年の医療社会学の論法のように見受けられる。D. Armstrong, 'The patient's view', *Social Science and medicine* 18 (1984): 737-44; W. Arney and B. Bergen, *Medicine and the Management of Living*, Chicago, Il: Chicago University Press, 1984; D. Silverman, *Communication and Medical Practice*, London: Sage, 1987.

＊4 以下を参照。M. Foucault, *The History of Sexuality*. Vol.2: The Use of Pleasure, London: Viking, 1986, esp. pp. 25-32.〔ミシェル・フーコー『性の歴史Ⅱ 快楽の活用』田村俶訳、新潮社、一九八六年、三四―四三頁〕

＊5 私は、先に引いたフーコーの議論に由来する図式をいくぶん大まかに作り変えて適用した。

＊6 Foucault, Vol. 2 前掲書 p. 29.〔『性の歴史Ⅱ 快楽の活用』三八―三九頁〕

＊7 J. Breuer and S. Freud, *Studies in Hysterica, Standard Edition of the Collected Works of Sigmund Freud*, London: Hogerth Press, 1953-76, Vol. 2, p. 305.〔ジークムント・フロイト『フロイト全集2』芝伸太郎訳、岩波書店、二〇〇八年、三九〇頁〕

＊8 Promotial literature, July 1987.

＊9 London College for Psychotherapy, brochure, 1987.

＊10 The British Association of Psychotherapists, *What is Psychotherapy?*, pamphlet, London: 1987.

＊11 D. Mackay, 'Behavioural Psychotherapy', in W. Dryden (ed.), *Individual Therapy in Britain*, London: Harper & Row, 1984, p. 279.

＊12　同書の各所より。

＊13　C. R. Rogers, *On Becoming a Person*, London: Constable, 1961, esp. Ch. 8.〔C・R・ロジャーズ『ロジャーズが語る自己実現の道』諸富祥彦、末武康弘、保坂亨共訳、岩崎学術出版社、二〇〇五年、第八章〕

＊14　C. Rpgers, in W. B. Frick, *Humanistic Psychology: interviews with Maslow*, Murphy and Rogers, Columbia, OH: Merril, 1971. なお、B. Thorne, 'Person-centred therapy', in Dryden (ed,) 前掲書 p. 114 で触れられている。

＊15　F. Perls, R. F. Hefferline, and P. Goodman, *Gestalt Therapy*, New York: Bantam, (1951) 1977, pp. xiv, xi.

＊16　A. Janov, *The Primal Scream. Primal Therapy: the Care for Neurosis*, New York: Putnam, (1970) 1980, p. 21.〔アーサー・ヤノフ『原初からの叫び　抑圧された心のための原初理論』中山善之訳、講談社、一九七五年、一八頁〕

＊17　T. A. Harris, *I'm OK-You're OK*, London: Pan, (1967) 1973, pp. xii-xiv.〔トーマス・A・ハリス『幸福になる関係、壊れてゆく関係　最良の人間関係をつくる心理学 交流分析より (Mental Health Series)』宮崎伸治訳、同文書院、一九九九年、邦訳書は抄訳のため該当箇所なし〕

＊18　A. Lowen, *Bioenergetics*, Harmondsworth: Penguin, (1975) 1976, pp. 43-4.〔アレクサンダー・ローウェン『バイオエナジェティックス　原理と実践』菅靖彦、国永史子訳、春秋社、一九九四年、三九頁〕

＊19　以下を参照せよ。Foucault, *The History of Sexuality. Vol. 1* 前掲書 pp. 104-5.〔『性の歴史Ⅰ　知への意志』一三四―一三五頁〕

＊20　以下を見よ。P. Miller, 'Psychotherapy of work and unemployment', in P. Miller and N. Rose (eds), *The Power of Psychiatry*, Cambridge: Polity, 1986.

＊21　近年におけるいくつかの自伝的記述によって、明らかにされている。以下を見よ。M. Cardinal, *The Words to Say It*, London: Picador, 1983〔『血と言葉　被精神分析者の手記』〕; N. Herman, *My Kleinian Home*, London: Quartet, 1985; D. Wigoder, *Images of Destruction*, London: Routledge & Kegan Paul, 1987; A France, Consuming Psychotherapy, London: Free Association, 1988, R. Dinnage, *One to One: Experiences of Psychotherapy*, London: Viking Penguin, 1988.

＊22　私はこの系統的な論述を、Silverman 前掲書 Ch. 6 から得た。

＊23　以下を参照。Paul Ricoeur's essay 'The question of proof in Freud's psychoanalytic writing', in *Hermeneutics and the Human Sciences*, J.B. Thomson (ed.), Cambridge: Cambridge University Press, 1981.

＊24　以下を参照。M. Foucault 'Technologies of the Self', in L. Martin et al. (eds), *Thechnologies of the Self*, London: Transtock, 1981.〔『自己のテクノロジー』〕

＊25　続く引用はすべて Perls et al. 前掲書を参照。括弧内の数字はページ番号。

＊26　E. Berne, *Games people play*, Harmondsworth: Penguin, 1968.〔エリック・バーン『人生ゲーム入門　人間関係の心理学』南博訳、河出書房新社、一九九四年〕続く議論での括弧内の数字はページ番号である。

＊27　L. Eichenbaum and S. Orbach, *What do Women Want?*, London: Fontana, 1984. Women's World の大げさな宣伝は表紙に印刷されている。Eichenbaum と Orbach は、以下の著者でもある。*Outside in, Inside Out*, Hatmondsworth: Penguin, 1982. Orbach は以下の著者である。*Fat is a Feminist Issue*, London: Hamlyn, 1978.〔スージー・オーバック『ダイエットの本はもういらない』落合恵子訳、飛鳥新社、一九九四年〕; *Hunger Strike*, London: Faber, 1986.〔スージー・オーバック『拒食症　女たちの誇り高い抗議と苦悩』鈴木二郎、黒川由紀子、天野裕子、林百合訳、新曜社、一九九二年〕彼女たちはともに、ロンドンの the Women's Therapy Centre と、ニューヨークの the Women's Therapy Institute の共同創立者である。

＊28　同書 pp. 78-9.

＊29　同書。

＊30　古典的な例としては、以下がある。T. Leary, *The Politics of Ecstasy*, London: Paladin, 1970. また、以下がある。D. Cooper, *The Dialectics of Liberation*, Harmondsworth: Penguin, 1968.〔デイヴィッド・クーパー編『解放の弁証法』由良君美ほか訳、せりか書房、一九六九年〕

四　自由の治療

＊1　M. Weber, ‘Science as a Vocation’, in H. Gerth and C. Wright Mills, *From Max Weber*, London: Routledge & Kegan Paul, 1948, p. 143.〔マックス・ウェーバー『職業としての学問』尾高邦雄訳、岩波書店、一九八二年、四二頁〕

＊2　以下を参照。W. Hennis, ‘Max Weber’s Theme: Personality and Life Orders’, in S. Whimster and S. Lash (eds), *Max Weber*, Rationality and Modernity, London: Allen & Unwin, 1987.

＊3　前掲書。

＊4　P. Bourdieu, *Distinction: A social critique of the judgement of taste*, London: Routledge & Kegan Paul, 1984.〔ピエール・ブルデュー『ディスタンクシオン　社会的判断力批判 ブルデューライブラリー』1・2、石井洋二郎訳、藤原書店、一九九〇年〕

＊5　以下を参照。P. Rieff, *The Triumph of the Therapeutic*, London: Chatto and Windus, 1966, p. 87.

＊6　C. Gordon, ‘The Soul of the Citizen: Max Weber and Michel Foucault on Rationality and Government’, in Whimster and Lash (eds) 前掲書。また、以下を見よ。C. Gordon, ‘Question, ethos, event: Foucault on Kant and enlightenment’, *Economy and Society* 15 (1986): 71-87. 私の本章の議論は、Colin Gordon の示唆的なコメントに多くを負っている。

＊7　例えば、ハーバーマス主義者の悪夢を描いたジョン・キーンによる以下の序文を見よ。*Public life and Late Capitalism*, Cambridge: Cambridge University Press, 1984. これらの話題に対するハーバーマスとフーコーのアプローチの差異の鋭い説明は、以下を見よ。P. Miller, *Domination and Power*, London: Routledge & Kegan Paul, 1987.

あとがき　一九九九年

＊1　以下を見よ。Pierre Hadot, *Philosophy as a Way of Life*, Oxford: Blackwell, 1995.

＊2　例えば以下を見よ。M. Foucault, ‘Politics and Reason’, in L. Kritzman, ed., *Michel Foucault: Politics,*

Philosophy, Culture, pp. 57-85. New York: Routledge, 1988.

＊3 以下を見よ。M. Valverde, *Diseases of the Will: Alcohol and the Dilemmas of Freedom*, Cambridge: Cambridge University Press, 1998. p. 19-20.

＊4 意志の病については以下を見よ。Eve Sedgwick, 'Epidemics of the Will', in J. Crary and S. Kwinter, eds., *Incorporations*, pp. 582-95. New York: Zone, 1992. 加えて、前掲のマリアナ・バルベルデのアルコール規制についての最近の研究を見よ。

＊5 R. Sennett, *The Fall of Public Man*, London: Faber, (1977) 1986. 私はリチャード・セネットの議論を第四章第一節で取り扱っている。

＊6 W. Brown, *States of Injury: Power and Freedom in Late Modernity*, Princeton, NJ: Princeton University Press.

＊7 同書 p. 73.

＊8 同書 p. 74.

＊9 P. Miller and N. Rose, 'Mobilizing the consumer: assembling the subject of consumption', *Theory, Culture and Society* (1997) 14, 1:1-36-quoted from p. 31. 私はこの段落のこの分析を参考にした。

訳者解題

本書は、ニコラス・ローズ『魂を統治する――私的な自己の形成』Nikolas Rose, *Governing the Soul: The Shaping of the Private Self* (second edition), Free Association Books, 1999 の全訳である。原著である第二版は、Routledge から出版された一九八九年の初版に、僅かな訂正と新たな序文を加えたものである。むろんこの邦訳では、第二版の序文も訳出している。

翻訳は以下で示す分担で作業を重ねた後、最終的に堀内と神代が訳語の調整等、監訳作業を共同で行った。したがって翻訳の最終的な責任は、この二人にある。訳語の選択には細心の注意を払ったが、まさに博覧強記のローズの議論には定訳の存在しない専門用語も数多く、またローズ特有の用語の訳語については、まだまだ議論の余地もあるように思われる。各専門領域に詳しい賢明な読者からのご意見・ご批正を賜りたい。

第二版への序文：神代

初版への序文：堀内

はじめに：中村
第一章　戦時下の人々：中村
第二章　生産的な主体：川口
第三章　子どもと家族とまわりの世界：堀内
第四章　私たちの自己のマネジメント：神代
あとがき　一九九九年：中村

一般に、解題を書く者に課された責務の一つが、邦訳の読者に向けて、原著の背景や射程、その魅力などについて説明を与えることにあるのは間違いない。ただ実のところ、この邦訳に収められた「第二版への序文」は、著者ローズがみずからのしごとを省みて行った、極めて魅力的な解題といってよいから、それに水を差さないということの方が、我々の責務の第一であることも確かである。またローズの邦訳としては、すでに檜垣立哉監訳『生そのものの政治学――二十一世紀の生物医学、権力、主体性』（法政大学出版局、二〇一四年）があり、同書の解題には、ローズの人となりを示すエピソードなどもうかがえる。したがって以下では、情報の重複をなるべく避けた最低限の、しかし本書を理解する助けとなる若干の点について、簡単に述べておきたい。

ニコラス・ローズ（一九四七―　）は、英国の社会学者である。ゴールドスミス・カレッジ社会学部、ロンドン・スクール・オブ・エコノミクス社会学部（ＢＩＯＳ研究所所長を兼務）を経て、二〇一二年からは現職のロンドン大学キングスカレッジ医学・健康社会科学部で学部長を務めている。もともと生物学を専攻、後に社会科学に転向するという彼の経歴は、日本の伝統的な（そしていくぶん不可思議な）「理系・文系」という学問のフレームを通してみるならば、異色には違いない。社会学、生物学、倫理学、政治学、哲学、あるいは脳科学、その他多くの学問の壁《ディシプリン》を軽々と越境するその知性は、しばしば既存のアカデミックな規律《ディシプリン》にとらわれている私たちの眼前に、新しくかつ魅力的な知の領分を切り開いてくれている。

そんな彼の主要な業績としては、本書の原著、および檜垣らの前掲訳書 *The Politics of Life Itself: Biomedicine, Power, and Subjectivity in the Twenty-First Century*, Princeton University Press, 2006 の他、以下の通りである。

『私たちの自己を発明する——心理学、権力、個人性』*Inventing Our Selves: Psychology, Power and Personhood*, Cambridge University Press, 1998

『自由の権力——政治的思考の再構成』*Powers of Freedom: Reframing Political Thought*, Cambridge University Press, 1999

『現在を統治する——経済的、社会的、個人的な生の管理』*Governing the Present: Administering Economic, Social and Personal Life*, Polity Press, 2008, P. Miller との共著

『ニューロ——新しい脳科学と精神の管理』*Neuro: The New Brain Sciences and the Management of the Mind*, Princeton University Press, 2013,J.M. Abi-Rached との共著

本書の原著初版は一九八九年であるから、以上で挙げた一連の著作に対して先行する、初期のものという

ことになる。それは言い換えれば、この邦訳が、後のローズの研究を理解する上で前提となる基本的な思考の型を読者に示すものであることを意味している。以上のことを踏まえて、簡単に各章の概要を示そう。

第一章「戦時下の人々」の主題は、戦争と心理学についてである。しかしここでの論述は、心理学が戦争に与えた影響といういくらか蓄積された既存の諸研究への貢献というよりは、むしろ、第二次世界大戦に関与することによって生じた心理学の変容、また心理学と社会生活の関係の変容の記述という、新たな問題構制をともなっている。心理学と戦争との関係は、それ自体高度に自律的であり、かつ卓越した確固たる理論知としての心理学なるものの存在を前提に、それらが現実へ応用・適用されていく、というものではない。本書が示すところによれば、心理学は、戦争とかかわることによって、みずからの前提・問題関心・対象・技術・隣接諸科学との関係といったものを変容させつつ、戦後の世界へと流れ込んでいく。

他方、戦争の経験から多くの果実を得つつあったサイコテクノロジーは、労働をめぐる問題系と、独特の形で絡みあう。第二章「生産的な主体」の主題は、労働者の主体性である。二〇世紀初頭の労務管理の知は、労働者のモラール（士気）への配慮が労働生産性の向上をもたらすことを発見して以降、その配慮の術を高度に洗練させていく。職場内外における福利厚生の向上といった外在的な満足の提供という方策は、やがて、労働プロセス内部における労働者の主体性の確立を促進するという仕方に、取って代わられていく。そして今や、労働者にとっての主要な報酬は、労働の対価として得られる賃金でも、ましてやある種の社会的連帯でもない。報酬は――例えば、「やりがい」といった形で――、それ自体労働者にとっての自己実現の契機として、労働のプロセスの内部に準備されていなければならない。マクロ経済政策と企業経営と労働プロセスの設計は、労働者の心理と結びつけられた。労働者の自己実現は、国家の経済的繁栄や企業の生産性向上と、調和的な関係を取り結んだのである。

第三章「子どもと家族とまわりの世界」の主題は、統治の対象としての子どもであると、とりあえず述べることができるだろう。しかし統治の専門知は、各種の科学的観察や知能テストによる可視化を介して直接に子どもを統治する仕方とは別に、彼らの日常的なケアの担い手である家族、なかんずく母親の主体性の統治という間接的な仕方で、子どもに働きかけるようになった。子どもの統治は、例えば国家の強権的な介入などといった、進歩的でリベラルな社会原理との対立を覚悟しなければならない筋道を通る必要は、もはやない。それはむしろ、責任ある自律的な家族、普通の献身的な母親の、主体的でプライベートな努力によって――しかし、結果として子どもをめぐる種々の社会的・政治的な目論見と調和的な形で――なされるのである。

第四章「私たちの自己のマネジメント」は、他の章がそうであるように個別事象（ここでは心理療法）に対する経験的分析でありながら、最後の章に相応しく、本書の一貫した主題である「自己」なるものについての包括的な理解を提供してもいる。ここでの自己（近代的な自己）とは、みずからの生を選択しうる自由で自律的な存在者である。しかし彼らが享受する自由は、責務でもある。彼らは選択することを求められ、かつその要請を主体的に欲望するという、奇妙に調和的な生を生きることになる。心理療法とは、人々がそのような「自由に選ぶ」主体であるための治療技術、すなわち、自由の治療技術を提供するという形で、諸個人の自律を基礎づけると同時に、諸個人（の自律・選択）を、望ましい社会関係の内に調和的に構造化することを可能にしているのである。

＊＊＊

ところで本書の読者にとって、心的なもの（psy）――つまりは、psyの接頭辞を共有する諸々の専門知・専門技術の総体――を主題として、戦争、労働、家族、心理療法といった異質な諸事象・諸領域を横断する本書の読後感は、一体どのようなものであっただろうか。

間違いなく本書は、私たち自身の自己を、またみずからの生を、まるで初めて見るものであるかのように異化するという点で、驚きと興奮を呼び覚ます刺激的な作品である。しかし率直に言って本書は、抜きがたい閉塞感と苛立ちを与えもするように思われる。本書は、私たち自身が、有能な兵士、企業家精神にあふれる労働者、献身的な保護者、自由で自律的な存在者であることを義務づけられ、またその義務を進んで履行するような種類の人間であると言う。淡々としたローズの叙述は、そのことに直接的な評価を差しはさみはしないが、しかしそこで生み出される私たちの鏡像は、まさにそれが当を得ているであろうゆえに、明らかに私たちの心中に、抜きがたい不快さを刻印する。そしてより一層不快なのは、そのような不快な鏡像は、つまり本書は、決して、望ましい私たちのあり方を指示したりはしないことである。有能さ、創造性、献身、自律……諸々の卓越性に対する懐疑を煽り立てる、そしてほとんど煽り立てるのみであるようなテクスト。

ちなみにこのことは明らかに本書のしごとが、M・フーコーの「主体性の系譜学」を、まったくその精神に違わず引き継ぐものであることを、証し立てている。それは徹頭徹尾、私たちの現在に対する問題化、そして更なる問題化である。主体性の系譜学は、私たちの善き生を定義することも、指し示すこともない。ローズもまた、善き自己のあり方、正しい生を示しはしない。彼（ら）はただ、私たちの自己の諸条件を記述する、そしてそれのみである。

ともあれ、読者はさらにこう思うかもしれない。「そのような果てしない問題化の連鎖に与するのは、無意味な生の蕩尽であるかもしれないではないか？」「そもそも、主体的に、自律的に、「よく」生きようとすることの、なにがいけないというのか？」「心的な諸技術が、そんな生を可能にするものであるなら、それを行使することのなにがいけないのか？」生についての「正解」を求める読者にとって、フーコー＝ローズの寡黙さは、耐えがたくじれったい。

しかしそのことは、彼らのしごとが無意味であるということを、まったくもって意味しない。少なくとも、有能であること、創造的であること、献身的であること、自律的であることには、しばしば何かしらのコストや代償が存在する。それらは、実際に有能になること、創造的になること、献身的になること、自由になることによって、十分に埋め合わされる類のものなのか。私たちの生にもう少し、無能で、凡庸で、利己的で、衝動的であって、それでいて別に死なないでも済むような、それどころかそこに楽しく生きることのできるような、そんな余地を切りひらくことはできないのだろうか……。

統治の廃絶ではないにしても、その網目を弛緩させること。もしそのように考えるなら、少なくとも、私たちが現にその内側にいるところの、自己を取り巻く諸技術の布置を知ることは、その第一歩に違いない。少なくとも監訳者たちは、そのようなものとして、ローズのしごとを受け取った。むろん、読み方は一つではない。いずれにしても私たちは、本書が、日本における統治性研究を大きく刺激することを期待し、また確信するものである。

＊＊＊

本書の翻訳・出版にあたっては、多くの人のご助力を得た。なによりもまず原著者のニコラス・ローズ氏に、邦訳の許可を頂いたことを感謝申し上げたい。氏の魅力的なしごとは、狭義の社会学のディシプリンを超えて、また文系・理系という分断を超えて、この国の諸学問に必ずや重要な示唆をもたらしてくれると確信している。

翻訳にあたっては、大河原麻衣氏ほか現代位相研究所のスタッフによる、貴重な下訳を参照させて頂いた。また煩瑣を極めた訳稿の整理には、同スタッフ濱沖敢太郎氏のご助力に与っている。彼らの助力がなかったならば、本書の出版はさらに遅れていたかもしれない。

最後に、本書の出版を引き受けてくださった勝股光政氏、大野真氏ほか以文社のみなさまの訳稿を読みやすくするための的確なコメントには、訳者一同大いに助けられた。以文社の暖かいご支援と励まし、またその偉大な寛容の精神がなければ、本書が日の目を見ることはなかった。記して感謝申し上げたい。

二〇一六年五月九日
堀内進之介
神代　健彦

訳者紹介

堀内 進之介（ホリウチ　シンノスケ）
1977年生まれ。東京都立大学客員研究員、Screenless Media Lab. 所長ほか。博士（社会学）。専門は、政治社会学・批判的社会理論。単著に『善意という暴力』（幻冬舎新書、2019年）、『人工知能時代を〈善く生きる〉技術』（集英社新書、2018年）、『感情で釣られる人々』（集英社新書、2016年）、『知と情意の政治学』（教育評論社）、共著に『AIアシスタントのコア・コンセプト：人工知能時代の意思決定プロセスデザイン』『人生を危険にさらせ！』（いずれも幻冬舎）ほか多数。翻訳書に『アメコミヒーローの倫理学』（パルコ出版、2019年）がある。担当：初版への序文、第三章。

神代 健彦（クマシロ　タケヒコ）
1981年生まれ。京都教育大学教育学部准教授、博士（社会学）。専門は教育学。単著に『「生存競争」教育への反抗』（集英社新書、2020年）、共著に、現代位相研究所編『統治・自律・民主主義――パターナリズムの政治社会学』（NTT出版、2012年）、同『悪という希望――「生そのもの」のための政治社会学』（教育評論社、2016年）、田中拓道編著『承認――社会哲学と社会政策の対話』（法政大学出版局、2016年）ほか多数、がある。担当：第二版への序文、第四章。

川口　遼（カワグチ　リョウ）
1982年生まれ。東京都立大学子ども・若者貧困研究センター特任研究員。専門は、ジェンダーとセクシュアリティの社会学、男性性研究。主な論文に「男性学における当事者主義の批判的検討」（『Gender & Sexuality』）、「男性性間の階層的関係とジェンダー秩序」（『女性学』）、「R.W. コンネルの男性性理論の批判的検討」（『一橋社会科学』）などがある。担当:第二章。

中村 江里（ナカムラ　エリ）
1982年生まれ。一橋大学大学院社会学研究科特任講師を経て、22018年4月より日本学術振興会特別研究員PD（慶應義塾大学）。専門は、近代日本の軍事史・精神医療史・ジェンダー史。主な編著に『戦争とトラウマ――不可視化された日本兵の戦争神経症』（吉川弘文館、2018年）、『資料集成　精神障害兵士「病床日誌」』第3巻、新発田陸軍病院編（編集・解説、六花出版、2017年）など。担当：はじめに、第一章、あとがき。

著者紹介

ニコラス・ローズ（Nikolas Rose）
1947年生まれ。イギリスの社会学者。ロンドン・スクール・オブ・エコノミクスBIOS研究所所長をへて、現在ロンドン大学キングスカレッジ教授。生物学や心理学、社会学の境界領域において、ミシェル・フーコーの生権力理論の影響のもとに研究。近年では、現代社会における生命科学・生命倫理の問題を社会全体の権力論的構造において研究する議論が注目を集める。著書に『われわれの自己を発明する』（1996）、『自由の権力』（1999）、共著に『現在を統治する』（2008）、『ニューロ——新しい脳科学と心の統御』（2013）など。著作の日本語訳として、『生そのものの政治学 二十一世紀の生物医学、権力、主体性』（檜垣立哉監訳、小倉拓也・佐古仁志・山崎吾郎訳、法政大学出版局）がある。

魂を統治する——私的な自己の形成

2016年6月20日　初版第1刷発行
2020年8月25日　初版第2刷発行

著　者　ニコラス・ローズ

監　訳　堀内進之介・神代健彦

発行者　前 瀬 宗 祐

発行所　以　文　社

〒101-0051 東京都千代田区神田神保町2-12
TEL 03-6272-6536　　FAX 03-6272-6538

印刷・製本：中央精版印刷

ISBN978-4-7531-0333-1

——既刊書より

増補 G8——サミット体制とはなにか

ブレトンウッズ体制の崩壊後、サミットの開催を契機につくりだされたサミット体制という世界秩序の性格と、その体制の下で蔓延するグローバルな社会問題を具体的に描いた〈解りやすい国際関係の入門書〉。「〔補遺〕負債経済の台頭」を新たに増補。
栗原　康 著　　四六判 184 頁　本体価格：2200 円

具体性の哲学——ホワイトヘッドの知恵・生命・科学への思考

本書はホワイトヘッド哲学を、その中心に響きわたる〈抱握〉という視座のもとに〈具体的であること〉の哲学を読解。生命力溢れる具体的なものの哲学を提唱する。
森　元斎 著　　四六判 320 頁　本体価格：2600 円

戦後日本の社会思想史——近代化と「市民社会」の変遷

戦後 70 年の歴史を「自由な市民がどのように社会と折り合いをつけて生きるか？」というテーマをめぐる社会認識の歴史として描く。戦後日本の近代化の意味を問う力作。
小野寺研太 著　　四六判 352 頁　本体価格：3400 円

肉体の知識と帝国の権力——人種と植民地支配における親密なるもの

性と肉体をめぐる最も私的で親密なものこそ最も政治的である。フーコーの「人種」言説分析とフェミニズムの最先端から従来の歴史学と人類学を解体する「感情の政治学」。
アン・ローラ・ストーラー 著
渡永洌康之、水谷智、吉田信 訳　　A5 判 368 頁　本体価格：3990 円

フロイトの情熱——精神分析運動と芸術

精神分析の究極の構造が「反復」にある。「情熱」とは「パトス」であり、「病」であり、反復の力によって精神がのっとられていることを意味し、「反復」こそ「情熱」である。
比嘉徹徳 著　　四六判 264 頁　本体価格：2600 円